LETTRES GOTHIQUES
Collection dirigée par Michel Zink

Chrétien de Troyes

CLIGÈS

Édition critique du manuscrit B.N. fr. 12560,
traduction et notes
par Charles Méla et Olivier Collet,
Introduction par Charles Méla.

Suivi des *Chansons courtoises* de Chrétien de Troyes,
Présentation, édition critique
et traduction par Marie-Claire Gérard-Zai.

Ouvrage publié avec le concours du Centre National du Livre

LE LIVRE DE POCHE

Pour Jérôme
et pour Adrien
C.M.

Charles Méla, né en 1942, ancien élève de l'École Normale
Supérieure, agrégé des Lettres classiques et docteur d'État, est
professeur ordinaire de littérature française médiévale à l'Université de Genève, et doyen de la Faculté des Lettres.

Il est l'auteur de deux ouvrages aux éditions du Seuil, *Blanchefleur et le saint homme, ou la semblance des reliques. Étude
comparée de littérature médiévale*, Paris, 1979 (Connexions du
Champ Freudien), 125 p. et *La Reine et le Graal. La Conjointure
dans les romans du Graal, de Chrétien de Troyes au Livre de
Lancelot*, Paris, 1984, 480 p., ouvrage couronné par l'Académie
française en 1985. Un recueil de ses travaux, augmenté de plusieurs études inédites, est paru aux éditions Paradigme sous le titre
*Le Beau trouvé. Études de théorie et de critique littéraires sur l'art
des « trouveurs » au Moyen Âge*, Caen, 1993 (Collection *Varia*),
459 p.

Il a déjà édité, traduit et présenté, dans la collection *Lettres
gothiques*, *Le Conte du Graal* et *Le Chevalier de la Charrette* de
Chrétien de Troyes (Le Livre de Poche, nᵒˢ 4525 et 4527).

Olivier Collet, né en 1958, est maître d'enseignement et de
recherche en langue médiévale à l'Université de Genève et l'auteur
d'une édition et d'une étude du *Roman de Jules César* (Droz :
Textes Littéraires Français, nᵒ 426 ; Publications Romanes et Françaises, CCVII).

PRÉFACE

Pour Pascale

Cligès, le second roman de Chrétien de Troyes, est daté de 1176, pour des raisons d'actualité liées aux intrigues matrimoniales entre l'empereur d'Allemagne et de Constantinople, au plus vif de la lutte du Sacerdoce et de l'Empire, et aux démêlés de Frédéric Barberousse avec son cousin, Henri le Lion, le puissant duc de Saxe et de Bavière. En témoigne la localisation d'une bonne part de l'action sur les terres d'Empire : Cologne, pour la tenue d'une diète solennelle, Ratisbonne, la Forêt Noire, le Danube. Autant dire que l'œuvre est atypique dans un ensemble romanesque dédié à la gloire du roi Arthur et à la matière de Bretagne. Pourquoi d'ailleurs ce héros au nom grec, après Erec, qui, lui, sonnait breton (*Bro Werec*, « la terre de Guérec », du nom de celui qui conquit le royaume de Vannes, *Bro Wened*, « la terre des Vénètes », autrement dit « Enide ») ? Pourquoi conclure sur des mœurs de gynécée byzantin à la garde d'eunuques, quand le récit précédent s'ouvrait sur l'aventure de la chasse au blanc cerf, propre aux contes d'origine celtique, laissant à deviner sous les traits de l'héroïne la Fée amante, *alias* Eriu, la Terre-mère, la Souveraineté d'Irlande, la déesse enivrante promise au futur roi, dont les Noces soudain transfigurées s'exaltaient en fin de roman aux dimensions mystiques du Ciel et de la Terre ?

C'est à dessein, si l'on en croit le nouveau prologue, apparemment destiné à rappeler la carrière littéraire de son auteur, mais dans des termes qui nous portent d'emblée au cœur du sujet, comme il se doit pour tout exorde digne de ce nom depuis Cicéron (*De Oratore*, II, 318 -320). Ainsi, *Enide*, l'héroïne de l'œuvre qu'il place en tête, rime-t-elle avec *Ovide*, dont il a traduit en « roman », c'est-à-dire en langue française, les « Commandements » et l'*Ars amatoria*. Façon de coupler l'antique et le breton, voire de réveiller, après coup, dans le premier nom, l'écho de l'*Enéide*, dont l'histoire était gravée dans l'ivoire de la selle du palefroi offert à Enide par Guivret le roi nain (éd. J.-M. Fritz, vv. 5329 -5338). Mais cette histoire adaptée dans le roman d'*Eneas* (c. 1160) disait bien plutôt le transfert de civilisation qui s'accomplit de Troie à Rome et de l'Italie à la Bretagne du roi Arthur, soit le thème par excellence de la *translatio* mis justement en œuvre par Chrétien dans ce prologue. Aussi bien insiste-t-il sur sa traduction d'Ovide qu'il fait passer de latin en langue romane : autre sens, linguistique cette fois, et non plus géopolitique, du mot de *translatio*. Les deux sens se combinent dans l'acte conjugué de cette passation de pouvoir et de cette transmission de savoir d'Orient en Occident, depuis la Grèce par le truchement de Rome : *translatio militiæ, translatio studii*, « chevalerie et clergie » réunies ou, comme l'écrivait vers 1145 l'évêque Othon de Freising, conseiller de Frédéric Barberousse, dans son *Historia de duabus civitatibus* :

> *potentiæ seu sapientiæ ab Oriente ad Occidentem translatio*
> (éd. Hofmeister, p. 372).

S'être adonné à Ovide comme se laisser hanter par Virgile revient ainsi à s'approprier l'ancien pour témoigner de l'élan nouveau et souligner la différence plus que la dépendance. Mettre *l'art d'amors en romans*, c'est changer de discours amoureux. La « vraie amour » ne garde d'Ovide que sa clinique, non pas sa ruse d'oiseleur (comme la flûte enchantée d'une transformation intérieure prévaut sur la flûte de Pan leurrant des femmes-oiseaux, pour parler de façon mozartienne). Ce retournement semble bien être figuré par l'anagramme d'*amors* en *romans*, creusant d'un coup la distance qui sépare Chrétien de son cher Ovide. Il s'agit d'ailleurs d'une caractéristique du XIIe siècle et de l'âge ovidien : dans son autobiographie, intitulée ses « Monodies » (c. 1115), Guibert, l'abbé de

Nogent, avoue avoir cédé, plus jeune, au plaisir de rivaliser en grâces amoureuses avec la poésie d'Ovide, avant d'en rejeter les imaginations pour apprendre, dans le droit fil des *Moralia* de saint Grégoire et à la lumière des commentaires de saint Anselme, à mieux conduire « l'homme intérieur » et à en examiner « le mystère tout entier » en termes de passions *(affectus)*, de désirs *(voluntas)*, de raison *(ratio)* et d'entendement *(intellectus)*, selon la triple ou quadruple voie du sens allégorique (éd. Labande, pp. 135 -140). On ne s'étonne plus de voir cinquante ans plus tard un clerc formé aux mêmes écoles composer des *Ovidiana*, mais clore son premier roman en invoquant Macrobe, le *Quadrivium*, l'harmonie du monde et, plus secrètement, les *Noces de Mercure et de Philologie* (cf. K. Uitti, dans *Littérature*, 41, 1981, pp. 30 - 46), à travers l'apothéose royale de son héros !

Quant au mythe troyen, que murmurerait en écho le nom d'Enide, la fin du roman y renvoie, mais là encore, de façon inversée : Phénice, ravie par Cligès à son époux pour trouver refuge en Bretagne, y eût été mieux accueillie que ne le fut Hélène à Troie (vv. 5233 - 5238). Autant dire qu'Arthur a remplacé Priam comme Cligès, Pâris ! Mais justement Phénice n'est pas Hélène, elle refuse. Force sera, plus tard, aux amants de fuir au royaume de Bretagne, mais contrairement à Homère, c'est Arthur qui décide de réunir une armée et une flotte plus imposantes qu'au temps de César et d'Alexandre pour assiéger cette fois la capitale grecque de Constantinople (vv. 6601 -6623). Revanche des Troyens sur les Grecs, par Bretons interposés, comme Brut, chassé d'Italie, ne débarque dans l'île à laquelle il devait donner son nom de Bretagne qu'après un retour en Grèce d'où il arrache à l'esclavage des Grecs les descendants d'Helenus, fils de Priam (*Historia regum Britanniæ*, c. 1138, § 7) ? Mais l'Antiquité est morte et la nouvelle guerre de Troie n'aura pas lieu, l'auteur ayant trouvé bon que l'empereur grec meure entre-temps. Ainsi la vieille histoire cède-t-elle le pas au nouveau roman, *un novel conte*, dit Chrétien, aussi neuf, faut-il entendre, que celui auquel il fait suite, et qui renouvelle l'antique dont il se joue allègrement, puisqu'il traite « d'un jeune homme qui vécut *en Grèce, venant du lignage d'Arthur* ». Chrétien revient à la Grèce après avoir été

lui-même l'artisan de la rupture, qui décolla le roman médiéval
de l'« antique » pour qu'il devînt breton, ce qu'il nous signifie
ainsi d'autant mieux. On perçoit du même coup la subtile ambiguïté dont s'entoure à dessein le thème de la *translatio*, car la
Grèce est actuelle, pour l'époque où ce roman se rédige, mais
la Bretagne était de légende, ayant, depuis, pris le nom
d'Angleterre. Est-on passé de Grèce en Angleterre (v. 16) ou
en Bretagne (v. 17) ? La Grèce résonne-t-elle du bruit des
armes troyennes ou appartient-elle déjà à l'imbroglio politique
du monde byzantin ? Cette confusion est volontaire, car
Alexandre, le père de Cligès (faut-il le préciser ?), n'est pas allé
de Grèce en Angleterre, mais bien en « Bretagne » arthurienne.
Malicieusement, Chrétien fait ainsi ressortir les deux axes
selon lesquels s'est accomplie la *translatio*, mais dont il
brouille à plaisir les données : dans l'ordre des histoires trans-
posées en « roman » (aux deux sens), les lieux successifs qui
virent briller tout l'honneur du monde s'appelèrent Troie,
Rome, Bretagne (soit les romans de *Troie*, d'*Eneas* et de *Brut*),
mais dans celui de l'histoire et dans la réalité des cultures, la
séquence s'écrit : Grèce, Rome, France (vv. 29 - 33), car la
nouvelle Athènes, c'est Paris.

On comprend mieux ainsi le rêve des Plantagenêt de fondre
les deux axes, pour peu que l'Angleterre, quasi naturellement
identifiée à la Bretagne, eût, en pouvoir, sinon en savoir, sup-
planté la France. Les Capétiens n'en furent pas de reste,
s'appropriant, avec Saint-Denis et à travers les chansons de
geste l'héritage de Charlemagne grâce auquel s'était réalisée
chez les Francs la *Translatio Imperii* et même la *Renovatio
Romanorum Imperii*, c'est-à-dire une renaissance chrétienne de
la Rome antique, comme d'Athènes, à Aix-la-Chapelle. Dans
la mouvance de ses mécènes, l'œuvre du maître champenois
participe aussi de tels enjeux. Mais son prologue prend surtout
relief au regard de la *clergie* qui lui a sans doute valu le titre de
maître (selon Wolfram) et qui le conduit à revendiquer dans la
Charrette, avec le même orgueil qu'au début d'*Erec*, mais par
le truchement des belles dames, la gloire de « bien parler en
langue française ». Ainsi les pouvoirs dont il traite sont-ils
avant tout ceux de la littérature, et le savoir dont il fait preuve
témoigne de la science et de la sagesse mises en œuvre, car le

roman de « chevalerie » est la prouesse de sa *clergie*, quand il
illustre, au premier chef, ce qu'est, sous le regard de Dieu,
l'honneur d'être homme. Le prologue dessine cette stratégie
particulière des mots, en troublant le nom d'« Enide » sous
l'effet rétroactif de celui d'Ovide (vv. 1 - 2), en encadrant
ensuite ce dernier entre les noms couplés d'Erec et d'Enide, le
premier roman arthurien, du roi Marc et d'Yseut la Blonde, le
modèle entre tous pour la matière de Bretagne (vv. 1 - 5), pour
finalement inclure le nom de Tristan à dessein refoulé (puisque
Cligès est explicitement écrit contre *Tristan*), entre l'art
d'aimer ovidien (vv. 2 - 3) et deux récits traduits des *Métamorphoses*, l'histoire de Pélops, le fils de Tantale (« l'épaule
mangée », v. 4) et celle de Philomèle, le rossignol (vv. 6 - 7),
soit une séquence très équilibrée (1 *vs* 2, puis 3 - 4 *vs* 5 *vs* 6 -
7). Est-ce à dire que la matière de Tristan resterait comme prisonnière du monde ovidien et de son cortège de ruses trop
humaines et de monstruosités sacrées ? Porterait-elle en son
sein la malédiction antique et son lot d'incestes, d'adultères, de
meurtres ? *Cligès* serait-il alors le moyen de s'en déprendre ou
de les conjurer ? Plus subtilement, que *Tristan* prenne ainsi
place parmi des récits de métamorphoses est propre à suggérer
que le roman qui commence opère en secret la métamorphose
de cette funeste histoire, car elle appartiendrait à un monde
révolu, non à celui qui doit désormais en renaître, dans l'ordre
d'un nouvel avènement humain, à une époque où Alain de Lille
exprimera son rêve d'un nouvel Adam, d'un *Homo novus*. Précisément, le nouveau conte, extrait d'un livre ancien, donc en
latin, précieusement conservé, se veut lui-même l'histoire
d'une autre sorte de « muance » (le mot médiéval pour métamorphose), non plus fatale comme de devenir pierre, arbre ou
oiseau, mais théologale, chargée de foi et d'espérance, comme
les mues de l'oiseau symbolisent la vie renaissante (cf.
vv. 4843 - 4846 : les « mues » de Cligès ; v. 6242, la « mue »
prétextée de l'autour pour mieux cacher la fausse morte). Cette
inflexion nouvelle charge d'une tout autre résonance pour des
oreilles chrétiennes, formées à la parénèse paulinienne
(dépouiller le vieil homme, revêtir le nouveau), les premiers
vers des *Métamorphoses* :

*In nova fert animus mutatas dicere formas
corpora,*
« L'intention qui m'anime est de dire le changement des
formes en des corps nouveaux ».

Le modèle n'en sera plus le rossignol de l'histoire atroce de
Térée, Procné et Philomèle, dont la voix, emblématique de la
lyrique amoureuse, porte cependant la trace du crime double-
ment perpétré (la langue mutilée, le festin cannibalique), mais
le phénix, dont l'héroïne, Phénice, porte le nom féminisé.
Pythagore l'évoque au livre XV des *Métamorphoses*, dans son
grand discours sur l'universelle mutation qui efface la mort :
« Il existe un oiseau, un seul, qui se renouvelle et se recrée
lui-même. Les Assyriens l'appellent le phénix » (*Métamorphoses*, XV, vv. 392 ss). Sa légende d'origine égyptienne liée
au culte héliopolitain d'Osiris (Hérodote, II, 73) est transmise
au Moyen Âge par le *Physiologus*. Cet oiseau a le pouvoir de
s'anéantir en se consumant tous les cinq cents ans, au mois de
mars ou d'avril sur le bûcher qu'il construit et qu'il embrase,
face au soleil, par le battement de ses ailes, et de renaître de ses
cendres au troisième jour, identique à lui-même, entièrement
rajeuni.

Or le vieux livre d'où Chrétien affirme avoir tiré la matière
du roman qu'il met au jour était conservé dans la bibliothèque
de l'église Saint-Pierre de Beauvais (qu'un incendie, d'ailleurs,
devait détruire en 1180). Est-ce une simple coïncidence si, à la
fin du récit, le précieux corps de Phénice est déposé, tel une
relique, dans un riche sarcophage, lui-même placé au fond d'un
caveau situé au meilleur endroit du cimetière d'une autre église
Saint-Pierre (vv. 21 et 6018) qui, elle, de toutes façons, n'existait pas à Constantinople, du moins hors de ses murs ? Le livre
oublié n'est-il pas appelé à reprendre vie nouvelle, par l'art de
Chrétien comme, dans le roman, Jean, le maître d'œuvre, se
fait l'artisan du retour à la vie de Phénice, morte et enterrée par
ses soins ? Bâtisseur de merveilles, l'ouvrier fabuleux qui est
l'esclave de Cligès, mais qui est aussi un maître selon la
variante des manuscrits A et N au v. 5312, s'impose comme
une figure de l'auteur. Tour à tour architecte, sculpteur, enlu-
mineur, il crée de la beauté et invente des lieux de plaisance, il
excelle par son art et son habileté à rendre invisibles les « join-

tures » des parties (v. 5514) - un mot venu de l'*Art poétique*
d'Horace pour qualifier dans le prologue d'*Erec* la réussite
d'une œuvre qui vaut par sa « belle conjointure ». L'histoire
racontée devient ainsi la métaphore de la *translatio* réussie, qui
implique une *renovatio*, un renouvellement des *Métamor-*
phoses d'Ovide dans les *Muances* du maître champenois. En
témoigne justement la métaphore à laquelle recourt Chrétien
dans ce passage consacré aux livres des Anciens, à l'occasion
du livre dont il fait usage pour son roman : « Elle est éteinte,
leur vive braise ». La métaphore, notons-le, est le troisième
sens possible, proprement rhétorique, non plus linguistique ou
géographique du mot de *translatio*, dont le thème est ainsi
superbement mis en œuvre tout au long du prologue.

Dans l'œuvre de Chrétien revivent, mais enrichies de dons
nouveaux, les valeurs de *chevalerie* et de *clergie* qui transitè-
rent par Athènes et par Rome avant de migrer en France où
elles trouveront, si Dieu le veut, leur dernière demeure temporelle. Le prologue de *Cligès* est tout ensemble une réflexion sur
la culture et sur la poétique. Concluons d'un sourire ce point,
en empruntant à la *Bible* de Guiot de Provins, œuvre satirique
achevée en 1206, une allusion (vv. 44 ss) aux « nobles clercs
païens » qui existaient avant les chrétiens et qu'on appelait
« philosophes », c'est-à-dire « amants de bien et de droiture »,
Térence, Platon, Sénèque, Aristote, Virgile, Socrate, Lucain,
Boèce, Stace, Cicéron, Horace,

> *Et Cligés et Pithagoras.*

Qui est ce *Cligès*, autrement inconnu, célébré ici à l'égal des
meilleurs ? Une variante l'orthographie *Cligers*. Peut-on y lire
approximativement (*quasi*, disait toujours Isidore de Séville)
l'anagramme de *clergie* ? Le roman de *Cligès*, de Chrétien,
éblouissant de mille artifices (on le lui a assez reproché, et bien
à tort), serait-il la défense et l'illustration de la véritable *clergie*
chrétienne ?

*

Y répondre suppose de refaire en sens inverse le chemin de
la *translatio*. En revenant à la Grèce depuis la Bretagne arthurienne, pour récrire à sa manière l'histoire de Tristan et d'Yseut
et l'autoriser désormais de toute la gloire de la Table Ronde,

Chrétien entendait moins nous signifier un retour à la matière antique qu'un ultime retour dans le roman de ces ombres trop proches qui l'obsédaient, afin de les dissoudre dans l'aube définitive d'une nouvelle clarté.

Car son œuvre tout entière s'édifie contre les puissances trompeuses, pour que l'horreur cachée du rossignol des bois le cède au jaillissement du phénix dans la pourpre des aurores, et le banquet si funeste de Tantale, avec Pélops, d'Atrée, avec les enfants de Thyeste, ou de Procné, avec le fils de Térée, à la lumière tout intérieure de l'autre Cène du Graal. La beauté bouleversante du second roman de Chrétien tient à ce partage même, entre une noirceur inscrite, depuis la Grèce, dans la condition d'homme, et la splendeur solaire d'une régénération, dont serait porteuse une Bretagne idéale, celle du roi Arthur, ce nouveau Priam. À l'intersection, l'histoire d'Yseut la Blonde, que rejette avec force la nouvelle héroïne. Le roman est habité par la ferveur toute stendhalienne du « véritable amour, de l'amour qui occupe toute l'âme, la remplit d'images tantôt les plus heureuses, tantôt désespérantes, mais toujours sublimes, et la rend complètement insensible à tout le reste de ce qui existe » (*De l'amour*, ch. XXIX : « Du courage des femmes »), mais il est sans fin troublé par l'inquiétude véritablement shakespearienne d'un monde où tout serait sujet aux mensonges de l'illusion : fantômes étreints en songe, artifices de la magie, histoire d'une fausse morte. Car, étrangement, la femme aimée porte en elle l'ambiguïté dont se nourrit le conte, elle vaut autant par ce qu'elle recèle que par ce qu'elle révèle : elle appartient aux ténèbres, mais elle est en puissance d'un soleil immortel.

La fatalité tristanienne fait d'abord de Phénice la femme de l'empereur Alis, l'oncle de Cligès. Les images funestes se pressent aussitôt : *Alis* dont le nom abrège celui d'*Alixandre* (qui désigne son père et aussi son frère aîné) entre un peu trop en consonance avec le nom de sa mère, l'impératrice *Tantalis*, soit en latin la Tantalide, ce qui nous ramène à l'histoire de Pélops et évoque les châtiments des Enfers. En faut-il davantage pour que soit rendue présente la malédiction de Thèbes, avec sa conséquence, la guerre entre Etéocle et Polynice dont les deux frères réussissent ici à conjurer la menace (vv. 2495 - 2496), mais au prix d'un accord d'où va surgir le drame de la seconde partie du roman ? En désirant comme Tristan la femme de l'oncle qui lui sert de père, Cligès réitère le malheur d'Œdipe. Phénice n'est pas plus épargnée, puisqu'elle recourt à l'art funèbre de Thessala, la magicienne ainsi nommée d'après les femmes de Thessalie à jamais dénoncées par Lucain dans un passage célèbre de la *Pharsale* (VI, vv 430 ss), elles

> « dont les prodiges dépassent l'imagination, dont l'incroyable est l'art. La terre thessalienne *(Thessala ... tellus)* produit des herbes nuisibles et des pierres sensibles aux chants magiques des mystères funèbres ... Le charme des Thessaliennes a fait couler dans des cœurs insensibles un amour contraire aux destins et des vieillards austères ont brûlé de flammes illicites. »
> (traduction A. Bourgery, aux *Belles-Lettres*).

La plus illustre d'entre elles est Médée, nommément citée au v. 2985, contre laquelle s'indigne, à la même époque (c. 1165 - 1170), Alain de Lille dans le *De Planctu Naturæ*, au titre de ces passions contre nature qui détruisent l'harmonie universelle, incarnées par Hélène, Pasiphaé, Myrrha, Médée et Narcisse (éd. Häring, Prose 4, p. 835). L'image féminine sort assombrie de pareilles références et l'on a tôt fait de se retrouver sur le versant clérical, médical et misogyne de la pensée médiévale. Le noyau de l'histoire, empruntée à un récit latin du genre d'*Apollonius de Tyr* (« le livre de Beauvais » ?) est formé d'un conte byzantino-oriental, promis à une belle fortune (jusqu'à Shakespeare), celui de la fausse morte, d'origine juive, qui se rapporte à la légende de la femme de Salomon, comme le soulignent dans *Cligès* les médecins de Salerne (v. 5796). La perfidie des femmes y est portée à l'hyperbole puisqu'il s'agit de Salomon, le sage par excellence (cf. v. 902), qui se retrouve berné par la sienne. Pour mieux le tromper, l'épouse se fit passer pour morte et souffrit impassible le supplice du plomb fondu que l'empereur, pris de doute, fit verser dans ses mains pour s'en assurer. De quelle extrémité la malice féminine se montrait-elle ainsi capable pour parvenir à ses fins ! En voulant éviter le sort d'Yseut, Phénice ne retombe-t-elle pas en pire compagnie ? Sans doute le philtre célèbre préparé en terre d'Irlande a-t-il été dédoublé à dessein pour épargner l'héroïne : un premier breuvage préserve la virginité de l'épouse, au lieu de l'offrir comme Yseut en mer à l'étreinte de son amant ; le second qui la plonge dans une mort apparente la rend insensible (mais non pas inconsciente), ce qui excuse quelque peu son exceptionnelle résistance au mal. Il n'empêche : c'est une nouvelle Médée qui la tire d'affaire, et c'est la femme de Salomon qui modèle l'épisode. L'épilogue verse à plein dans cette veine satirique, puisque, nous dit-on, la Grèce byzantine doit ses mœurs à la crainte salutaire qu'inspira aux maris l'histoire de Phénice. Sommes-nous dans le roman courtois ou dans le fabliau ? L'esprit de la comédie latine de la fin du XIe siècle n'est pas loin, comme l'a montré T. Hunt. L'épisode des amants retirés du monde dans le *locus amoenus* du verger, à l'instar de Tristan et d'Yseut dans leur «loge de feuillage», se complique de renvois comiques à la *Lidia* d'Arnoul d'Orléans (c. 1170 - 1175), car la poire qui se détache en réveillant l'héroïne rappelle la mystification du poirier dans la comédie et les malentendus obscènes qui émaillent en latin les jeux de mots sur *Pirrus*, le nom de l'amant, *pirus*, le poirier, et *pira*, les poires (cf. vv. 510 ss). Le malaise gagne la fin du roman, quand Jean révèle à l'empereur l'illusion dont il fut malgré lui victime et complice : «Vous n'eûtes, sinon en songe, jamais nulle joie qui vous vînt d'elle, mais le songe vous plaisait autant que si vous l'eussiez, tout éveillé, tenue entre vos bras ... L'empereur comprit alors pour la première fois que de sa femme, jamais il n'avait eu de joie, si ce n'était en songe, mais cette joie-là l'était d'un mensonge » (cf. vv. 6532 - 6556). En ce point vacille toute certitude sur la femme, s'il en existât jamais, au risque que tout devienne irrémédiablement illusoire.

Où veut donc en venir Chrétien ? Aurait-il de lui-même ruiné de l'intérieur l'édifice entier de l'œuvre, à l'image de ces deux autres romans, la *Charrette* et le *Conte du Graal*, dont la conclusion s'interrompt ou paraît incertaine ? Cette tension est précieuse, elle fait la richesse de son invention romanesque. Mais le retournement est immédiat, si nous revient à l'esprit la signification de la légende du phénix au Moyen Âge. Ainsi peut-on lire, dans la célèbre lettre à Ruffin à l'encontre du mariage, composée par Gautier Map vers 1181 :

*Optima femina, que rarior est fenice, amari non potest
sine amaritudine metus et sollicitudinis et frequentis infor-
tunii. Male vero, quarum tam copiosa sunt examina ut
nullus locus sit expers malignitatis earum, cum amantur
amare puniunt et afflicioni vacant usque ad divisionem
corporis et spiritus* (IV, 3).

« La meilleure des femmes, qui est plus rare que le phénix,
ne peut être aimée sans un arrière-goût amer né de la peur,
du souci et de malheurs fréquents. Mais les mauvaises
femmes, dont les essaims sont si nombreux qu'aucun lieu
ne reste à l'abri de leur méchanceté, piquent amèrement
leur amant, passent leur temps à l'affliger jusqu'à séparer
le corps et l'esprit. » (traduction K. Bate, Brepols, pp. 228
- 229).

Sans doute faut-il cette suspicion généralisée, selon la
sagesse des moralistes, pour que ressorte d'autant plus vivement le pari de l'amour, de la « vraie amour », à savoir qu'il en
existe au moins une pour celui qui grâce à elle éprouve crainte
et tremblement, capable de le rendre meilleur, de faire mûrir en
lui l'or de sa vérité.

*Illic phenix, in se mortuus, redivivus in alio, quodam
nature miraculo se sua morte a mortuis suscitabat* (*De
Planctu Naturæ*, Prose 1, p. 814).

« Là (sur la robe de Nature), le phénix, quant à lui-même
mort, renaissant en un autre, par une sorte de miracle de
nature par sa mort d'entre les morts ressuscitait. »

Ainsi se formule chez Alain de Lille, dans les termes mêmes
du mystère chrétien, la légende du phénix qui compose l'une
des images représentées sur la robe allégorique de la déesse
Nature. Si femme soit-elle par le jeu de ses ruses ou les sortilèges de sa vieille nourrice, Phénice, comme l'a établi D.D.R.
Owen, traverse une mort qui s'apparente à la Passion et à la
Résurrection du Christ, à tout le moins au martyre des saintes
livrées aux bourreaux qui tourmentent leur chair, dans le style
des supplices que relatent les visions de l'Enfer. N'est-elle pas
alors identifiée à la vierge martyre ou proche de cette Drusiana
d'Ephèse dans les *Actes apocryphes* de saint Jean, échappant
par la mort à des amours impures avant d'être ressuscitée par

la prière de l'Apôtre (voir la très belle pièce dramatique de Rosvita, l'abbesse de Gandersheim au Xe siècle)? Peut-être porte-t-elle les péchés de la passion amoureuse pour ouvrir aux vrais amants la voie de leur rédemption.

L'éblouissement de lumière dont s'accompagne la première apparition de Phénice dans le roman, sitôt après la mention et l'élucidation de son nom, anticipe au seuil des épreuves, avant que ne se fasse la nuit pour un long travail du négatif, la transfiguration qui attend le couple. « La grande clarté » qui, à sa vue, inonde le palais (v. 2704), à l'égal de celle que l'irruption du Graal fera plus tard régner au cœur de la nuit chez le Roi *mehaigné*, brillant même avec plus d'intensité que ne l'eussent fait quatre escarboucles, ces pierres magiques, couleur de braises ardentes, capables de changer la nuit en jour, ne peut être dissociée de la beauté quasiment jumelle de Cligès à ses côtés. À travers elle est signifié leur devenir commun. Le jour s'était un peu voilé sous les nuages, mais « un rayon émanait de leur beauté dont le palais resplendissait pareillement au soleil vermeil et clair à sa naissance » (vv. 2711 - 2714, mss AP). En grec, « phoinix » désigne le rouge de pourpre, la couleur de la teinture tyrienne, inventée par les « Phéniciens » (avec jeu de mots étymologique sur « phoinos », rouge de sang). On sait que l'oiseau comme la teinture métaphorisent, dans l'alchimie médiévale, la pierre philosophale dans l'Œuvre au rouge. L'essentiel est donc de voir, à travers les péripéties, lentement s'accomplir l'Opération du Soleil ainsi préfigurée. Ce qu'interroge l'alchimie est ce qui fait la matière de notre être comme ressaisie dans l'objet qui cause nos désirs. Sous l'effet du philtre qui verse la mort, tel le poison qui corrode la vie, dans le temps de la dissolution où le noir se fait, à quoi préside Thessala, la vieille mère, la magicienne nocturne, Phénice perd sa couleur, change et pâlit, avant que son corps ne soit soumis à tous les tourments et qu'elle ne soit enterrée, couchée dans un lit de *plume* parmi les senteurs des fleurs et des feuilles (v. 6032). Aussitôt nous revient à l'oreille la dernière strophe de la chanson *Amors tençon et bataille* :

> *D'Amors ne sai nule issue,*
> *ne ja nus ne la me die.*
> *Muer puet en ceste mue*

> *Ma plume tote ma vie,*
> *Mes cuers n'i muerat mie.*
> « D'Amour, je ne sais comment sortir,
> que nul ne me le fasse savoir !
> En cette mue peut bien muer
> mon plumage toute ma vie,
> mon cœur, lui, ne muera point. »

Chrétien, dans le service d'Amour, use de la métaphore de l'oiseau mis en mue, c'est-à-dire en cage quand s'opère sa mue. Cette pratique de la fauconnerie sert encore de prétexte bienvenu à Cligès auprès de l'empereur pour visiter, sans éveiller de soupçons, l'absente restée quinze mois entiers dans le souterrain de la tour sans jamais voir le soleil ni la lune briller (cf. v. 6242). Quand elle en sort enfin, c'est la saison du renouveau printanier, lorsque poussent des arbres les fleurs et les feuilles (vv. 6268 - 6269). Quinze mois plus tôt, au moment de la mort, c'était donc le solstice d'hiver, assez longtemps après, en effet, que Cligès, resté à la cour d'Arthur jusqu'au printemps, fut rentré à Constantinople (cf. vv. 5001 et 5093). Au moment de leurs retrouvailles, l'auteur note qu'alors chacun, à la vue de l'autre, change, « mue » de couleur (v. 5062), mais le plus remarquable tient à ce que fit Cligès, dans l'intervalle, là-bas en Bretagne, à l'occasion du tournoi d'Oxford. Resté incognito, n'avait-il pas par quatre fois changé la couleur de ses armes, avant d'affronter dans la pleine lumière de ses exploits Gauvain, son oncle maternel, en surpassant les meilleurs chevaliers du monde, comme les premiers rayons du soleil suffisent à « éteindre » la clarté pâlissante des étoiles ?

La métaphore qui sous-tend toute la fin du roman se donne ici en clair, par la bouche même de Gauvain, qui entend se mesurer au chevalier inconnu dont il a repéré le manège :

> « Il en sera bientôt à sa quatrième muc, s'il prend l'habi-
> tude, chaque jour, d'ôter et de remettre un nouveau plu-
> mage »
> (cf. vv. 4844 - 4846, mss PA).

« Novele plume » : l'image ainsi formulée à propos de Cligès permet d'entendre métaphoriquement un peu plus tard « la

plume » dont est fait le lit de la fausse morte, tandis que le
prétexte de l'auteur en mue recouvre, dans le rapprochement de
tous les termes, la réalité secrète de la transmutation en cours.
Cligès en a porté les couleurs, tour à tour noire, verte, vermeille
et blanche, selon lesquelles se dispose la matière de l'Œuvre.
Le corps de Phénice, entre les mains de Thessala, des médecins
de Salerne et de Jean le maître d'œuvre, en a subi la passion et
en a porté le processus depuis les ombres souterraines jusqu'à
sa remontée à la lumière du jour par l'ouverture de la tour sur
un verger paradisiaque. Phénice la « rouge », Cligès dans la
« blancheur » de ses armes, la femme et l'homme ont
entre-temps échangé leurs représentations symboliques, celles
de la lune et du soleil, comme Lunete et Gauvain dans le *Che-*
valier au lion, pour mieux traduire l'unité d'une même opération, d'où renaîtra un homme nouveau, par la grâce d'un amour
qui a su vaincre ses propres ténèbres : « c'est pour connaître s'il
est bien pur qu'on essaie l'or à la pierre de touche » (vv. 4188
- 4189). Les mœurs grecques qui, nous dit-on (v. 6682),
s'imposèrent plus tard à la cour de Constantinople nous ramè-
nent à la chute trop humaine (à la fin du roman, aussi bien), qui
suivit ce temps de grâce où brillèrent, dans l'entourage
d'Arthur, les mœurs courtoises des Bretons !

Chrétien, en vérité, est le maître d'un ordre tout intérieur
dont les diverses projections s'agencent dans le cours de sa
fiction. Il a pris soin de n'engager l'aventure principale qu'au
terme d'une longue mise en place de la rhétorique amoureuse,
poussée jusqu'à l'extrême préciosité dans la première partie du
roman. Le cheveu d'or de Soredamor en livre délicatement le
fil, dans la réécriture du *Tristan*, pour l'émerveillement des
cœurs. Si l'auteur parvient ainsi à redonner vie et force aux
plus usées des paroles d'amour (v. 4375), c'est qu'il s'emploie
avec un art sans égal à fonder les événements de son récit dans
leur propre métaphore.

Le vrai breuvage d'amour dont était tributaire la légende de
Tristan n'est pas le philtre des magiciennes, qui n'opère que
dans l'illusion ou pour la mort, mais un simple mot d'amour
prononcé par Cligès, que Phénice garde au bout de sa langue
pour le savourer sans fin et en laisser la douceur emplir peu à
peu son cœur : ce mot seul, à savoir qu'il était à elle tout entier,

suffit à la nourrir, à adoucir ses maux, comme une eucharistie amoureuse, au point qu'elle ne cherche d'autre mets pour se nourrir ni d'autre breuvage pour se désaltérer (cf. vv. 4322 - 4325). Et Chrétien d'enchaîner les images par la bouche de son héroïne, comme le faisait auparavant Alexandre à propos de la flèche d'amour et du miroir des yeux : cette parole devient un trésor soigneusement enfermé sous la serrure du cœur, mais quel voleur pourrait lui voler ce bien ? Ce n'est pas un bien meuble, mais « comme un édifice qui ne peut être détruit ni par le déluge ni par le feu et ne bougera pas de son lieu » (vv. 4341 - 4344). Cette image ne vient pas au hasard : elle nous oriente vers la Tour de Jean, que l'auteur a voulu opposer au philtre des romans de *Tristan* comme le symbole de son art et la figure de son œuvre, indestructible.

Charles MÉLA.

ARGUMENT DE *CLIGÈS*

L'histoire est celle d'un jeune homme qui vivait en Grèce au temps du roi Arthur. Elle commence par celle de son père, Alexandre, qui prit un jour congé de l'empereur de Constantinople dont il était fils, pour se rendre en Grande-Bretagne et se faire adouber à la cour du roi Arthur, avec douze de ses compagnons.

Accueillis en mai à Winchester, les Grecs accompagnent Arthur en Petite Bretagne. La traversée en mer, puis le séjour à terre voient naître et s'affirmer dans les alarmes de cœurs qui s'exhalent en de longues plaintes, l'amour réciproque, mais non avoué, d'Alexandre et de la belle Soredamor, sœur de Gauvain.

Entre-temps, en octobre, la nouvelle de la trahison du comte Engrés de Windsor, régent du royaume en l'absence d'Arthur, contraint le roi à rentrer. Alexandre et ses compagnons, adoubés par le roi, participent au siège de Windsor où ils s'illustrent. L'histoire de la chemise au cheveu d'or entrelace aux faits d'armes les progrès de l'amour. La ruse des Grecs, qui se revêtent des équipements de leurs ennemis morts, permet à Alexandre de s'emparer d'Engrés. Il reçoit en récompense la coupe d'or promise au vainqueur, le royaume de Galles, et, grâce à la reine, la main de Soredamor. De ce mariage naît Cligès.

Le vieil empereur de Constantinople mort, Alis, le frère cadet d'Alexandre, qu'on croit péri dans un naufrage, reçoit la couronne. À l'arrivée d'Alexandre, un accord est conclu entre eux qui leur évite le sort d'Etéocle et Polynice : Alis règne,

Alexandre gouverne, Cligés succèdera à son oncle, lequel renonce à tout mariage.

Après la mort d'Alexandre et de Soredamor, Alis cède aux pressions et part à Cologne épouser la fille de l'empereur d'Allemagne, déjà promise au duc de Saxe. Mais, au premier regard, Cligés et Fénice, beaux comme un rayon de soleil, s'éprennent l'un de l'autre, sans pourtant oser se déclarer. Rejetant le destin d'Yseut, Fénice obtient de Thessala, sa vieille maîtresse, un breuvage d'illusion pour le soir de ses noces, tandis qu'à Ratisbonne, les Saxons tendent une embuscade aux Grecs et enlèvent Fénice que délivre aussitôt Cligés, vainqueur, pour finir, du duc en combat singulier.

Fidèle aux recommandations de son père, Cligés se rend à son tour en Bretagne à la cour d'Arthur pour éprouver sa vaillance, laissant derrière lui Fénice en proie au tourment. Au tournoi d'Oxford, revêtu tour à tour d'armes noires, vertes, vermeilles puis blanches, qui préservent son incognito, il triomphe successivement de Sagremor, de Lancelot et de Perceval, avant de faire jeu égal avec Gauvain, son oncle maternel, et de recevoir les honneurs de la cour. La Bretagne, la France et la Normandie sont ensuite le théâtre de ses exploits, jusqu'à l'arrivée de la belle saison. De retour en Grèce, lors d'une entrevue qui survient bien plus tard, il déclare son amour à Fénice. Celle-ci conçoit alors, avec l'aide de Thessala, le stratagème de la fausse mort, pour laquelle la nourrice prépare un nouveau breuvage, tandis que Jean, homme de Cligés et maître bâtisseur, leur offre le refuge d'une tour dont il dévoile les secrets.

La ruse réussit, en dépit de l'arrivée inopinée de trois médecins de Salerne qui, se rappelant l'histoire de la femme de Salomon, soumettent la fausse morte à la torture. Enterrée en grande pompe dans un tombeau préparé par Jean, exhumée le soir même et ranimée par Thessala, Fénice va pendant quinze mois filer, dans les souterrains de la tour, le parfait amour avec Cligés. Au retour du printemps, désirant retrouver la lumière du jour, elle connaît de douces heures dans un verger sous une ente fleurie entre les bras de son amant.

Un intrus, Bertrand, les y surprend un jour endormis, mais la chute d'une poire les réveille à temps. Alis comprend enfin l'étendue de la tromperie, les amants fuient auprès d'Arthur, qui lève une immense armée pour rétablir son neveu dans ses droits, mais Alis meurt et Cligés, couronné empereur, épouse son amie.

REMARQUES SUR LA PRÉSENTE ÉDITION

Les manuscrits

Le texte de *Cligès* est conservé dans huit manuscrits, dont l'un, celui de Tours *(M)*, nous est parvenu à la fois incomplet et endommagé et deux autres *(S* et *R)* ont perdu leur dernier feuillet. Celui de Turin a été rendu inutilisable par un incendie en 1904 et requiert pour sa lecture la lumière ultraviolette. Il s'y ajoute quatre fragments d'importance et de valeur inégales. L'ensemble a été soigneusement étudié par Alexandre Micha dans sa thèse sur la tradition manuscrite des romans de Chrétien de Troyes et, récemment, une description détaillée en a été rédigée par Claude Luttrell et Stewart Gregory sous le titre « The Manuscripts of *Cligés* » pour le grand ouvrage sur *The Manuscripts of Chrétien de Troyes* dont la responsabilité éditoriale a été confiée à Keith Busby. Nous gardons pour la liste qui suit les sigles adoptés par Wendelin Foerster dans la première édition critique de *Cligés* en 1884, à l'exception des fragments d'Annonay, découverts seulement en 1933 à Serrières-sur-Rhône en Ardèche *(A,* chez Micha, *N* selon Luttrell et Gregory) :

A : Paris, Bibliothèque Nationale, fonds français 794, f°s 54 rb - 79 rc, *Explycit li romans de Cligés.* Manuscrit champenois daté des environs de 1230 - 1235 par Lori Walters (*Romania*, 106, 1985, pp. 303 - 325). C'est la célèbre copie de Guiot, un libraire-marchand copiant pour la vente, selon Mario Roques (*Romania*, 73, 1952, pp. 177 ss), ou un professionnel offrant plutôt ses services et travaillant à la commande, selon Cl. Luttrell et S. Gregory. Le manuscrit se compose de 3 fascicules (*Erec, Le Chevalier de la Charrette, Cligés, Le Chevalier au lion* pour le premier ; *Athis et Prophilias* pour le second ; le *Roman de Troie, Brut,* et *Les Empereurs de Rome, Perceval le Vieil* suivi de la continuation incomplète pour le troisième). Selon Mario Roques, le premier fascicule devait être le dernier du volume, équipé de son colophon, ce qui aurait donné dans l'ordre les romans d'Antiquité et le *Brut,* puis les romans arthuriens de Chrétien.

S : Paris, Bibliothèque Nationale, fonds français 1374, f°s 21 va - 64 vb. En tête : *Le Roman d'Alixandre* (écriture récente). Milieu du XIIIe siècle (Micha) ou plutôt troisième quart (Luttrell - Gregory). Sud-Est de la France, provenance bourguignonne. S'arrête au v. 6630 (le dernier feuillet manque). W. Foerster l'a choisi comme base de son édition. Le manuscrit contient le roman de *Parise la Duchesse, Cligés, Placidas* (une des nombreuses versions de la légende de saint Eustache), *La Prise de Jérusalem, Girart de Vienne, Le Roman de la Violette* et *Florimont.*

M : Tours, Bibliothèque Municipale, 942, f°s 1 v - 59 v. Début du XIIIe siècle. Dialecte de l'Ouest : Basse-Normandie, peut-être Anjou. Le petit format, la mise en page (colonne unique de 34 lignes) correspondent aux copies d'œuvres isolées : manuscrit individuel, d'usage distinct de celui des grands recueils ou des collectifs. Le début a été perdu (commence au v. 715) ; trois feuillets ont été arrachés (manquent notamment, entre les f°s 18 et 19, de numérotation plus récente, les vv. 1881 - 2016). À partir du f° 42, la partie supérieure a souffert d'un incendie, avec une perte croissante du texte. La fin a été détruite, le texte s'arrêtant au v. 4932.

P : Paris, Bibliothèque Nationale, fonds français 375, f°s 267 va, *Chi conmence de Cligét* - 281 va, *Chi fine de Clygét li dousimes* (la douzième pièce du recueil, dans l'ordre des résumés en vers placés au tout début que composa Perrot de Nesle, un poète arrageois contemporain d'Adam de la Halle). Un *explicit* versifié par Jehan Madot, au f° 119 r, indique, pour une partie tout au moins, une date correspondant à l'année 1289 (cf. Ch. François, *Revue belge de philologie et d'histoire*, 41, 1963, pp. 761 - 779). Fin du XIIIe ou début du XIVe siècle. Dialecte picard. Les romans en vers compris dans le recueil se succèdent comme autant de branches, semble-t-il (cf. à la fin du *Roman de Thèbes* : « li tierce branke »), d'un cycle formé dans l'ordre des romans de *Thèbes, Troie*, d'*Athis et Prophilias* (« le siège d'Athènes ») et des *Congés* de Jehan Bodel, pour le premier fascicule de 16 cahiers ; du *Roman d'Alexandre* (second fascicule de 7 cahiers) ; du *Roman de Rou*, de *Guillaume d'Angleterre*, *Floire et Blanchefleur*, *Blancandin*, *Cligés*, *Erec*, *La Viellete* (fabliau), *Ille et Galeron*, *Miracle de Théophile* (de Gautier de Coinci), *Amadas et Ydoine*, *La Chastelaine de Vergy*, suivis d'œuvres religieuses (troisième fascicule de 16 cahiers).

B : Paris, Bibliothèque Nationale, fonds français 1450, f°s 188 vb, *Chi coumenche li remans de Cligés* - 207 va, *Or commence oevre Crestien* (annonce du *Chevalier au lion*). Daté de la fin du deuxième quart du XIIIe siècle par L. Walters. Picard. Le manuscrit contient *Troie, Eneas, Brut* (à l'intérieur duquel sont insérés pour illustrer les merveilles et les aventures du règne d'Arthur : *Erec, Perceval* et une partie de la première continuation, *Cligés, Le Chevalier au lion*, la *Charrette*), *Dolopathos*.

C : Paris, Bibliothèque Nationale, fonds français 12560, f°s 83 va, *Ici cemence li romanz de Cligés* - 122 rb. Vraisemblablement du troisième quart du XIIIe siècle, selon Cl. Luttrell et S. Gregory. W. Foerster, confirmé par ces derniers contre l'avis d'A. Micha, y distinguait deux mains, la seconde copie occupant le bas du f° 101 rb (vv. 3105 - 3115), les f°s 110 va (à partir du 16e vers) - 115 vb (vv. 4675 - 5592) et, après le folio 116 où reprend la première main, du f° 117 ra jusqu'à la fin (vv. 5769 - 6702), soit un peu plus du quart du roman. Premier copiste : francien, peut-être Est de l'Ile-de-France, avec quelques traits de type picard. Deuxième copiste : formes de l'Ouest, au contraire (domaine anglo-normand surtout). Le dernier feuillet, déchiré par le milieu, ne laisse apparaître pour les vv. 6677 - 6702 que l'initiale détachée de chaque vers sur la colonne de droite. Ce manuscrit a servi de base à notre édition. Écrit sur 2 colonnes de 43 ou 44 vers, plus rarement de 42, il comporte 122 feuillets répartis en 15 cahiers de 8, en plus des trois premiers feuillets, avec la moitié de l'ultime feuillet arrachée. Les signatures au bas de la marge inférieure au verso du dernier feuillet de chaque quaternion attestent l'existence primitive de 22 cahiers. *Cligés*, commençant sur le dernier feuillet du XVIIe quaternion, occupe donc les 5 derniers. Le manuscrit débute lui-même au 6e feuillet du VIIe quaternion, ayant ainsi perdu les 53 premiers feuillets. Ce qu'il reste contient, après un fragment de pénitentiel, trois des romans arthuriens de Chrétien : *Li chevaliers au lyon* (f°s 1 rb - 41 rb), *Li chevaliers de la charrette* (f°s 41 rb - 83 rb) et *Cligés*.

R : Paris, Bibliothèque Nationale, fonds français 1420, f°s 30 ra - 57 vc. En tête, d'une écriture récente : *Le romans d'Alixandre, fils d'Alixandre empereur de Constantinople p. 172 et de la belle Sordamours p. 182 et de Clygés leur fils p. 230 et de la belle Phenice p. 238 composé par Chrestiens de Troyes.* Fin du xiiie siècle, Ile-de-France (peut-être l'Orléanais, selon Cl. Luttrell et S. Gregory), langue teintée de picard selon A. Micha. Le dernier feuillet manque, soit les vv. 6643 - 6702. Le manuscrit contient *Erec* et *Cligés*.

T : Turin, Biblioteca Nazionale, L.I.13, f°s 108 rb - 129 rc (dans la pagination actuelle). Milieu du xive siècle (mention de Valenciennes, avec la date de 1406 au 2e feuillet blanc de la fin). Nord-Est du domaine picard (peut-être le Hainaut, selon W. Foerster et A.J. Holden, éd., *Richars li Biaus*, Paris, Champion, 1983). Très endommagé après l'incendie de 1904, ce manuscrit contient *Eracle*, deux œuvres de Jehan de Condé (encore en activité en 1337), *Sone de Nansay, Cligés* et *Richars li Biaus*.

Il faut ajouter à cette liste les quatre fragments suivants :

N : Le manuscrit d'Annonay, publié par A. Pauphilet (Paris, Droz, 1934 ; *Cligés* pp. XVII - LI) avec des transcriptions ultérieures dans *Romania*, 63, 1937, pp. 317 - 323 (A. Pauphilet) et 75, 1954, pp. 11 - 16 (L.-F. Flutre). Fin du xiie ou début du xiiie siècle : à ce titre, le premier en date des manuscrits de *Cligés*. Couleur champenoise selon A. Pauphilet et A. Micha, Sud-Est de Troyes (Bourgogne), selon Cl. Luttrell et S. Gregory. Les fragments, contenant environ

2200 vers de *Cligés*, correspondent aux vv. 307 - 610 ; 923 - 1224 ; 1539 - 1696 ; 1825 - 1960 (avec des passages perdus) ; 2279 - 2371 (avec des parties mutilées) ; 2391 - 2428 ; 2729 - 2880 ; 3031 - 3337 ; 3507 - 3654 ; 5297 - 5448 ; 5741 - 5892 ; 6351 - 6651.

Le manuscrit formait un recueil des romans de Chrétien, comprenant au moins *Erec, Cligés, Le Chevalier au lion, Le Conte du Graal*, sans qu'on sache dans quel ordre.

O : Oxford, Bodleian Library, Oriental Michael, 569. Une édition en a été préparée par Cl. Luttrell et S. Gregory. 550 vers environ, du XIVᵉ siècle. Écrit dans le Nord, selon W. Foerster. Contient les vv. 3240 - 3378 ; 4441 - 4589 ; 5285 - 5463 ; 6152 - 6346.

I : Paris, Institut de France, 6138. Fragments publiés par S. Gregory dans *Romania*, 106, 1985, pp. 254 - 269. Première moitié du XIIIᵉ siècle. Provenance du Centre-Est, ou orientale ? Du v. 3387 au v. 3714, moins la partie comprise entre les vv. 3429 et 3510 (illisibles).

F : Florence, Biblioteca Riccardiana, 2756. Petit fragment de 25 vers (correspondant aux vv. 339 - 376), écrits par un scribe italien sur le dernier feuillet. Voir G. Paris, *Romania*, 8, 1879, pp. 266 -267.

Établissement de l'édition

En 1884 paraît chez Max Niemeyer l'*editio princeps* de *Cligés*. Elle est due à Wendelin Foerster, professeur à l'université de Bonn, né en 1844, mort en 1915, qui inaugurait ainsi l'édition critique des œuvres complètes de Chrétien de Troyes, établie sur la comparaison méthodique de tous les manuscrits. Ce monument inégalé auquel le savant allemand consacra « avec tant de peine, de soin et d'amour » (G. Paris) vingt ans de sa vie, sert toujours de référence. Se succèdent en 1887 *Der Löwenritter (Yvain)*, en 1890 *Erec und Enide* et, en 1899, *Der Karrenritter und Wilhelmsleben*, avant que d'autres ne complètent la tâche : Charles de Boer, avec *Philomena*, en 1909,

Gottfried Baist, à la même date, avec une transcription de la copie Guiot de *Perceval*, travail repris et achevé par Alfons Hilka dans l'édition critique de 1932. La longue familiarité acquise par le grand philologue au cours de ces années de vie commune avec le texte le Chrétien, « l'intelligence du cœur » (*Proverbes* 8, 5) qui guidait sa lecture d'un poète - « dem grössten Meister höfischen Kunst im Mittelalter » - auquel l'attachait un véritable amour, expliquent, non moins que la méthode scientifique allemande héritée de Lachmann, la justesse et la finesse qui présidèrent au choix des leçons, et même une certaine perfection classique que retrouvait un texte régularisé dans sa graphie, au-delà des avatars trop humains de ses diverses copies.

Sans doute la philologie a-t-elle dû, après la réaction de Bédier, restreindre ses ambitions ; elle a visé à la conservation plus qu'à la restauration des monuments du passé, avec le souci non pas de reconstruire l'original perdu mais de réduire simplement les dommages patents causés par les copistes (sélection du meilleur manuscrit, contrôle à l'aide d'un témoin d'une autre famille, adoption des formes et de la graphie propres au dialecte du manuscrit de base, correction des fautes évidentes). Il n'en reste pas moins que tout éditeur de Chrétien qui, par fidélité à l'auteur, refuse de s'asservir à la copie et corrige sa base partout où se démontrent un ajout, une omission, une erreur, une modification, voire une amélioration propres aux scribes qui se sont succédé, retrouve à d'infimes variations près le texte même auquel avait abouti la reconstruction critique de W. Foerster, tout en respectant la langue et la graphie du document réel.

Entre l'édition *princeps* et la dernière en date, due aux soins minutieux et exigeants de deux savants anglais, Stewart Gregory et Claude Luttrell (D.S. Brewer, 1993, *Arthurian Studies*, XXVIII), entre celles-ci et le présent travail, également fondé sur tous les manuscrits existants de *Cligés*, les choix des bonnes leçons se révèlent convergents, bien que le manuscrit de base et le point de vue éditorial aient été à chaque fois différents. W. Foerster était parti du ms. S (BN, Fr 1374), lequel fourmille de graphies ou de formes aberrantes et de non-sens ; S. Gregory et Cl. Luttrell, de la célèbre copie de Guiot (Fr 794), que déparent cependant, de l'avis d'A. Micha, «beaucoup de fantaisies individuelles», réfections ou innovations, pour une part héritées; nous-mêmes enfin, du ms. C (Fr 12560), une bonne copie assurément, mais «d'un modèle médiocre» (A. Micha). Cet accord serait, somme toute, plutôt encourageant, il relativise la perte de l'original au hasard des copies restées en notre possession. Même si le travail de l'éditeur garde une part d'incertitude et, pour cette raison même, de subjectivité, le texte finalement établi n'est peut-être pas si éloigné de l'œuvre telle que l'avait composée son auteur.

Aussi souscrivons-nous sans réserve au jugement que porta G. Paris en 1902, dans un article célèbre du *Journal des Savants*, sur l'édition de *Cligés* que W. Foerster avait eu l'idée de publier sous une forme allégée à l'usage des cours universitaires, dans «l'élégante série» de la *Romanische Bibliothek* (d'abord en 1888, puis en 1901, augmentée, cette fois, d'une introduction nouvelle) :

> *Telles sont les observations que m'a suggérées la lecture du texte. Je n'ai cité que les passages où j'ai cru pouvoir apporter quelque éclaircissement. Il en reste beaucoup d'obscurs, de difficiles, de plus ou moins désespérés. L'éditeur les a discutés avec un soin extrême, pesant toutes les raisons pour ou contre chaque solution; je ne puis, dans la plupart des cas, que partager son incertitude. Mais pour faire apprécier le savoir, la méthode et la sagacité de l'éditeur, il faudrait citer les passages si nombreux où de leçons défigurées, incohérentes et contradictoires, il a su tirer un texte plausible. Il y avait peu de tâches plus difficiles dans le domaine de la philologie française que l'édition de* Cligés *; il n'y en a peut-être pas qui aient été mieux remplies* (repris dans *Mélanges de littérature française du Moyen Âge*, publiés par Mario Roques, 1910, t. I, pp. 243 - 244).

Il y avait, il est vrai, quelque gageure à produire «un texte plausible» à partir du manuscrit S, tant il abonde en «bizarreries» (S. Gregory et Cl. Luttrell), même si des savants italiens comme Guido Favati et Luciana Cocito, l'ont après W. Foerster et G. Paris, en dépit ou à cause de ses incompréhensions, mais sur la foi de leçons correctes qu'il est le seul à avoir préservées (« Oft ist es S allein, der die richtige Leseart bewahrt hat », Foerster, *Introd.* p. XLV), réputé plus proche de l'original, exempt de toute contamination et distinct des autres, dans l'apparentement des familles sur l'arbre généalogique des manuscrits. Défiguré et cependant fidèle, ce manuscrit fait la part d'autant plus belle à la reconstitution lachmannienne. Son piètre état rend en effet celle-ci impérative. Mais qui, dans la perfection retrouvée du texte établi, reconnaîtrait encore un témoin aussi précieux qu'illisible ? Le résultat est cependant probant, car W. Foerster n'a jamais appliqué de façon mécanique la méthode qui consiste à classer les manuscrits en familles sur la base des fautes communes, à déterminer ainsi, d'après leur position, leur autorité relative, et à procéder au choix des leçons selon les règles de leur accord. De surcroît, comme l'a noté B. Woledge dans son *Commentaire sur Yvain* (p. 11), le système orthographique qu'il avait adopté reposait « sur des recherches très sérieuses » concernant le champenois du XIIe siècle (cf. éd. 1884, pp. XLVII - LXXV et *Yvain*, éd. Reid, pp. XX - XXII).

Pourquoi, dans ces conditions, s'obstiner à refaire le même chemin et publier une nouvelle édition critique ? Il importe de maintenir l'exigence d'un texte critique proche de la forme voulue par l'auteur (on ne peut en ce cas faire l'économie d'un travail complet, philologiquement et littérairement), tout en préservant et en offrant aux lecteurs et aux chercheurs un témoin réel de la tradition qui ait la valeur d'un document de travail, tant du point de vue linguistique que de l'histoire littéraire. L'éditeur doit s'en tenir à un texte existant, ce qui ne veut pas dire qu'il le livre tel quel, sans se prononcer sur sa validité ni sur sa valeur. La contradiction se résout facilement s'il existe une version nettement supérieure aux autres, comme pour la *Charrette* (la copie Guiot) ; elle est plus délicate à traiter, si aucune n'est satisfaisante, ce qui est le cas de *Cligés*. Aussi intervenons-nous ici davantage que dans nos éditions précédentes : purger la copie de ses fautes grossières, y compris celles qu'elle partage avec le manuscrit le plus proche de son groupe (CR) ou avec l'ensemble de celui-ci (CRT, voire BCRT), ne suffit pas. Une leçon isolée, que ne distingue pas le mérite d'être une *lectio difficilior*, ne peut, même si le sens en est acceptable, être conservée, quand le reste de la tradition s'accorde sur une autre version supérieure ou équivalente, voire inférieure (car le scribe améliore parfois une rime ou évite une répétition), mais conforme, selon toute probabilité, au texte voulu par l'auteur. On en trouve plusieurs exemples dans le présent apparat critique (ainsi aux vv. 3083, 3084 et 3085). La correction se justifie même dans le cas d'une variante commune à plusieurs manuscrits de familles différentes, si le groupe le plus autorisé à cet endroit du texte (donnée variable du fait des contaminations) offre une leçon où se démontre l'intention de l'auteur (ainsi au v. 4379, comparé au v. 4353). Le nombre de ces interventions demeure cependant modéré et le lecteur garde toujours sous les yeux, en bas de page dans la première ligne de notes, les leçons rejetées, avec l'indication des manuscrits sur lesquels se fonde la correction. Le travail de l'éditeur apparaît ainsi en toute clarté pour être à chaque instant contrôlé. Nous ne nous risquons qu'une seule fois à reconstruire un passage qu'aucun manuscrit ne donne intégralement sous cette forme (voir la longue note aux vv. 5713 - 5714, cf. aussi la solution proposée pour le v. 4847). Nous respectons enfin rigoureusement la langue du copiste et ses habitudes, comme l'emploi de *lui* à la place de *li* pour la forme forte du pronom féminin, cf. vv. 3713 - 3714, en dépit de la rime, ou le trait dialectal *rue* au lieu de *ruie* au v. 1869 (confirmé par le v. 3383), en dépit de la rime *(ennuie, fuie)*, voire la curieuse graphie *flos* (à partir du v. 4849), mais nous corrigeons au v. 3348 « la force au duc », car le vers est hypomètre, ainsi qu'au v. 3391, « la force dou duc », car le v. 3367, « li niés le duc », garantit la construction attendue. De même toute correction s'opère à partir des formes effectivement attestées dans le manuscrit. Ce conservatisme linguistique et la prudence gardée en matière de corrections préservent la valeur documentaire du texte édité et permettent plusieurs publications du même roman, en évitant le double emploi : A. Micha avait déjà donné scrupuleusement le texte de A (copie Guiot), on pourra lui comparer le manuscrit C ici choisi comme témoin d'une autre famille. La richesse de l'œuvre de Chrétien justifie au demeurant que soient édités les représentants des différentes familles de manuscrits.

S'en tenir là ne serait pourtant pas satisfaisant, car le texte ainsi amendé demeure encore très imparfait. Nous avons par exemple renoncé à modifier les particules de liaison ou la place des adverbes, au détriment des rythmes du vers ou de son euphonie, à quoi l'auteur était plus sensible que son lointain copiste (voir sur un infime détail l'ordre des mots dans CRT, au v. 3247 : *qu'il ne sache ja*, au lieu de *que ja ne sache*). Ailleurs telle leçon isolée de C peut être rectifiée, mais par rapport à son seul groupe, comme au v. 3154 : *N'avra ne doute ne poor*, au lieu de *Mar avra doute*, donné par PR et T. Mais dans les meilleurs manuscrits (ANS et M) on lit : *Mar avra garde*. Variation négligeable, assurément, où l'on peut avoir ses préférences, mais non pas de certitude. D'où notre parti, original, de concevoir la deuxième ligne de notes de l'apparat critique comme autant de *matériaux réels* empruntés aux témoins des autres familles, chaque fois qu'une différence significative se présente, pour aider le lecteur à reconstruire lui-même, en suivant ou non nos indications, le texte original, qui n'existe ainsi qu'<u>à l'état virtuel</u>, comme en filigrane du texte réel effectivement imprimé et des variantes réelles reproduites conformément au manuscrit dont le sigle vient en tête du groupe invoqué. Si la leçon est précédée de l'indication : *Var.*, nous restons dans le doute sur le choix qui serait conforme à l'original : ce sont autant de variantes d'égale valeur (un bon exemple s'en trouve aux vv. 3080 et 3170). Si cette indication fait défaut, nous marquons ainsi clairement notre préférence à l'égard de la leçon qui diffère de celle de notre base. Si, en revanche, la note commence par les mots : *Leçon de C ... Var. ...*, il faut comprendre que notre manuscrit reçoit l'appui d'autres témoins et que sa version nous paraît la meilleure, mais la variante des autres manuscrits mérite d'être mentionnée et pourrait avoir la préférence du lecteur. Ce dernier, d'abord guidé sur la voie du probable, est aussi bien en mesure de s'orienter sur celle du possible.

Nous veillons enfin dans la *varia lectio* à ne jamais pulvériser le vers ou le syntagme, selon des regoupements ponctuels, parfois incohérents, des divers témoins, car il arrive que certaines rencontres de détail entre manuscrits de familles distinctes soient dues au hasard et elles ne doivent pas brouiller les lignes de force des apparentements. Précisons encore qu'une virgule qui détache d'une suite de sigles un manuscrit particulier indique simplement que ce dernier donne en gros la même leçon, à quelque détail près que nous négligeons à l'occasion afin que l'apparat critique soit vraiment lisible. Celui-ci se conçoit en effet comme un instrument de travail toujours utilisable pour un lecteur à tout instant averti des pièges qu'un texte encore défectueux ou indécidable tend à son effort d'analyse et d'interprétation.

Rappelons cependant, dans la continuité de nos deux précédentes éditions, que la traduction mise en regard du texte édité ne lui correspond pas toujours, car elle tient compte justement des leçons adoptées dans la *varia lectio* et des omissions (signalées entre crochets) qui composent <u>le texte virtuel à lire entre les lignes de l'apparat critique</u>. La traduction vise l'original qui n'existe pas, juxtaposée à la transcription d'une copie de copie entre celles qui lui furent au fil des générations, sur plus d'un siècle, substituées.

La tradition manuscrite de *Cligés* a déjà été étudiée par A. Micha, qui distingue trois familles de manuscrits, à partir des archétypes α (ANSM), β (PB) et γ (CRT), tout en soulignant le phénomène des contaminations ou « des rapports extra-familiaux » qui attestent sur les 1200 premiers vers l'accord de CRT avec S, puis des vers 1200 à 5000, avec B, et pour les 1000 derniers vers, avec la famille α (notamment AT ou ST), tandis que P, proche de B, flotte entre CRT et ANSM ! Tel copiste a pu utiliser deux modèles à la fois, ou bien le modèle pouvait contenir des variantes en marge (hypothèses des « collecteurs de variantes »), ou encore dans la distribution des tâches au sein d'un même atelier, les quaternions de manuscrits différents, séparés pour la commodité, ont pu être mélangés. Cet enchevêtrement brouille les pistes, même si deux ensembles se dégagent, ANSIMP d'une part (α), BCRT de l'autre (β), avec un modèle issu de β', qui est à l'origine de B, mais qu'utilise aussi bien P, et un autre modèle, également issu de β, que nous appellerons γ et qui commande le groupe très cohérent CRT. Tel est, en effet, le *stemma* proposé par Cl. Luttrell et S. Gregory, auquel nous nous rangeons :

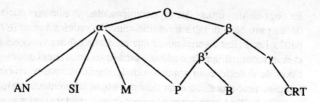

La parenté du groupe ASMP se fonde tout particulièrement sur le bourdon qui nous vaut à la place des vers 1738, *bis*, *ter* - 1740, les vv. 2007 - 2010, situés un feuillet plus loin (à raison de 3 colonnes de 45 vv.). Indéniablement, la famille α offre un meilleur modèle que β et *a fortiori* γ. Dans l'appréciation des leçons offertes par la *varia lectio*, l'accord de ASMP prévaut sur BCRT. Les choses se compliquent quand ASP s'oppose à MBCRT ou ASM à PBCRT, voire AS face au reste. On jugera sur pièces. En revanche des accords NSC ou NPC sont à l'occasion d'un grand poids. Après W. Foerster, G. Paris, sur lequel G. Favati a enchéri, a soutenu que le manuscrit S remontait le plus directement à l'original, sans être contaminé, ce qui a été depuis contesté. La découverte du manuscrit d'Annonay (N), l'a imposé, selon A. Micha, comme la meilleure copie, supérieure à celle de Guiot, son proche parent. Malheureusement N n'existe qu'à l'état de fragments, S est par trop aberrant, M est gravement mutilé, A prend trop de libertés et refait souvent le texte, P, qui mériterait une édition, puise aux deux sources. Quant à l'autre famille, nous suivons l'avis d'A. Micha qui reconnaît dans C l'image la plus fidèle du texte γ. Nous avons donc pris le parti d'éditer le meilleur témoin de l'autre famille, même si celle-ci descend d'un moins bon modèle, car il est assez aisé, sur une bonne copie, de rétablir, au prix de quelques retouches, ou à tout le moins d'entrevoir, par comparaison, la version qui se rapprocherait le plus de celle de l'auteur. L'éditeur est en droit de privilégier le texte qui lui permet le mieux d'atteindre à ce but. Il n'était pas moins utile de reprendre la question d'un autre départ que de A, désormais trop connu.

Mais, à l'épreuve, une autre raison justifie ce choix. Les caractéristiques de la langue de ce manuscrit devraient intéresser au premier chef «les recherches en localisation», auxquelles s'emploient de façon neuve les dialectologues. Notre propre étude du manuscrit nous a convaincu, après W. Foerster, de l'existence

de deux copistes, la seconde main apparaissant aux vers 3105 -
3115, puis 4675 - 5592, avant d'achever le roman (vv. 5769 -
6702). La langue du premier copiste est assez neutre. W. Foerster
et A. Micha qualifient le manuscrit de champenois. Faute d'indices
clairs de dialecte champenois, nous le décririons plutôt comme
francien, peut-être de l'Est de l'Ile-de-France, discrètement coloré
de traits du Nord (cf. par exemple les formes caractéristiques *biaus
fiuz*). Relevons toutefois la réduction *ui* à *u* (vv. 1869 et 3383), qui
relève des parlers de l'Est. Le second copiste soulève beaucoup
plus de problèmes et sa langue mériterait une étude attentive. Une
forte empreinte occidentale s'y démontre en effet : pronom
féminin *lié* (cf. v. 5090 et *passim*), réduction de la diphtongue /ei/
à /ɛ/ (cf. v. 4950 et *passim*), forme nasalisée *cen* (v. 5043 *et
passim*), forme *ers* (v. 5329) ; formes de la 1re pers. du pluriel en
-om, -on (v. 5375 et *passim*), terminaison d'infinitifs en *-er* (*aver,
saver*, cf. vv. 4765 - 4766), avec des traits plus spécifiquement
anglo-normands : formes *bof* (v. 4976), *ovec* (v. 5153), *oncor*
(v. 4716), ou la réduction de /ai/ à /a/ qui est du Nord mais aussi,
plus tardivement, de l'anglo-normand (v. 5360), etc. On voudra
bien se reporter aux notes de l'apparat critique. D'autres particula-
rités (le pronom *lo*, l'infinitif *seure*, v. 4923, les formes *outreir*,
v. 4895, *meirs*, v. 5194) sont de l'Est, mais restent isolées.
Comment les interpréter ? Négligences orthographiques, *scripta*
hybride, usage interdialectal, formes qui ont voyagé (par ex. les
désinences *-ommes* en picard-wallon) ? En revanche la présence
de rimes picardes en *-ie* (réduction de *-iee*) aux vv. 5933 - 5934
(*greïllie : vie*), 6009 - 6010 *(apareillie : tallie)*, 6195 - 6196
(blecie : depecie) dans tous les manuscrits, sauf Guiot (qui en
garde pourtant trace au v. 5933 au prix d'une incompréhension)
pose la question de savoir si les copies antérieures de l'œuvre ne
devraient pas être localisées en Picardie. Les aires successives de
diffusion de l'œuvre en seraient-elles d'autant éclairées, à savoir
un auteur champenois,[1] une importante transmission picarde, des
copies du Centre et de l'Est, mais aussi de l'Ouest ou du domaine
anglo-normand ? Il ne nous appartient pas de trancher ici ces

---

1. Sur la langue de l'auteur, on relèvera la rime champenoise *james : dames*,
disparue de notre manuscrit aux vv. 5969 - 5970, et l'emploi rare de *joie* comme
substantif masculin, attesté par les manuscrits N et R au v. 6534, qu'on retrouve
dans *Erec*, Guiot, v. 6576.

questions, mais le travail de l'éditeur doit offrir aux chercheurs des matériaux immédiatement appréhendables pour frayer les nouveaux chemins de l'histoire et de la philologie.

À vrai dire, ces quelques années passées en compagnie de l'œuvre de Chrétien furent un long apprentissage de l'humilité, dans l'admiration pour nos devanciers : nous avons déjà rendu hommage à W. Foerster qui fit œuvre d'amour, raison pour laquelle Jean Frappier, qui aimait Chrétien de Troyes, revenait toujours à la grande édition critique, mais nous aurions garde d'oublier, parmi nos grands maîtres en Sorbonne, Alexandre Micha, qui débuta son étude de la tradition manuscrite de l'œuvre de Chrétien par *Cligés* justement, le plus difficile. Nous connaissions aussi sa traduction de 1957 chez Champion, dont nous avions goûté en son temps l'élégance, mais nous n'imaginions pas, avant de nous être nous-même rompu aux difficultés d'un texte aussi résistant voire retors, à quel point elle avait su épouser le rythme, rendre la subtilité et révéler la profondeur d'un roman qu'on croyait de transition mais qui porte la marque définitive du chef-d'œuvre.

L'établissement du texte, la collation des manuscrits et la traduction ont été, entre O. Collet et moi-même, une œuvre commune, fruit d'une longue habitude de travail partagé dans l'amitié, même si je peux revendiquer plus spécialement les choix de l'apparat critique et le style de la traduction.

INDICATIONS BIBLIOGRAPHIQUES

Éditions

Christian von Troyes, *Sämtliche erhaltene Werke nach allen bekannten Handschriften*, I, *Cligés*, hgg. von Wendelin Foerster, Halle, Max Niemeyer, 1884 [« Grosse Ausgabe »].

Kristian von Troyes, Cligés, hgg. von W. Foerster, vierte verkürzte Auflage besorgt von A. Hilka, Halle, Max Niemeyer, 1921 (Romanische Bibliothek, I) [« Kleine Ausgabe », trois premières éditions parues en 1888, 1901 et 1910].

Les Romans de Chrétien de Troyes édités d'après la copie Guiot (Bibl. Nat. Fr. 794), II : *Cligés*, publié par Alexandre Micha, Paris, Champion, 1957 (CFMA, 84).

Chrétien de Troyes, Cligés, ed. by Claude Luttrell and Stewart Gregory, Cambridge, D.S. Brewer, 1993 (Arthurian Studies, XXVIII).

Chrétien de Troyes, *Le manuscrit d'Annonay*, éd. par Albert Pauphilet, Paris, Droz, 1934 (Cligés, pp. XVII - LI).

PAUPHILET, Albert, « Nouveaux fragments manuscrits de Chrétien de Troyes », *Romania*, 63, 1937, pp. 310 - 323.

FLUTRE, Louis-Fernand, « Nouveaux fragments du manuscrit dit d'Annonay des œuvres de Chrétien de Troyes », *Romania*, 75, 1954, pp. 1 - 21.

GREGORY, Stewart, « Fragments inédits du *Cligès* de Chrétien de Troyes : le ms. de l'Institut de France », *Romania*, 106, 1985, pp. 254 - 269.

Traduction

Chrétien de Troyes, *Cligès, roman traduit de l'ancien français*
par Alexandre Micha, Paris, Champion, 1957.

Études

BERTOLUCCI, Valeria, « Di nuovo su *Cligés* e *Tristan* », *Studi
Francesi*, 18, 1962, pp. 401 - 413.

CLINE, Ruth H., « Heart and Eyes », *Romance Philology*, 25,
1971 - 1972, pp. 263 - 297.

COCITO, Luciana, *Il « Cligès » di Chrétien de Troyes*, Gênes,
Bozzi, 1968.

ENDERS, Jody, « Memory and Psychology of the Interior Mono-
logue in Chrétien's *Cligès* », *Rhetorica* (The International
Society for the History of Rhetoric), X, 1, 1992, pp. 5 - 23.

FAVATI, Guido, « Una traccia di cultura neoplatonica in Chrétien de Troyes : il tema degli occhi come specchio (*Cligès*,
vv. 629 - 749) », *Studi in onore di Carlo Pellegrini*, Turin,
1963, pp. 3 - 13.

FOURRIER, Anthime, *Le courant réaliste dans le roman courtois
au Moyen Âge*, t. I, « Les débuts (xiiᵉ s.) », Paris, Nizet, 1960.
Voir du même sur la chronologie de Chrétien de Troyes
BBSIA, II, 1950, pp. 69 - 88.

FRAPPIER, Jean, *Le roman breton, Chrétien de Troyes :
« Cligès »*, Paris, CDU, 1951 (« Les cours de Sorbonne »).
Voir aussi le chapitre consacré à Cligès dans *Chrétien de
Troyes*, Paris, Hatier, nouv. éd. 1968 (Connaissance des Let-
tres), pp. 104 - 121.

FREEMAN, Michelle A., *The Poetics of « Translatio Studii » and
« Conjointure » : Chrétien de Troyes's « Cligès »*, Lexington,
French Forum Publ., 1979 (French Forum Monographs, 12).
Voir aussi « Cligès », dans D. Kelly, ed., *The Romances of
Chrétien de Troyes : A Symposium*, Lexington, French
Forum Publ., 1985.

GROS, Gérard, « La *semblance* de la *verrine*. Description et
interprétation d'une image mariale », *Le Moyen Âge*, 97,
1991, pp. 217 - 257.

GUERREAU, Anita, « Romans de Chrétien de Troyes et contes folkloriques. Rapprochements et observations de méthode », *Romania*, 104, 1983, pp. 1 - 48.

HAIDU, Peter, *Aesthetic Distance in Chrétien de Troyes : Irony and Comedy in « Cligès » and « Perceval »*, Genève, Droz, 1968 (Histoire des idées et critique littéraire, 17).

À lire du même, « Au début du roman, l'ironie », *Poétique*, 9, 1978, pp. 443 - 466.

HAUVETTE, Henri, *La morte vivante*, Paris, Boivin, 1933 [notamment pp. 100 - 108].

HUNT, Tony, « Chrestien and the Comediae », *Mediaeval Studies*, 40, 1978, pp. 120 - 156.

– « Aristotle, Dialectic and courtly literature », *Viator*, 10, 1979, pp. 95 - 129.

LAURIE, Helen C., « Chrétien de Troyes and the love religion », *Romanische Forschungen*, 101, 1989, pp. 169 - 183.

– « Cligès and the Legend of Abelard and Heloïse », *Zeitschrift für romanische Philologie*, 107, 1991, pp. 324 - 342.

MADDOX, Donald L., « Critical Trends and Recent Works on the *Cligès* of Chrétien de Troyes », *Neuphilologische Mitteilungen*, 74, 1973, pp. 730 - 745.

MICHA, Alexandre, « *Eneas* et *Cligès* » ; « *Tristan* et *Cligès* », articles antérieurs repris dans *De la chanson de geste au roman*, Genève, Droz, 1976 (Publications romanes et françaises, 139), pp. 55 - 61 et 63 - 72.

OWEN, D.D.R., « Profanity and its Purpose in Chrétien's *Cligès* and *Lancelot* », D.D.R. Owen, ed., *Arthurian Romance : Seven Essays*, Edimbourg et Londres, Scottish Academic Press, 1970, pp. 37 - 48.

PAOLI, Guy, « La relation œil-cœur. Recherches sur la mystique amoureuse de Chrétien de Troyes dans *Cligès* », « Le *Cuer* au Moyen Âge », *Senefiance*, n° 30, Publications du C.U.E.R.M.A., Université de Provence, 1991, pp. 233 - 244.

PARIS, Gaston, « Cligès », dans *Mélanges de littérature française du Moyen Âge* publiés par Mario Roques, Paris, 1912, pp. 229 - 327 (d'abord paru dans le *Journal des Savants*, août et décembre 1902).

On lira aussi du même « La femme de Salomon », *Romania*, 9, 1880, pp. 436 - 443.

POLAK, Lucie, *Chrétien de Troyes : « Cligés »*, Londres, Grant and Cutler, 1983. (Critical Guides to French Texts, 23.)

Voir également « *Cligés*, Fénice et l'arbre d'amour », *Romania*, 93, 1972, pp. 303 - 316.

RIBARD, Jacques, « Le symbolisme des quatre éléments dans le tournoi d'Osenefort du *Cligès* de Chrétien », D. Buschinger, éd., *Les quatre éléments dans la culture médiévale*, Göppingen, Kümmerle, 1983, (G.A.G., 386), pp. 163 - 169.

SHIRT, David J., « *Cligés*, a XIIth C. Matrimonial Casebook ? », *Forum for Modern Language Studies*, 18, 1982, pp. 75 - 89.

STIENNON, Jean, « Histoire de l'art et fiction poétique dans un épisode du *Cligés* de Chrétien de Troyes », *Mélanges Rita Lejeune*, I, 1969, pp. 695 - 708.

TOPSFIELD, Leslie T., *Chrétien de Troyes : A Study of the Arthurian Romances*, Cambridge, University Press, 1981 (pp. 64 - 102).

WALTER, Philippe, « L'or et l'essai : Hermétisme et Tradition dans *Cligès* de Chrétien de Troyes », *Razo*, Cahiers du Centre d'Études médiévales de Nice, n° 11, 1990, « Traditions ésotériques littéraires au Moyen Âge », pp. 9 - 24.

Tradition manuscrite et critique textuelle

MICHA, Alexandre, *Prolégomènes à une édition de Cligès*, Paris, 1939 (Annales de l'Université de Lyon, 3e série, fasc. 8).

– *La tradition manuscrite des romans de Chrétien de Troyes*, Genève, Droz, nouv. éd. 1966 (Publications romanes et françaises, 90) [pp. 103 - 127 ; 199 - 209 ; 221 - 226 ; 286 - 288 ; 294 - 295 ; 304 - 308 ; 316 - 318 ; 329 - 332 ; 338 - 339 ; 360 - 370 ; 373 - 378].

BUSBY, Keith, Nixon, T., Stones, A., et Walters, L., *The Manuscripts of Chrétien de Troyes*, Amsterdam/Atlanta GA, Éditions Rodopi, 1993, 2 vol. Voir Gregory, S., et Luttrell, Cl., « The Manuscripts of *Cligés* ».

DEES, Antonij, « Analyse par l'ordinateur de la tradition ms. du *Cligès* de Chrétien de Troyes », *Actes du XVIIIe Congrès*

International de Linguistique et de Philologie romanes, Université de Trèves, 1986, Tübingen, Max Niemeyer, 1988, t. VI, pp. 62 - 75.

FAVATI, Guido, « Le *Cligès* de Chrétien de Troyes dans les éditions critiques et dans les manuscrits », *Cahiers de civilisation médiévale*, 10, 1967, pp. 385 - 407.

COCITO, Luciana, « Per un'edizione critica del *Cligès* », *Studi e Testi romanzi e mediolatini*, 2, Gênes, Bozzi, 1971, pp. 125 - 133.

WALTERS, Lori, « Le rôle du scribe dans l'organisation des manuscrits des romans de Chrétien de Troyes », *Romania*, 106, 1985, pp. 303 - 325 [étude des mss. B (BN, Fr 1450) et P (BN, Fr 375)].

Ici comence li romanz de Cligés

Cil qui fist d'Erec et d'Enide,
Et les comandemenz d'Ovide
Et l'art d'amors en romanz mist,
4 Et le mors de l'espaule fist,
Dou roi Marc et d'Iseut la Blonde,
Et de la hupe et de l'aronde
Et dou rousignol la muance,
8 .I. novel conte recomence
D'un vallet qui en Grece fu
Dou lignage le roi Artu.
Mais einz que de lui rien vos die
12 Orroiz de son pere la vie,
Dont il fu et de quel lignage.
Tant fu preuz et de haut parage
Que por pris et por los conquerre
16 Ala de Grece en Engleterre,
Qui lors estoit Breteigne dite.
Ceste estoire trovons escrite,
Que conter vos vuel et retraire,
20 En .I. des livres de l'aumaire
Mon seignor saint Pere a Beauvez.
De la fu cist contes estrez
Dont cest romanz fist Crestiens.
24 Li livres est molt anciens
Qui tesmoigne l'estoire a voire :
Por ce fet ele meulz a croirre.
Par les livres que nos avons
28 Les faiz des anciens savons
Et dou siecle qui fu jadis.
Ce nos ont nostre livre apris
Que Grece ot de chevalerie
32 Le premier los et de clergie,
Puis vint chevalerie a Rome
Et de la clergie la somme,

▶ * *Leçons du manuscrit C non conservées*
1. Erech *CT.* **19.** c. m'oez *(leçon isolée).* **27.** Por *(leçon isolée).*
** *Variantes de l'édition critique*
14. *Leçon de PCT. Var. ASBR* corage. **22.** li c.

Ici commence le roman de *Cligès*.
Celui qui traita d'*Erec et Enide*,
mit les commandements d'Ovide
et l'*Art d'aimer* en français,
fit la *Morsure de l'épaule*,
traita du roi Marc et d'Yseut la blonde,
et de la métamorphose du rossignol,
de la huppe et de l'hirondelle,
se remet à un nouveau conte,
d'un jeune homme qui vivait en Grèce
qui était du lignage du roi Arthur.
Mais avant que je vous parle de lui,
vous entendrez la vie de son père,
d'où il fut et de quel lignage.
Il était si vaillant et de si haute naissance
que pour acquérir honneur et renom,
il vint de Grèce en Angleterre,
qui s'appelait alors Bretagne.
Nous la trouvons écrite, cette histoire
que je veux vous conter et retracer,
dans un des livres de la bibliothèque
de monseigneur Saint-Pierre à Beauvais.
De là fut tiré le conte
dont Chrétien a fait ce roman.
Le livre est très ancien,
qui atteste la vérité de l'histoire :
elle en est d'autant plus digne de foi.
Par les livres que nous avons,
nous sont connus les faits des anciens
et ce que fut le temps jadis.
Voici ce que nous ont appris nos livres :
la Grèce fut, en chevalerie
et en savoir, renommée la première,
puis la vaillance vint à Rome
avec la somme de la science,

Qui or est en France venue.
36 Dex doint qu'ele i soit retenue
Tant que li leus li embelisse
Si que ja mais de France n'isse
L'ennors qui s'i est arestee. [fo 83 vb]
40 Dex l'avoit as altres prestee,
Que des Grezois ne des Romains
Ne dit en mais ne plus ne mains,
D'eus est la parole remese
44 Et esteinte la vive brese.
Crestiens comence son conte,
Si com l'estoire le reconte,
Qui traite d'un empereor
48 Poissant de richece et d'ennor
Qui tint Grece et Costentinoble.
Empererriz i ot molt noble
Dont l'empere ot .II. enfanz,
52 Mes einz fu li premiers si granz
Que li autres nessance eüst
Que li premiers, s'il li pleüst,
Poïst chevaliers devenir
56 Et le rëaume meintenir.
Li premiers ot non Alixandres,
Alis fu apelez li mendres.
Alixandres ot non li peres
60 Et Tantalis ot non la mere.
De l'empereriz Tantalis,
De l'empereor et d'Alis
La parole vos lesserai.
64 D'Alixandre vos parlerai,
Qui tant fu corageus et fiers
Que il ne deigna chevaliers
Devenir en sa region.

▶ * **40.** a .I. roi p. *Corr. d'après A(B). Cp. R(P)* a Greiois. **42.** dist. **47.** traite est (*CR, cp. T* estraite est). *Corr. d'après PB(S).*
** **37.** Et que li l. li abelisse *(ASPB, vs CRT).* **41.** *Var. SPRT* Mes, *AB* Car. **42.** *Seuls AC donnent ici la bonne leçon.* **44.** Estainte en est *(ST).* **45-49.** *C. Luttrell et S. Gregory mettent un point au v. 45 et une virgule au v. 49.* **46.** *Leçon de SCRT. Var. APB* li livres. **54.** se lui p. **56.** Et tot l'empire *(APB, vs CRT, S).* **63.** atant l. *(PB, A).* **64.** *Var. B(A)* conterai.

qui maintenant est venue en France.
Dieu fasse qu'on l'y retienne assez
pour que l'endroit lui sourie,
et que jamais ne sorte de France
la gloire qui s'y est arrêtée.
Dieu l'avait prêtée aux autres,
car quant aux Grecs et aux Romains,
le chapitre est clos désormais.
On a cessé de parler d'eux,
elle est éteinte, leur vive braise.
Chrétien commence son conte,
comme l'histoire le raconte,
qui parle d'un empereur
riche en puissance et en gloire
qui possédait la Grèce et Constantinople.
De l'impératrice, très noble,
l'empereur avait deux enfants,
mais le premier était si grand déjà
avant la naissance de l'autre
que, s'il lui avait plu, au premier,
il aurait pu devenir chevalier
et gouverner tout l'empire.
Le premier avait nom Alexandre,
le plus jeune s'appelait Alis.
Alexandre était le nom du père
et Tantalis, le nom de la mère.
De l'impératrice Tantalis,
de l'empereur et d'Alis
je cesserai le propos.
C'est d'Alexandre que je parlerai.
Il avait tant de cœur et de fougue
qu'il ne daigna pas devenir
chevalier en son pays.

68 Oï ot fere mention
    Dou roi Artu qui lors regnoit
    Et des barons que il tenoit
    En sa compeignie touz jorz,
72 Par quoi doutee estoit sa corz
    Et renomee par le monde.
    Coment que la fins li responde
    Et coment que lui en avaigne
76 N'est riens nule qui le retiegne
    Qu'aler ne s'en vueille en Breteigne.
    Mes einz est droiz que congié preigne
    A son pere que il s'en aille
80 En Breteigne n'en Cornoaille.
    Por congié prendre et demander   [fo 84 ra]
    Vet a l'empereor parler
    Alixandres li biaus, li preuz,
84 Ja li dira quex est ses veuz
    Et que il velt fere et enprendre.
    « Biau pere, por ennor aprendre
    Et por conquerre pris et los
88 .I. don, fait il, querre vos os
    Que je vueil que vos me doigniez,
    Ne ja ne le me porloingniez
    Se otroier le me devez. »
92 De ce ne cuide estre grevez
    L'empereres ne poi ne bien,
    L'ennor son fil sor toute rien
    Doit il voloir et covoitier.
96 Molt cuideroit bien esploitier
    – Cuideroit ? Et si feroit il –
    S'il acreissoit l'ennor son fil.
    « Biaus fiuz, fet il, je vos otroi
100 Vostre plesir, et dites moi
    Que vos volez que je vos doigne. »
    Or a bien fete sa besoigne
    Li vallez et molt en est liez

▶ * **68.** Or revueil. *La signature en bas de page* (XVII) *indique que s'achève*
   le 17ᵉ cahier. **90.** poulouignie. **99.** jel.
   ** **72.** Par qu'estoit d. *(vs CTR).* **74.** *Var. AT* l'an.

Il avait entendu faire mention
du roi Arthur, qui régnait alors,
et des seigneurs dont chaque jour
la compagnie l'entourait,
grâce à qui sa cour était redoutée
et renommée de par le monde.
Quelle qu'en soit la conclusion
et quoi qu'il puisse lui arriver,
personne ne pourra le retenir
dans son désir d'aller en Bretagne.
Mais il se doit de prendre congé
de son père avant de s'en aller
en Bretagne ou en Cornouailles.
Pour prendre et demander congé,
Alexandre le beau, le loyal,
va parler à l'empereur.
Il lui dira quel est son vœu
et ce qu'il veut faire et entreprendre.
« Cher père, pour acquérir gloire et renom
et pour faire l'apprentissage de l'honneur,
j'ose vous requérir un don, fait-il,
que je désire que vous me donniez
sans me le faire attendre
si vous devez me l'octroyer. »
L'empereur ne voit rien là
dont il ait à s'affliger,
l'honneur de son fils est par-dessus tout
ce qu'il doit vouloir et désirer.
Ce serait très bien agir, croit-il,
– croit-il ? mais c'est chose sûre –
s'il accroissait l'honneur de son fils.
« Cher fils, fait-il, je vous accorde
votre plaisir, mais dites-moi
ce que vous voulez que je vous donne. »
Voilà une affaire bien menée
pour le jeune homme, il est rempli de joie

104 Quant li dons li fu otroiez
　　Qu'il tant desirroit a avoir.
　　« Sire, fet il, volez savoir
　　Que vos m'avez acreanté ?

108 Je vueil avoir a grant plenté
　　De vostre or et de vostre argent,
　　Et compeignons de vostre gent
　　Tex com ge les voudrai eslire,

112 Car issir vueil de vostre empire,
　　S'irai presenter mon servise
　　Au roi qui Breteigne joustise
　　Por ce que chevalier me face.

116 Ja n'avrai armee la face
　　Ne hiaume en chief, jel vos plevis,
　　A nul jor que je soie vis,
　　Tant que li rois Artus me ceigne

120 L'espee, se faire le deigne,
　　Que d'autrui ne vueil armes prendre. »
　　L'empereres, sanz plus atendre,
　　Respont : « Biauz fiz, por Deu ne dites !

124 Cist païs est vostres touz quites					[fo 84 rb]
　　Et Costentinoble la riche,
　　Ne me devez tenir por chiche
　　Quant si biau don vos vueil doner.

128 Par tens vos ferai coroner
　　Et chevaliers seroiz demain,
　　Toute Grece iert en vostre main,
　　Et de voz barons recevez,

132 Si com recevoir les devez,
　　Les seremenz et les homages.
　　Qui ce refuse n'est pas sages. »
　　Li vallez entent la promesse

136 Que l'endemain aprés la messe
　　Le velt ses peres adouber,
　　Et dit qu'il iert mauvés ou ber

▶ * **105-106.** *Intervertis* (Que je t. desirre). *Corr. d'après ABR* (*P* desire). **130.** est *(leçon isolée). Corr. d'après AP* (*BSR* ert). *Au v. suivant, seuls AB ont le futur :* recevrez, *inférieur pour la rime.* **138.** est *(corr. d'après AP, BRS* ert). *Le modèle de C devait présenter la forme* ert.

de se voir accorder le don
qu'il désirait tant obtenir.
« Sire, fait-il, voulez-vous savoir
ce que vous m'avez promis ?
Je veux avoir en abondance
de votre or et de votre argent
et pour compagnons ceux de vos gens
que je souhaiterai choisir,
car je veux quitter votre empire.
J'irai offrir mon service
au roi qui gouverne la Bretagne,
pour qu'il me fasse chevalier.
Jamais un jour dans ma vie
je n'aurai le visage armé
ni heaume en tête, je vous le jure,
avant que le roi Arthur ne m'ait ceint
l'épée, s'il daigne le faire :
je ne veux recevoir mes armes d'un autre. »
L'empereur, sans plus attendre,
répond : « Cher fils, par Dieu, taisez-vous !
Ce pays est à vous en toute franchise,
avec Constantinople la magnifique.
Vous ne devez pas me tenir pour chiche
alors que je veux vous faire un si beau don.
Bientôt je vous ferai couronner
et vous serez chevalier dès demain.
La Grèce entière sera entre vos mains.
Recevez de vos barons
ainsi qu'il convient de le faire
les serments et les hommages.
Le refuser, c'est manquer de sagesse. »
Le jeune homme entend la promesse
de son père, qui veut l'adouber,
le lendemain, après la messe.
Il dit qu'il sera lâche ou brave

En autre païs que el suen.

140 « Se vos volez fere mon boen
De ce que je vos ai requis,
Donc me donez et ver et gris
Et boens chevaux, et dras de soie,

144 Car ainçois que chevaliers soie
Voudrai servir le roi Artu.
N'ai pas encor si grant vertu
Que je poïsse armes porter.

148 Nus ne me porroit enorter
Par priere ne par losenge
Que je n'aille en la terre estrange
Veoir le roi et les barons,

152 De cui si granz est li renons
De cortoisie et de proesce.
Meint haut home par lor peresce
Perdent grant los que il porroient

156 Avoir se par le monde erroient.
Ne s'acordent pas bien ensemble
Repos et los, si com moi semble,
Car de rien nule ne s'alose

160 Riches hom qui touz jorz repose.
Proesce est fais a mauvés home
Et au preuz est mauvestiez some,
Einsint sont contraire et divers.

164 Et cil est a son avoir sers
Qui touz jorz le garde et acroist.
Biau pere, tant come il me loist
Los aquerre, se je tant vail,   [fo 84 va]

168 I vueil mestre poine et travail. »
De ceste chose a sanz dotance
L'emperere joie et pesance.
Joie a de ce que il entent

172 Que ses fiuz a proesce entent,
Et pesance de l'autre part

** **151.** *Var. AB* ses b. **165.** l'amasse (*ASPB, vs CRT*). **169.** *Leçon de BCR.*
Var. a *manque (cf. vers suivant).* **170.** *Var. T* L'emperere a (*A* ot), *S* A li
peres (*P* Ot l'empereres). *L'insistance* a joie *(169) /* Joie a *(170) n'est attestée
que par T. Faut-il l'attribuer à Chrétien ?*

en un autre pays que le sien.
« Si vous voulez satisfaire
à la requête que je vous ai faite,
donnez-moi fourrures de petit-gris,
bons chevaux et vêtements de soie,
car avant d'être chevalier,
je voudrai servir le roi Arthur.
Je n'ai pas encore tant de mérite
que je puisse porter les armes.
Nul ne pourrait me dissuader
par prière ou par flatterie
d'aller en terre étangère
pour voir le roi et ses barons,
dont est si grand le renom
de courtoisie et de prouesse.
Maints grands seigneurs, par leur paresse,
perdent la haute gloire qu'ils pourraient
acquérir, s'ils allaient de par le monde.
Repos et gloire, ce me semble,
ne s'accordent pas bien ensemble,
car il ne s'illustre guère,
le puissant qui toujours se repose.
La prouesse est pesante au lâche,
mais au vaillant, la lâcheté est un fardeau :
ce sont choses contraires et opposées.
Il est l'esclave de ses biens
celui qui toujours les amasse et accroît.
Cher père, tant qu'il m'est permis
d'acquérir de la gloire, si j'en suis capable,
je veux y mettre mes efforts et ma peine. »
De cette chose, sans aucun doute,
l'empereur a joie et chagrin :
joie, d'apprendre de son fils
qu'il rêve de prouesse,
et chagrin d'autre part

Por ce que de lui se depart.
Mais por l'otroi qu'il li a fait,
176 Quelque pesance qu'il en ait,
Li covient son boen consentir,
Qu'anpereres ne doit mentir.
« Biauz fiuz, fet il, laissier ne doi,
180 Quant a ennor penser vos voi,
Que ne face vostre plesir.
En mes tresors poez sesir
D'or et d'argent pleinnes .II. barges,
184 Mes gardez que molt soiez larges
Et cortois et bien affetiez. »
Or est li vallez bien hetiez
Quant ses peres tant li promet
188 Q'a bandon son tresor li met
Et si li enorte et comande
Que largement doint et despende,
Et si li dit reson por quoi :
192 « Biaus fiuz, fet il, de ce me croi
Que Largece est dame et reïne
Qui toutes vertuz enlumine,
Ne n'est mie grief a prover.
196 En quel leu porroit en trover
Home, tant soit poissanz ne riches,
Ne soit blamez se il est chiches ?
Qui a tant d'autre bien sanz grace,
200 Que Largece loer ne face ?
Par lui fet preudome Largece,
Ce que ne puet fere hautece
Ne cortoisie ne savoirs,
204 Ne gentillece ne avoirs,
Ne force ne chevalerie,
Ne hardement ne seignorie,
Ne biautez ne nule autre chose,

▸ * **199.** atent autrui b. *Corr. d'après A(B).* **200.** loier.
** **180.** *Leçon de PCRT. Var. AB* tandre. **199.** *Ce vers a fait difficulté.
Non-sens dans C, de même dans RT* (est tant). *S simplifie :* Ne nus tant ait
malvaise g. *P est plus rhétorique :* Tot bien sont a celui damace / Qui L.
(...). *A, confirmé par B* (a itant de b.), *transmet la bonne version.* **201.** Par
soi *(AB),* Par li *(PT). R comme C.*

parce qu'il se sépare de lui.
Mais, pour la promesse qu'il lui a faite,
quelque chagrin qu'il en ait,
il doit lui donner satisfaction :
un empereur ne doit pas mentir.
« Cher fils, je ne dois pas manquer,
dit-il, de satisfaire votre volonté,
quand je vous vois penser à l'honneur.
Vous pouvez prendre en mes trésors
deux pleines barges d'argent et d'or,
mais sachez vous montrer large,
courtois et bien vous tenir. »
Le jeune homme est tout joyeux
quand son père lui fait la promesse
de lui ouvrir à discrétion son trésor
et qu'il l'exhorte et l'invite
à donner et dépenser avec largesse,
et il lui en dit la raison :
« Cher fils, fait-il, crois-moi sur ce point :
Largesse est la dame souveraine
qui illumine toutes les vertus,
et ce n'est pas difficile à prouver.
En quel lieu pourrait-on trouver
un homme, si puissant et riche fût-il,
qui ne fût blâmé s'il est chiche ?
Qui a tant d'autres qualités dont on ne fait cas
que Largesse ne fasse louer ?
Largesse à elle seule fait un homme de bien,
ce que ne peuvent ni haut rang,
ni courtoisie ni sagesse
ni noblesse ni avoir,
ni force ni vaillance
ni hardiesse ni pouvoir,
ni beauté ni aucune autre chose,

208 Mes tot ausi come la rose
　　Est plus de nule autre fleur bele,
　　Quant ele naist fresche et novele,　　　　　[fo 84 vb]
　　Aussi la ou Largece vient
212 Desor toutes vertuz se tient,
　　Et les bontez que ele trueve
　　En preudome, quant bien se prueve,
　　Fet a .V.C. doubles monter.
216 Tant a en Largece a conter
　　Que n'en diroie la moitié. »
　　Bien a li vallez esploitié
　　De quanqu'il a quis et rové,
220 Que ses peres li a trové
　　Tout quanqu'il li vient a craante.
　　Molt fu l'empererriz dolente
　　Quant de la voie oï parler
224 Ou ses fiuz en devoit aler,
　　Mes qui qu'an ait duel ne pesance,
　　Ne qui que li tort a enfance
　　Et qui que li blame et deslot,
228 Li vallez au plus tost qu'il pot
　　Comanda ses nés aprester,
　　Car il n'ot cure d'arester
　　En son païs plus longuement.
232 Les nés par son comandement
　　Furent chargiees celle nuit
　　De vin, de char et de bescuit.
　　Les nés sont chargiees au port,
236 Et l'endemain, a grant deport
　　Vint Alixandres el sablon,
　　Ensemble o lui si compeignon
　　Qui lié estoient de la voie.
240 Li emperes les convoie
　　Et l'empererriz, qui molt poise.
　　Au port truevent, lez la faloise,

▶ * 214. l'esprueve. *Corr. d'après* BPRT (A qui b.). 222. l'emperrerit.
238. Ensemble lui. *Corr. d'après* PRT. 240. L'emperes les i c. (CR).
** 221. *Var.* A vint, PB fu. R comme C. 229. *Var.* AS comande. 230. *Var.*
A(P) n'i vialt plus, BRS n'a c.

mais ainsi que la rose
plus que nulle autre fleur est belle
quand elle naît, fraîche et nouvelle,
ainsi Largesse, là où elle survient,
domine toute autre vertu
et augmente mille fois la valeur
des mérites qu'elle trouve
dans la conduite d'un homme de bien.
Il y a tant à dire sur Largesse
que je n'en conterais pas la moitié. »
Le jeune homme a su obtenir
tout ce qu'il a requis et demandé,
car son père lui a trouvé
tout ce dont il a le désir.
L'impératrice fut très affligée
quand elle entendit parler du voyage
que son fils devait entreprendre,
mais, au mépris des peines, des chagrins,
dût-on le taxer de légèreté,
voulût-on le blâmer ou le dissuader,
le jeune homme, sitôt qu'il put,
commanda d'équiper ses navires,
fort peu soucieux de s'attarder
plus longuement en son pays.
Les navires, sur son ordre,
furent chargés la nuit même
de vin, de viande et de biscuits.
Les navires sont chargés au port,
et le lendemain, à sa grande joie,
Alexandre vint à la grève,
ses compagnons avec lui,
qui se réjouissaient du voyage.
L'empereur leur fait escorte
avec l'impératrice, très abattue.
Au port, près de la falaise, ils trouvent

Les mariniers dedenz les nés.
244 La mers fu pesible et soés,
Li venz douz et li airs serains.
Alixandres touz premerains,
Quant de son pere fu partiz,
248 Au congié de l'empereriz
Qui le cuer ot dolent el ventre,
Del batel en la nef s'en entre,
Et si compeignon avec lui,
252 Emsemble quatre, troi et dui,
Tencent d'entrer sanz atendue.   [fo 85 ra]
Tantost fu la voile tendue
Et la barge desaancree.
256 Cil de terre, cui pas n'agree
Des vallez que aler en voient,
Tant comme il pueent les convoient
De la veue de leur euz,
260 Et por ce qu'il les puissent meuz
Et plus longuement esgarder
S'en vont tuit ensemble monter
Lez la marine en .I. haut pui.
264 D'ilec esgardent lor ennui
Tant comme il le puent veoir.
Lor ennui esgardent por voir,
Que des vallez molt lor ennuie,
268 Que Damledex a port conduie
Sanz encombrier et sanz peril.
En la mer furent tot avril
Et une partie de mai.
272 Sanz grant peril et sanz esmai
Vindrent au port desouz Hantone,
.I. jor entre vespres et none,
Gietent lor ancre, port ont pris.
276 Li vallet qui n'orent apris
A sofrir mesaise ne poine,

▶ * 245. et li tens *(leçon isolée).*
   ** 265. Leçon de PCT supérieure à SB (les). *Les leçons* ami de Guiot *(v. 266)
   et de S (vv. 264 et 266) reposent sur une mauvaise lecture de* anui. **275.** *Leçon
   de PCRT(S). Var.* s'ont port p. (*B,* si *A*).

les équipages dans les navires.
La mer était paisible et calme,
le vent doux et l'air serein.
Alexandre tout le premier,
après avoir quitté son père,
et pris congé de l'impératrice
qui en avait, au fond d'elle-même, le cœur gros,
monte de la barque dans le navire
et, avec lui, ses compagnons,
par groupes de quatre, de trois, de deux,
se pressent d'entrer, à qui mieux mieux.
La voile fut aussitôt tendue
et le bateau leva l'ancre.
Ceux qui restent à terre, désolés
de voir s'en aller les jeunes gens,
les suivent, autant qu'ils peuvent,
attentivement du regard,
et afin de pouvoir mieux
et plus longtemps les regarder,
ils montent tous ensemble
sur une hauteur près de la côte.
Ils contemplent de là leur affliction
aussi longtemps qu'ils peuvent la voir.
C'est bien leur affliction qu'ils contemplent,
car ils s'affligent au sujet des jeunes gens :
puisse Dieu les conduire à bon port
sans encombre et sans péril.
Ils furent en mer tout avril
et une partie de mai.
Sans grand péril, sans inquiétude,
ils abordèrent à Southampton,
un jour, entre vêpres et none.
Ils jettent l'ancre, ils mouillent au port.
Les jeunes gens, qui n'avaient pas l'habitude
d'endurer malaises et fatigues,

En mer qui ne lor fu pas saine
Orent longuement demoré
280 Tant que trestuit descoloré
Et afebli furent et vain
Tuit li plus fort et li plus sain,
Et neporquant grant joie font
284 Quant de la mer eschapé sont
Et venu la ou il voloient.
Por ce que forment se douloient,
Desus Hantonne se remainent
288 La nuit et grant joie demainent
Et font demander et enquerre
Se li rois iert en Engleterre.
L'en lor dist qu'il ert a Guincestre,
292 Et que molt tost i porront estre
S'il vuelent movoir par matin,
Mes qu'il tieignent le droit chemin.
Ceste novele molt lor plest,
296 Et l'endemain, quant li jorz nest,   [fo 85 rb]
Li vallet par matin s'esveillent,
Si s'atornent et apareillent,
Et quant il furent atorné,
300 De soz Hantonne sont torné
Et ont le droit chemin tenu
Tant qu'a Guincestre sont venu
Ou li rois estoit a sejor.
304 Einçois qu'il fust tierce de jor
Furent a cort venu li Gré.
Au pié descendent dou degré,
Lor escuier et lor cheval
308 Remestrent en la cort aval,
Et li vallet montent amont
Devant le meillor roi dou mont
Qui onques fust ne ja mais soit.
312 Et quant li rois venir les voit,

▶ * **300.** Desus (CT). Corr. d'après ASBR. **301.** Et tout (leçon isolée).
** **290.** Leçon de BCR. Var. APS est. **291.** Leçon de CR. Var. APS est.
304. Leçon de PCRT. Var. AB prime. **307.** Li... li (ANSPB, vs CRT).

étaient si longtemps demeurés
sur la mer qui ne leur convenait pas,
qu'ils en ressortirent tous pâles,
sans vigueur et affaiblis,
même les plus forts et les mieux portants.
Cependant grande est la joie qu'ils montrent
quand ils sont réchappés de la mer
et venus là où ils voulaient.
Comme ils étaient très éprouvés,
ils demeurent à Southampton
cette nuit-là, en menant grande joie,
et ils font bien demander
si le roi était en Angleterre.
On leur dit qu'il était à Winchester
et qu'ils pourront y être bientôt
s'ils veulent partir au matin,
pourvu qu'ils suivent le bon chemin.
Cette nouvelle leur plaît beaucoup,
et le lendemain, au point du jour,
les jeunes gens de bon matin s'éveillent,
ils s'équipent et se préparent,
et, une fois équipés,
ils se sont éloignés de Southampton
et ont suivi le chemin direct
qui les conduit à Winchester
où le roi séjournait.
Avant qu'il fût l'heure de tierce,
les Grecs étaient parvenus à la cour.
Ils descendent au pied des marches,
les écuyers et les chevaux
restèrent en bas dans la cour,
et les jeunes gens sont montés
jusque devant le meilleur roi
qui jamais fût ou soit au monde.
Et quand le roi les voit venir,

Molt li plesent et enbelisent,
Mes ainz que devant lui venissent
Ostent lor mantiaus de lor cous,
316 Que l'en ne les tenist por fous.
Issi trestuit desafublé
En sont devant le roi alé,
Et li baron trestuit se taisent
320 Que li vallet forment lor plesent,
Por ce que biaus et genz les voient.
Ne cuident pas que il ne soient
Tuit de roi ou de contes fil,
324 Et por voir si estoient il,
Et molt erent de bel aage,
Gent et bien fait, de lonc corsage,
Et les robes que il vestoient
328 D'un drap et d'une taille estoient,
D'un semblant et d'une color.
Douze furent sanz lor seignor,
Dont je tant vos dirai sanz plus
332 Q'onc meldres vaslez ne fu nus
Mes sanz outrage et sanz desroi.
Desfublez fu devant le roi
Et fu molt biaus et bien tailliez.
336 Devant lui s'est agenoilliez,
Et tuit li autre par honor
S'agenoillent lez lor seignor.
Alixandres le roi salue,   [fo 85 va]
340 Qui la langue avoit esmolue
A bien parler et sagement.
« Rois, fet il, se de vos ne ment
Renomee qui vos renome,
344 Des que Dex fist le premier home
Ne nasqui de vostre puissance
Rois qui en Deu eüst creance.
Rois, li renons qui de vos cort

▶ * **316.** nes i t. **319.** forment se t. **328.** et d'une robe. **330.** lez lor s. **333.** Et.
** **313.** abelissent *(ANSPB, vs CRT)*. **319-320.** *Leçon de SPCRT. Var. ANB*
Tuit li b. les esgardoient /... molt lor pleisoient. **332.** *Leçon de BCRT. Var.*
ANSP m. de lui ne fu. **333.** *Leçon de SCRT. Var. ANBP* sanz orguel.

il en ressent un très grand plaisir,
mais avant de se présenter à lui,
ils ôtent leurs manteaux de leurs épaules,
afin de ne pas paraître sots.
Dégagés de leurs manteaux,
ils sont allés devant le roi,
et les seigneurs font tous silence
en voyant ces jeunes gens
dont la beauté et la grâce les charment.
Ils ne doutent pas qu'ils soient
tous fils de roi ou de comtes,
et, à vrai dire, ils l'étaient bien,
dans toute la beauté de leur âge,
gracieux et bien faits, de haute taille,
et les vêtements qu'ils portaient
étaient de même tissu, de même coupe,
de même aspect et de même couleur.
Ils étaient douze sans compter leur seigneur.
De lui je vous dirai seulement
qu'il n'y eut jamais meilleur jeune homme,
et avec cela sans orgueil ni démesure.
Il se tenait sans manteau devant le roi,
il était très beau et bien découplé.
Il s'est agenouillé devant lui,
et tous les autres par respect
s'agenouillent à côté de leur seigneur.
Alexandre salue le roi :
il avait la langue exercée
à parler bien et sagement.
« Roi, fait-il, si ne ment pas
la renommée qui vous célèbre,
depuis que Dieu créa le premier homme,
ne naquit aucun roi de votre puissance
parmi ceux qui croient en Dieu.
Roi, la renommée qui court sur vous

348 M'a amené a vostre cort
Por vos servir et honorer,
Et s'i voudrai tant demorer
Que chevaliers soie noviaux,
352 Se mes servises vos est biaux,
De vostre main, non de l'autrui,
Car se je par vos ne le sui,
Ne sarai chevaliers clamez.
356 Se vos tant mon servise amez
Que chevalier me voilliez faire,
Retenez moi, rois deboennere,
Et mes compeignons qui ci sont. »
360 Li rois tout meintenant respont :
« Amis, fet il, ne refus mie
Ne vos ne vostre compeignie,
Mes bien veignant soiez vos tuit,
364 Car bien semblez, et je le cuit,
Que vos estes fil de hauz homes.
Dont estes vos ? – De Grece somes.
– De Grece ? – Voire. – Qui'st tes peres ?
368 – Par ma foi, sire, l'empereres.
– Et coment as non, biaus amis ?
– Alixandres me fu non mis
La ou je reçui sel et cresme
372 Et crestïenté et bautesme.
– Alixandre, biaus amis chiers,
Je vos retieig molt volentiers,
Et molt me plet et molt me hete,
376 Car molt m'avez grant honor fete
Quant venuz estes a ma cort.
Molt vueil que l'en vos i ennort
Com franc vallet et sage et douz.
380 Trop avez esté a genouz,
Relevez sus, jel vos comant,

▶ * **367.** De G. Et qui *(-1)*. *Corr. d'après P (ASRT* Qui est, *B* De G. voir ? et qui t.). **379.** et preu et d. *Corr. d'après ANBR (PS* vassal et s. et d.).
** **370 et 373.** *Nous résolvons l'abréviation Alix' conformément à B. Woledge,* La Syntaxe des substantifs chez Chrétien de Troyes, *Genève, 1979, § 39-40 : « dans les apostrophes Chrétien emploie le cas sujet des noms communs et le cas régime des noms propres. »*

m'a amené à votre cour
pour vous servir et vous honorer,
et je voudrai y demeurer
le temps, si mon service vous agrée,
d'y être fait nouveau chevalier
de votre main et d'aucune autre,
car si je ne le suis par vous,
jamais je ne serai appelé chevalier.
Si vous aimez mon service au point
de daigner me faire chevalier,
gardez-moi près de vous, noble roi,
avec mes compagnons que voici. »
Le roi répond tout aussitôt :
« Ami, fait-il, je ne refuse
ni vous ni ceux de votre suite,
mais soyez tous les bienvenus,
car il apparaît bien, et je le pense,
que vous êtes fils de hauts seigneurs.
D'où venez-vous ? – Nous sommes de Grèce.
– De Grèce ? – Oui. – Qui est ton père ?
– Sur ma parole, sire, l'empereur.
– Et quel est ton nom, cher ami ?
– On me donna le nom d'Alexandre
quand je reçus le sel et le chrême,
et la foi chrétienne au baptême.
– Alexandre, très cher ami,
je vous retiens très volontiers
avec le plus grand plaisir :
vous m'avez fait un grand honneur
quand vous êtes venus à ma cour.
Je veux que vous y soyez honorés
comme des jeunes gens nobles, sages, aimables.
Vous êtes trop restés à genoux :
relevez-vous, je vous l'ordonne,

Et soiez des hore en avant   [fo 85 vb]
De moi et de ma cort privez,
384 Qu'a boen port estes arivez. »
A tant se lievent li Grezois.
Lié sont quant si les a li rois
Deboennerement retenuz.
388 Bien est Alixandres venuz,
Car a rien qu'il vueille ne faut,
N'en la cort n'a baron si haut
Qui bel ne l'apiaut et acueille.
392 Il n'est pas foux ne ne s'orgueille,
Ne ne se fet noble ne cointe.
A mon seignor Gauvain s'acointe
Et aus autres par .I. et un.
396 Molt se fet amer a chascun,
Nis me[s] sire Gauvains tant l'aime
Qu'ami et compeignon le claime.
En la ville chiés .I. borjois
400 Orent pris hostel li Grezois,
Le meillor qu'il porent avoir.
Alixandres ot grant avoir
De Costentinoble aporté,
404 Et ce que li ot enorté
L'empereres et conseillié,
Que son cuer eüst esveillié
A bien doner et a despendre,
408 Voudra sor toute rien entendre.
Molt i entent et molt s'en peine,
Bele vie a son hostel meinne
Et largement done et despent
412 Si come a sa richece apent
Et si com ses cuers li conseille,
Et toute la corz s'en merveille
Ou ce que il despent est pris,
416 Qu'il done a touz chevaux de pris
Que de sa terre ot amenez.

▶ * **398.** *Manuscrit* Q'nmi.
   ** **392.** *Var. P* Cil (*BR* N'il), *N* N'est pas f. ne ne s'an o. **404.** A ce (*ANPB,
   vs CRT*).

et soyez dorénavant
des familiers de ma cour et de moi-même,
car vous êtes arrivés à bon port. »
A ces mots, les Grecs se lèvent,
tout heureux d'être, par le roi,
retenus d'aussi bonne grâce.
Alexandre est le bienvenu,
tous ses souhaits sont comblés,
à la cour, il n'y a si haut seigneur
qui ne lui fasse aimablement bel accueil.
Il n'agit pas en sot, il n'en tire pas gloire,
il ne joue pas le fier ni l'important.
Il se rapproche de monseigneur Gauvain
comme de chacun des autres.
Il se fait aimer de chacun,
et même, monseigneur Gauvain l'aime au point
de l'appeler son ami et compagnon.
Dans la ville, chez un bourgeois,
les Grecs avaient pris leur logement,
le meilleur qu'ils pouvaient avoir.
Alexandre avait, de Constantinople,
apporté de grandes richesses.
Ce que lui avait recommandé
et conseillé l'empereur :
de garder un cœur attentif
à donner sans jamais compter,
il y aspirera plus qu'à tout.
Il s'y applique et s'y efforce :
il mène grand train là où il vit,
et donne et dépense largement
comme il convient à sa richesse
et comme son cœur le lui conseille,
et toute la cour étonnée se demande
où il prend ce qu'il dépense,
car il donne à tous des chevaux de prix
qu'il a amenés de son pays.

Tant s'est Alixandres penez
Et tant fet par son bel servise
420 Que molt l'aime li rois et prise
Et li baron et la reïne.
Li rois Artus en cel termine
S'en volt en Breteigne passer.
424 Touz ses barons fet amasser
Por conseil querre et demander   [fo 86 ra]
A cui il porroit comander
Engleterre tant qu'il revieigne,
428 Qui la gart en pes et meintieigne.
Par le conseil de touz ensemble
Fu comandee, ce me semble,
Au conte Engrés de Guinesores,
432 Car il ne savoient alores
Qu'il eüst barons plus de foi
En toute la terre le roi.
Quant il ot la terre en sa main,
436 Li rois Artus mut l'endemain,
Et la reïne et ses puceles.
En Breteigne vont les noveles
Que li rois vient et si baron,
440 S'en font grant joie li Breton.
En la nef ou li rois passa,
Vallez ne pucele n'entra
Fors Alixandres soulement,
444 Et la reïne voirement
I amena Soredamors,
Qui desdeigneuse estoit d'amors,
N'onques n'avoit oï parler
448 D'ome qu'ele deignast amer,
Tant eüst biauté ne proesce
Ne seignorie ne hautece.
Et neporquant la damoisele

▶ * 422. Ertus. 446. de amors.
** 426. porra (ASPBR, vs NCT). 431. *Le nom d'*Engrés *signifie en ancien français un empressement brutal ou un violent désir. Le contexte en est négatif (désagrément, hostilité).* 432. cuidoient alores (NB, AR ancores, P savoient encore). 435. *Var.* AS cil (*vs* NPCRT). 438. oënt (ANSB, *vs* CR). 446. *Var.* S ere d'a. 447. *Var.* ABS Onques (*vs* NPCRT).

Alexandre a déployé tant d'efforts,
il accomplit si bien ses devoirs à la cour
que le roi l'aime et l'estime beaucoup,
ainsi que la reine et les grands.
Le roi Arthur, à cette époque,
voulut se rendre en Bretagne.
Il fait réunir tous ses barons,
leur demandant conseil pour savoir
à qui il pourra confier
l'Angleterre jusqu'à son retour,
pour la garder et la maintenir en paix.
Suivant leur avis unanime,
elle fut confiée, comme je le vois,
au comte Engrès de Windsor,
car ils ne pensaient pas alors
qu'il y eût de plus fidèle baron
dans toute la terre du roi.
Quand le pays fut entre ses mains,
le lendemain, le roi Arthur partit
avec la reine et ses demoiselles.
La nouvelle arrive en Bretagne
que le roi vient, avec ses grands seigneurs ;
les Bretons s'en font une véritable joie.
Sur le navire qui transportait le roi
ne se trouvaient jeune homme ni demoiselle
à l'exception du seul Alexandre,
et, à la vérité, la reine
y amena Soredamor
qui n'avait que du dédain pour l'amour,
et qui jamais n'avait entendu parler
d'un homme qu'elle daignât aimer,
quels que fussent sa beauté, sa vaillance,
sa noblesse et son rang.
Et cependant la demoiselle

452 Estoit tant avenanz et bele
     Que bien deüst d'amors aprendre
     S'il li pleüst a ce entendre,
     Mes onques n'i volt mestre entente.

456 Or la fera Amors dolente
     Et molt se cuide bien venchier
     Dou grant orgueil et dou dangier
     Qu'ele li a touz jorz mené.

460 Bien a Amors droit asené,
     Qu'au cuer l'a de son dart ferue.
     Sovent palist, et si tressue,
     Et maugré suen amer l'estuet.

464 A grant poine tenir se puet
     Que vers Alixandre n'esgart,
     Mais molt covient qu'ele se gart
     De mon seignor Gauvain son frere.

468 Chierement achate et compere   [fo 86 rb]
     Son grant orgueil et son desdeig.
     Amors li a chaufé .I. beig
     Qui molt l'eschaufe et molt la cuist.

472 Or li est boen et or li nuist,
     Or le veult et or le refuse.
     Ses euz de traïson acuse
     Et dit : « Oeil, vos m'avez traïe !

476 Par vos m'a mes cue[r]s enhaïe
     Qui me soloit estre de foi.
     Or me grieve ce que je voi.
     Grieve ? Non fait, einçois me siet.

480 Et se je voi rien qui me griet,
     Don n'ai ge mes eulz en baillie ?
     Bien me seroit force faillie
     Et poi me devroie prisier

484 Se mes euz ne puis joustisier
     Et faire autre part esgarder.
     Einsint me porrai bien garder
     D'Amor qui joustisier me velt.

▶ * 476. Por *(CT)*.
    ** 462. sovent t. *(ANPB, vs SC, R).* 466. Var. *R(S)* Mes molt estuet *(PB*
    Mes m. li e., *A* Molt li e.). *N* Molt li covient.

était si gracieuse et si belle
qu'elle aurait dû prendre Amour pour maître
s'il lui avait plu de s'y intéresser,
mais elle ne voulait y prêter attention.
A présent Amour va la faire souffrir
et pense bien se venger
de ses refus et du grand orgueil
qu'elle lui a toujours montré.
Amour a visé juste :
de sa flèche, il l'a frappée au cœur.
Souvent elle pâlit, toute en sueur,
malgré elle, il lui faut aimer.
Avec quelle peine elle se retient
de regarder vers Alexandre !
mais elle doit bien prendre garde
à monseigneur Gauvain son frère.
Elle paie et expie chèrement
son grand orgueil et son dédain.
Amour lui a chauffé un bain
où elle étouffe et qui la brûle.
Tantôt il lui est doux et tantôt pénible,
tour à tour, elle le souhaite et le refuse.
Elle accuse ses yeux de trahison
et dit : « Mes yeux, vous m'avez trahie !
Mon cœur par vous m'a prise en haine,
lui qui toujours m'était fidèle.
Ce que je vois maintenant me blesse.
Me blesse ? Non, plutôt me plaît !
Et si je vois chose qui me blesse,
n'ai-je donc tout pouvoir sur mes yeux ?
J'aurais perdu toute force
et devrais m'estimer bien peu,
si je ne pouvais dompter mes yeux
et tourner ailleurs mes regards.
Ainsi pourrai-je bien me garder
d'Amour qui veut me dominer.

488 Que eulz ne voit, a cuer ne deult,
　　Se je nel voi, riens ne m'en iert.
　　Il ne me prie ne requiert,
　　S'il m'amast, il m'eüst requise.
492 Des qu'il ne m'aime ne ne prise,
　　Amerai le je s'il ne m'aime ?
　　Se sa biautez mes euz reclaime
　　Et mi oeil traient au reclaim,
496 Dirai ge por ce que je l'aim ?
　　Nenil, car ce seroit mençonge.
　　Por ce n'a il en moi chalonge,
　　Ne plus ne meins n'i doit clamer,
500 Qu'en ne puet pas des euz amer.
　　Et que m'ont donc forfet mi oeil
　　S'il esgardent ce que je vueil ?
　　Quel corpe et quel tort i ont il ?
504 Doi les en ge blamer ? Nenil !
　　Cui donc ? Moi, qui les ai en garde.
　　Mes eulz a nule rien n'esgarde
　　S'au cuer ne plest et atalente.
508 Chose qui me feïst dolente
　　Ne deüst pas mes cuers voloir,
　　Sa volentez me fait douloir.
　　Douloir ? Par foi, donc sui je fole　　　　　[fo 86 va]
512 Quant par lui vueil ce qui m'afole !
　　Volenté dont me vieigne ennuiz
　　Doi je bien oster se je puis.
　　Se je puis ? Fole, qu'ai je dit !
516 Donc porroie je molt petit
　　Se de moi poissance n'avoie.
　　Cuide m'Amors mestre a la voie
　　Qui les autres siaut desvoier ?
520 Autre li covient envoier,

▶ ** **488.** *Proverbe n° 1766 du recueil édité par J. Morawski : « Que ieus ne voit cuers ne deut », avec variantes « Qui » (= Cui), et « a cuer » ou « ne cuer » (p. 122). On notera l'accord de C avec N.* **490.** *Ja ne me p. il ne r. (AN, BR prise, vs PC).* **495.** *Le réclame est le cri qui rappelle un oiseau de chasse (sur le poing ou au leurre).* **499.** *L'accord NC confirme* doit *(N* doi*). Var. ABR* puet, *SP* puis *(1ᵉ pers., leçon préférée par Cl. Luttrell et S. Gregory).* **506.** *Leçon de BPC(R). Var. ANS* Mi oel *(cas sujet pluriel avec verbe au singulier, cf. B. Woledge, op. cit., p. 54).* **520.** *Leçon de NSCR. Var. APB* Autrui.

Ce qu'œil ne voit, cœur n'en souffre.
Si je ne le vois, il ne me sera plus rien.
Il ne m'adresse prière ni requête :
s'il m'aimait, il m'aurait requise.
Puisqu'il ne m'aime pas, me méprise,
l'aimerai-je si lui ne m'aime ?
Si sa beauté appelle mes yeux
et que mes yeux lui obéissent,
dirai-je pour autant que je l'aime ?
Non, ce serait un mensonge.
Aussi n'a-t-il aucune part en moi,
il n'est fondé à rien réclamer,
car on ne peut aimer des yeux.
Quel crime ont donc commis mes yeux
s'ils regardent l'objet de mes vœux ?
Quelle faute et quel tort commettent-ils en cela ?
Dois-je les en blâmer ? Non !
Et qui donc ? Moi, qui les ai en ma garde.
Mais l'œil ne regarde vers nulle chose
si le cœur ne le veut et n'y incline.
Mon cœur ne devrait pas vouloir
chose dont j'eusse à souffrir.
Son désir cause ma souffrance.
Ma souffrance ? Vraiment, je suis folle,
quand il me fait vouloir ce qui me tue !
Un désir d'où me vient mon tourment,
je dois bien l'arracher, si je puis.
Si je puis ? Folle, qu'ai-je dit ?
J'aurais donc bien peu de pouvoir
si je n'avais d'empire sur moi.
Amour croit-il guider mon chemin,
lui qui égare les autres en route ?
Qu'il y envoie quelqu'un d'autre,

Car je ne sụi de rien a lui,
Ja n'i serai, n'onques n'i fui,
Ne ja n'amerai s'acointance. »

524 Einsint a lui meïsmes tence,
En une hore aime, en autre het.
Tant se doute qu'ele ne set
Li quex li vaille meuz a prendre.

528 Vers Amors se cuide desfendre,
Mes ne li a mestier desfense.
Dex ! Que ne set que vers lui pense
Alixandres de l'autre part !

532 Amors igaument lor depart
Tel livroison com il lor doit.
Molt lor fet bien reson et droit
Quant li uns l'autre aime et covoite.

536 Ceste amors fust laiaus et droite,
Se li uns de l'autre seüst
Quel volenté chascuns eüst,
Mes cil ne set que celle veult,

540 Ne celle de coi cil se deut.
La reïne garde s'en prent
Et voit l'un et l'autre sovent
Descolorer et enpalir

544 Et soupirer et tressaillir,
Mais ne set por coi il le font
Fors que por la mer ou il sont.
Espoir bien s'en aperceüst

548 Se la mers ne la deceüst,
Mes la mers l'engingne et deçoit
Si qu'en la mer l'amor ne voit,

▶ * **539.** que chai c. v. *(dittographie probable, cf.* chascuns, *puis le copiste se reprend mais sans exponctuer).* **550.** Si que *(+1).*

** **525.** Une ore ainme et autre het *(AN, S omet* et, *R* C'une). *L'hiatus existe chez Chrétien (cf. B. Woledge,* Commentaire sur Yvain, *I, pp. 68-69), mais il a gêné P :* et une autre h., *ainsi que C.* **530.** C'or ne set *(ANP, B, vs CRT, S).* vers li *(AN, vs SPCR).* **535.** *Leçon de CRT. Var. AN(B)* Car, *P(S)* Que. **536.** est *(ANR, S, vs CP, B* fu). **537.** *Sur l'asymétrie dans le système hypothétique, voir Ph. Ménard,* Syntaxe, *§ 267 c (avec un subjonctif de regret : « si seulement ! »). Cette valeur expressive disparaît dans C et P (v. 536).* **550.** *Noter la variante de R qui préserve l'homonymie :* Si qu'en la mer l'amer ne voit, *et insiste au vers suivant :* et de l'amer v. *(+1 !).*

moi, je ne suis, ni ne serai,
ni ne fus jamais en rien à lui !
Jamais je n'aimerai le fréquenter. »
Ainsi se prend-elle à partie,
tantôt elle aime, tantôt elle hait.
Elle hésite tant qu'elle ne sait
ce qui pour elle vaut le mieux.
De l'amour, elle croit se défendre,
mais toute défense est vaine.
Dieu ! Que ne sait-elle ce que, de son côté,
Alexandre pense à son endroit !
Amour fait entre eux un égal partage
de tout ce dont il doit les pourvoir.
Il les traite avec justice et sagesse
puisque chacun aime et désire l'autre.
Cet amour eût été juste et bon
si chacun d'eux avait su
le désir qui poussait l'autre,
mais lui ne sait ce qu'elle souhaite
ni elle, ce dont il souffre, lui.
La reine s'en est avisée,
elle les voit souvent l'un et l'autre
perdre leurs couleurs et pâlir
et soupirer et tressaillir,
mais elle ne sait pas pourquoi,
sinon qu'ils sont en mer.
Peut-être l'aurait-elle découvert,
si la mer ne l'avait trompée,
mais la mer l'abuse et la trompe,
en *la mer* l'amour lui échappe

Qu'en la mer sont et d'amer vient

552 Et amers est li maus quis tient,
Et de cez trois ne set blamer
La reïne fors que la mer,   [fo 86 vb]
Car li dui le tierz li encusent

556 Et par le tierz li dui s'escusent
Qui dou forfet sont entechié.
Sovent compere autrui pechié
Tex qui n'i a corpe ne tort.

560 Einsint la reïne molt fort
La mer encorpe, si la blame,
Mais a tort l'en met sus le blame
Car la mers n'i a rien forfet.

564 Molt a Soredamors mal tret,
Tant qu'au port est la nef venue.
Dou roi est bien chose seüe
Que li Breton grant joie en font,

568 Et volentiers le serviront
Come lor seignor droiturier.
Dou roi Artu parler ne quier
A ceste foiz plus longuement,

572 Einçois m'orroiz dire coment
Amors les .II. amanz travaille,
Vers cui il a prise bataille.
Alixandres aime et desirre

576 Celle qui por s'amor soupire,
Mais il nel set ne ne savra
Jusqu'a tant que il en avra
Maint mal et meint ennui sofert.

580 Por s'amor la reïne sert
Et les puceles de la chambre,
Mes cele dont plus li remembre
N'ose aparler ne aresnier.

584 S'ele osast vers lui deresnier

▶ * 551. et d'enmer v. *(corr. d'après NPB, R)*. 552. Et amors est li m. qui t.
Corr. d'après P qui présente le meilleur texte pour tout le passage.
** 552. *Var. R* Et s'est amers *(leçon choisie par W. Foerster). N* Et s'est en
mer *(cp. C, v. 551 :* d'enmer v.). 561. et si *(sauf CT).* 562. l'i *(AP, S, vs BC,
N).* 567-568. *Leçon de NSCRT. Var. APB firent* / Et molt v. le servirent.
576. Celi *(P, AN).* 578. *Var. AS* Desi a t., *P* Dusques a t. 582. celi *(ANB).*

car ils se trouvent en mer,
mais tout leur vient d'*aimer,*
et *amer* est le mal qui les tient :
de ces trois-là, la reine ne sait
que blâmer, sinon la mer.
Les deux autres dénoncent le troisième,
par lui se font excuser les deux
qui sont entachés du méfait.
Tel qui n'a faute ni tort
souvent paie pour le péché d'autrui.
Ainsi, la reine haut et fort
accuse la mer et la blâme,
mais à tort jette sur elle le blâme,
car la mer n'y a commis aucun crime.
Soredamor a beaucoup souffert,
mais le navire enfin est entré au port.
Le roi sait parfaitement
que les Bretons en montrent une grande joie
et qu'ils le serviront volontiers
comme leur légitime seigneur.
Je ne veux pas parler plus longuement
du roi Arthur pour cette fois.
Vous m'entendrez plutôt dire comment
Amour tourmente les deux amants,
avec qui est engagée la bataille.
Alexandre aime et désire
celle qui soupire pour son amour,
mais il ne le sait pas ; et il ne le saura pas
jusqu'au moment où il aura
souffert maint mal et maint tourment.
Pour cet amour, il sert la reine
et les demoiselles de sa chambre,
mais il n'ose s'adresser ni s'ouvrir
à celle qui lui tient le plus à cœur.
Si elle osait revendiquer

Le droit que ele i cuide avoir,
Volentiers li feïst savoir,
Mais ele n'ose ne ne doit.
588 Et ce que li uns l'autre voit
Ne plus n'osent dire ne fere
Lors torne molt a grant contraire,
Et l'amors en creist et alume.
592 Mes de touz amanz est costume
Que volentiers paissent lor euz
D'esgarder, s'il ne puent meuz,
Et cuident, por ce qu'il lor plest
596 Ce dont lor amors croist et nest,
Qu'aidier lor doie, si lor nuist,   [fo 87 ra]
Tout ausi com cil plus se cuist
Qui au feu s'aprouche et acoste
600 Que cil qui arieres s'en oste.
Adés croist lor amors et monte,
Mes li uns a de l'autre honte,
Si se ceile et cuevre chascuns
604 Que il n'en pert flambe ne funs
Dou charbon qui est souz la cendre.
Por ce n'est pas la chalors mendre,
Einçois dure la chalors plus
608 Desouz la cendre que desus.
Molt sont andui an grant angoisse,
Mes por ce que l'en ne conoisse
Lor compleintes ne aperçoive,
612 Estuet chascun que il deçoive
Par faus semblant toutes les genz.
Mes la nuit est la pleinte granz
Que chascuns fet a soi meïsmes.
616 D'Alixandre vos dirai primes
Coment il se pleint et demente.
Amors celui li represente
Por cui si fort se sent grevé

que vers lui. *Corr. d'après AB* (vs *N, PR* que il, qu'il). **603.** se cove.
607. Molt li d. *Corr. d'après ANSP* (*B* Ains li d., *R* Mes molt). **609.** a gr. a.
** 610. *Leçon de PBC. Var. R* Car (*S* Que). **618.** celi. *Le copiste de C* (*R,* cele) *n'emploie jamais la forme forte du pronom personnel ou démonstratif féminin. Nous ne corrigeons donc pas.*

le droit qu'elle pense avoir sur lui,
volontiers elle le lui ferait savoir,
mais elle n'ose ni ne doit.
Et le fait que l'un voie l'autre
sans rien oser dire ni faire de plus
est pour eux source de tourment
et leur amour s'en accroît et s'enflamme.
Mais tous les amants ont pour coutume
de repaître volontiers leurs yeux
de regards, faute de mieux,
et ils croient, en trouvant plaisir
à ce qui fait naître et grandir leur amour,
être ainsi soulagés, mais à leur détriment,
de la même façon qu'il se brûle,
celui qui s'approche tout contre le feu,
bien plus que celui qui s'en retire.
Leur amour croît et grandit sans cesse,
mais chacun devant l'autre est confus,
chacun se cache et dissimule
sans laisser voir ni flamme ni fumée
du charbon qui est sous la cendre.
Pour autant la chaleur n'est pas moindre,
elle dure plus au contraire
sous la cendre que dessus.
Tous deux sont vraiment au supplice,
mais, afin que l'on ne remarque
ni qu'on ne découvre leurs plaintes,
chacun sous un faux semblant
se doit de tromper son monde.
Mais, la nuit, grande est la plainte
que chacun s'adresse à soi-même.
Je vous dirai premièrement
comment Alexandre se plaint et gémit.
Amour lui représente celle
qui l'a si profondément blessé

620　Que de son cuer l'a ja vevé,
　　　Ne nel lesse en lit reposer,
　　　Tant li delite a remembrer
　　　La biautez et la contenance
624　Cele ou il n'a point d'esperance
　　　Que ja biens l'en doie venir.
　　　« Por fol, fet il, me puis tenir.
　　　Por fol ? Voirement sui ge fous
628　Quant ce que je pens dire n'os,
　　　Que tost me torneroit a pis.
　　　S'a folie ai mon penser mis,
　　　Dont ne me vient il meuz celer
632　Que fol me feïsse apeler ?
　　　Ja n'iert seü ce que je vueil.
　　　Si celerai ce dont me dueil
　　　Ne n'oserai de mes doulors
636　Aïde querre ne secors ?
　　　Foux est qui sent enfermeté
　　　S'il ne porquiert qu'il ait santé.
　　　Et qui ne la cuide trover
640　Por qu'en iroit conseil rover ?　　　　[fo 87 rb]
　　　Si s'en travailleroit en vain.
　　　Je sent le mien mal si grevain
　　　Que ja n'en avrai garison
644　Par mecine ne par poison
　　　Ne par herbe ne par racine.
　　　A chascun mal n'a pas mecine,
　　　Li miens est si enracinez
648　Qu'il ne puet estre mecinez.
　　　Ne puet ? Je cuit que j'ai menti.

▶ * **620.** navré *(SCTR). Var. B* esgené *(« tourmenter, blesser »), A* eslevé *(« allégé » selon A. Micha, c.à.d. « lui a volé son cœur »). Nous préférons pour la rime et le sens la leçon de P,* vevé *(« privé », cf. supra, corr. v. 552 d'après P).* **631-632.** penser /... clamer. penser *est commun à AR (S* paser, *B* pener) ; clamer *est propre à C. P est le seul à donner la meilleure leçon pour la rime et le sens :* celer. **642.** Si s. *(reprise fautive du v. précédent).*
** **624.** Celi ou n'a *(APB).* **630.** *Leçon de PC(B). Var. AS* An *(RT* A). **638.** S'il ne quiert par qu'il ait *(B, P :* par coi ait). *Elision normale de* quoi *en ancien français, mais évitée ici par P et CRT. Après* **638.** *APB* Se il la puet trover nul leu / Mes tex cuide feire son preu / Et porquerre ce que il vialt / Qui porchace dom il se dialt. *Omission commune à SCRT, qui peut s'expliquer par un bourdon sur* trover, *au v. 639.*

qu'elle l'a déjà privé de son cœur,
et ne le laisse en repos dans son lit,
tant il se remémore avec délice
la beauté et le maintien
de celle dont il n'a pas la moindre espérance
d'obtenir jamais quelque bien.
« Je peux, fait-il, me prendre pour un fou.
Pour un fou ? Oui vraiment, je suis fou
quand je n'ose dire ce que je pense,
ce qui pourrait vite me faire du mal.
Mais si je ne pense que folie,
ne me vaut-il pas mieux dissimuler
que me faire traiter de fou ?
Jamais on ne connaîtra mon désir.
Eh quoi ? Je cacherai ce dont je souffre
sans oser, dans mes souffrances,
chercher de l'aide et du secours ?
C'est être fou que d'être atteint de maladie
sans chercher à recouvrer la santé,
[s'il est un lieu où la trouver.
Mais tel croit faire son profit
et poursuivre ce qu'il désire
qui pourchasse sa souffrance.]
Et si on ne pense pas la trouver,
pourquoi irait-on demander conseil ?
Ce serait s'épuiser en vain.
Je sens que mon mal est si grave
que jamais je n'en aurai guérison
par remède ni par breuvage,
ni par herbe ni par racine.
Tout mal ne trouve son remède,
le mien est si enraciné
qu'il ne peut pas être soigné.
Il ne peut ? Je crois que j'ai menti.

Des que primes cest mal senti,
Se mostrer l'osasse ne dire,
652 Poïsse je parler a mire
Qui del tout me poïst aidier.
Mes molt est grief a emplaidier,
Espoir n'i deigneroit entendre
656 Ne nul loier n'en voudroit prendre.
N'est donc merveille se m'esmai,
Car molt ai mal, et si ne sai
Quex maux ce est qui me joustise.
660 Ne sai dont la doulors m'est prise.
Ne sai ? Si faz, jel cuit savoir,
Ce mal me fet Amors avoir.
Coment ? Set donc Amors mal fere ?
664 Don [n']est il douz et deboennere ?
Je cuidoie que il n'eüst
En Amor rien qui boen ne fust,
Mes je l'ai trop felon trové.
668 Nel set qui ne l'a esprové
De quex geus Amors s'entremet.
Foux est qui devers lui se met,
Qu'il velt touz jorz grever les suens.
672 Par foi, ses geus n'est mie boens,
Mauvés joer se fet a lui,
Car ses geus me fera ennui.
Que ferai donc ? Retrairai m'en ?
676 Je cuit que je feroie sen,
Mais ne sai coment je le face.
S'Amor[s] me chastie et menace
Por moi aprendre et enseignier,
680 Doi je mon mestre desdeignier ?
Foux est qui son mestre desdeigne.
Ce qu'Amors m'aprent et enseigne
Doi je garder et meintenir,   [fo 87 va]
684 Car tost m'en puet grant biens venir.
Mais trop me bat, ce m'en esmaie.
– Ja n'i pert il ne cop ne plaie,

▶ * 654. aplaidier. 668. Nel set se ne l'a e.
   ** 652. au m. *(APBR, vs SCT).* 653. Var. AB porroit.

Dès l'instant où j'ai senti ce mal,
si j'avais osé le montrer et le dire,
je pouvais parler à un médecin
qui m'aurait aidé efficacement.
Mais le cas est difficile à plaider :
peut-être ne daignerait-il pas m'écouter
et ne voudrait-il prendre aucun paiement.
Ce n'est merveille si je m'inquiète,
car j'ai grand mal, et je ne sais
quel est ce mal qui me gouverne.
Je ne sais d'où m'a pris cette douleur.
Je ne sais ? Si fait ! Je crois le savoir,
ce mal, c'est Amour qui me le cause.
Comment ? Amour sait-il donc faire mal ?
N'est-il pas doux et bienveillant ?
Je pensais qu'il n'était rien
en Amour qui ne fût bon,
mais je l'ai trouvé bien cruel.
Celui qui ne l'a éprouvé ne sait
à quelle sorte de jeux s'adonne Amour.
Il est fou, celui qui rejoint son camp,
car c'est aux siens qu'il s'empresse de nuire.
Vraiment, son jeu n'est pas honnête,
il ne fait pas bon jouer avec lui,
car son jeu me causera du tourment.
Que ferai-je donc ? Vais-je m'en retirer ?
Ce serait, je crois, agir avec bon sens,
mais je ne sais comment le faire.
Si Amour me menace et me fait la leçon
pour me former et pour m'instruire,
dois-je dédaigner mon maître ?
C'est folie que de mépriser son maître.
Ce qu'Amour m'apprend et m'enseigne,
je dois le retenir et l'observer,
car il pourrait m'en advenir grand bien.
Mais il me traite trop mal, j'en ai peur.
– Il n'y paraît ni coup ni plaie,

Et si te pleinz ? Donc as tu tort.
688 — Naie, qu'il m'a navré a mort,
Que jusqu'au cuer m'a son dart tret,
N'encor ne l'a a lui retret.
— Coment le t'a donc tret el cors
692 Quant la plaie n'en pert defors ?
Ce me diras, savoir le vueil.
Par ou le t'a il trait ? — Par l'ueil.
— Par l'ueil ? Si ne le t'a crevé ?
696 — En l'ueil ne m'a il riens grevé,
Mes el cuer me grieve forment.
— Or me di donc reson coment
Li darz est parmi l'ueil passez
700 Qu'il n'en est bleciez ne quassez ?
Se li darz parmi l'ueil i entre,
Li cuers por coi se deult el ventre
Que li eulz ausi ne s'en deult,
704 Qui le premier cop en requeut ?
— De ce sai je bien reson rendre.
Li eulz n'a soing de rien entendre
Ne rien n'i puet fere a nul fuer,
708 Mes c'est li miroers au cuer,
Et par ce miroer trespasse,
Si qu'il ne le blece ne quasse,
Li sens dont li cuers est espris.
712 Dont n'est li cuers el ventre mis
Ausi com la chandele esprise
Qui dedenz la lanterne est mise ?
Se la chandele en departez,
716 Ja n'en istra nule clartez,
Mes tant com la chandele i dure

▶ * **694.** le t'i a t.
** **687.** D. n'as tu t. ? *(SPB, vs CR).* **688.** si fort *(APBR, vs C, S de mort).*
708-709. mireor *(SB, A).* **710.** nel b. ne ne q. *(AP).* **711.** *A noter la variante
(probablement dérivée) de S* : Li fues. *Voir G. Favati, CCM, X, 1967,
pp. 389-392 (du dedans émane comme une lumière, le sens de la vision, et
du dehors vient l'image des choses qu'apporte la clarté extérieure. Le mouvement est double). C'est la leçon retenue par W. Foerster. Nous empruntons
à A. Micha la traduction de ce vers d'après le texte de Guiot* (le san), *car
elle préserve heureusement l'ambiguïté.* **717.** *Leçon de PSC. Var. MABR* la
c. dure.

et tu te plains ? N'as-tu donc tort ?
– Non, car il m'a si grièvement blessé
qu'il m'a tiré sa flèche en plein cœur,
et il ne l'a toujours pas retirée.
– Comment t'a-t-il percé le corps
quand nulle plaie n'est visible au-dehors ?
Dis-le moi, je veux le savoir.
Par où te l'a-t-il envoyée ? – Par l'œil.
– Par l'œil ? Et il ne te l'a pas crevé ?
– A l'œil, il ne m'a fait aucun mal,
mais c'est au cœur que la blessure est grave.
– Alors, explique-moi comment
la flèche a pu traverser l'œil
sans qu'il en soit blessé ni crevé ?
Si la flèche pénètre à travers l'œil,
pourquoi le cœur souffre-t-il au-dedans
sans que l'œil s'en plaigne aussi,
lui qui en a reçu le premier coup ?
– Je sais bien comment te l'expliquer :
l'œil n'a souci de rien connaître
et en est absolument incapable,
mais il est le miroir du cœur,
et c'est par ce miroir que passe,
sans l'abîmer ni le briser,
le sentiment dont le cœur s'enflamme.
Le cœur n'est-il pas mis dans la poitrine
comme la chandelle ardente
qui est placée dans la lanterne ?
Si vous en ôtez la chandelle,
il n'en sortira nulle clarté,
mais tant que la chandelle dure,

N'est mie la lanterne oscure,
Ne la flambe qui parmi luist
720 Ne l'ampire ne ne li nuist.
Autretel est de la verriere,
Ja n'iert tant forz ne tant entiere
Que li rais dou soleil n'i past
724 Sanz ce que de rien ne la quast,
Ne ja li voirres tant clers n'iert,
S'autre clartez ne s'i afiert,   [fo 87 vb]
Que por la soe i voie [en] meuz.
728 Tout autretel sachiez des euz
Que dou voirre et de la lanterne,
Car as euz se fiert la luiserne
Ou li cuers se remire et voit
732 L'uevre defors quex qu'ele soit,
Si voit meintes oevres diverses,
Les unes verz, les autres perses,
L'une vermeille, l'autre bloe,
736 Si blame l'une et l'autre loe,
L'une tient vil et l'autre chiere.
Mes tex li mostre bele chiere
El miroer quant il l'esgarde
740 Qui le traïst s'il ne se garde.
Moi a li miens molt deceü,
Car en lui a mes cuers veü
.I. rai dont je sui encombrez
744 Qui dedenz lui s'est aombrez,
Et por lui m'est mes cuers failliz.
De mon ami sui malbailliz
Qui por mon anemi m'oblie.
748 Reter le puis de felonie,
Car il a trop vers moi mespris.
Je cuidoie avoir trois amis,

► * 727. en *manque dans* CB. *Tous les manuscrits divergent :* M por la soen
veien melz (*c'est la bonne leçon si l'on corrige* soe i vei[e] en m.), A par le
suen voie l'an m., R Que por ce i v. l'em le m., P Que ja por çou i voions
m. 739. En m. 740. Qu'il (BCR). 745. Que (CR). 746. anui.
** 722. Var. M(A) si f. ne si e. 726. Se a. c. ne s'i fiert (APR, S, vs CMB).
728. Ce meïsmes s. (AMPB, vs C, R). 731. Var. S si remire. *Dans la leçon
commune, le pronominal est de sens moyen (« se regarder » : regarder avec
un intérêt particulier). Cf. Ph. Ménard, Syntaxe, § 126 b, Remarque.*

la lanterne n'est pas obscure,
et la flamme luit au travers
sans l'endommager ni lui nuire.
Ainsi en est-il du vitrail,
il ne sera jamais si fort ni si épais
que le rayon du soleil n'y passe
sans provoquer la moindre brisure,
et le verre ne sera jamais assez clair,
s'il n'est frappé par une autre clarté,
pour que la sienne fasse qu'on y voie.
Il en est des yeux, sachez-le,
comme du verre et de la lanterne :
la lumière frappe les yeux
où le cœur contemple et voit
les objets extérieurs, quels qu'ils soient
Il voit maints objets variés,
les uns verts, les autres violets,
l'un vermeil, l'autre bleu,
il blâme l'un et vante l'autre,
méprise celui-ci, apprécie celui-là.
Mais tel lui fait bon visage
dans le miroir où il le regarde,
qui le trahit, s'il n'y prend garde.
Par mon miroir, j'ai été abusé,
car en lui mon cœur a perçu
un rayon dont je suis frappé,
qui s'est niché dans son ombre,
et à cause de lui mon cœur m'a abandonné.
Je suis mis à mal par mon ami
qui m'oublie pour mon ennemi.
Je peux bien l'accuser de perfidie,
car il a bien mal agi envers moi.
Je pensais avoir trois amis,

Mon cuer et mes .II. euz ensemble,
752 Mais il me heent, ce me semble.
Ou troverai ge mais ami
Quant cist troi me sont anemi
Qui de moi sont et si m'ocient ?
756 Mi serjant en moi trop se fient
Qui toute lor volenté font
Et de la moie cure n'ont.
Or sai ge bien de verité
760 Par cels qui m'ont deserité
Qu'amors de boen seignor porrist
Par mauvés serjant qu'il norrist.
Qui mauvés serjant acompeigne,
764 Ne puet faillir qu'il ne s'en pleigne,
Quanqu'il aviegne, ou tost ou tart.
Or vos reparlerai dou dart
Qui m'est comandez et bailliez,
768 Coment il est fez et tailliez,
Mes je dout trop que je n'i faille,   [fo 88 ra]
Car tant en est riche la taille
Que n'est merveille se g'i fail,
772 Et si metrai tout mon travail
A dire ce que il m'en semble.
La coche et li penon ensemble
Sont si pres, qui bien les ravise,
776 Que il n'i a c'une devise
Ausi com d'une greve estroite
Qui si est polie et droite,
Qu'an la coche sanz demander
780 N'a riens qui face a amender.
Li penon sont si coloré
Com s'il ierent d'or ou doré,
Mais doreüre n'i fait rien,
784 Car li penon, ce sai je bien,
Estoient plus luisant encores.

▶ * **758.** Ne *(MC).* **767-768.** *Intervertis dans CR (C* Qu'il*).* **771.** se ge i f. *(SC,*
+1, *A* N'est m.*). Corr. d'après MPB.* **777.** rue.
** **761.** *Leçon de SBCR. Var. AMP* perist. **769.** molt *(sauf CR).* **773.** ce que
moi en s. *(ASMPB, vs CR).*

mon cœur ainsi que mes deux yeux,
mais ils me haïssent, je crois.
Où sont désormais mes amis,
quand ces trois me sont ennemis,
eux qui m'appartiennent, et pourtant me tuent ?
Mes serviteurs se fient trop à moi
quand ils font tout à leur volonté
sans avoir souci de la mienne.
Ils me font bien comprendre, en vérité,
eux qui m'ont dépouillé,
que l'entretien de mauvais serviteurs
pourrit l'affection d'un bon maître.
Qui s'entoure de mauvais serviteurs
ne peut manquer de s'en plaindre
quoi qu'il arrive, tôt ou tard.
Mais je dois vous dire, à propos de la flèche
qui m'est confiée et dont j'ai la garde,
comment elle est faite et taillée.
J'ai bien peur, cependant, d'y échouer :
la taille en est si magnifique
que cet échec n'aurait rien d'étonnant.
Mais je vais mettre tous mes efforts
à dire ce qu'il m'en semble.
L'encoche et l'empenne prises ensemble
sont si proches, à bien les regarder,
qu'il n'y a d'autre séparation
que celle d'une étroite raie,
si régulière et si droite
qu'en l'encoche, à l'évidence,
il n'y a nulle imperfection.
Les pennes sont si colorées
qu'on les dirait en or, ou bien dorées,
mais la dorure n'y sert de rien,
car les pennes, je le sais bien,
étaient plus brillantes encore.

Li penon sont les treces sores
Que je vi l'autre jor en mer,
788 C'est li darz qui me fait amer.
Dex ! Cum tres precieus avoir !
Qui tel tresor porroit avoir,
Por qu'avroit en toute sa vie
792 De nule autre richece envie ?
Endroit de moi jurer porroie
Que rien plus ne desirreroie,
Que seul les penons et la coche
796 Ne donroie por Antyoche.
Ce que cez .II. choses tant pris,
Qui porroit esligier le pris
De ce que vaut li remananz
800 Qui tant est biaus et avenanz,
Et tant chiers et tant precieus
Que desirranz et envieus
Sui encor de moi remirer
804 El front que Dex a fet tant cler
Que rien nule n'i feroit glace,
Ne esmeraude ne topace ?
Mes en tout ce n'a rien a dire
808 Qui la clarté des euz remire,
Car a touz cels qui les esgardent
Resemblent chandeles qui ardent.
Et qui a langue si delivre
812 Qui poïst la façon descrivre,   [fo 88 rb]
Le nés bien fait et le cler vis
O la rose cuevre le lis,
Einsint qu'un poi le lis esface
816 Por meuz enluminer la face ?
Et de la bouchete riant,
Que Dex fist tele a escient

▶ * 796. Nes. 815. E. com por. *Corr. d'après MBR.*
** 797. Et quant *(AMB, vs CR, S).* 805. nule rien *(AMPB, vs CR, S).* 810. San-
blent .II. c. *(ASMPB, vs CR).* 812. façon : *W. Foerster* (Wörterbuch) *donne
le sens de « Antlitz », adopté par A. Micha (« face »), Cl. Luttrell et S. Gregory (s.v. « visage »), mais TL, Bd. III, s.v. 1550 : « Gestalt », « Beschaffen-
heit ».*

Les pennes sont les tresses couleur d'or
que je vis l'autre jour en mer,
c'est le dard qui me fait aimer.
Mon Dieu ! Que ce bien est précieux !
Qui pourrait posséder un tel trésor,
pourquoi de toute sa vie aurait-il
envie de quelque autre richesse ?
Quant à moi, je pourrais jurer
que je ne désirerais rien de plus,
car je ne donnerais pas, pour Antioche,
les seules pennes et l'encoche.
Et si je les juge à ce point supérieures,
qui pourrait estimer la valeur
à laquelle se monte le reste
qui est si beau et si charmant,
et si aimable et si précieux,
que j'ai encore l'envie et le désir
de me mirer dans ce front
que Dieu créa si clair
que ne saurait l'égaler glace,
émeraude ni topaze ?
Mais tout cela n'est rien encore
pour qui admire la clarté des yeux,
car à tous ceux qui les regardent,
ils semblent briller comme deux flammes.
Et qui aurait la langue assez déliée
pour décrire son bel aspect,
le nez bien fait, le clair visage
où la rose recouvre le lis
en effaçant un peu le lis
pour mieux colorer le visage ?
Et cette petite bouche riante
que Dieu fit exprès ainsi,

Por ce que nus ne la veïst
820 Qui ne cuidast qu'ele reïst ?
Et quel sont li dent en la bouche ?
Li uns si pres de l'autre touche
Qu'il semble que tuit s'entretieignent,
824 Et por ce que meuz i avieignent
I fist Nature .I. petit d'uevre,
Que qui verroit quan la bouche oevre
Ne diroit mie que li dent
828 Ne fussent d'yvoire ou d'argent.
Tant a a dire et a retraire
En chascune chose portraire,
Et el menton et es oreilles,
832 Que ne seroit pas granz merveilles
Se aucune chose en trespas.
De la gorge ne di ge pas
Que vers lui ne soit cristauz trobles,
836 Et li cols est a quatre doubles
Plus blans qu'ivoires souz la tresce.
Tant comme il a des la chevece
Jusqu'au fermail d'entroverture
840 Vi dou piz nu sanz coverture
Plus blanc que n'est la noif negiee.
Bien fust ma doulors alegiee
Se tout le dart veü eüsse,
844 Molt volentiers, se je seüsse,
Deïsse quex en est la fleche.
Ne la vi pas, n'en moi ne peche
Se la façon dire ne sai
848 De chose que veüe n'ai.
Ne m'en mostra Amors adons
Fors que la coche et les penons,
Que la fleche iert el coivre mise,
852 C'est li bliauz et la chemise
Dont la pucele estoit vestue.

▶ * 819. nus qui la v. (PBC). *Corr. d'après ASMR.* 831. en... en. 832. seront.
837. que voirres. *Corr. d'après PB.* 844. se le s. 851. en covert. *Corr. d'après
AMR.*
** 830. a p. *(AMPB, vs SCR).* 833. i t. *(CR isolés).* 834. *Var. PB* gole *(cf.
Conte du Graal, v. 6588).*

afin que nul ne la vît
sans penser qu'elle sourit ?
Et les dents qu'on voit dans la bouche ?
Elles se touchent de si près
qu'on les dirait d'un seul tenant,
et pour qu'elles aient plus de grâce,
Nature y mit une touche d'art :
à voir la bouche s'entrouvrir,
ne dirait-on pas que les dents
sont d'ivoire ou d'argent ?
Il y a tant à dire et à raconter
pour dépeindre chaque chose,
et le menton et les oreilles,
qu'il n'y aurait rien d'étonnant
si j'oublie quelque détail.
De la gorge, faut-il vous dire
qu'auprès d'elle le cristal paraît trouble ?
Et le cou est sous la tresse
quatre fois plus blanc que l'ivoire.
Tout ce qui, de la naissance du cou
jusqu'à l'agrafe, se laisse entrevoir
de sa gorge nue, je le vis sans voile
plus blanc que n'est la neige fraîche.
Ma douleur serait bien allégée
si j'avais vu toute la flèche.
Bien volontiers, si je savais,
je dirais quelle en est la tige.
Je ne la vis pas, ce n'est pas ma faute
si je ne sais dire la forme
d'une chose que je n'ai pas vue.
Amour ne m'en montra alors
que l'encoche et les pennes,
car la flèche était mise en son carquois,
à savoir la tunique et la chemisc
dont la jeune fille était vêtue.

Par foi, c'est li maux qui me tue,
Ce est li darz, ce est li rais   [fo 88 va]
856 Dont trop vilainement m'irais.
Trop sui vilains qui me corouz.
Ja mais festuz n'en sera rouz
Por desfiance ne por guerre
860 Que je doie vers Amors querre.
Or face Amors de moi son boen
Si come il doit fere dou suen,
Car je le vueil et si me plest.
864 Ja ne quier que cist maux me lest,
Melz vueil qu'ainsint touz jors me tiengne
Que de nul leu santez me viengne,
Se de la ne vient la santez
868 Dont venue m'est l'enfertez. »
Granz est la pleinte d'Alixandre,
Mes cele ne rest mie mendre
Que la damoisele demaine.
872 Toute nuit est en si grant poine
Qu'ele ne dort ne ne repose.
Amors li a el cuer enclose
Une tençon et une rage
876 Qui molt li trouble son corage
Et qui si l'angoisse et destraint
Que toute nuit plore et [se] pleint
Et se degiete et si tressaut,
880 A poi que li cuers ne li faut.
Et quant ele a tant travaillé
Et tressailli et baaillié,
Tant sangloti et soupiré,
884 Lors a en son cuer remiré
Que cil estoit et de quex mors
Por cui la destreignoit Amors.

▶ * **862.** Come ele (*C isolé. Manuscrits* Si come, *ST om.* il). *L'amour est féminin, mais le dieu Amour est masculin.* **878.** se *manque dans BTC* (*P* complaint).
** **857.** *Leçon de SCRT. Var. AMB* Molt... m'en c. (*M* quant). **858.** *Rompre le fétu : acte symbolique pour dénoncer un accord ou rompre un engagement.* **861.** *Leçon de SPCRT. Var. AMB* Or f. de moi tot s. b. **866.** de nelui (*AB, R* nuli, *S* nulle). **868.** v. est l'enfermetez (*MPBR*). **869.** la conplainte Al. (*C isolé*). **882-883.** sangloti.../... tressailli (*AMPB*). **885.** Qui (*AMPB, vs SCR*).

Voilà vraiment le mal qui me tue,
c'est le dard, c'est le rayon
contre lequel j'ai honte de m'emporter.
Je suis bien vil d'être en colère.
Jamais défi ni guerre
ne rompra le lien de l'engagement
qui doit être le mien à l'égard d'Amour.
Qu'Amour fasse donc ce qu'il lui plaît de moi,
comme il le doit pour qui lui appartient,
car je le souhaite et j'y consens.
Je ne cherche pas à ce que le mal me quitte,
je préfère qu'il me tienne ainsi toujours
que de voir la santé me revenir
d'un autre lieu que de celui
d'où m'est venue la maladie. »
Grande est la complainte d'Alexandre,
mais elle n'est pas moindre celle
que la demoiselle fait entendre.
Elle est, toute la nuit, en si grande peine
qu'elle ne dort ni ne repose.
Amour a enclos dans son cœur
un conflit et une fureur
qui bouleversent son âme
et qui lui causent tant de tourment et d'angoisse
qu'elle pleure et se plaint toute la nuit,
dans une agitation et des sursauts tels
que son cœur est près de défaillir.
Puis après tant de tourments,
de sursauts et de bâillements,
de sanglots et de soupirs,
voici que dans son cœur elle a revu
la personne et les qualités de celui
pour qui Amour la tourmentait.

Et quant ele s'est bien refaite
888 De penser quanke li enhete,
Lors se restent et se retorne,
Al torner a folie atorne
Tot le penser que ele a fait.
892 Si recomence .I. autre plait
Et dit : « Fole, qu'ai je a faire
Se cist vallez est deboennaire
Et sages et cortois et prouz ?
896 Tout ce li est honors et prouz.
Et de sa biauté moi que chaut ?
Sa biautez avec lui s'en aut !   [fo 88 vb]
Si fera ele malgré mien,
900 Ja ne l'en vueil je tolir rien.
Tolir ? Non voir, ce ne faz mon.
S'il avoit le sens Salemon
Et se Nature en lui eüst
904 Tant mis comme ele plus seüst
De biauté mestre en cors humein,
Si m'eüst Dex mis en la main
Le pooir de tout despecier
908 Ne l'en querroie corocier,
Mais volentiers, se je pooie,
Plus sage et plus bel le feroie.
Par foi, donc ne le haz je mie.
912 Non ! Et sui je por ce s'amie ?
Nenil, ne qu'a .I. autre sui.
Por coi pens je donc plus a lui
Se plus d'un autre ne m'agree ?
916 Ne sai, toute en sui esgaree,
Car onques mais ne pensai tant
A nul home el siecle vivant,
Et mon vuel touz jorz le verroie,

▶ * **889.** repent. *Corr. d'après AMB* (*R* s'estent, *P* s'arestut). **890-891.** Le
penser a f. torne / Trestout quanque ele en a f. *Corr. d'après P* (*B* Al t. grant
f.), *qui garde la pointe précieuse.* **893.** qu'avez (*C isolé, sans doute pour
éviter l'hiatus*). **895.** et douz. **907.** pooier (*M* poier). **918.** en s.
** **904.** m. qu'ele plus ne peüst (*MPB*). **909.** *Leçon de CRS. Var. AMPB se*
je savoie. **912.** Et sui je donc (*PSBR, vs MC, T*). **914.** *Leçon de SC* (*R omet*
je, *P omet* plus). *Var. MB* Et por q. pens je p. (*A* je donc).

Et quand elle a trouvé son réconfort
dans ces pensées qui la rendent heureuse,
de nouveau étendue, elle se retourne
et, en se tournant, tourne en pure folie
toutes les pensées qui lui sont venues.
Elle recommence un autre débat
et dit : « Folle, que m'importe
si ce jeune homme est plein de noblesse,
s'il est sage, courtois et valeureux ?
C'est tout à son honneur et à son avantage.
Et sa beauté, qu'en ai-je à faire ?
Qu'elle s'en aille avec lui !
Qu'elle le fasse, malgré que j'en aie,
je n'en veux pas lui voler quoi que ce soit.
Lui voler ? Certainement pas !
S'il avait la sagesse de Salomon
et que Nature eût mis en lui
toute la beauté qu'elle pût
mettre dans un corps humain,
si Dieu m'avait mis en main
le pouvoir de tout détruire,
je ne chercherais pas à ce qu'il en pâtît,
mais volontiers, si je pouvais,
je le ferais plus beau, plus sage !
En vérité, je ne le hais donc pas !
Suis-je pour autant son amie ?
Non ! pas plus que celle d'un autre.
Pourquoi donc penser plus à lui
s'il ne m'agrée pas plus qu'un autre ?
Je ne sais, j'en suis tout égarée,
car jamais je n'ai tant pensé
à aucun homme vivant au monde ;
mon désir serait de le voir sans cesse

920 Ja mes euz partir n'en querroie,
     Tant m'enbelist quant je le voi.
     Est ce amors ? Oïl, ce croi.
     Ja tant sovent nel reclamasse
924 Se plus d'un autre ne l'amasse.
     Or l'aim, bien soit acreanté.
     Si n'en ferai ma volenté ?
     Oie, mais que ne li desplaise.
928 Ceste volentez est mauvaise,
     Mais Amors m'a si envaïe
     Que fole en sui et esbahie,
     Ne deffense rien ne m'i vaut,
932 Si m'estuet sofrir son asaut.
     Ja me sui je si sagement
     Vers lui gardee longuement,
     Einz mes por lui ne vueil rien fere,
936 Mes or li sui molt deboennere.
     Et quel gré m'en doit il savoir
     Quant par amor ne puet avoir
     De moi servise ne bonté ?
940 Par force a mon orgueil donté,
     Si m'estuet a son plesir estre.   [fo 89 ra]
     Or vueil amer, or sui a mestre.
     Que m'aprendra Amors ? Et coi ?
944 Con faitement servir le doi.
     De ce sui ge trop bien aprise,
     Molt sui sage de son servise,
     Que nus ne m'en porroit reprendre,
948 Ja plus ne m'en covient aprendre.
     Amors voldroit, et je le vueil,
     Que sage fusse et sanz orgueil
     Et deboennere et acointable,
952 Vers touz por .I. seul amiable.
     Amerai ge les touz por un ?

► * 937. Et que il g. m'en d. s. 952. Et vers t.... amable.
** 921. m'abelist *(APB, vs CM)*. 927. Oïl *(manuscrits, sauf C)*. 935. Var.
AN vos *(adoptée par W. Foerster, mais de sens plus facile)*. 936. trop *(sauf
BC)*. 943. *La leçon de C est appuyée par NR (P* Et que m'a. A. ? Coi? *B*
que, *corrigé* : qui m'a. ? A. ? Et quoi?). Var. AS Or m'a. A. 945. molt b.
(NAMB, vs C, R rajouté).

sans jamais chercher à le quitter des yeux,
tant j'ai de bonheur à le voir.
Est-ce de l'amour ? Oui, je le crois.
Je ne l'invoquerais pas si souvent
si je ne l'aimais plus qu'un autre.
Eh bien, je l'aime, la chose est entendue !
Et je ne ferai rien de conforme à mes vœux ?
Si ! pourvu qu'il ne lui déplaise.
Ce désir est chose mauvaise,
mais Amour m'a porté une telle attaque
que j'en perds raison et conscience,
rien ne me sert de résister,
il me faut subir son assaut.
Allons ! J'ai bien su sagement
depuis longtemps me garder de lui,
je ne veux jamais rien faire pour lui.
Mais je lui montre à présent trop de bienveillance.
Et quel gré m'en doit-il savoir
s'il ne peut obtenir de mon affection
aucun service ni bienfait ?
Sa force a dompté mon orgueil,
il faut me soumettre à sa volonté.
Oui, je veux aimer, oui, j'appartiens à un maître !
Que m'apprendra Amour ? Quoi donc ?
Comment je dois le servir !
Là-dessus, me voici bien éduquée,
je suis bien au fait de son service,
nul ne pourrait m'en reprendre,
je n'ai rien de plus à apprendre.
Amour voudrait, et je le veux bien,
que je fusse sans orgueil, bien apprise,
pleine de douceur et affable,
et aimable envers tous à cause d'un seul.
Les aimerai-je tous à cause d'un ?

Biau semblant doi fere a chascun,
Mais Amors ne m'enseigne mie
956 Que soie a touz veraie amie.
Amors ne m'aprent se bien non.
Por neent n'ai je pas ce non
Qui Soredamors sui clamee.
960 Amer doi, si doi estre amee,
Si le vueil par mon non prover,
Se la reson i puis trover.
Aucune chose senefie
964 Ce que la premiere partie
En mon non est de color d'or,
Car li meillor sont li plus sor.
Por ce tieig mon non a meillor
968 Qu'il comence par la color
A coi li meldres ors s'acorde,
Et la fins Amors me recorde,
Car qui par mon droit non m'apele,
972 Touz jorz Amors me renovele,
Et l'une moitiez l'autre dore
De doreüre clere et sore,
Qu'autretant dit Soredamors
976 Come sororee d'Amors.
Molt m'a donc Amor honoree
Quant il de lui m'a sororee.
Doreüre d'or n'est si fine
980 Come cele qui m'enlumine,
Et je metrai a ce ma cure
Que de lui soie doreüre,
Ne ja mais ne m'en clamerai.

▶ * **956.** a chascun vraie a. *Corr. d'après BRM.* **961-962.** *Intervertis.* **965.** A
mon n. a de c. *Corr. d'après SABR (NM De).*
** **956.** *Var. ANP* Qu'a toz soie. **959.** Que *(sauf PC).* **965.** Soredamor,
« Blonde d'amour ». Sor, *à l'origine, s'applique au plumage roux du faucon
qui n'a pas mué (cf. Ph. Ménard,* Les Poésies de Guillaume le Vinier, *Droz,
1970, p. 65, s.v.* sorage). *Il s'agit d'un blond vénitien. Quant à l'or, s'il est
pur au moyen âge (à 24 carats, avec quelques scories), c'est l'éclat qui
compte et sa couleur est chez Chrétien identifiée au rouge vermeil du soleil
levant.* **970.** *Var. N* A la fin A. **970.** *et* **972.** amor, *sans s dans M.* **976.** *Le
passage fourmille d'équivoques :* sor/oree *peut s'entendre* soror/ee, « la sœur
dorée d'Amour ». **977-980.** *Ordre des vers dans SMCR. Intervertis dans AP.
Dans N : 979 / 980 / 981 / 982 / 977 / 978.* **981.** *Var. AMP* an lui.

Je dois faire bon visage à chacun,
mais Amour ne m'enseigne pas
à être pour tous une véritable amie.
Amour ne m'apprend que le bien.
Ce n'est pas en vain que je porte mon nom
et qu'on m'appelle Soredamor.
Je dois aimer, et être aimée,
j'en veux mon nom pour preuve,
si je peux trouver en lui un argument.
Cela signifie quelque chose,
que dans sa première partie
mon nom ait la couleur de l'or
dont les meilleurs rougeoient le plus.
Je tiens mon nom pour le meilleur
quand il commence par la couleur
qui s'harmonise avec l'or le meilleur,
et sa fin me remet au cœur l'amour :
qui m'appelle par mon vrai nom
fait en moi renaître l'Amour,
et l'une des moitiés dore l'autre
de l'éclat rouge de sa dorure,
car Soredamor peut s'entendre
comme la « surdorée d'Amour ».
Amour m'a fait un grand honneur
quand il m'a de son or surdorée.
La dorure de l'or n'est pas aussi pure
que l'est celle qui m'enlumine,
et je consacrerai mes soins
à me faire d'Amour la dorure,
sans jamais avoir à me plaindre.

984 Or aim et touz jorz amerai.   [fo 89 rb]
     Cui ? Voir, ci a bele demande !
     Celui que Amors me comande,
     Que ja autres m'amor n'avra.
988 Cui chaut, quant il ne le savra
     Se je meïsmes ne li di ?
     Que ferai je se ne le pri ?
     Qui de la chose a desirrier,
992 Bien la doit requerre et prier.
     Coment ? Prierai le je donques ?
     Nenil ! – Por coi ? – Ce n'avint onques
     Que fame tel forsen feïst
996 Que d'amer home requeïst
     Se plus d'autre ne fu desvee.
     Trop seroie fole provee
     Se je disoie de ma bouche
1000 Chose qui tornast a reproche.
     Quant par ma bouche le savroit,
     Je cuit que plus vil m'en avroit.
     Si me reprocheroit sovent
1004 Que je prié l'avroie avant.
     Ja ne soit amors si vileine
     Que je pri cestui premeraine
     Des qu'avoir m'en devroit plus vil.
1008 Ha, Dex ! Coment le savra il
     Des que je ne l'en ferai cert ?
     Encor n'ai je gueres soufert
     Por coi tant dementer me doive.
1012 Tant atendrai qu'il [s'] aperçoive,
     Se ja s'en doit apercevoir.
     Bien le savra, ce cuit, de voir,
     S'il onques d'amors s'entremist
1016 Ou se par parole en aprist.
     Aprist ? Or ai je dit oiseuse.
     Amors n'est pas si gracieuse

▶ * 986. Mes celui qu'A. (*C isolé, R +1 :* qui A.). 991. desier. 992. ou p.
1002. tendroit. 1008. savroit. 1017. dist. 1018. angoisseuse *(C isolé).*
** 995. *Leçon de NMBC. Var. ASPR* forfet. 996. *Leçon de MBCR. Var. NAS*
d'amors *(P* amor). 1004. *Var. MB, P* Que pr. l'en a. 1012. J'atendrai tant
(ANMPB, vs SCR).

Oui j'aime, et j'aimerai toujours.
Qui ? La belle question vraiment !
Mais celui qu'Amour me commande,
jamais un autre n'aura mon amour.
A quoi bon, puisqu'il n'en saura rien
si je ne le lui dis moi-même ?
Que faire à moins de le prier ?
Qui a le désir d'une chose
doit en faire la requête et la prière.
Comment ? Je lui ferai prière ?
Non ! – Pourquoi ? – On n'a jamais vu
une femme perdre la raison
au point de prier un homme d'amour,
à moins d'être folle comme nulle autre.
Folle, je le serais vraiment
s'il sortait de ma propre bouche
chose qui me valût reproche.
Si de ma bouche il l'apprenait,
il m'en tiendrait, je crois, plus en mépris.
Il me reprocherait souvent
de l'en avoir prié d'abord.
Que jamais mon amour ne s'avilisse
au point d'être, à le prier, la première,
s'il devait ainsi me mépriser.
Ha, Dieu ! Comment le saura-t-il
s'il n'en reçoit de moi la certitude ?
Je n'ai pas encore assez souffert
pour me lamenter à ce point.
J'attendrai qu'il s'en aperçoive,
s'il doit jamais s'en apercevoir.
Il le saura, je pense, de façon certaine,
s'il s'est jamais mêlé d'amour
ou bien si on le lui a enseigné.
Enseigné ? J'ai dit là une sottise.
Amour n'est pas si complaisant

Que par parole en soit nus sages
1020 Se avec n'i est li usages.
Par moi meïsmes le sai bien,
Car onques n'en poi savoir rien
Par losenge ne par parole.
1024 S'en ai esté molt a escole
Et soventes foiz losengiee,
Mes touz jorz m'en sui estrangiee,
Et sel me fait chier comparer   [fo 89 va]
1028 C'or en sai plus que bués d'arer.
Mes d'une chose me despoir
Que cil n'ama onques, espoir,
Et s'il n'aime ne n'a amé,
1032 Donc ai ge en l'areine semé
Ou semence ne puet reprendre.
Si n'i a plus que de l'atendre
Et del sofrir, tant que je voie
1036 Se jel porré mestre a la voie
Par semblanz et par moz coverz.
Tant ferai que il sera cerz
De m'amor, se reçoivre l'ose.
1040 Donc n'i a il plus de la chose
Mes que je l'aim et soë sui.
S'il ne m'aime, j'amerai lui. »
Einsint se pleint et cil et cele,
1044 Et li uns vers l'autre se ceile.
S'ont la nuit mal et le jor pis.
En tel doulor ont, ce m'est vis,
En Bretteigne lonc tens esté,
1048 Tant que vint a la fin d'esté.
  Tout droit a l'entree d'oitovre

▶ ** **1020.** S'avec n'i est li boens u. (*A, NPB* corages, *vs MC, R*). **1027.** Sel me f.
si chier (*A, NM*). **1032.** *La leçon de C est confirmée par NMR. La variante
de AB,* la mer, *fait écho au jeu de mots des vv. 548 ss.* **1034.** Ne plus qu'ele
feroit en cendre (*N, AB, vs CMPR*). *Une confusion entre* t *et* c *explique
peut-être la variante* cendre / atendre. *N est seul à avoir à la fois* areine *et*
cendre, *qui a l'avantage de faire allusion au phénix (cf. également v. 44).*
1035. Or del s. (*N, AB*). **1038.** *Leçon de CM, PR. Var. AN* qu'il en sera.
1039. *Leçon de NMBCR. Var. A(T)* se (s'il) requerre. **1045.** Le jor ont mal
et la nuit pis (*ANMPB, vs CSRT*).

qu'on en sache rien par des discours
si l'expérience ne s'y joint pas.
Par moi-même, je le sais bien,
jamais je n'ai pu rien en apprendre
par des propos ou de belles paroles.
Que de leçons pourtant n'ai-je reçues,
souvent assorties de belles paroles !
Mais toujours je suis restée à l'écart,
il me le fait payer si cher
que j'en sais plus à présent qu'un bœuf sur le labour.
Mais je me désespère d'une chose :
peut-être n'a-t-il jamais aimé,
et s'il n'aime ni n'a aimé,
alors j'ai semé dans le sable
où la semence ne peut prendre,
[pas plus qu'elle ne ferait dans la cendre].
Eh bien, prenons patience et voyons
s'il peut être mis sur la voie
par notre mine et à mots couverts.
Je ferai en sorte qu'il soit certain
de mon amour, s'il l'ose recevoir.
Il n'y a rien a ajouter,
sinon que je l'aime et suis à lui,
et s'il ne m'aime, moi je l'aimerai. »
Ainsi se plaignent-ils l'un et l'autre,
et chacun se cache de l'autre.
La nuit ils ont mal et le jour c'est pis.
En Bretagne ils ont été longtemps,
en cette souffrance, il me semble,
si bien que vint la fin de l'été.
Tout juste au début d'octobre,

Vindrent message devers Dovre
De Londres et de Cantorbire
1052 Au roi unes noveles dire
Qui li ont troublé son corage.
Ce li ont conté li message
Que trop puet en Breteigne ester,
1056 Car cil li voudra contrester
Cui sa terre avoit comandee,
Et s'avoit ja grant ost mandee
De sa gent et de ses amis.
1060 Si s'estoit dedenz Londres mis
Por la cité contretenir,
Quel hore qu'il deüst venir.
Quant li rois ot ceste novele,
1064 Trestouz ses barons en apele,
Iriez et pleins de maltalent.
Por ce que melz les entalent
De confondre le traïtor,
1068 Dist que touz li blames est lor
De son tribol et de sa guerre,
Car par els lessa il sa terre   [fo 89 vb]
Et mist en la main au felon
1072 Qui pires iert de Ganelon.
N'i a .I. sol qui bien n'otroit
Que li rois a reson et droit,
Car ce li conseillerent il,
1076 Mais cil en iert mis en essil,
Et sache bien de verité
Que en chastel ne en cité
Ne porra garantir son cors
1080 Q'a force ne l'en traie fors.
Einsint tuit le roi asseürent
Et afient forment et jurent
Que le traïtor li rendront

▶ * 1050. messagier. 1051. Cantorbile. 1062. Quel que h. qu'il d. Corr. d'après
NB. 1072. Qui p. de *(exponctué)* iert G. 1076. est.
** 1053. molt li troblent *(AMB, NP* troble, *vs CRT, S).* 1059. De sa terre
(ANMPB, vs CSRT, S). 1063. oï *(sauf CRT, S).* 1068. Dit *(ANMBR).* t. li b. :
leçon de CMP. 1070. bailla *(ANMPB, vs CRTS).* 1077. *Var. MR* sachiez.
1081. le roi tuit *(AMB, vs CR).*

des messagers arrivèrent par Douvres
de Londres et de Canterbury
pour annoncer au roi des nouvelles
qui ont beaucoup troublé son cœur.
Ces messagers lui font savoir
qu'il reste peut-être trop en Bretagne,
car celui à qui il l'avait confiée
entend lui disputer sa terre ;
grande était déjà l'armée convoquée
des gens de sa terre et de ses amis.
Il s'était enfermé dans Londres
pour défendre la cité contre lui,
quelle que fût l'heure de sa venue.
Quand le roi entend la nouvelle,
il en appelle à tous ses barons,
furieux et rempli de colère.
Afin de mieux les inciter
à anéantir le traître,
il dit que ses ennuis et cette guerre
sont entièrement de leur faute,
c'est sur leurs conseils qu'il a confié
et remis sa terre entre les mains du traître
qui était pire que Ganelon.
Il n'y a personne qui n'admette
que le roi a parfaitement raison :
tel est bien le conseil qu'ils lui donnèrent,
mais cet homme ira à sa perte ;
que le roi en soit bien certain,
il n'y aura château fort ni cité
qui puisse le préserver
d'en être de force arraché.
Ainsi rassurent-ils tous le roi,
ils lui promettent avec force et jurent
qu'ils lui livreront le traître

1084 Ou ja mais terre ne tendront,
Et li rois par toute Breteigne
Fet crier que nus n'i remeigne.
Toute Breteigne est esmeüe.
1088 Onques tex oz ne fu veüe
Com li rois Artus assembla.
A l'esmovoir des nés sembla
Qu'an la mer fust trestouz li mondes,
1092 Si n'i paroient nis les ondes,
Si estoient des nés covertes.
Ceste chose sera a certes,
Qu'an la mer semble por la noise
1096 Trestoute Breteigne s'en voise.
Ja sont outre les nés passees,
Et les genz qui sont amassees
Se vont lojant par le rivage.
1100 Alixandre vint en corage
Que il aille le roi prier
Que il le face chevalier,
Car s'il ja mais doit los aquerre,
1104 Il l'aquerra en ceste guerre.
Ses compeignons avec lui prent
Si com sa volentez l'esprent
A faire ce qu'il a pensé.
1108 Au tref le roi en sont [alé].
Devant son tref sooit li rois.
Quant il voit venir les Grezois,
Ses a devant lui apelez :
1112 « Seignor, fet il, ne me celez,   [fo 90 ra]
Quel besoig vos ameinne ça ? »
Alixandres por touz parla,
Si li a dit son desirrier :
1116 « Venuz, fet il, vos sui prier,

▶ * **1093.** Qui e. **1094.** Certe ch. **1103.** Et *(CT).* *Après* 1109. A .XII. chevaliers
hernois. *Vers exponctué (cf. infra. v. 1124).* **1112.** *Un signe ' indique que* fet
il, *ajouté en fin de vers, doit s'insérer après* Seignor.
** *Après* 1086. *om. CRT :* Qui puisse armes porter en ost / Que aprés lui
ne veingne tost *(AMP). Var. NB* s'en aille. **1094.** C. guerre *(ANMP, vs
CSBTR).* **1104.** *Var. AN* c. terre. **1107.** De f. **1112.** *Var. ANM* nel me c.
1113. amena *(ANMPR, vs CSB).*

ou renonceront aux terres qu'ils tiennent.
Le roi, par toute la Bretagne,
fait crier l'ordre que personne
[d'apte au service dans l'armée
ne tarde à le rejoindre.]
Toute la Bretagne est en effervescence.
Jamais on ne vit d'armée semblable
à celle que réunit le roi Arthur.
Au départ des navires, il semblait
que le monde entier fût sur mer.
Recouvertes de bateaux,
les ondes ne se voyaient même plus.
Cette guerre se fera pour de bon,
car sur la mer, il semble, au tumulte,
que toute la Bretagne s'en aille.
Les navires, déjà, ont fait la traversée,
et la multitude assemblée
prend logement sur le rivage.
Alexandre conçut l'idée
d'aller lui-même prier le roi
de le faire chevalier,
car s'il doit jamais acquérir de la gloire,
il l'acquerra dans cette guerre.
Il prend avec lui ses compagnons,
tout animé par le désir
d'accomplir ce qu'il médite.
Ils sont allés à la tente du roi.
Le roi était assis devant sa tente.
Quand il a vu arriver les Grecs,
il les a appelés devant lui :
« Seigneurs, fait-il, ne me cachez rien,
quelle affaire vous mène ici ? »
Alexandre parla pour eux tous
et lui a formulé son désir :
« Je suis venu vous prier, fait-il,

Si com mon seignor prier doi,
Por mes compeignons et por moi,
Que vos nos façoiz chevaliers. »
1120 Li rois respont : « Molt volentiers,
Ne ja respiz n'en sera pris,
Des que vos m'en avez requis. »
Lors comande aporter li rois
1124 A .XII. chevaliers hernois.
Fet est ce que li rois comande.
Chascuns le suen hernois demande
Et en baille a chascun le suen,
1128 Beles armes et cheval boen.
Chascuns a le suen hernois pris.
Tuit li .XII. furent d'un pris,
Armes et robes et cheval,
1132 Mes autant valut par igal
Li hernois au cors Alixandre,
Qui le vousist prisier ou vendre,
Com tuit li autre .XII. firent.
1136 Droit sor la mer se devestirent,
Si se laverent et beignerent,
Car il ne voldrent ne deignerent
Que l'en lor chaufast autre estuve.
1140 De la mer firent baig et cuve.
La reïne la chose set,
Qui Alixandre pas ne het,
Einz l'aime molt et loe et prise.
1144 Fere li veult .I. bel servise,
Molt fu plus granz qu'ele ne cuide.
Trestouz ses escrins cerche et vuide
Tant c'une chemise en a traite
1148 De soie blanche, molt bien faite,
Molt deliee et molt soutil.
Es coutures n'avoit nul fil
Ne fust d'or ou d'argent au meins.

▶ * 1128. Boennes a. 1146. les e.
** 1121. Que (*ANMP, vs CSBRT*). 1124. Leçon de *NSCRT*. Var. *AMP* .XIII.
(*M* treze). 1144. grant s. (*NMSP, vs CABRT*). 1145. Leçon de *BCRT*. Var.
AS M. est, *N* Et m. (*M* Mult p. g. que ele), *P* Assés.

ainsi que je dois prier mon seigneur,
pour mes compagnons et pour moi,
que vous nous fassiez chevaliers. »
Le roi répond : « Très volontiers,
et sans prendre de délai,
puisque vous m'en avez requis. »
Le roi donne l'ordre alors d'apporter
de quoi équiper douze chevaliers.
Ses ordres sont exécutés.
Chacun demande son équipement
et l'on donne à chacun le sien,
belles armes et bon cheval.
Chacun a pris son équipement :
les douze étaient de même valeur,
armes, vêtements et cheval,
mais l'équipement d'Alexandre
valait autant à lui tout seul,
s'il eût fallu l'estimer ou le vendre,
que les douze autres réunis.
Au bord de la mer, ils se dévêtirent,
ils se lavèrent et se baignèrent,
se refusant obstinément
à ce qu'on leur chauffât une autre étuve :
la mer leur servit de bain et de cuve.
La reine apprend toute l'affaire.
Elle est loin de haïr Alexandre,
elle l'aime, le loue et l'estime beaucoup.
Elle pense à lui faire une grande faveur,
bien plus grande, en fait, qu'elle ne croyait.
Elle fouille dans tous ses coffres, qu'elle vide
pour en tirer une chemise
de soie blanche et très bien faite,
très fine et pleine d'élégance.
Aux coutures, on ne voyait de fil
qui ne fût d'or ou au moins d'argent.

1152 Au coudre avoit mise ses mains
      Soredamors, ce m'est avis,
      S'avoit entrecousu par fis
      Lez l'or de son chief .I. chevol   [fo 90 rb]
1156 Et en la manche et au col,
      Por savoir et por esprover
      Se ja porroit ame trover
      Qui l'un de l'autre en devisast,
1160 Tant clerement i ravisast,
      Car autant ou plus que li ors
      Estoit li cheveus clers et sors.
      La reïne prist la chemise,
1164 Si l'a Alixandre tramise.
      Et Dex ! com grant joie en eüst
      Alixandres se il seüst
      Que la reïne li envoie !
1168 Molt en reüst cele grant joie
      Qui son chevol i avoit mis
      S'ele seüst que ses amis
      La deüst avoir et porter.
1172 Molt se poïst reconforter,
      Car ele n'amast mie tant
      De ses cheveus le remanant
      Com celui qu'Alixandres ot.
1176 Mais cil ne cele n'en set mot,
      S'est granz ennuiz quant il nel sevent.
      Au port ou li vallet se levent
      Vint li messages la reïne.
1180 Le vallet trueve en la marine,
      S'a la chemise presentee
      Celui qui ele molt agree,
      Mais por ce plus chiere la tint
1184 Que de par la reïne vint,
      Et s'il seüst le soreplus,
      Encor l'amast il assez plus,

▶ ** 1153-1154. S. de leus en leus /... par leus. *Cette leçon distingue nettement le groupe ANSMP de BCRT. L'archétype du second a-t-il voulu éviter le même mot à la rime ? Mais la locution adverbiale a valeur temporelle.* 1156. Et as deus manches *(ANMSP, vs BCRT).* 1163. prant *(sauf CRT).* 1171. ne p. *(sauf BCR).* 1172. s'en poïst *(SMR).* 1176. *Leçon de CMBR. Var. ANSP* ne le sot.

A plusieurs reprises, pour la coudre,
Soredamor avait mis la main.
Elle avait entrecroisé par endroits
un de ses cheveux avec l'or des fils,
aux deux manches et au col,
dans l'intention de vérifier
s'il se pourrait trouver quelqu'un
qui sût les distinguer l'un de l'autre
de si près qu'il les regardât,
car autant, sinon plus que l'or,
brillait et rougeoyait le cheveu.
La reine prend la chemise,
elle l'a envoyée à Alexandre.
Ah ! Dieu, quelle eût été la joie
d'Alexandre s'il avait su
ce que la reine lui envoie !
Non moins grande eût été la joie
de celle qui avait mis le cheveu,
si elle avait su que son ami
devait l'avoir et la porter.
Elle en aurait eu réconfort,
car elle n'aurait pas plus aimé
le reste de tous ses cheveux
que celui qu'Alexandre avait.
Mais ni lui ni elle n'en savent mot :
quel grand malheur qu'ils ne le sachent !
Au port où se lavent les jeunes gens
vint le messager de la reine.
Dans l'eau de mer, il trouve le jeune homme,
il offre et présente la chemise
à celui à qui elle plaît tant,
et qui la chérissait d'autant plus
qu'elle lui venait de la reine,
mais s'il avait su ce qu'il y avait en plus,
il l'eût aimée bien davantage encore,

Car en eschange n'en preïst
1188 Trestout le monde, einz en feïst
Seintuaire, si com je cuit,
Si l'aorast et jor et nuit.
Alixandres plus ne demore
1192 Qu'il ne se veste en icele hore.
Quant vestuz fu et atornez,
Au tref le roi est retornez
Et tuit si compeignon ensemble.
1196 La reïne, si com moi semble,
Fu au tref venue seoir,
Por ce qu'ele voloit veoir　　　　　　　　　[fo 90 va]
Les noviaus chevaliers venir.
1200 Por biaus les pooit en tenir,
Mais de touz li plus biaus estoit
Alixandres au cors adroit.
Chevalier sont, des or m'en tais,
1204 De l'ost parlerai des or mais
Et dou roi qui a Londres vint.
Li plus des genz a lui se tint,
Encontre lui en ra grant masse.
1208 Li cuens Engrés ses genz amasse
Quanque vers lui en pot torner,
Par prometre ne par doner.
Quant il ot sa gent assemblee,
1212 Par nuit s'en foï en enblee,
Car de plusors estoit haïz,
Si redotoit estre traïz.
Mes einçois que il s'en foïst,
1216 Quanque il pot a Londres prist
De vitaille, d'or et d'argent,
Si le departi a sa gent.
Au roi sont les noveles dites
1220 Que foïz s'en est li traïtes,
Avec lui toute sa bataille,

▶ * 1187. la p., *(avec un rattrapage peu clair de* n *en* l). 1209. trover.
1214. recuidoit. 1220. traîtres. *Corr. pour la rime d'après AMPB.*
** 1188. Tot le m. einçois *(NMSP, vs BCRT).* 1203. a tant m'en t. *(NMP,*
S, vs ABCRT). 1204-1205. Del roi... / Et de l'ost *(ANMSP, vs BCRT).*
1207. *Var. ANM* Et contre. 1218. Si departi tot *(sauf CRT).*

car il n'aurait pas voulu l'échanger
contre le monde entier, il l'eût gardée
comme une relique, je pense,
en l'adorant de jour comme de nuit.
Alexandre ne tarde plus
et sur-le-champ met ses habits.
Quand il se fut vêtu et équipé,
il est retourné à la tente du roi
et tous ses compagnons avec lui.
La reine, à ce qu'il me paraît,
était venue s'asseoir près de la tente,
dans l'intention de regarder
venir les nouveaux chevaliers.
On pouvait tous les trouver beaux,
mais le plus beau d'entre eux était
Alexandre au corps si parfait.
Ils sont chevaliers, je n'en dirai pas plus.
Maintenant je dois parler du roi
et de l'armée qui est venue à Londres.
Le plus grand nombre était de son côté,
et ils sont foule en sa présence.
Le comte Engrès réunit tous ceux des siens
qu'il a pu rallier à son parti
par des promesses et des dons.
Quand il eut rassemblé ses gens,
il s'enfuit de nuit en cachette,
car il était haï de beaucoup
et il craignait d'être trahi.
Mais avant de s'enfuir,
il prit à Londres tout ce qu'il put
de vivres, d'or et d'argent,
et distribua le tout à ses hommes.
On rapporte au roi la nouvelle
que le traître s'est enfui
en compagnie de toute sa troupe,

Et que tant avoit de vitaille
Et d'avoir pris en la cité
1224 Qu'apovri et deserité
Sont li borjois et confundu.
Et li rois a tant respondu
Que ja reençon n'en prendra
1228 Dou traïtor, ainz le pendra
Se prendre ne baillier le puet.
Meintenant toute l'ost s'esmuet,
Tant qu'il vindrent a Guinnesores.
1232 A cel jor, coment qu'il soit hores,
Qui le chastel volsist desfendre,
Ne fust mie legiers a prendre,
Car li traïtres le ferma
1236 Tant com la traïsons dura
De treble mur et de fossez,
Et s'avoit les murs adossez
De forz engins par de desriere,
1240 Qu'il ne cheïssent par perriere.
Au fermer avoit mis grant cost,
Tout juing et juignet et aost,   [fo 90 vb]
A fere murs et roilleïz
1244 Et fossez et ponz torneïz,
Trenchiees et barres et lices,
Et portes de fer coleïces,
Et fort tor de pierre quarree.
1248 Onques n'i ot porte serree
Ne por poor ne por asaut.
Li chastiaus sist en un pui haut
Et par devant li cort Tamise.
1252 Sor la riviere est l'oz asise,
Ne ce jor ne lor lut entendre

▶ * **1224-1225.** Que tuit erent d. / Li b. et tuit c. *(leçon de CT).* **1250.** s. .I.
poi en h.
** **1236.** Des que la t. soucha *(AS, vs CRT).* Var. *B* quant il, *M* Tant con la
t. soscha. **1239.** *La leçon de CRT est conservée faute de mieux. La tradition
est ici très confuse :* A De pex aguz, *P* De molt fors peus, *S* De fort cue (?),
B De fors aiges (?), *M* De granz gleies. *Selon G. Paris, il devait s'agir de
contreforts en maçonnerie ou en terre (des « ados »).* **1247.** Et grant t. *(AP,
SM* granz tors, *vs CR, T, B).* **1248.** *Leçon de CRT. Var. AP, M* porte fermee.
1251. desoz *(AMSP, vs BCRT).*

et qu'il avait, dans la cité,
pris tant de vivres et de biens
qu'en sont appauvris et dépouillés
les bourgeois et qu'ils sont ruinés.
Le roi a donné cette réponse
qu'il n'acceptera aucune rançon
pour le traître, mais qu'il le pendra
s'il peut le prendre ou se saisir de lui.
Toute l'armée s'ébranle alors,
et enfin arrive à Windsor.
Quoi qu'il en soit de nos jours, à l'époque
ce château, une fois décidée sa défense,
n'eût pas été facile à prendre,
car le traître l'avait fortifié,
sitôt conçue sa trahison,
d'un triple mur et de fossés,
et il avait étayé les murs
de forts ouvrages par-derrière
pour qu'ils ne s'écroulent pas sous les jets de pierres.
Pour le fortifier, il fit grande dépense,
tout juin, juillet et août,
construisant murs et palissades,
fossés et ponts-levis,
tranchées, barrières et lices,
portes de fer coulissantes
et fort donjon en pierres de taille.
Jamais il n'y eut porte fermée
pour cause de peur ou bien d'attaque.
Le château était assis sur une hauteur,
et à ses pieds courait la Tamise.
L'armée s'est installée au bord du fleuve
et ce jour-là, ils n'eurent d'autre soin

S'au trés non et au loges tendre.
L'oz est sor Tamise logie,
1256 Toute la pree est herbergie
De paveillons verz et vermeuz.
Es colors se fiert li soleuz,
S'en reflamboie la riviere
1260 Plus d'une grant liue planiere.
Cil dou chastel par le gravier
Furent venu esbenaier
Solement les lances es poinz,
1264 Les escuz devant les piz joinz,
Que plus d'armes n'i aporterent.
A cels defors semblant mostrerent
Que gaires ne les redoutoient
1268 Quant desarmé venu estoient.
Alixandres de l'autre part
Des chevaliers se prist esgart
Qui devant els vont cenbelant.
1272 D'asembler a els a talent,
S'en apele ses compeignons
L'un aprés l'autre par lor nons,
Premier Cornin qu'il ama molt,
1276 Et puis Licoridés l'estout,
Et puis Nabunal de Micenes
Et Acarionde d'Athenes
Et Ferulin de Salenique,
1280 Et Calcedor devers Aufrique,
Permenidos et Francagel,
Coron le fort et Pinagel,
Nerius et Neriolis.
1284 « Seignor, fet il, talenz m'est pris
Que de l'escu et de la lance　　　　　[fo 91 ra]
Aille a cels fere une acointance
Qui devant nos bohorder vienent.

▶ * 1286. une contence.
** 1254. S'a logier non et as trés t. *(MAS, vs BCRT). Noter pour C l'effa-
cement du s dans la particule résultant de a + les (encore v. 1308 :* au cols),
cf. M.K. Pope, § 613 et 1203. Cp. BR as trés et as l. *1275. La liste de noms
dans C est dans l'ensemble confirmée. W. Foerster a préféré les formes*
Acorionde, Ferolin, Parmenidés, Torin, Pinabel.

que de dresser tentes et campement.
L'armée campe au bord de la Tamise,
toute la prairie est tendue
de pavillons verts et vermeils.
Le soleil frappe les couleurs
et la rivière en resplendit
sur plus d'une bonne lieue.
Ceux du château étaient venus
sur la grève pour se distraire,
les lances aux poings seulement,
les écus serrés contre leurs poitrines,
sans apporter d'autres armes.
Ils firent bien voir aux assaillants
qu'ils ne les redoutaient guère,
puisqu'ils étaient venus sans armures.
Alexandre, de l'autre côté,
remarqua les chevaliers
qui sous leurs yeux faisaient des passes d'armes.
Il a envie de s'affronter à eux :
il appelle ses compagnons
l'un après l'autre par leurs noms,
Cornin d'abord qu'il aimait beaucoup,
puis Licoridès le hardi,
puis Nabunal de Mycènes
et Acorionde d'Athènes,
Ferulin de Salonique,
Calcedor des régions d'Afrique,
Permenidos et Francagel,
Coron le fort et Pinagel,
Nerius et Neriolis.
« Seigneurs, fait-il, j'ai grande envie
que mon écu et ma lance
aillent faire connaissance
avec ceux qui joutent sous nos yeux.

1288 Bien voi que por mauvés nos tienent
    Et poi nos criement, ce m'est vis,
    Quant bohorder devant noz vis
    Sont ça venu tuit desarmé.
1292 De novel somes adoubé,
    Encor n'avomes fait estreine
    N'a chevalier ne a quinteine.
    Trop avons noz lances premieres
1296 Longuement gardees entieres.
    Nostre escu por coi furent fait ?
    Encor ne sont troé ne fret.
    C'est uns avoirs qui rien ne vaut
1300 Fors en estor et en assaut.
    Passons le gué, ses assaillons. »
    Tuit dient : « Ne vos en faillons. »
    Ce dit chascuns : « Se Dex me saut,
1304 N'est vostre amis qui ci vos faut. »
    Meintenant les espees ceignent,
    Lor chevaux cenglent et estreignent,
    Montent et prenent les escuz.
1308 Quant les orent au cols penduz,
    Les escuz, et les lances prises,
    De colors teintes par devises,
    Au gué tuit a .I. frois s'esleissent.
1312 Et cil dela lor lances bessent,
    Ses vont iriement ferir.
    Cil lor resevent bien merir
    Qu'il nes espargnent ne refusent
1316 Ne por aus plein pié ne reüsent,
    Einz fiert chascuns si bien le suen
    Qu'il n'i a chevalier si boen
    N'estuisse vuidier les arçons.
1320 Nes tienent mie por garçons,
    Por mauvés ne por esperduz.
    N'ont pas lor premiers cos perduz,

▶ * **1315-1316.** e. de neent /... pl. p. reculant. *Corr. d'après AMR.*
   ** **1289.** *Leçon de BCRT. Var. AMSP* prisent. **1310.** *Leçon de BCRT. Var.*
MAP peintes. **1313.** *Leçon de BCR. Var. MASP* isnelement. **1314.** Mes cil
lor sorent (*AMS, P* sevent).

Je vois bien qu'ils nous prennent pour des lâches
et qu'ils nous craignent peu, je crois,
quand ils joutent sous nos yeux
ici-même, sans leurs armures.
Nous sommes nouvellement adoubés :
nous n'en avons encore fait étrenne
ni à chevalier ni à quintaine.
Nous avons trop longtemps gardé
intactes nos premières lances.
Pourquoi nos écus ont-ils été faits ?
Ils ne sont encore troués ni brisés !
C'est un bien qui n'a de valeur
qu'en bataille et dans l'assaut.
Passons le gué, assaillons-les ! »
Et tous de dire : « Nous sommes présents ! »
et chacun dit : « Dieu me garde !
Qui vous laisse ici n'est pas votre ami ! »
Ils ceignent aussitôt leurs épées,
sanglent étroitement leurs chevaux,
montent et prennent leurs écus.
Quand ils eurent suspendu à leur cou
les écus et pris les lances
peintes aux couleurs qui les distinguaient,
ils se ruent d'un seul élan dans le gué.
Ceux d'en face baissent leurs lances
et vont les frapper avec rage,
mais ils surent bien le leur rendre,
car ils ne les épargnent ni ne les esquivent
ni ne leur cèdent un pied de terrain.
Chacun frappe si bien le sien
qu'il n'y a si bon chevalier
qui ne doive vider les arçons.
On ne les prend pas pour des vauriens,
pour des lâches ou des gens manquant de sang-froid.
Ils n'ont pas perdu leurs premiers coups,
ils ont désarçonné treize hommes.

1324 Jusqu'en l'ost est li bruiz alez
De lor cols et del chapleïz.
Par tens fust boen le poigneïz
Se cil les osassent atendre.

1328 Et cil se metent a la fuie
Qui lor remanance n'i voient.   [fo 91 rb]
Li Grezois aprés les convoient
Ferant de lances et d'espees.

1332 Assez i ot testes coupees,
Mais d'eus n'i ot .I. sol plaié.
Ce jor se sont bien essaié,
Mais Alixandres en ot le pris,

1336 Que par son cors liez et pris
Qatre chevaliers en ameine,
Et li mort gisent en l'araine,
Qu'asez i ot des decolez,

1340 Des plaiez et des afolez.
Alixandres, par cortoisie,
Sa premiere chevalerie
Done et presente la reïne.

1344 Ne volt que d'els eüst sesine
Li rois, que tost les feïst pendre.
La reïne les a fet prendre
Et ses fet garder en prison

1348 Come retez de traïson.
Par l'ost parolent des Grezois,
Tuit dient que molt est cortois
Alixandres et bien apris

1352 Des chevaliers qu'il avoit pris,
Que au roi nes avoit renduz,
Qu'il les eüst ars ou penduz.
Mais li rois ne s'en geue pas,

1356 A la reïne enelepas
Mande que parler a lui vieigne,

▶ * **1328.** Cil comencent lor fuie a prendre. *Vers refait à cause de l'omission après 1327. Corr. d'après MASPR.*
** **1326.** li fereïz (*AMSB, vs CR*). *Après 1327. om.* Par l'ost corent les armes prendre / Si se fierent en l'eve a bruie (*MASPBR*). **1347.** *Var. AMSP* fist (*vs BCRT*). **1349-1354.** *Ces vers manquent dans ASP (vs MBCRT).*

Jusqu'au camp s'est répercuté le bruit
de leurs coups et du heurt des armes.
Le choc eût repris de plus belle,
si ceux-là avaient osé les attendre.
[Dans le camp on court prendre les armes
et on se jette avec fougue dans l'eau.]
Les autres prennent la fuite
puisqu'il n'y a pas lieu de rester.
Les Grecs s'empressent de leur faire escorte
à coups de lance et d'épée !
Il y eut bien des têtes coupées,
mais parmi eux aucun n'y fut blessé.
Ce jour-là, ils ont bien fait leurs preuves,
mais Alexandre en remporta le prix,
ramenant quatre chevaliers
à lui seul, prisonniers et ligotés,
et les morts gisent sur le sable,
car il y en eut nombre de décapités,
de blessés et de mutilés.
Alexandre, courtoisement,
fait don et présent à la reine
de son premier gain aux armes.
Il ne voulait pas que le roi se saisît d'eux,
car il les eût aussitôt fait pendre.
La reine les a fait saisir
pour qu'on les garde en prison,
comme accusés de trahison.
Dans toute l'armée, on parle des Grecs :
tous vantent l'élégance
et les bonnes manières d'Alexandre,
qui a évité de rendre au roi
les chevaliers qu'il avait pris,
car il les aurait fait brûler ou pendre.
Mais le roi ne plaisante pas,
il adresse aussitôt à la reine
l'ordre de venir lui parler

Et ses prisons pas ne retieigne,
Car a rendre les covendra,
1360 Ou sor son gré les retendra.
La reïne est au roi venue.
Entr'els ont parole tenue
Des traïtors si come il durent,
1364 Et trestuit li Greu remés furent
El tref la reïne as puceles.
Molt parloient li .XII. a ele[s],
Mais Alixandres mot ne di[s]t.
1368 Soredamors garde s'en prist
Qui pres de lui se fu asise.
A sa maissele a sa main mise
Et semble que molt fust pensis.
1372 Einsint ot molt longuement sis,
Tant qu'a son braz et a son col   [fo 91 va]
Vit Soredamors le chevol
Dont ele ot la costure fete.
1376 Un poi plus pres de lui s'est trete,
Car or a aucune achoison
Dont el le puet metre a raison,
Mes einz se pense en quel maniere
1380 Ele l'aresnera premiere
Et quex li premiers moz sera,
Se par son non l'apelera,
S'en prent conseil a soi meïsmes.
1384 « Que dirai ge, fet ele, primes ?
Apelerai le par son non
Ou par ami ? Ami ? Je non.
– Coment donc ? Par son non l'apele !
1388 – Ja est la parole tant bele
Et si douce d'ami nomer,
Se je l'osoie ami clamer.

▶ * 1374. Vil. 1389. d'ami clamer. 1390. Se je issi l'osasse nomer *(+1)*.
** 1358. *Var. MASP* Ne ses traïtors ne r. (*vs BCRT*). 1360. *Var. MAP* Ou
oltre son g. les tendra. 1370. *Sur* la main a la maissele, *geste marquant une
forte contrariété, qui deviendra le geste même du mélancolique au* XIVᵉ *siècle,
voir E. Lommatzsch, dans* ZfrPh., XLIII, 1919, *pp.* 27 - 38. 1372. ont (*MASP,
vs CRT*). 1378. Dont m. le puet (AMS). 1379. *Leçon de SBCRT. Var. AM* el
se p. 1388. Dex ! Ja (e)st la p. si b. *La bonne leçon est donnée par SR et B*
(j'est). *A supprime* si *et MPC* Dex.

et de ne pas garder ses prisonniers :
car il faudra qu'elle les rende,
ou elle agira contre le gré du roi.
La reine est venue devant le roi
et ils se sont entretenus
des traîtres, comme ils devaient.
Dans la tente de la reine étaient restés
tous les Grecs, auprès des demoiselles.
Les douze leur parlaient sans fin,
mais Alexandre ne disait mot.
Soredamor, qui s'était assise
près de lui, s'en aperçut.
La main appuyée contre sa joue,
il semble tout à ses pensées.
Ils sont restés ainsi lontemps assis,
jusqu'au moment où Soredamor vit
à son bras et à son cou le cheveu
qui lui avait servi à coudre.
Elle s'est un peu rapprochée de lui,
car elle a trouvé un prétexte
pour lui adresser la parole,
mais elle se demande avant
de quelle façon l'aborder
et quels seront ses premiers mots :
l'appellera-t-elle par son nom ?
Elle en délibère au fond d'elle-même :
« Que dirai-je en premier, fait-elle ?
L'appellerai-je par son nom,
ou lui dirai-je "ami" ? Ami ? Je ne puis !
– Comment alors ? Mais par son nom !
– Dieu ! C'est pourtant un si beau nom
et si doux à proférer, "ami",
si j'osais l'appeler ainsi.

Osoie ? Qui le me chalonge ?
1392 Ce que je dout dire mençonge.
Mençonge ? Ne sai quex sera,
Mes se je ment, moi pesera.
Por ce fait bien a consentir,
1396 Que je n'en querroie mentir.
Dex ! ja n'en mentiroit il mie
S'il m'apeloit sa douce amie !
Et je mentiroie de lui ?
1400 Bien devrions voir dire andui,
Mais se je ment, suens est li torz.
Mais por coi m'est ses nons si forz
Que je li vueille sornon metre ?
1404 Ce m'est avis, trop i a letre,
S'aresteroie tost enmi,
Mes se je l'apeloie ami,
Cest mot diroie je bien tot.
1408 Por ce qu'a l'autre faillir dout,
Voudroie avoir de mon sanc mis
Qu'il eüst non Biaus douz amis. »
En cesti pensé tant sejorne
1412 Que la reïne s'en retorne
Dou roi qui mandee l'avoit.
Alixandres venir la voit
Et cort vers lui, si li demande   [fo 91 vb]
1416 Que li rois a faire comande
De ses prisons, et qu'il en iert.
« Amis, fet ele, il me requiert
Que jes li rende a sa devise,
1420 Si l'en lais faire sa joustise.
De ce s'est il molt corociez
Que je nes li ai ja bailliez.
Si m'estuet que jes li envoi,
1424 Qu'autre delivrance n'i voi. »
Einsint ont celui jor passé,

▶ * 1418. fet il. 1421. cororciez.
** 1392. criem *(PBRT)*. Var. *AS* cuit. 1393. que sera *(vs C, MR)*. 1398. S'il me deigneit clamer amie *(MPBR, vs AS* me clamoit sa d. a.). 1407. Cest non *(MASP, vs CRT, B)*. 1410. Leçon de *MPCR.* Var. *AB* mes d. a. 1415. Contre li vet *(ASM, P, vs CR, B, T)*.

Si j'osais ? Qui me l'interdit ?
La crainte de dire un mensonge.
Un mensonge ? Qu'en sera-t-il ? Je ne sais,
mais si je me trompe, j'en aurai du chagrin.
La chose doit m'être accordée,
car je ne voudrais pas mentir.
Dieu ! il ne mentirait pas, lui
s'il daignait m'appeler "amie".
Et je mentirais, moi, à le dire ?
Nous devrions tous deux dire vrai,
mais si je mens, ce sera par sa faute.
Mais pourquoi son nom me paraît-il difficile
au point de vouloir lui donner un surnom ?
Il y a, je crois, trop de lettres,
et je m'arrêterais au beau milieu ;
mais si je l'appelais "ami",
je dirais ce nom tout entier.
Puisque pour l'autre la force me manque,
je voudrais avoir donné mon sang
pour qu'il eût ce nom de "Cher doux ami". »
Son cœur s'attarde à cette pensée
jusqu'au moment où la reine revient
de chez le roi qui l'avait convoquée.
Alexandre la voit venir,
se porte à sa rencontre et lui demande
ce que le roi ordonne de faire
des prisonniers, et ce qu'il en sera.
« Ami, fait-elle, il me requiert
de les livrer à sa discrétion
et de lui laisser faire sa justice.
Il s'est fortement irrité
de mon retard à les lui livrer.
Il faut que je les lui envoie,
car je ne vois pas d'autre issue. »
Ainsi ont-ils passé ce jour,

         Et l'endemain sont amassé
         Li boen chevalier, li loial,
1428   Devant le paveillon roial,
         Por droit et por jugement dire
         A quel poine et a quel martyre
         Li quatre traïtor morroient.
1432   Li un dient qu'escorchié soient,
         Li autre qu'an les pende ou arde ;
         Et li rois meïsmes esgarde
         Qu'en doit traïtor traïner,
1436   Puis les comande a amener.
         Amené sont, lier les fet,
         Et dit qu'il ne seront detret
         Jusqu'antor le chastel seront
1440   Et que cil dedenz le verront.
         Quant remese fu la parole,
         Li rois Alixandre aparole,
         Si l'apele son ami chier.
1444   « Amis, fet il, molt vos vi ier
         Bel assaillir et bel desfendre.
         Le guerredon vos en vueil rendre.
         De .V.C. chevaliers galois
1448   Vostre bataille vos acrois
         Et de mil serjanz de la terre.
         Quant avrai finee ma guerre,
         Avec ce que vos ai doné
1452   Ferai de vos roi coroné
         Del meillor roiaume de Gales.
         Bors et chastiaus, citez et sales
         Vos i donrai en atendue
1456   Jusque tant que vos iert rendue
         La terre que tient vostre pere,   [fo 92 ra]
         Dont vos devez estre emperere. »
         Alixandres de cest otroi
1460   Mercie boennement le roi,
         Et si compeignon l'en mercient.

► * **1436.** atorner *(leçon isolée).* **1438.** dist *(CPB).*
   ** **1438.** *Leçon de SPBC. Var. AM* que il s. d. **1439.** Tant qu'a. *(ASMP, vs CR).*

et le lendemain sont rassemblés
les bons, les loyaux chevaliers
devant le pavillon royal,
pour juger conformément au droit
selon quel châtiment et quel supplice
les quatre traîtres mourraient.
Les uns proposent qu'ils soient écorchés,
les autres qu'on les pende ou qu'on les brûle ;
le roi considère pour sa part
qu'un traître est homme qu'il faut traîner.
Il donne l'ordre alors de les amener.
On les amène, il les fait attacher,
ajoutant qu'ils ne seront pas écartelés
avant d'être aux abords du château
pour que les assiégés les voient.
Quand la délibération eut cessé,
le roi s'adresse à Alexandre,
il l'appelle « son cher ami ».
« Ami, fait-il, je vous ai vu hier
briller dans l'attaque et dans la défense.
Je veux vous en récompenser :
de cinq cents chevaliers gallois
j'accrois votre corps de bataille,
avec mille soldats de ma terre.
Quand j'aurai terminé ma guerre,
outre ce que je vous ai donné,
je vous ferai roi couronné
du meilleur royaume de Galles.
Bourgs et châteaux, cités et palais
seront mes dons en attendant
le moment où vous reviendra
la terre où règne votre père
et dont vous devez être l'empereur. »
Alexandre pour ce don
remercie de tout cœur le roi,
ses compagnons aussi le remercient.

Tuit li baron de la cort dient
Qu'an Alixandre est bien asise
1464 L'ennors que li rois li devise.

Quant Alixandres vit ses genz,
Ses compeignons et ses serjanz,
Tex com li rois li volt doner,
1468 Meintenant covint a soner
Les boisines par toute l'ost.
Boen ne mauvais ne vos en ost
Que chascuns ses armes ne preigne,
1472 Cil de Gales et de Breteigne
Et d'Escoce et de Cornoaille,
Que de par tout sanz nule faille
Fu en l'ost grant force creüe.
1476 Et Tamise fu descreüe,
Qu'il n'ot pleü de tout esté,
Einz ot tel secheresce esté
Que li poisson estoient mort
1480 Et les nés fendues au port.
Si pooit en passer a gué
La ou ele avoit plus de lé.
Outre Tamise est l'oz alee.
1484 Li un porprennent la valee,
Li autre montent en l'angarde.
Cil dou chastel se prennent garde
Et voient venir la merveille
1488 De l'ost qui defors s'apareille
Por le chastel confondre et prendre.
Si se ratornent del desfendre,
Mes einz que nul asaut i ait,
1492 Li rois entor le chastel fait
Traïner a quatre chevaux
Les traïtors parmi les vaus
Et par tertres et par larriz.
1496 Molt est li cuens Engrés marriz

▶ * 1481. Si pooient. *Corr. d'après BM.*
** 1465. *Leçon de PCBRT. Var. AMS* voit. 1468. *Leçon de BCRT. La*
variante SAM Lors comande gresles s. *ne peut convenir, l'ordre devant*
émaner du roi. D'où P : Lors commencent gr. s., *adopté par W. Foerster.*
1495. larriz : *terrain montueux, pente, d'ordinaire en friche.*

Tous les grands de la cour disent
que chez Alexandre est bien placé
l'honneur que le roi lui décerne.
Quand Alexandre vit les hommes,
les compagnons et les soldats
qu'il plaisait au roi de lui donner,
le moment était venu de sonner
les trompettes par tout le camp.
Vaillants ou lâches, sans exception,
chacun se saisit de ses armes,
ceux de Galles et de Bretagne,
et d'Ecosse et de Cornouailles,
car de toutes parts, sans qu'y manque personne,
la force de l'armée s'était accrue.
La Tamise était en décrue,
car il n'avait pas plu de tout l'été,
et la sécheresse avait été telle
que les poissons en étaient morts
et qu'au port s'étaient craquelés les navires.
On pouvait ainsi la passer à gué
à l'endroit où elle était le plus large.
L'armée a traversé la Tamise.
Les uns occupent la vallée,
les autres montent sur la hauteur.
Ceux du château s'en aperçoivent
et voient s'avancer le prodige
de cette armée qui au-dehors s'apprête
à prendre et à détruire la forteresse.
Ils font les préparatifs de défense,
mais avant de donner l'assaut,
le roi fait tout autour du château,
traîner par quatre chevaux
les traîtres, par les vallons,
les collines et les coteaux.
Le comte Engrès est rempli de colère

Quant environ son chastel voit
Traïner cels que chiers avoit,
Et li autre molt s'en esmaient,
1500 Mes por esmai que il en aient   [fo 92 rb]
N'ont nul talent que il se rendent.
Mestier lor est qu'il se desfendent,
Car bien moustre li rois a touz
1504 Son maltalent et son courouz,
Et bien voient, s'il les tenoit,
Qu'a honte morir les feroit.
Quant li quatre traïné furent
1508 Et li membre par les chans jurent,
Lors encomença li assauz,
Mais touz est perduz li travauz,
Qu'asez lor loist lancier et traire
1512 Einçois que rien i puissent faire,
Et neporquant bien s'i essaient.
Espessement lancent et traient
Carriaus et gaveloz et darz.
1516 Granz esfrois font de toutes parz
Les arbalestes et les fondes,
Saietes et pierres roondes
Volent autresi melle melle
1520 Com fait la pluie avec la gresle.
Einsint toute jor se travaillent,
Cil se desfendent, cil assaillent,
Tant que la nuiz les en depart.
1524 Et li rois de la soë part
Fet par l'ost crier et savoir
Quel don devra de lui avoir
Cil par cui li chastiaus iert pris :
1528 Une coupe de molt haut pris
Li donra de .XV. mars d'or,
La plus riche de son tresor.

▶ * 1505. Car. 1511. Qu'a. lor lait. 1513. si s'i e. 1519. m. et m. 1520. aprés la g.
** 1497. *Leçon de MBCRT. Var. SA* Por itant que traïner v., *P* Por çou que par devant lui v. 1508. le chanp *(ASMB, vs CRTP)*. 1509. encomance *(SP, vs C, B)*. 1516. escrois *(ASM, vs PC)*. 1529-1530. *Leçon de MBCRT. Var. ASP* donrai... /... mon t.

quand il voit tout autour de son château
traîner ceux qu'il avait en affection,
et les autres en sont épouvantés,
mais, quelle que soit leur épouvante,
ils n'ont aucune envie de se rendre.
Il est nécessaire qu'ils se défendent,
car le roi fait bien voir à tous
son ressentiment et sa colère.
Il est clair que s'il les tenait,
il les ferait mourir ignominieusement.
Quand les quatre eurent été traînés,
leurs membres gisant à travers champs,
alors commence l'assaut,
mais tous les efforts sont vains :
ils ont beau lancer et tirer,
ils ne parviennent toujours à rien.
Pourtant les tentatives ne manquent pas.
Leurs tirs et leurs jets font tomber dru
carreaux, javelots et flèches.
Les arbalètes et les frondes
font grand fracas de toutes parts.
Les flèches et les pierres rondes
volent pêle-mêle tout comme
le fait la pluie avec la grêle.
Ainsi sont-ils tout le jour à la peine,
les uns pour la défense, les autres pour l'assaut,
jusqu'à ce que la nuit les sépare.
Le roi, de son côté,
fait proclamer par tout le camp
le don que recevra de lui
celui qui prendra le château :
une coupe de très grand prix,
valant quinze marcs d'or,
la plus précieuse de son trésor.

Molt estoit de fin or la coupe,
1532 Et qui a voir dire n'açoupe,
Plus la devroit l'en tenir chiere
Por l'uevre que por la matiere.
Molt est boenne la coupe d'oevre,
1536 Et qui la verité descuevre,
Meuz que l'euvre ne que li ors
Valoient les pierres defors.
S'il est serjanz, la coupe avra
1540 Par cui li chastiaus pris sera,
Et s'il est pris par chevalier,
Ja ne savra querre loier
Avec la coupe qu'il ne l'ait,
1544 Se el monde trover se lait.
Quant ceste chose fu criee,   [fo 92 va]
N'ot pas sa costume oubliee
Alixandres, qui chascun soir
1548 Aloit la roïne veoir.
A ce soir i refu alez,
Assis se furent lez a lez
Entre Alixandre et la roïne.
1552 Devant els, prochiene voisine,
Soredamors sole seoit
Qui si volentiers l'esgardoit
Qu'en paradis ne volsist estre.
1556 La reïne par la main destre
Tint Alixandre et remira
Le fil d'or qui molt empira.
Si li sovint par aventure
1560 Que fete avoit cele costure
Soredamors, et si s'en rist.
Alixandres garde s'en prist
Et li prie, s'il fet a dire,

► * **1543.** que il n'ait *(PBCR). Corr. d'après NASM.* **1554.** Qui v. les costeoit.
Leçon intéressante mais isolée (R l'escutoit) *et contredite par les*
vv. 1567-1572 (*cp. Le Chevalier de la Charrette, v. 1998). Corr. d'après*
NASM.
** **1531.** *Leçon de C, BRT* (bon or). *Var. SM(AP)* est (iert) bone et riche la
c. *Après* **1558.** *om.* CP Et li chevos ambelissoit / Que que li filz d'or palis-
soit *(NSM).*

La coupe était en or très pur
et, si on ne se méprend pas,
on devrait l'estimer plus encore
pour l'ouvrage que pour la matière.
La coupe est très bien ouvragée,
mais, pour ne vraiment rien cacher,
bien plus que l'or ou que l'ouvrage
valaient les gemmes au-dehors.
Celui qui prendra le château
aura la coupe, s'il est soldat,
et s'il s'agit d'un chevalier,
il ne saura demander une récompense
qu'il n'obtienne, en plus de la coupe,
si au monde on peut la trouver.
Après cette proclamation,
Alexandre n'omit pas,
comme à l'accoutumée, chaque soir,
de rendre visite à la reine.
Il y était donc allé ce soir-là.
Alexandre et la reine se trouvaient
assis l'un à côté de l'autre.
Devant eux, en proche voisine,
Soredamor était assise, seule :
elle le regardait si volontiers
qu'elle n'aurait pas voulu être au paradis.
La reine, par la main droite,
tenait Alexandre, quand elle vit
le fil d'or qui semblait bien terne.
[Le cheveu gagnait en beauté
tandis que pâlissait le fil d'or.]
Il lui revint alors en mémoire
que Soredamor avait cousu
cet ouvrage, et elle se prit à rire.
Alexandre s'en aperçut
et il la prie, si la chose est permise,

1564 Qu'el li die qui la fait rire.
 La roïne a dire li tarde
 Et vers Soredamors regarde,
 Si l'a devant lui apelee.
1568 Cele i est volentiers alee,
 Si s'agenoille devant lui.
 Alixandre molt enbeli
 Quant si pres la vit aprochier
1572 Que il la poïst atouchier,
 Mais il n'a tant de hardement
 Qu'il l'ost regarder solement,
 Einz li est touz li sens fuiz
1576 Si que pres qu'il n'est amuiz ;
 Et cele rest si esbahie
 Que de ses euz n'a nule aïe,
 Einz met en terre son esgart
1580 Si qu'ele nel tient autre part.
 La reïne molt s'en merveille,
 Or la voit pale et or vermeille,
 Et note bien en son corage
1584 La contenance del visage,
 De chascun et d'andeus ensemble.
 Bien aperçoit et bien li semble
 Par les muances des colors
1588 Que ce sont accident d'amors,
 Mais ne lor en velt fere angoisse.   [fo 92 vb]
 Ne fet semblant qu'ele conoisse
 Rien nule de quanqu'ele voit.
1592 Bien fist ce que fere devoit
 Quant chiere ne senblant n'en fist,
 Mais tant qu'a la pucele dist :

▶ * **1573.** n'ot *(CT).* **1575.** Einçois li est li sens failliz. *Bien que* failliz *soit supporté par SMBCRT et* einçois *par MCRT, l'accord ANP justifie la correction pour une rime plus riche.* **1577.** en est *(CT).* **1590.** que les c. *(CP).*
** **1570.** abeli *(ASPB, vs NMCRT).* **1576.** pres en est a. *(NASMP, vs BCT).*
1580. *Les manuscrits divergent. On peut préférer à CRT dont le sens est plat la leçon expressive de N(M)* ne ceille (cille) nule (autre) part, *comme d'un battement de cil et de vie soudain arrêté (cf.* Roman de Thèbes, *v. 5956), ou de A,* cingne, *c.à.d. « lancer un coup d'œil » (cf.* Chevalier de la Charrette, *v. 267).* **1584.** La c. et le v. *(ANSMP, vs CRT).* **1586.** et voir li s. *(ANSPB, vs MCR).*

de lui dire ce qui la fait rire.
La reine tarde à le lui dire ;
elle regarde vers Soredamor
et l'a appelée auprès d'elle.
Celle-ci y est allée avec plaisir
et s'agenouille devant elle.
Le cœur d'Alexandre s'éclaira
quand il la vit approcher de si près
qu'il aurait pu la toucher,
mais il n'a pas même l'audace
de seulement la regarder.
Il en perd au contraire ses esprits
au point de devenir presque muet ;
elle est, de son côté, si surprise
que de ses yeux elle ne fait plus usage,
elle baisse à terre son regard
et elle l'y tient fixé.
La reine en est fort émerveillée,
la voyant tour à tour pâle et vermeille.
Elle a bien noté dans son esprit
la contenance et le visage
de chacun, puis des deux mis en présence.
Il lui semble, et c'est bien visible
à ces changements de couleur,
que ce sont les accidents de l'amour,
mais elle ne veut pas les mettre au supplice
et fait mine de ne rien remarquer
dans tout ce qu'elle voit.
Elle agit comme il convenait
quand elle n'en fit rien paraître,
se bornant à dire à la jeune fille :

« Damoisele, regardez ça,
1596 Et dites, nel nos celez ja,
Ou la chemise fu cousue
Que cist chevaliers a vestue,
Et se vos en entremeïstes
1600 Et dou vostre rien i meïstes. »
La pucele a del dire honte,
Neporquant volentiers li conte,
Car bien veult que le voir en oie
1604 Cil qui de l'oïr a tel joie,
Quant ele li conte et devise
La feture de la chemise,
Que a grant peine se retarde,
1608 La ou il le chevol esgarde,
Qu'il ne l'aoure et encline.
Si compeignon et la reïne
Qui leenz ierent avec lui
1612 Li fesoient molt grant ennui,
Car por els laisse qu'il nel touche
Ne a ses euz ne a sa bouche
Ou molt volentiers le meïst
1616 S'il ne cuidast qu'en le veïst.
Liez est quant de s'amie a tant,
Mes il ne cuide ne n'atent
Que ja mes autre prou en ait :
1620 Ses desirrers douter le fait.
Neporquant, quant en est en aise,
Plus de .C.M. foiz le baise,
Quant de la reïne est tornez.
1624 Lors li est vis que buer fu nez,
Mes bien se garde c'on nel voie.

▶ * **1603.** Car molt tres bien veult que le voie. **1613.** nes t. **1615.** les m.
1616. les v. **1619.** proie *(corr. d'après BRT).*
** **1599-1600.** *Ces deux vers, qui figurent dans les manuscrits MBCRT,
manquent dans ANSP. W. Foerster les a adoptés. L'insistance de la reine se
justifie en l'occasion, et l'appui de M conforte le groupe BCRT.* **1602.** *Var.
AN* lor c. *(mais cf. v. 1605).* **1612.** Li font grant mal et g. *(ANMP, B, vs CRT).*
1619. *Var. ANSMP* autre bien. **1623-1624.** *Ces deux vers, donnés par
MBCRT, sont absents de ANSP. Comme W. Foerster, nous les jugeons
authentiques.*

« Ma demoiselle, regardez ici,
et dites-nous sans rien cacher
où fut cousue la chemise
que ce chevalier a revêtue,
si vous vous en êtes occupée
et y avez rien mis du vôtre. »
La jeune fille a pudeur à le dire
mais lui en fait volontiers le récit,
car elle souhaite qu'entende la vérité
celui qui a tant de joie à l'entendre,
quand elle lui raconte et lui décrit
la confection de la chemise,
qu'il se retient à grand-peine
en contemplant le cheveu
de l'adorer en s'inclinant.
Ses compagnons et la reine
qui se trouvaient là avec lui
le font souffrir et le contrarient,
car, pour eux, il s'abstient de le porter
à ses yeux et à sa bouche,
ce qu'il aurait volontiers fait
s'il n'avait pensé qu'on le vît.
En avoir autant de son amie fait sa joie,
mais il ne pense ni n'espère
avoir jamais autre chose d'elle.
Son désir le remplit de crainte,
mais dès qu'il en a le loisir,
il le baise plus de cent mille fois,
en revenant de chez la reine.
Il est né, se dit-il, sous une bonne étoile.
Mais il prend bien garde de n'être vu.

　　　　Molt en fait toute nuit grant joie
　　　　Quant il est couchiez en son lit.
1628　A ce ou n'a point de delit
　　　　Se delite en vain et soulace.
　　　　Toute nuit la chemise enbrace,
　　　　Et quant il le chevol remire,
1632　De tout le mont cuide estre sire.
　　　　Bien fet Amors de sage fol　　　　　　[fo 93 ra]
　　　　Quant cil fet joie d'un chevol
　　　　Et s'i delite toute nuit,
1636　Mais il changera cel deduit.
　　　　Einz l'aube clere et le soleil,
　　　　Li traïtor sont a conseil
　　　　Qu'il porront fere et devenir.
1640　Lonc tens porront contretenir
　　　　Le chastel, c'est chose certeine,
　　　　Se au desfendre mestent peine,
　　　　Mes tant seivent de haut corage
1644　Le roi que en tout son aage
　　　　Des qu'il l'ait pris ne s'en movra,
　　　　Adonc morir les covendra.
　　　　Et se il le chastel li rendent,
1648　Por ce nule merci n'atendent.
　　　　Einsint l'une et l'autre partie
　　　　Lor est mauvesement partie,
　　　　Car il n'i ont nul reconfort,
1652　Ici et la voient la mort.
　　　　Mais a ce li consauz repaire
　　　　Que einçois que li jors apaire
　　　　Istront dou chastel a celee.
1656　Si troverront l'ost desarmee
　　　　Et les chevaliers endormiz
　　　　Qui encor gerront en lor liz.
　　　　Einçois qu'il soient esveillié,

▶ * 1651. Car cil n'en a. Leçon de CT. Var. B(R) ci ne la n'a (n'ont) nul
confort. Corr. d'après M, adopté par W. Foerster.
** 1635. Et si se d. et deduit (MN, Ensi AS, vs CRTB). 1644. qu'en trestot
son a. (NASPB, vs CRT). 1651-1652. Ces deux vers de MBCRT manquent
dans ANSP. 1653. lor c. (sauf BCR).

Il ressent toute la nuit une immense joie
une fois couché dans son lit.
Il fait ses délices, bien vains, et sa joie
d'un objet où il n'y en a point.
Toute la nuit, il embrasse la chemise,
et quand il contemple le cheveu,
il se croit le maître du monde.
Amour fait bien d'un sage un fou
quand celui-ci est heureux d'un cheveu
et qu'il en tire un pareil plaisir.
Mais il en connaîtra un autre.
Avant l'aube claire et le soleil,
les traîtres tiennent conseil
sur ce qu'ils pourront faire et deviendront.
Ils pourront longtemps tenir
le château, c'est chose certaine,
s'ils s'efforcent de le défendre,
mais le roi est d'un cœur si fier
que, dût-il y passer sa vie, ils le savent,
il ne partira pas avant de l'avoir pris.
Alors, il leur faudra mourir.
Et s'ils lui rendent le château,
ils n'ont pas de pitié à attendre.
Ainsi, dans l'un et l'autre cas,
le choix est tout aussi fâcheux,
ils n'ont pas le moindre espoir :
de part et d'autre, ils voient la mort.
Mais la résolution est prise
de faire, avant l'apparition du jour,
une sortie, à la dérobée.
Ils trouveront le camp désarmé
et les chevaliers endormis
gisant encore dans leurs lits.
Avant qu'ils ne soient réveillés,

1660 Atorné ne apareillié,
     Avront tele ocision fete
     Que a touz jorz sera retraite
     La bataille de celle nuit.
1664 A ce conseil se tienent tuit
     Li traïtor par desperance,
     Car en lor vies n'ont fiance.
     Desperance, coment qu'il aille,
1668 Les enhardist en la bataille,
     Car ne voient lor garison
     Fors de la mort ou de prison.
     Tex garisons n'est mie saine
1672 Ne au foïr n'a mestier peinne.
     Ne voient ou il se poïssent
     Garentir se il s'en foïssent,
     Car la mers et lor anemi
1676 Lor sont entor et il enmi.
     A lor conseil plus ne sejornent,   [fo 93 rb]
     Maintenant s'arment et atornent,
     Si s'en issent contre galerne
1680 Par une ancienne poterne,
     De cele part ou il cuidoient
     Que cil de l'ost meins se doutoient.
     Serré et rengié s'en issirent,
1684 De lor genz .V. batailles firent,
     S'ont .II.M. serjanz sanz faille
     Bien apareilliez de bataille
     Et .M. chevaliers en chascune.
1688 Celle nuit estoile ne lune
     N'orent en ciel lor rais mostrez,
     Mes einz qu'il venissent as trés,
     Comença la lune a lever,
1692 Et je cuit que por aus grever
     Leva einz qu'ele ne souloit,

▶ * **1662.** Qui. **1673.** N'i *(corr. d'après NP)*. **1685.** .III.M. *(BC). Corr. d'après* ANMP.
  ** **1662.** *Leçon de* NPBCT. *Var.* ASR Que toz jorz mes. **1668.** *Leçon de* NMPCR. *Var.* ASB de la b. **1681-1682.** *Ces deux vers, maintenus par W. Foerster, ne se trouvent que dans* BCRT *(vs* ANSMP*).*

équipés et tout à fait prêts,
un tel massacre aura eu lieu
qu'à tout jamais on parlera
de cette bataille nocturne.
A cette résolution se rallient
les traîtres, dans leur désespoir,
car ils ne croient plus à leur vie.
Le désespoir, quoi qu'il advienne,
les enhardit à la bataille,
car ils ne voient d'autre remède
que la mort ou bien la prison.
Un tel remède n'est pas sain.
Quant à fuir, c'est peine perdue.
Ils ne voient pas où ils trouveraient
protection, s'ils s'enfuyaient,
car la mer et leurs ennemis
les environnent et eux sont au beau milieu.
Ils ne s'attardent plus à tenir conseil,
ils s'arment aussitôt et se préparent,
puis sortent du côté du nord-ouest
par une ancienne poterne,
du côté où ils pensaient
que ceux de l'armée se méfiaient le moins.
Ils sortirent en rangs serrés
et firent cinq bataillons de leurs gens,
avec deux mille soldats, c'est sûr,
qui sont parés pour la bataille,
et mille chevaliers dans chacun.
Cette nuit-là, étoiles ni lune
n'avaient au ciel montré leurs rayons,
mais avant qu'ils parvinssent aux tentes,
la lune commença à se lever.
C'est, je crois, pour les accabler
qu'elle se leva plus tôt qu'à l'accoutumée,

Et Dex qui nuire lor voloit
Enlumina la nuit oscure,
1696 Car il n'avoit de lor ost cure,
Einz les heoit por lor pechié
Dom il estoient entechié,
Car traïtor et traïson
1700 Het Dex plus qu'autre mesprison.
Si comanda la lune a luire
Por ce qu'ele lor deüst nuire.
Molt lor est la lune nuisanz
1704 Qui luist sor les escuz luisanz,
Et li hiaume molt lor renuisent
Qu'ancontre la lune reluisent,
Que les eschauguetes les voient
1708 Qui l'ost eschauguetier devoient.
Si s'escrient par toute l'ost :
« Sus, chevaliers, sus, levez tost !
Prenez les armes, armez vos !
1712 Vez ci les traïtors sor nos. »
Par toute l'ost as armes saillent,
D'armer se poinent et travaillent
Si come a tel besoig estut,
1716 N'onques .I. seus d'els ne se mut
Tant qu'a lesir furent armé
Et tuit sor lor chevaux monté.
Que qu'il s'arment, et cil esploitent
1720 Qui la bataille molt covoitent,
Por ce que sorprendre les puissent   [fo 93 va]
Einsint que desarmez les truissent,
Et font venir en .V. parties
1724 Lor genz qu'il orent departies,
Car li un vers le bois se tindrent,
Li autre la riviere vindrent,
Li tierz se mistrent en l'egal
1728 Et li quart furent en .I. val,
Et la quinte bataille broche

▶ * 1699. Et *(CT)* traître. 1712. vos *(SMBCT). Corr. d'après APR.* 1719. Car
cil s'a. *(corr. d'après AS).*
** 1723. par .V. p. *(sauf BCR).*

et Dieu qui voulait leur nuire
illumina la nuit obscure,
car Il ne veillait pas sur leur armée
mais Il les haïssait pour le péché
dont ils portaient la souillure,
car les traîtres et la trahison
sont haïs de Dieu plus qu'un autre méfait.
Ainsi commanda-t-Il à la lune de luire,
sachant qu'elle devait leur nuire.
La lune leur nuit grandement,
qui luit sur les écus luisants,
les heaumes leur nuisent aussi
en reluisant au clair de lune,
car les guetteurs s'en aperçoivent,
eux qui veillaient à la sûreté de l'armée,
et ils s'écrient par tout le camp :
« Debout, chevaliers, debout, faites vite !
Prenez vos armes, armez-vous !
Voilà les traîtres qui attaquent. »
Dans tout le camp, on court aux armes,
on se met en peine de s'armer,
car il y avait urgence.
Aucun d'eux ne s'élança seul,
on attendit que tous aient pris le temps
de s'armer et de monter à cheval.
Tandis qu'ils s'arment, les autres se hâtent,
désirant très fort la bataille,
afin de pouvoir les surprendre
tout désarmés, comme ils les trouveraient.
Ils font venir de cinq côtés
leurs gens qu'ils avaient répartis :
les uns se tenaient du côté du bois,
les autres longeaient la rivière,
le troisième corps avançait en terrain plat,
le quatrième était dans un vallon,
et le cinquième pique des deux

Lez la trenchiee d'une roche,
Qui se cuidoient de randon
1732 Parmi les trés mestre a bandon.
Mais il n'i ont trovee pas
La voie delivre et le pas,
Car li roial lor contredient
1736 Qui molt fierement les desfient
1 Et la traïson lor reprochent. (Ms. R)
2 As fers des lances s'entreprochent
Si que les esclicent et fraignent,
4 As espees s'entrecompaignent,
Si s'entrabatent et adentent,
Li uns les autres acravantent
Et ausi fierement ou plus
8 Corent les uns as autres sus
Come leon a praie corent,
Qui quanqu'il ateignent devorent.
D'ambedeus parz por verité
12 I ot molt grant mortalité
A cele premiere envaïe.
Mais as traïtors croist aïe
Qui molt fierement se desfendent
16 Et ch[i]erement lor vies vendent.
Quant plus ne porent sustenir,
De .IIII. parz voient venir
Lor batailles por els secorre.
20 Et li roial lor laissent corre
Quanqu'il poent esperoner,
Sor les escuz lor vont doner
Tels cops que avec les bersés
24 En ont plus de .V.C. versez.
Mais cil ne les esparnient mie,

▶ * 1732. le tref *(BC)*. Corr. d'après R. 1735-1736. contredirent /... ferirent *(CR)*. 1736. durement *(leçon isolée)*. 1736 / 5. Si s'entretraversent *(+1)*. 1736 / 10. Quanqu'il a. tot d. 1736 / 15. vivement. 1736 / 16. viendent. 1736 / 19. Lor chevaliers. 1736 / 23. qu'aval les fossez *(-1)*. Corr. d'après M(B). 1736 / 25. Mais cil ne l'esparnient mie *(-1)*. Corr. d'après B.

** 1731. Qu'il *(ASP, vs MCR)*. Après 1736. C omet 25 vers que nous donnons d'après le manuscrit le plus proche, R. 1736 / 23. Var. ASP navrez. 1736 / 25. Li Grezois nes e. *(ASP, vs BRT)*.

en longeant un défilé rocheux,
pensant se jeter avec violence
au milieu des tentes, à leur guise.
Mais ils n'ont pas trouvé à cet endroit
la voie et le passage libres,
car les royaux les leur disputent
en les défiant fièrement
et en leur reprochant leur trahison.
Ils s'abordent par le fer des lances
qu'ils brisent et font voler en éclats,
ils se rejoignent à coups d'épées,
se font tomber face contre terre,
s'écrasent les uns les autres
et ils se jettent les uns sur les autres
avec autant ou plus de fureur
que les lions fondant sur la proie,
dévorant tout ce qu'ils atteignent.
Des deux côtés, en vérité,
il y eut un nombre élevé de morts
au cours de cette première attaque,
mais du secours arrive aux traîtres
qui se défendent avec rage
et vendent chèrement leur vie.
Quand ils furent près de céder,
ils voient venir de quatre côtés
leurs bataillons à la rescousse.
Mais les royaux fondent sur eux
à grand renfort d'éperons
pour asséner sur les écus
de tels coups qu'avec les blessés par flèche,
ils en ont renversé plus de cinq cents.
Les Grecs ne les épargnent pas :

1737	Alixandres pas ne s'oblie
1738	Qui de bien faire se travaille.
1	El plus espés de la bataille (Ms. R)
2	Vait un chevalier envaïr,
3	Si le fiert par [si] grant aïr
1739	Que mort jus des arçons l'abat,
1740	Si qu'il ne se pleint ne debat.
	Quant a celui ot trive prise,
	A .I. autre offre son servise
	Ou pas ne le gaste ne pert.
1744	Si felenessement le sert
	Que l'ame hors dou cors li hoste,
	Einsint remest li cors sanz hoste.
	Aprés cez .II. au tierz s'acointe,
1748	.I. chevalier molt noble et cointe
	Fiert si par ambedeus les flans
	Que de .II. parz en saut li sans,
	Et l'ame prent congié au cors
1752	Que cil l'a espiree fors.
	Molt en ocist, molt en afole,
	Car aussi com foudre qui vole
	Envaïst touz cels qu'il requiert.
1756	Qui de lance ou d'espee fiert
	Nel garantist broine ne targe.
	Si compeignon resont molt large
	De sanc et de cervele espandre :
1760	Bien i sevent lor cous despendre,
	Et li roial tant en essartent
	Qu'il les derompent et departent
	Come vils genz et esgarees.

▶ * **1737-1738.** Alixandres en voit .I. venir / Si durement le vet ferir. *Cette reprise du v. 1736* (durement ferirent) *témoigne d'une réfection maladroite. La lacune de 25 vers dans C serait ainsi due à la volonté d'abréger le passage (cf. A. Micha, p. 338). Elle est remplacée par deux vers de raccordement qui remanient un groupe de cinq vers pour aboutir au v. 1739.* **1748.** chevaliers. **1749.** par entre .II. **1751.** au cors congié. **1752.** a defors empirié. *Corr. d'après* ASM(RB). **1755.** qu'el.

** **1738 / 2 / 3 - 1739-1740.** *Leçon de BRT(C). Dans le groupe M(ASP), un bourdon probable sur* vet *introduit à la place de ces vers les vv. 2007-2010,* Vet ensi ferir un gloton... **1746.** Et li ostex remest sanz oste *(ASMP, vs BCRT).* **1750.** *Leçon de SMC. Var. APB* Que d'autre part.

Alexandre n'a pas l'esprit absent,
mais il s'efforce de bien faire.
Au plus épais de la bataille,
il vient assaillir un chevalier
et il le frappe avec tant de fougue
qu'il le jette mort à bas des arçons,
sans plainte ni discussion.
Ainsi a-t-il fait la trêve avec lui,
puis il offre son service à un autre,
sans le gaspiller en pure perte.
Il lui sert un coup si cruel
qu'il lui ôte l'âme du corps,
et le logis reste sans hôte.
Après ces deux, il en aborde un troisième,
un chevalier de fière allure :
le coup lui traverse les deux côtés,
fait jaillir le sang de part et d'autre,
et l'âme prend congé du corps
au moment où il expire.
Nombreux sont ceux qu'il tue, qu'il mutile.
Semblable à la foudre qui vole,
il s'abat sur tous ceux qu'il attaque.
Celui que sa lance ou son épée frappent
n'est sauvé par cotte ni bouclier.
Ses compagnons aussi répandent
cervelle et sang avec largesse,
ils savent dépenser leurs coups sans compter.
Les royaux, eux, défrichent le terrain si bien
qu'ils les mettent en déroute, les dispersent
comme de la racaille désorientée.

1764 Tant gist des morz par cez arees
      Et tant a duré li estours   [fo 93 vb]
      Qu'einçois grant piece qu'il fust jorz
      Fu si la bataille deroute
1768 Que .V. liues dura la route
      Des morz contreval la riviere.
      Li cuens Angrés lait sa baniere
      En la bataille, si s'en emble
1772 Et de ses compeignons ensemble
      En a .VII. avec lui menez.
      Vers le chastel est retornez
      Par une si coverte voie
1776 Qu'il ne cuide que nus les voie
      Mais Alixandres l'aperçoit
      Qui de l'ost foïr les en voit,
      Et pense, s'il s'en puet enbler,
1780 Qu'il ira a els assembler
      Si que nus ne savra s'alee.
      Mes einz qu'il fust en la valee
      Vit aprés lui toute une sente
1784 Venir chevaliers jusqu'a trente
      Dont li sis estoi[en]t Grezois
      Et li .XXIIII. Galois,
      Que einz que venist au besoing
1788 Le cuiderent sivre de loig.
      Quant Alixandres les conut,
      Por els atendre s'arestut
      Et prent garde quel part se tornent
1792 Cil qui vers le chastel retornent,
      Tant que dedenz les vit entrer.
      Si se comence a porpenser
      D'un hardement molt perilleus
1796 Et d'un afere merveilleus,
      Et quant il ot son pensé fait,
      Envers ses compeignons se trait,

▶ ** 1778. *Leçon de MCT, R. Var. AB(S)* fors de l'o. f. l'an *(B* le) v. *(de même P, mais* fors manque *: -1).* **1784.** Chevaliers venir *(sauf CRT).* **1787.** Que tant que *(S, AM* Qui, *vs BCRT).* **1791.** cil t. *(sauf CR).* **1792.** Qui vers le c. s'en r. *(sauf CRT).* **1794.** Lors. **1796.** d'un vice molt m. *(AS).* Var. *B* visde, *RT* voisdie, *P* penser, *M* d'une guile.

Tant de morts gisent dans les labours
et tant a duré le combat
que bien avant qu'il fasse jour,
l'armée était mise en telle déroute
que sur cinq lieues s'étirait la file
des morts, le long de la rivière.
Le comte Engrès laisse sa bannière
dans la bataille et disparaît,
en emmenant avec lui
un groupe de sept compagnons.
Il a regagné le château
par un chemin si bien dissimulé
qu'il espère n'être vu de personne,
mais Alexandre l'aperçoit.
Il les voit fuir loin de l'armée.
S'il peut lui-même, pense-t-il, se retirer,
il s'en ira les affronter
sans que nul ne sache son départ.
Mais avant d'atteindre la vallée,
il vit derrière lui sur un sentier
venir une trentaine de chevaliers,
six d'entre eux étaient des Grecs
et vingt-quatre des Gallois.
Ils le suivaient de loin dans l'idée
d'être là sitôt qu'il le faudrait.
Quand Alexandre les reconnut,
il s'arrêta pour les attendre,
tout en observant la direction
que prennent ceux qui s'en retournent
vers le château, où il les vit entrer.
Il se met alors à imaginer
un exploit des plus périlleux
et une ruse merveilleuse,
puis, son projet une fois conçu,
il s'approche de ses compagnons

Si lor a reconté et dit :
1800 « Seignor, fet il, sanz contredit,
Se vos volez m'amor avoir,
Ou face folie ou savoir,
Creantez moi ma volenté. »
1804 Lors li ont cil acreanté
Que ja ne li seront contraire
De rien nule qu'il vueille faire.
« Cha[n]jons, fet il, noz conoissances,
1808 Prenons des escuz et des lances
Au traïtors qu'ocis avons.   [fo 94 ra]
Einsint vers le chastel irons,
Si cuideront li traïtor
1812 Dedenz que nos soiom des lor,
Et quex que soient les desertes,
Les portes nos seront overtes.
Savez quex nos les lor rendrons ?
1816 Ou morz ou vis touz les prendrons
Se Damledex le nos consent.
Et se nus de vos s'en repent,
Sache que en tout mon aage
1820 Ne l'enmerai de boen corage. »
Tuit li ostroient son plesir.
Les escuz as morz vont sesir,
Si s'en viennent a tel atour.
1824 Au desfenses et a la tor
Les genz dou chastel monté furent,
Qui les escuz bien reconurent
Et cuident que de lor gent soient,
1828 Car de l'aguet ne s'apensoient
Qui desouz les escuz se cuevre.
Li portiers la porte lor oevre,
Si les a dedenz receüz.
1832 De cest gabois est deceüz,

▶ * **1812.** del lor. **1815.** q. nons. **1816.** oω *(trois jambages consécutifs)* vis t. le p. **1828.** ne se gardoient *(BCRT).* Corr. *pour la rime d'après ANSMP.*
** **1815.** *Leçon de MCR.* **1819.** Sachiez *(AMSP, vs BCRT).* **1823.** *Leçon de MCRT. Var. B* s'esmuevent, *A* se metent. **1824.** Et as d. de la tor *(AS, M, vs BCRT).* **1832.** *La leçon de CB est confirmée pas N(S). Var. AMRP* De c'est gabez et d.

et leur tient ces propos :
« Seigneurs, fait-il, sans faire d'objection,
si vous voulez avoir mon affection,
que ma conduite soit folle ou sage,
consentez à ma volonté. »
Ceux-ci lui ont alors promis
de ne jamais se dresser contre
une chose qu'il veuille faire.
« Changeons, dit-il, ce qui permet de nous reconnaître.
Prenons des écus et des lances
aux traîtres que nous avons tués.
Nous irons ainsi vers le château ;
les traîtres, à l'intérieur,
croiront que nous sommes des leurs,
et, quel qu'en soit le salaire,
les portes nous seront ouvertes.
Savez-vous quelle sera leur récompense ?
Nous les prendrons tous morts ou vifs,
si le Seigneur Dieu nous l'accorde.
Et si l'un de vous le regrette,
sachez que de toute ma vie
je ne l'aimerai de bon cœur. »
Tous accèdent à sa volonté.
Ils vont s'emparer des écus des morts,
puis ils s'en reviennent ainsi équipés.
En haut du donjon, aux créneaux,
étaient allés les gens du château.
Ils ont bien reconnu les écus
et croient que ces gens sont des leurs,
car ils ne s'avisaient pas du piège
qui se cache sous les écus.
Le portier leur ouvre la porte
et il les a fait entrer.
Il est abusé par leur ruse,

Que de rien ne les araisone,
Ne nus de cels mot ne li sone,
Einz vont trestuit mu et taisant,
1836　Tel semblant de doulor fesant
Qu'aprés els lor lances traïnent
Et desouz les escuz s'enclinent
Si qu'il semble que molt se dueillent,
1840　Et vont quel part que il se vuelent,
Tant que les .III. murs ont passez.
Lassus truevent serjanz assez
Et chevaliers avec le conte
1844　Dont ne vos sai dire le conte,
Mes desarmé estoient tuit
Fors que tant soulement li .VIII.
Qui de l'ost reperié estoient,
1848　Et cil meïsmes s'aprestoient
De lor armeüres oster,
Mais trop se poïssent haster,
Car cil ne se celerent plus
1852　Qui sor els sont venu lassus,　　　　　　　[fo 94 rb]
Einz laissent corre les destriers
Touz afichiez sor les estriers,
Ses envaïssent et requierent
1856　Si qu'a mort .XXXI. en fierent
Einçois que deffiez les aient.
Li traïtor molt s'en esmaient,
Si s'escrient : « Traï ! Traï ! »
1860　Mais cil ne sont pas esbahi,
Car tant com desarmé les truevent,
Les espees bien i esproevent.
Nis les .III. ont il si charmez
1864　De cels qu'il troverent armez,
Que n'en i ont que .V. lessiez.
Li cuens Angrés [s']est eslessiez
Et vait desor son escu d'or

▶ * 1853. Cil *(CT)*. 1864. que il truevent *(C isolé)*.
** 1835. vont outre *(ANMP, vs CRT, B)*. 1840. qu'il onques v. *(MP, S)*.
1851. celeront *(AM, vs SPC)*. 1854. *Leçon de SMCT. Var. RP* Si s'afichent,
B Tot s'a. 1862. Lor e.

car il ne leur adresse pas la parole
et aucun d'eux ne lui dit mot,
mais ils passent muets et en silence,
donnant l'image de l'affliction,
traînant leurs lances après eux,
et tout courbés sous les écus,
avec l'air du plus profond chagrin.
Aussi vont-ils du côté où ils veulent,
et, pour finir, passent les trois enceintes.
Là-haut, ils trouvent avec le comte
bon nombre de soldats et de chevaliers,
je ne puis vous dire combien,
mais ils étaient tous désarmés,
excepté toutefois les huit
qui étaient rentrés de la bataille.
Et ceux-là mêmes s'apprêtaient
à enlever leurs armures,
mais il se pourrait qu'ils montrent trop de hâte,
car les Grecs ne se cachent plus,
qui sont venus là-haut les affronter.
Ils lancent leurs chevaux au galop,
bien campés sur leurs étriers,
ils les chargent et les attaquent
et en tuent trente et un sous leurs coups
avant même tout défi.
Les traîtres sont en plein désarroi,
ils crient : « Trahison ! Trahison ! »,
mais les autres ne s'en troublent pas,
car tout désarmés qu'ils les voient,
ils mettent leurs épées à bonne épreuve.
Ils ont même jeté un tel sort
à ceux qu'ils trouvèrent armés,
qu'ils n'en ont laissé que cinq en vie.
Le comte Engrès s'est élancé
et va sur l'écu à fond d'or

1868 Voianz touz ferir Calcedor
      Si que par terre mort le rue.
      Alixandre forment ennuie
      Quant son compeignon voit ocis,
1872 Por poi qu'il n'enrage touz vis.
      De maltalent li sens li trouble,
      Mais force et hardement li double
      Et vait ferir de tele angoisse
1876 Le conte que sa lance froisse,
      Car volentiers se il pooit
      La mort son ami vencheroit.
      Mes de grant force estoit li cuens
1880 Et chevaliers estoit molt boens,
      Q'au siecle nul meillor n'eüst
      Se fel et traïtor ne fust.
      Cil li revet tel cop doner
1884 Que sa lance fet arçoner
      Si que toute l'esclice et fent,
      Mais li escuz ne se desment
      Ne li uns d'aus l'autre n'esloche
1888 Ne plus qu'il feïst .I. roche,
      Car molt [erent] ambedui fort.
      Mais ce que li cuens avoit tort
      Le grieve forment et empire.
1892 Li uns d'els vers l'autre s'aïre,
      S'ont andui les espees traites
      Quant il orent les lances fraites,
      Ne n'i ot mes nul recovrier
1896 Se longuement cil dui ovrier
      Volsissent l'estor meintenir,   [fo 94 va]
      Meintenant covenist fenir
      Le quel que soit a la parclose.
1900 Mais li cuens remanoir n'i ose,

▶ * **1868.** Macedor. **1873.** troublent. **1883.** revest. **1885.** toute arçone *(-1)*.
Corr. d'après ST. **1887.** ne touche. *Corr. d'après R.* **1898.** l'esteüst *(C, BT)*
morir *(SPC). Corr. d'après AT (var. BR venir), pour une rime plus riche.*
** **1869.** ruie *(cf. infra, v. 3383). Sur la réduction de* ui *à* u *dans les parlers
de l'Est, voir M.K. Pope, § 517.* **1873.** li sans. **1880.** ch. hardiz et b. *(ANSMP,
vs BCRT).* **1885.** trestote esclice *(A, BR).* **1892.** *Leçon de BCR. Var. AP* sor
l'a. (S Li uns desor l'a.). **1895.** *Leçon de P(B)CT. Var. AS, R* N'i eüst.

frapper devant tous Calcedor,
qu'il précipite, mort, à terre.
Alexandre est profondément affecté
de voir son compagnon tué,
il en devient comme fou de rage.
Son sang bouillonne de colère,
mais sa force et sa hardiesse redoublent
et il va frapper si violemment
le comte que sa lance se brise,
car volontiers, s'il le pouvait,
il vengerait la mort de son ami,
mais le comte était très vigoureux,
bon et hardi chevalier,
il n'y aurait eu meilleur au monde
s'il n'avait été un traître perfide.
Il va lui porter un tel coup
qu'il fait ployer sa lance,
au point qu'elle se fend et vole en éclats,
mais l'écu tient toujours bon.
Aucun des deux n'ébranle l'autre
plus qu'il ne l'eût fait d'un rocher,
car tous les deux étaient très forts ;
mais le comte a le droit contre lui,
ce qui lui nuit et l'affaiblit.
Chacun regarde l'autre avec colère,
tous deux ont tiré les épées,
une fois leurs lances rompues.
Le mal aurait été sans remède
si ces deux travailleurs de l'épée avaient voulu
prolonger plus avant le combat.
Il eût fallu que tout finît soudain
quoi qu'il en fût, au bout du compte.
Mais le comte n'ose pas rester là,

Entor lui voit sa gent ocise
Qui desarmee fu sorprise,
Et cil fierement les enchaucent
1904 Qui les rooignent et estaucent
Et detrenchent et escervelent
Et traïtor le conte apelent.
Quant s'ot nomer de traïson,
1908 Vers sa tour fuit a garison
Et ses genz avec lui s'en fuient,
Et lor anemi les conduient
Qui fierement aprés s'eslaissent,
1912 .I. tout seul eschaper n'en laissent
De trestouz cels que il ateignent.
Tant en ocient et esteignent
Que ne cuit pas que plus de .VII.
1916 En soient venu a recet.
Quant en la tor furent entré,
A l'enstree sont aresté,
Car cil qui venoient aprés
1920 Les orent seü de si pres
Que lor genz fust dedenz entree
Se delivre lor fust l'entree.
Mais cil durement se desfendent
1924 Qui secors de lor gent atendent
Qui s'armoient el borc aval.
Mes par le conseil Nabunal,
.I. Grezois qui molt estoit sages,
1928 Fu contremandez li messages
Si que a tens venir n'i porent,
Car trop assez demoré orent
Par mauvestié et par peresce.

▶ * **1906.** traïtors touz les a. *(CRT).* Corr. d'après ANSPB. **1907.** Come provez *(CRT).* Corr. d'après ANSPB. **1913.** a suscrit sur le t de trestouz. **1921.** Car *(C isolé).* Nous corrigeons, bien que car *puisse introduire à la place de* que *une complétive ou une consécutive (cf. Ph. Ménard, § 223 b et 248).*
** **1901.** Qu'entor *(ASBR, vs PCT).* **1912.** Var. AS Un seul d'aus *(mais N confirme C).* **1923.** Li traïtor bien se d. *(ASP, vs BCRT).* **1928.** C'est la leçon *des manuscrits restants (N et M manquent) sauf A :* contretenuz li passages, *adopté par W. Foerster, et B :* contremandés li passages, *choisi avec raison par Cl. Luttrell et S. Gregory qui renvoient à* FEW VI/1, 152a *pour* contremander *au sens de « empêcher ».*

il voit autour de lui ses gens tués
qui ont été surpris sans armes.
Les autres sauvagement les poursuivent,
ils les mutilent, ils les tondent,
les mettent en pièces, les décervèlent,
et traitent le comte de félon.
Quand il s'entend accuser de trahison,
il court se réfugier dans sa tour,
et ses hommes fuient avec lui,
Leurs ennemis les accompagnent,
en s'élançant hardiment derrière eux.
Il n'en est pas un seul qui réchappe
parmi tous ceux qu'ils atteignent.
Dans cette tuerie, tant de vies s'éteignent
qu'il n'en est pas plus de sept, je crois,
qui aient pu se mettre à l'abri.
En pénétrant dans la tour,
ils se sont arrêtés à l'entrée,
car ceux qui arrivaient derrière
les avaient suivis de si près
qu'ils pénétraient à l'intérieur
si rien ne leur interdisait l'entrée.
Les traîtres se défendent bien,
attendant le secours de leurs gens
qui s'armaient en bas dans la ville.
Mais sur les conseils de Nabunal,
un Grec d'une grande sagesse,
le passage fut barré,
sans leur laisser le temps d'arriver,
car ils avaient trop attendu
par lâcheté et négligence.

1932 Lassus en cele forteresce
N'avoit entree c'une sole.
Se il estoupent cele gole,
Lors n'ont doute que puis i viegne
1936 Force de coi maus lor aviengne.
Nabunal lor dit et enorte
Que li .XX. aillent a la porte,
Car tost s'i porroient embatre
1940 Por envaïr et por combatre
Tex genz qui les domageroient   [fo 94 vb]
Se force et pooir en avoient.
Li .XX. la porte fermer aillent,
1944 Li .X. devant la tor asaillent,
Que li cuens dedenz ne s'encloe.
Fait est ce que Nabunal loe.
Li dis remestrent en l'estor
1948 Devant l'entree de la tor,
Et li .XX. a la porte en vont.
Par poi que trop demoré n'ont,
Car venir voient une jaude
1952 De combatre enflammee et chaude
Ou molt avoit arbalestiers
Et serjanz de divers mestiers
Qui portoient diverses armes.
1956 Li un aportoient gisarmes
Et li autre haches danesches,
Lances et espees tiesches,
Quarriaus et darz et javeloz.
1960 Ja fust trop greveus li escoz
Que lessier lor i covenist

▶ * **1934.** Se li e. *(CR, T).* **1936.** de cui nus m. lor viengne. *Corr. d'après S, A (PRB par quoi).* **1944.** la porte *(ACR). Le mot est à tort répété : la « porte » de la forteresse est clairement distinguée de l'« entree » du donjon. Corr. d'après NSPB.* **1955.** Qui aportent *(CT).* Qu'il issir les en c. *En dépit de A (Car issir) et S (Que essir), nous corrigeons d'après PBR, une faute de lecture étant probable (cf. R, laissir).*
** **1935.** N'avront garde que sor aus v. *(ASB, vs CR, T, P* n'ont paor). **1942.** *Leçon de SBCRT. Var. ANP ou.* **1947.** *La leçon de C est isolée (manuscrits :* remainnent). *Voir cependant v. 308 pour des changements de temps comparables.* **1956.** guisarme : *arme d'hast, avec une pointe droite et un crochet.*

Là-haut, dans cette forteresse,
il n'y avait qu'une seule entrée.
S'ils bouchent cette ouverture,
ils n'auront pas à craindre l'irruption
de forces qui leur fassent du mal.
Nabunal leur donne le conseil
que vingt s'en aillent à la porte,
car bientôt pourraient s'y précipiter
pour mener l'attaque et se battre
des hommes qui leur causeraient des pertes
s'ils en avaient la force et le pouvoir.
Que vingt aillent barricader la porte
et que dix mènent l'assaut devant la tour
pour que le comte ne s'enferme pas dedans.
On suit le conseil de Nabunal :
dix restèrent à batailler
devant l'entrée de la tour
et vingt s'en vont jusqu'à la porte.
Ils ont failli arriver trop tard,
car ils voient venir une troupe
enflammée et ardente au combat,
comportant nombre d'arbalétriers
et de soldats de diverses armes
qui en portaient de toutes sortes.
Les uns apportaient des guisarmes,
les autres des haches danoises,
des lances et des épées allemandes,
des carreaux, flèches et javelots.
L'écot qu'il leur aurait fallu payer
aurait été bien lourd

Se ceste [genz] i sorvenist,
Mais il n'i vendront mes a tens.
1964 Par le conseil et par le sens
Nabunal les adevancirent
Et defors remanoir les firent.
Cil voient que il sont forclos,
1968 Si se remetent a repos,
Car par assaut, ce voient bien,
N'i porroient forfaire rien.
Lors comence .I. dels et .I. criz
1972 De fames et d'enfanz petiz,
De vieillarz et de jovenciaus,
Si grant que, se tonast li ciaus,
Cil dou chastel rien n'en oïssent.
1976 Li Grezois molt s'en esjoïssent,
Car or sevent bien de seür
Que ja li cuens par nul eür
N'eschapera, que pris ne soit.
1980 Les .IIII. d'els font a espleit
As deffenses des murs monter
Tant solement por esgarder
Que cil defors par nule part,
1984 Par nul engig ne par nule art,
El chastel sor els ne s'enbatent.   [fo 95 ra]
Avec les .X. qui se combatent
En sont li .XVI. retorné.
1988 Ja fu clerement ajorné,
Et ja orent tant fet li .X.
Que en la tor se furent mis,
Et li cuens atout .I. hache
1992 Se fu mis delez .I. estache
Ou molt fierement se desfent,
Qui il consiut, parmi le fent.
Et ses genz pres de lui se rengent,
1996 Au daerrien jornel se venchent,

▶ * **1981.** As deffenser. **1987.** .XV. (CR). Corr. d'après AP. **1996.** Au d. jor
qu'il se v. (PCRT). Corr. d'après AB.
** **1963.** n'i vindrent mie (ASPB, vs C, R, vendront mie). **1967.** Quant il v.
qu'il s. (ASP, vs BCRT). **1968.** remainnent (ASP, vs CRT). **1983.** de n. p.
(ABR, vs SPC).

si cette troupe était survenue,
mais elle n'y vint pas à temps.
Grâce à la présence d'esprit
de Nabunal, ils les devancèrent
et les forcèrent à rester dehors.
Quant ils se voient bloqués dehors,
les autres se tiennent tranquilles,
comprenant bien qu'aucun assaut
n'aurait le moindre résultat.
Alors s'élèvent des cris de détresse
de femmes et de petits enfants,
de vieillards et de jeunes gens,
si forts que les gens du château
n'auraient pas entendu tonner.
Les Grecs en sont remplis de joie,
car maintenant, ils savent à coup sûr
que le comte n'a aucune chance
d'échapper à sa capture.
Ils dépêchent quatre d'entre eux
pour monter aux créneaux des murailles
avec la mission de veiller
à ce que de nulle part au-dehors,
quelque stratagème ingénieux
ne permette d'envahir le château.
Auprès des dix occupés à se battre,
les seize autres sont retournés.
Il faisait déjà grand jour
et les dix avaient réussi
à pénétrer enfin dans la tour.
Le comte, une hache à la main,
s'était adossé à un poteau
où il se défend farouchement.
Il fend par le milieu qui il atteint,
et ses gens se rangent à ses côtés.
Ils se vengent sur le dernier labeur

Si bien que de rien ne se feingnent.
Les genz Alixandre se pleignent,
Car d'els n'i a mais vis que treze.
2000 Qui ore estoient .X. et seze.
A poi qu'Alixandres n'enrage
Quant de sa gent voit le domage,
Qui si est morte et afeblie,
2004 Mais au venchier pas ne s'oublie.
Une esparre lee et pesant
A lez lui trovee en present,
S'en vait si ferir .I. glouton
2008 Que ne li valut .I. bouton
Ne li escuz ne li haubers
Qu'a terre ne le port envers.
Aprés celui le conte enchauce,
2012 Por bien ferir l'esparre hauce,
Si li dona tele esparree
De l'esparre qui fu quarree
Que la hache li chiet des mains.
2016 Si fu si estordiz et vains
Que s'au mur ne se retenist,
N'eüst pié qui le soutenist.
A cest cop la bataille faut,
2020 Vers le conte Alixandres saut,
Sil prent si qu'il ne se remuet.
Des autres plus dire n'estuet,
Car de legier furent aquis
2024 Quant lor seignor virent conquis.
Si les ont pris avec le conte,
Puis les demainent a grant honte

▶ ***** **1997.** Sachiez q. *Cp. PR* Sai bien q. *Corr. d'après ASB.* **1999.** mais jusqu'a
seze. *Corr. d'après B,* a vis mes. *Confusion entre* vis *et* ius. **2000.** treze. *Les
nombres ont été intervertis à la rime (cp. 1986-1987) dans tous les manuscrits
restants sauf A.*
** **2005.** longue et p. *(AS, vs PBRC).* **2013.** *Var. AS* done. **2023.** conquis
*(AMPR, vs SBCT). La répartition des groupes est curieuse ici. Peut-être
l'abréviation avec la note tironienne (cf. P,* 9q's) *a-t-elle prêté à confusion.
D'où la leçon* aquis *(B* aq's). **2024.** pris *(sauf CT). A, R* Qant il, *S(P)* Puis
qu'il (que), *MB* Desque. *La rime riche* aquis : conquis *ne remonte donc pas
à l'auteur.* **2025.** Toz les prenent *(ASMP, vs BCRT).* **2026.** Si les an mainnent
(AMP, S Et, *vs BCR).*

sans plus se ménager en rien.
Les hommes d'Alexandre le déplorent,
ils ne sont plus que treize en vie
alors qu'ils étaient vingt-six.
Alexandre en est presque fou de rage
quand il voit le dommage des siens,
ainsi décimés et affaiblis,
mais il n'oublie pas la vengeance.
Près de lui il a trouvé à portée de main
une lourde et longue traverse,
il va en frapper un misérable
sans que l'écu ni le haubert
vaillent pour celui-ci plus qu'un bouton
ni l'empêchent d'être renversé à terre.
Après quoi, il poursuit le comte,
et, levant l'épar pour bien frapper,
il lui asséna un tel coup
de son épar bien équarri
que la hache lui tombe des mains.
Tout étourdi, il en restait sans forces,
et s'il ne s'était retenu au mur,
ses jambes ne le portaient plus.
Pour le coup, la bataille cesse.
Alexandre bondit sur le comte
et se saisit de lui sans qu'il bouge.
Inutile de parler des autres,
ils furent vite maîtrisés
quand ils virent leur seigneur pris.
Ils sont faits prisonniers avec le comte
et emmenés sous les insultes

Si come il deservi l'avoient.
2028 De tout ice rien ne savoient
Lor genz qui estoient defors,   [fo 95 rb]
Mes lor escuz entre les cors
Orent trové la matinee
2032 Quant la bataille fu finee.
Si fesoient .I. duel si fort
Por lor seignor li Greu a tort.
Por son escu qu'il reconoissent,
2036 De duel fere trestuit s'angoissent,
Si se pasment sor son escu
Et dient que trop ont vescu.
Cornins et Nereüs se pasment,
2040 Au relever lor vies blasment,
[Et] Thorons et Acariondes,
Des euz lor coroient a ondes
Les lermes jusque sor le piz,
2044 Vie et joie lor est despiz.
Et Permenidos desor touz
A ses cheveus detraiz et rouz.
Cist .V. font duel por lor seignor
2048 Si grant qu'il ne puent greignor.
Por neent si se desconfortent,
En leu de lui .I. autre en portent,
Si cuident lor seignor porter.
2052 Molt les refont desconforter
Li autre escu, por quoi il croient
Que li cors lor compeignons soient,
Si se pasment sus et dementent.
2056 Mais trestuit li escu lor mentent
Que des lor n'i ot c'un ocis
Qui avoit non Nereolis.
Celui voirement en eüssent

▶ * **2039.** Corus et Otreüs. *Cf. supra vv. 1275 et 1283.* **2041.** Thorus. *Cf. supra v. 1282 (Coron) et T :* Toron. **2042.** cheoient *(C isolé).* **2043.** contreval le p. *(C isolé).* **2044.** Joie et vie *(C isolé).* **2059.** creüssent. *Corr. d'après AP (M* aveient).
** **2040.** *Leçon de MC. Var. ASPBR* revenir. **2047.** de lor s. *(ASM, vs PBCRT).* **2049.** Mes por neant se d. *(ASMPB, vs CRT).* **2057.** *Leçon de MPBCR. Var. AS* a.

comme ils l'avaient mérité.
Rien de tout cela n'était connu
de leurs gens restés dehors,
mais leurs écus parmi les corps
avaient été trouvés au matin,
après la fin de la bataille.
Pour leur seigneur, mais bien à tort, les Grecs
manifestaient un grand chagrin.
En reconnaissant son écu,
ils se tourmentent de tristesse,
ils perdent connaissance sur l'écu,
ils disent qu'ils ont trop vécu.
Cornin et Nerius tombent évanouis,
revenant à eux, ils maudissent leurs vies.
Quant à Coron et Acorionde,
ruisselaient de leurs yeux des torrents
de larmes jusque sur leur poitrine,
ils n'ont plus de goût pour la vie joyeuse.
Plus que tout autre, Permenidos
arrache et rompt ses cheveux.
Les cinq éprouvent pour leur seigneur
le plus grand chagrin dont ils sont capables,
mais ils se désolent pour rien.
C'est un autre qu'à sa place ils emportent,
quand ils croient porter leur seigneur.
Ils s'affligent aussi devant
les autres écus qui leur font croire
qu'il s'agit de leurs compagnons.
Ils se pâment dessus et se lamentent,
mais tous ces écus les trompent,
un seul des leurs était mort,
qui s'appelait Neriolis.
Celui-ci, ils avaient toute raison

2060 Porté se le voir en seüssent,
     Mais ausi sont en grant ennui
     Des autres come de celui,
     Ses ont touz aportez et pris.
2064 De touz fors d'un ont entrepris,
     Mes ausi come cil qui songe
     Qui por verité dit mençonge,
     Les fesoient li escu croirre
2068 Que ceste mençonge fust voire.
     Par les escuz sont deceü.
     Atouz les cors sont esmeü,
     Si s'en vienent devant les tentes
2072 Ou molt avoit de genz dolentes,
     Mes au duel que li Greu fesoient,   [fo 95 va]
     Trestuit li autre se taisoient.
     A lor duel ot grant aünee.
2076 Or cuide bien que mar fu nee
     Soredamors, qui ot le cri
     Et la pleinte de son ami.
     De l'angoisse et de la doulor
2080 Pert le memoire et la coulor,
     Et ce la grieve molt et blece
     Qu'ele n'ose de sa destrece
     Demostrer semblant en apert.
2084 En son cuer a son duel covert,
     Et se nus garde s'en preïst,
     A sa contenance veïst
     Que grant destrece avoit el cors,
2088 Au semblant qui apert defors.
     Mais tant avoit chascuns a faire
     A la soë doulor retraire
     Que il ne li chaloit d'autrui.

▶ * **2060.** Por coi. *Corr. d'après P, seul manuscrit à donner la bonne leçon, confirmée par A où apparaît* porté *au vers précédent, et par la leçon* Por ce *des manuscrits SMR, due probablement à une confusion entre* c *et* t. **2071.** les portes.
** **2064.** *Leçon de MPBCR. Var. S, A* i ont mespris. *Sur* entreprendre *au sens de « être dans l'embarras », d'où « se méprendre », voir le* Chevalier au Lion, *v. 2300 :* Onques de mot n'i antreprist. **2066.** croit m. *(ASMPB, vs CRT).* **2071.** jusqu'a lor t. *(ASM, P, vs B(C)RT).* **2088.** paroit *(ASMP). Var. BT, R* Bien pert a sa color d.

de l'emporter s'ils avaient su la vérité,
mais ils ressentent la même douleur
pour les autres que pour lui.
Ils ont relevé et porté les morts,
se méprenant sur tous sauf un.
De même que celui qui rêve
prend l'illusion pour la vérité,
les écus leur faisaient croire
que ce mensonge était vrai.
Ils sont trompés par les écus.
Chargés des corps, ils se sont mis en marche,
et ils parviennent jusqu'aux tentes
où les affligés étaient nombreux,
mais devant le deuil que menaient les Grecs,
tous les autres gardaient le silence.
Une grande foule entourait leur deuil.
Mais elle se croit vraiment maudite,
Soredamor, en entendant les cris
et les lamentations pour son ami.
Le tourment et la douleur
lui ôtent le sens et toute couleur.
Ce qui l'accable et la meurtrit,
c'est qu'elle n'ose pas montrer
ouvertement sa détresse.
Elle a caché son deuil au fond de son cœur,
mais si l'on y avait pris garde,
on aurait vu dans son attitude
la profonde détresse qui était en elle,
à des signes révélateurs ;
mais chacun était si occupé
à exprimer sa propre douleur
qu'il ne se souciait pas d'autrui.

2092　Chascuns pleignoit le suen anui,
　　　Car lor parenz et lor amis
　　　Truevent afolez et malmis,
　　　Dont la riviere estoit coverte.

2096　Chascuns pleignoit la soë perte,
　　　Car ele iert greveuse et amere.
　　　La pleure li fiz sor le pere
　　　Et ça li peres sor le fil.

2100　Sor son frere se pasme cil
　　　Et cil autres sor son neveu.
　　　Einsint pleignent en chascun leu
　　　Sor fiz, sor peres, sor parenz,

2104　Mais sor trestouz est aparanz
　　　Li deus que li Greu demenoient,
　　　Qui grant joie atendre pooient,
　　　Qu'a joie retornera tost

2108　Li plus granz dels de toute l'ost.
　　　Li Greu defors grant duel demainent,
　　　Et cil qui sont dedenz se painent
　　　Coment il lor facent savoir

2112　De coi il porront joie avoir.
　　　Les prisons desarment et lient,
　　　Et cil lor requierent et prient
　　　Que meintenant les chiés en preignent,

2116　Mes cil ne vuelent ne ne deignent,　　　　　[fo 95 vb]
　　　Einz dient qu'il les garderont
　　　Tant que au roi les bailleront,
　　　Qui si lor rendra lor merites

2120　De lor deserte seront quites.
　　　Quant desarmé les orent touz,
　　　Por moustrer a lor genz desouz
　　　Les ont au desfenses montez.

2124　Molt lor desplot ceste bontez.

► * **2106.** Qu'a g. j. **2120.** Que de lor d. iert q. *Corr. d'après PT(A). La construction paratactique qu'on trouve surtout dans les textes épiques (cf. Ph. Ménard, § 199 a) a gêné les copistes : S rajoute* Que *(R* Qui, +*1), et M enlève* de. *C met le verbe au singulier pour respecter la mesure et A le remplace par* totes *q. en remaniant le vers précédent* (Que cil).

** **2097.** Qui li est pesanz (*ASM,* P ert, *vs CRT,* B Qui lor ert g.). **2103.** Peres et freres et p. (*ASMP, vs CT,* B lor, *R* por). **2104.** desor toz (*AMB, vs CRT*). **2105.** *Var. AS* li Grezois feisoient. **2112.** Ce dont p. grant j. (*PM*).

Chacun déplorait son propre malheur :
leurs parents, leurs amis,
qu'ils retrouvent mutilés, en triste état,
la rivière en était couverte.
Chacun déplorait sa propre perte
qui était lourde et amère.
Là, le fils pleure sur son père,
ici, le père sur son fils.
Tel se pâme sur le corps d'un frère,
tel autre sur celui d'un neveu.
Ainsi regrettent-ils en tout lieu
pères et frères et parents.
Mais plus que tout autre est visible
le deuil que manifestaient les Grecs,
à qui une grande joie était réservée.
En grande joie bientôt se changera
le plus grand deuil de l'armée tout entière.
Les Grecs, au-dehors, montrent leur douleur,
et ceux qui sont dedans cherchent
le moyen de leur faire savoir
ce qui leur apportera une grande joie.
Ils désarment et attachent les prisonniers,
qui les supplient instamment
de les décapiter sur l'heure,
mais ils ne veulent rien entendre ;
ils les mettront plutôt sous bonne garde
en attendant de les livrer au roi
qui saura si bien les récompenser
qu'ils seront payés comme ils le méritent.
Quand ils les ont tous désarmés,
afin de les montrer aux leurs en bas,
ils les ont fait monter aux créneaux,
faveur dont ils se passeraient !

Quant lor seignor pris et lié
Virent, ne furent mie lié.
Alixandres dou mur amont
2128 Jure Deu et les sainz dou mont
Que ja .I. n'en lessera vivre
Que touz nes ocie a delivre,
Se tost au roi ne se vont rendre
2132 Einçois que il les puisse prendre.
« Alez, fet il, jel vos comant,
A mon seignor seürement,
Si vos metez en sa merci.
2136 Nus fors le conte que voi ci
De vos n'i a mort deservie.
Ja n'i perdrez membre ne vie
Se en sa merci vos metez.
2140 Se de mort ne vos rachetez
Solement por merci crier,
Molt petit vos poez fier
En voz vies ne en voz cors.
2144 Issiez tuit desarmé la fors
Encontre mon seignor le roi
Et si li dites de par moi
Qu'Alixandres vos i envoie.
2148 Ne perdroiz mie vostre voie,
Car tout son maltalent et s'ire
Vos pardonra li rois mes sire,
Tant est il frans et deboennaire.
2152 Se autrement le volez faire,
A morir vos i covendra,
Que ja pitié ne m'en prendra. »
Tuit ensemble cest [conseil] croient,
2156 Jusqu'au tref le roi ne recroient,
Si li sont tuit au pié cheü.
Ja est par toute l'ost seü
Ice qu'il ont dit et conté.   [fo 96 ra]

▶ * **2128.** les s. qui sont. *Faute commune à BCR. Notre correction tient compte de la vocalisation* del > dou *dans le manuscrit* C.
** **2129.** .I. seul n'an leira *(ASMPB, vs CRT).* **2131.** Se tuit *(sauf CRT).*
2151. Leçon de MBCR. Var. *ASP* douz. **2154.** Var. *PRT* l'en. **2159.** Ce que li *(AS, vs P, B(C)* çou que il).

Voyant leur seigneur pris et attaché,
les autres n'en furent pas réjouis.
Alexandre, du haut du mur,
prend à témoins Dieu et les saints du monde
qu'il n'en laissera vivre un seul
mais les tuera tous sans hésiter
s'ils ne vont vite se rendre au roi,
avant qu'il puisse les prendre.
« Allez, dit-il, je vous l'ordonne,
sans crainte auprès de mon seigneur,
et rendez-vous à sa merci.
Personne à part le comte que voici
n'a parmi vous mérité la mort.
Vous n'y perdrez membre ni vie
si vous vous rendez à sa merci.
Si vous n'implorez sa grâce,
seul moyen de vous racheter de la mort,
vous ne pouvez plus guère être assurés
de vos vies ni de vos personnes.
Sortez tous d'ici sans armes,
pour aller vers mon seigneur le roi,
et dites-lui de ma part
qu'Alexandre vous envoie à lui.
Vous ne ferez pas en vain le chemin,
car oubliant sa grande colère,
le roi, mon seigneur, vous pardonnera,
tant il est magnanime et bienveillant.
Si vous entendez agir autrement,
alors, il vous faudra mourir,
car je serai sans pitié. »
Ils se rangent tous à ce conseil
et vont sans faiblir jusqu'à la tente du roi
où ils tombent tous à ses pieds.
Voici que tout le camp apprend
ce qu'ils ont dit et rapporté.

2160 Li rois monte et tuit sont monté,
     Si vienent au chastel poignant.
     Qu'iroie je plus po[r]loignant ?
     Alixandres ist dou chastel
2164 Contre le roi, qui molt fu bel,
     Si li a le conte rendu,
     Et li rois n'a plus atendu
     Que lors n'en face la joustise.
2168 Mais molt loe Alixandre et prise,
     Et tuit li autre le conjoent
     Qui forment le prisent et loent.
     N'en i a nul joie n'en maint.
2172 Por la joie li deus remaint
     Que il demenoient einçois,
     Mes a la joie des Grezois
     Ne se pot nule joie prendre.
2176 Li rois li fait la coupe rendre
     De .XV. mars, qui molt fu riche,
     Et si li dit bien et afiche
     Qu'il n'a chose nule si chiere,
2180 Mes tant face qu'il la requiere,
     Fors la corone et la reïne,
     Que il ne l'en face sesine.
     Alixandres de ceste chose
2184 Son desirrier dire n'en ose,
     Et bien set qu'il n'i faudroit mie
     Se il li requeroit s'amie,
     Mais tant crient que ne despleüst
2188 Cele qui grant joie en eüst
     Que meuz se velt touz jorz doloir
     Que il l'eüst sanz son voloir.
     Por ce respit quiert et demande
2192 Qu'il ne velt fere sa demande

▶ * **2169.** conjoient.
   ** **2162.** Que plus ne le vont p. *(PM, A, S, vs CR, B).* **2171.** Leçon de PCR.
   Var. *M* N'i a un sol, *A(S)* N'i a nul qui. **2180.** Se il fet tant *(AP, SM, vs CRT,
   B).* **2189.** La leçon de CRT est ordinaire. Les variantes sont individuelles,
   mais celle de P, sanz li d., *adoptée par W. Foerster, a chance d'être la*
   meilleure (cf. les raisons stylistiques avancées par Cl. Luttrell et S. Gregory,
   p. 272).

Le roi monte à cheval, tous font de même,
piquant des deux vers le château,
sans plus différer leur venue.
Alexandre sort du château
au-devant du roi, qui s'en réjouit,
et il lui a livré le comte.
Le roi n'a pas attendu plus
pour exercer aussitôt sa justice,
mais il fait le plus grand éloge d'Alexandre
et tous les autres lui font fête
dans un grand concert de louanges.
Il n'est personne qui ne montre de la joie,
et cette joie met fin au deuil
auquel ils se livraient avant.
Mais à la joie qu'en avaient les Grecs
ne pouvait se comparer aucune autre.
Le roi lui fait donner la coupe
de quinze marcs qui était magnifique,
il lui répète avec insistance
qu'il n'a pas de bien si précieux,
la couronne et la reine exceptées,
qu'il ne mette en sa possession,
pour peu qu'il lui en fasse la demande.
Sur la nature de ce bien, Alexandre
n'ose pas dire son désir,
il sait bien qu'il n'essuierait pas de refus
s'il demandait au roi son amie,
mais il craint tant qu'il n'en déplaise
à celle qui en eût été comblée,
qu'il préfère la douleur d'être sans elle
plutôt qu'elle soit à lui malgré elle.
Aussi demande-t-il un délai,
ne voulant pas faire sa requête

Tant qu'il en sache son plesir.
Mais a la coupe d'or sesir
N'a respit ne aloigne prise.
2196 La coupe prent et par franchise
Prie mon seignor Gauvain tant
Que de lui cele coupe prent,
Mais a molt grant peinne l'a prise.
2200 Quant Soredamors a aprise
D'Alixandre voires noveles,
Molt li plot et molt li sont beles.   [fo 96 rb]
Quant ele set que il est vis,
2204 Tel joie en a qu'il li est vis
Que ja mais n'ait pesance .I. hore,
Mais trop ce li semble demore
Quant il ne vient si come il seut.
2208 Par tens avra ce qu'ele velt,
Car ambedui par contençon
Sont d'une chose en cusençon.
Molt estoit Alixandre tart
2212 Que soulement d'un douz regart
De li peüst ses euz repestre.
Grant piece a que il volsist estre
Au tref la reïne venuz,
2216 Se aillors ne fust detenuz.
Li demorers molt li desplot,
Au plus tost que il onques pot
Vint a la reïne a son tré.
2220 La reïne l'a encontré
Qui de son pensé molt savoit
Sanz ce que dit ne li avoit,
Mais bien s'en est aperceüe.
2224 A l'entrer dou tref le salue
Et de lui conjoïr se peine.
Bien set quele acheson le maine.

▶ * 2204. en ot *(CT)* ce li est v. *(CRT)*. 2209. antençon. 2210. contençon *(CM)*.
2224. la s. *Faute commune à SBCR (mais R, plus cohérent, donne au vers
suivant de li c.). Corr. d'après AMP.*
** 2195. n'atendue quise *(MSP, A, vs BCRT)*. 2201. voire novele *(ASMP,
vs BCRT)*. 2202. et m. li fu bele *(AMP, S, vs BCRT)*. 2203. *Leçon de SPCR.
Var. AM* sot.

avant de connaître ses sentiments,
mais pour se saisir de la coupe en or,
il n'est pas question d'attendre.
Il prend la coupe et, dans un esprit noble,
il insiste auprès de monseigneur Gauvain
pour qu'il accepte de lui cette coupe,
ce qu'il ne fit qu'à grand-peine.
Quand Soredamor a appris
la vérité sur Alexandre,
les nouvelles lui firent un immense plaisir.
En apprenant qu'il est vivant,
elle éprouve tant de joie qu'elle pense
ne plus jamais connaître le chagrin,
mais le temps lui paraît bien long
quand il ne vient à l'heure accoutumée.
Elle aura bientôt ce qu'elle veut,
c'est à qui aura le plus vif désir
d'une seule et même chose.
Il tardait fort à Alexandre
de pouvoir, par la douceur d'un regard,
repaître ses yeux de sa vue.
Depuis longtemps, il eût voulu être
arrivé à la tente de la reine,
mais on le retenait ailleurs.
Ce retard lui était pénible.
Dès qu'il en eut la possibilité,
il vint trouver la reine dans sa tente.
La reine est allée au-devant de lui,
car elle connaissait son cœur
sans qu'il lui en eût rien dit,
mais elle s'en était bien aperçue.
A l'instant où il entre, elle le salue,
s'empressant de lui faire bel accueil.
Elle sait bien la raison qui le pousse.

Por ce qu'a gré servir le velt,
2228 Lez lui Soredamors aqueut,
Et furent il troi solement
Loinz des autres a parlement.
La roïne primes comence,
2232 Qui de rien n'estoit en doutance
Qu'il ne s'enmassent ambedui,
Cil celë, et cele celui.
Bien le cuidoit de fi savoir
2236 Et set que ne porroit avoir
Soredamors meillor ami.
Entre els dels fu asise anmi,
Si lor comence une raison
2240 Qui vint en leu et en seson.
« Alixandre, dist la reïne,
Amors est pire que haïne,
Qui son ami grieve et confont.
2244 Amant ne sevent que il font
Quant li uns vers l'autre se cuevre.   [fo 96 va]
En amor a molt grevainne oevre.
Bien sai, qui au comencement
2248 Ne prent auques de hardement,
A poine en puet venir a chief.
L'en dit que il n'i a si grief
A trespasser come le sueil.
2252 D'amors endoctriner vos vueil,
Car bien sai qu'amors vos afole.
Por ce vos ai mis a parole
Et gardez ne me celez rien,
2256 Qu'aperceüe me sui bien
Au contenances de chascun
Que de .II. cuers avez fet un.
Ja vers moi ne vos en covrez !

▶ * **2230.** apertement (apterñt). *Bévue de C, non relevée par Cl. Luttrell et S. Gregory.* **2234.** Et cil lui. *La correction devrait être* Cil celi, *comme dans PB, mais C emploie la forme* cele (cf. vv. 576, 582, 624, etc.). *AMRT maintiennent d'ailleurs ici l'hiatus. D'où notre correction, conforme à l'usage de C* (cf. infra, v. 3875). **2236.** Et set qu'il. **2240.** en tens.
** **2228.** lez li *(vs CRT).* **2247.** A l'aseoir del fondemant *(PM, S, vs BCRT).* **2248.** Qui ne comance h. *(A, S, vs BRT, C).* **2254.** *Var. P, AS* a escole *(mais M avec BCR).*

Dans son désir de lui être agréable,
elle appelle Soredamor auprès d'elle.
Ils étaient ainsi tous les trois seuls,
loin des autres, à converser.
La reine parla la première ;
elle n'avait pas le moindre doute
sur leur amour à tous les deux,
de lui pour elle et d'elle pour lui.
Elle en avait la certitude,
elle sait aussi que Soredamor
ne pourrait avoir de meilleur ami.
Entre eux deux elle était assise,
et elle leur tient ce discours
qui venait bien à son heure :
« Alexandre, dit la reine,
l'amour est pire que la haine
quand il blesse et détruit son ami.
Ceux qui s'aiment ne savent ce qu'ils font
quand ils se cachent l'un de l'autre.
En amour, difficile est l'œuvre à édifier :
en en posant les fondations,
celui qui ne s'y met hardiment
n'en vient à bout qu'avec peine.
On dit que le plus difficile
consiste à franchir le seuil.
Je veux vous livrer la doctrine d'amour,
car je sais bien que l'amour vous tourmente.
Je vous ai mis sur le sujet,
et gardez-vous de rien me cacher,
car je me suis bien aperçue
à votre contenance à tous les deux,
que de deux cœurs vous n'avez fait qu'un.
N'essayez pas de dissimuler avec moi !

2260 De ce trop folement ovrez.
D'amors homicide seroiz.
Or vos pri que ja n'i queroiz
Force ne volenté d'amor.

2264 Par mariage et par ennor
Vos entr'acompeigniez ensemble.
Einsint porra, si com moi semble,
Vostre amor longuement durer.

2268 Bien vos en puis asseürer,
Car se vos en avez corage,
J'asemblerai cest mariage. »
Quant la reïne ot dit son boen,

2272 Alixandres redist le suen :
« Dame, fet il, je ne m'escus
De rien que vos me metoiz sus,
Einçois otroi ce que vos dites.

2276 Ja d'amor ne quier estre quites
Que touz jorz n'i aie m'entente.
Ce me plest molt et atalente,
Vostre merci, que dit m'avez.

2280 Quant vos ma volenté savez,
Ne sai que plus le vos celasse,
Mes grant piece a, se je osasse,
L'eüsse je requeneü,

2284 Car molt m'a li celers neü.
Mais puet cel estre a nul endroit
Ceste pucele nel voudroit
Que suens fusse ne ele moie.

2288 S'ele de lui rien ne m'otroie,
Toute voies m'oitroi ge a lui. »   [fo 96 vb]
A cest mot cele tressailli

▶ * **2264.** par amor. *Faute commune à SBC. On trouve dans C* honor *(cf. v.
337) ou* ennor *(cf. infra v. 2320).* **2280.** De ce que mon voloir *(CRT). Corr.
d'après ANSMP(B). Faut-il supposer à la source de CRT un* Des que vos
(cf. supra v. 492) ? **2281.** que je le *(BCT). Corr. d'après NSMP (AR* por quoi
le*).

** *Après* **2261.** C om. Que chascuns son panser ne dit, / Qu'au celer li uns
l'autre ocit *(A, BR, M, P).* **2262.** lo *(manuscrits, sauf C).* **2263-2264.** *Vers
de sens difficile. Ce qui est visé, c'est l'amour de Tristan et d'Yseut : cf.
Béroul :* Amors par force vos demeine *(v. 2296).* **2268.** en os *(AM, vs BCRT).*
2288. S'e. de li. **2289.** a li *(la rime l'impose).*

C'est faire œuvre déraisonnable
[que de taire chacun vos pensées.
En se taisant, chacun tue l'autre,]
vous serez homicides par amour.
N'allez pas, je vous en prie, rechercher
un amour de violence et de passion,
mais unissez-vous mutuellement
par un mariage dans l'honneur.
Ainsi votre amour, me semble-t-il,
pourra longuement durer.
Je vous donne la garantie
que, si c'est là votre désir,
je vous unirai en mariage. »
Quand la reine eut dit son sentiment,
Alexandre à son tour formula le sien :
« Ma dame, fait-il, je ne me récuse
sur rien de ce que vous m'imputez,
mais je vous donne en tout mon accord.
Je ne veux pas en être quitte avec Amour
sans devoir à jamais me consacrer à lui.
Ce que vous avez eu la bonté de me dire
est conforme à tous mes désirs.
Puisque vous connaissez mon cœur,
je ne vois pas pourquoi me cacher plus.
Il y a longtemps, si j'avais osé,
que j'en voulais faire l'aveu,
car me taire fit mon tourment.
Mais il se pourrait en quelque façon
que cette jeune fille ne voulût point
que je fusse à elle comme elle à moi.
Ne m'accorderait-elle rien de soi,
je ne m'en donne pas moins à elle. »
Celle-ci, à ces mots, tressaille,

Qui cest present pas ne refuse.
2292 Le voloir de son cuer encuse
Et par parole et par semblant,
Quant a lui s'otroie en tremblant,
Et dit que ja n'en metra fors
2296 Ne volenté, ne cuer ne cors,
Et que tout son plesir ne face.
La reïne andeus les enbrace
Et fet de l'un a l'autre don.
2300 En riant dit : « Je t'abandon,
Alixandre, le cors t'amie.
Bien sai que a cuer ne fauz tu mie.
Qui qu'en face chiere ne groig,
2304 L'un de vos .II. a l'autre doig,
Tien tu le tuen et tu la toe. »
Cele a le suen et cil la soe,
Cil lui toute et cele lui tout.
2308 A Guinesores sanz redout
Furent au los et a l'otroi
Mon seignor Gauvain et le roi
Le jor faites ces espousailles.
2312 De lor richece et des vitailles
Et de la joie et dou deduit,
Nus nel savroit dire, ce cuit,
Tant qu'as noces plus n'en eüst.
2316 Por ce qu'as plusors despleüst
N'i vueil parole user ne perdre,
Qu'a melz dire me vueil aerdre.
A Guinesores a .I. jor
2320 Ot Alixandres tant d'ennor
Et tant de joie com lui plot.
Trois joies, trois ennors i ot.
L'une fu dou chastel qu'il prist,
2324 L'autre de ce que li promist

▶ * **2306.** Cele ait.
** **2294.** Car (*ASMP, N* Que, *vs CR*). *Après* **2296.** *BCR om.* Que tote ne soit anterine / Au comendemant la reïne (*ANSMP*). **2307.** Cil li (*mais C emploie* lui *pour la forme forte du pronom féminin, cf. supra vv.* 530, 835, 1415). **2314.** Ne s. nus d. (*ANMPB, vs CRT*). **2316.** Por tant (*ASP, vs MBCRT*). **2322.** et trois e. ot (*ANSMB, vs PCT*).

elle qui ne refuse pas ce présent.
Elle trahit le désir de son cœur,
à son visage et dans ses propos,
en se donnant, tremblante, à lui,
et en s'engageant, sans exclure
sa volonté, son cœur ni son corps,
[à accomplir de tout son être
le commandement de la reine]
et à faire sa volonté.
La reine les embrasse tous deux
et fait don de l'un à l'autre.
Elle dit en riant : « Je te livre,
Alexandre, le corps de ton amie,
puisque le cœur, je le sais, tu l'as déjà.
N'en déplaise aux esprits chagrins et aux grincheux,
je vous donne tous les deux l'un à l'autre :
toi, prends le tien, et toi la tienne. »
Celle-ci a le sien, celui-là la sienne,
celui-ci l'a toute, celle-là l'a tout.
A Windsor, en toute quiétude,
avec le plein assentiment
de monseigneur Gauvain et du roi,
on célébra le jour même les noces.
De leur splendeur et du festin,
de la joie et des réjouissances,
personne je crois n'en dirait tant
qu'il n'y en eût davantage encore.
Comme beaucoup trouveraient cela ennuyeux,
j'emploierais en vain mes paroles ;
j'ai mieux à dire, autant m'y consacrer.
A Windsor, en un même jour,
Alexandre reçut autant d'honneur
et de joie qu'il pouvait en souhaiter.
Il y obtint trois joies, trois honneurs :
l'une, du château qu'il prit,
l'autre de cette promesse

Li rois Artus qu'il li donroit
Quant sa guerre finee avroit
Le meillor roiaume de Gales.
2328 Ce jor le fist roi en ses sales.
La graindre [joie] fu la tierce,
De ce que sa fame fu fierce
De l'eschequier dont il fu rois.
2332 Einz que fussent passé .III. mois,
Soredamors se trueve pleine   [fo 97 ra]
De semence d'ome et de graine,
Si la porta jusqu'a droit terme.
2336 Tant fu la semence en son germe
Que li fruiz vint a sa nature
D'enfant ; plus bele creature
Ne fu nee n'avant n'aprés.
2340 L'enfant apelerent Cligés.
Nez est Cligés, en cui memoire
Fu mise en escrit ceste estoire.
De lui et de son vaselage,
2344 Quant il iert venuz en aage
Que il devra en pris monter,
M'orroiz assez dire et conter.
Mes entretant en Grece avint
2348 Qu'a sa fin l'empereres vint
Qui Costentinoble tenoit.
Morz fu, morir le covenoit,
Que ne pot le terme passer.
2352 Mes einz sa mort fist amasser
Touz les hauz barons de sa terre
Por Alixandre envoier querre,
Son fil, qui en Breteigne estoit
2356 Ou trop volentiers s'arestoit.
De Grece muevent li message,
Par mer acoillent lor veage.

On a Cligès [margin annotation]

▶ * 2329. La greignor fu. 2331. est *(C isolé).* 2340. apela l'en *(CT). Corr. d'après APBR(M).* 2345. Quant. 2356. sejornoit *(MC). Var. R, NB* demoroit. *Corr. pour la rime d'après SP, A.*
** 2330. s'amie *(sauf CT).* 2333. trova *(ASMP, mais N avec BCR).* 2347. *Leçon de NBCR. Var. PM* entre .II.

que lui fit le roi de lui donner,
une fois la guerre finie,
le meilleur royaume de Galles.
Il l'en fit roi ce jour dans son palais.
La plus grande joie fut la troisième,
quand son amie devint la reine
de l'échiquier dont il était le roi.
Avant que trois mois se fussent écoulés,
Soredamor se trouva grosse
de graine et de semence d'homme,
qu'elle porta jusqu'à son terme.
La semence poussa en germe
et le fruit, selon sa nature,
devint un enfant. Jamais on ne vit naître,
avant ni après, plus belle créature.
On appela l'enfant Cligès.
Cligès est né, en souvenir de qui
fut mise par écrit cette histoire.
De lui et de sa vaillance
quand il sera venu à l'âge
où il devra croître en mérite,
vous m'entendrez conter en détail.
Mais il advint dans l'intervalle qu'en Grèce
s'acheva la vie de l'empereur
qui régnait sur Constantinople.
Il mourut, il le fallait :
il ne pouvait échapper au terme fixé.
Mais avant sa mort, il convoqua
tous les grands seigneurs de sa terre
pour envoyer chercher Alexandre
son fils, resté en Bretagne,
où il se plaisait à vivre.
Les messagers partent de Grèce,
commencent leur voyage en mer.

Si les i prent une tormente
2360 Qui lor nef et lor genz tormente.
En la mer furent tuit noié
Fors .I. felon, .I. renoié,
Qui amoit Alis le menor
2364 Plus qu'Alixandre son seignor.
Quant il fu de mer eschapez,
En Grece s'en est retornez
Et dist qu'il avoient esté
2368 Trestuit en la mer tempesté
Quant de Breteigne revenoient
Et lor seignor en amenoient.
N'en porent eschaper mais qu'il
2372 De la tormente et dou peril.
Cil fu creüz de sa mençonge.
Sanz contredit et sanz chalonge
Prenent Alis, si le coronent,
2376 L'empire de Grece li donent.
Mais ne tarda mie granment   [fo 97 rb]
Qu'Alixandres certeinement
Sot qu'enperere estoit Alis.
2380 Au roi Artu a congié pris,
Car ne voldra mie sanz guerre
A son frere lessier la terre.
Li rois de rien ne l'en destorbe,
2384 Einçois li dist que si grant torbe
En maint avec lui de Galois,
D'Escoz et de Cornoalois
Que ses frere atendre ne l'ost
2388 Quant assemblee verra l'ost.
Alixandres, se lui pleüst,
Grant masse menee en eüst,
Mais n'a soig de ses genz confondre,
2392 Se ses freres li velt respondre
Et qu'il li face sa creante.

▶ ** 2364. *Leçon de NMPBCR. Var. AS* le greignor. **2371.** N'en ert eschapez mes
que il (*NSP, MA* est, *vs CRT*). **2384.** li dit. **2390.** G. force (*ASMP, vs CRT*).
2391. *Leçon de MBCRT. Var. ASP* sa gent. N [ ]lant des genz (*nous conjec-
turons* [mais n'a ta]lant). **2393.** Que il li f. (*ASMP, vs CRT, B* Si que il).

Une tempête les surprend,
ballotant navire et équipage.
Ils se noyèrent tous en mer
à l'exception d'un renégat perfide,
qui aimait Alis, le fils cadet,
plus qu'Alexandre son seigneur.
Quand il fut rescapé du naufrage,
il s'en retourna en Grèce,
et dit qu'ils avaient tous été
victimes d'une tempête en mer
tandis qu'ils revenaient de Bretagne
et qu'ils en ramenaient leur seigneur.
Lui seul avait pu réchapper
de l'ouragan et du danger.
On ajouta foi à son mensonge.
Sans que personne s'y oppose,
ils prennent Alis et le couronnent.
Ils lui donnent l'empire de Grèce,
mais le moment ne tarda guère
où Alexandre, de façon certaine,
sut qu'Alis était empereur.
Il a pris congé du roi Arthur,
car il ne voudra pas sans guerre
laisser ainsi la terre à son frère.
Le roi ne l'en détourne en rien,
mais lui propose d'emmener
une foule si grande de Gallois,
d'Ecossais et de Cornouaillais,
que son frère n'ose l'attendre
quand il verra son armée réunie.
S'il avait voulu, Alexandre
aurait emmené des hommes en masse,
mais il lui répugne de voir les siens détruits,
si son frère veut bien lui promettre
d'accomplir sa volonté.

Conpeignons en mena .LX.
Et Soredamors et son fil.
2396 Icez .II. lessier n'i volt il,
[Car molt fesoient a amer].
A Sorhan entrerent en mer
Au congié de tote la cort.
2400 Boen vent orent, la nef s'en cort
Et vait plus tost que cers ne fuit.
Einz que passast le mois, ce cuit,
Pristrent devant Athenes port,
2404 Une cité molt riche et fort.
L'empereres, por verité,
Iert a sejor en la cité,
Et s'i avoit grant assemblee
2408 Des hauz barons de la contree.
Tantost com furent arivé,
Alixandres .I. suen privé
Envoie en la cité savoir
2412 Se receit i porra avoir,
Ou se il voudront contredire
Qu'il ne soit lor droiturier sire.
De ceste chose fu messages
2416 .I. chevaliers cortois et sages
C'on apeloit Acorionde,
Riche d'avoir et de faconde,
Et s'estoit molt [bien] dou païs,
2420 Car d'Athenes estoit naïs.
En la cité d'anceserie   [fo 97 va]
Avoient molt grant seignorie
Touz jorz si ancesor eü[e].
2424 Quant il ot l'afere seü[e]
Qu'an la ville estoit l'emperere,

▶ * **2394.** merra. *Corr. d'après les mss sauf AP (maine).* **2397.** *Vers omis. A sa place vient le v. 2398, auquel fait suite ce vers rajouté :* Tuit le convoient au torner. **2398.** *Au serein (CM). Corr. d'après B, P. R donne la transcription la plus fidèle,* Schorham, *pour la ville de Shoreham.* **2399.** Si s'en part au gré de la c. **2401.** que venz *(CP), exponctué dans C, qui écrit* cers *au-dessus.* **2402.** Einz qu'il p. **2421.** Et en la cort. **2422.** Avoit il ml[t].
** **2394.** *Var.* ASPB chevaliers *(vs MCR) / A(SR)* quarante (.XL.) *(vs NMPBCT).* **2412.** *Var.* NS porront, AMP porroit. **2424.** ot la chose *(NMP, AS* a, *vs CRT).*

Il emmena soixante compagnons
avec Soredamor et son fils.
Il ne voulait pas laisser ces deux-là,
qui méritaient bien d'être aimés.
Ils embarquèrent à Shoreham,
prenant congé de toute la cour.
Ils eurent bon vent, le navire file
sur l'eau plus vite qu'un cerf en fuite.
Avant que s'écoulât le mois, je crois,
ils mouillèrent dans le port d'Athènes,
ville très riche et très puissante.
L'empereur, en vérité,
résidait dans cette ville,
et on y tenait l'assemblée
des grands seigneurs du pays.
Sitôt qu'ils furent arrivés,
un des intimes d'Alexandre
est envoyé dans la ville pour savoir
si on lui fera bon accueil
ou si on contestera
qu'il soit leur seigneur légitime.
Le messager pour cette affaire
était un chevalier courtois et sage,
riche en biens et de belle faconde,
qu'on appelait Acorionde,
et qui était là le bienvenu,
car il était natif d'Athènes.
Dans la cité, depuis les temps anciens,
ses ancêtres avaient toujours été
d'illustres et puissants seigneurs.
Quand il fut informé
que l'empereur se trouvait dans la ville,

De par Alixandre son frere
Li vait chalongier la corone,
2428 Ne ce mie ne li pardone
Qu'il l'a tenue contre droit.
[El palés est venuz tot droit,]
Il trueve assez qui le conjot
2432 Mais ne respont ne ne dit mot
A nul home qui le conjoie,
Einçois atent tant que il oie
Quel volenté et quel corage
2436 Avront vers lor droit seignorage.
Jusqu'a l'empereor ne fine,
Ne le salue ne n'encline,
Ne empereor ne l'apele.
2440 « Alis, fait il, une novele
De par Alixandre t'aport,
Qui la dehors est a ce port.
Entent que tes freres te mande :
2444 La soë chose te demande
Ne rien contre reson ne quiert.
Soë doit estre, et si iert
Cotentinoble que tu tiens.
2448 Ce ne seroit reson ne biens
Qu'entre vos .II. eüst descorde.
Par mon conseil a lui t'acorde,
Si li ren la corone en pais,
2452 Car bien est droiz que tu li lais. »
Alis respont : « Biaus douz amis,
De folie t'iés entremis
Qui cest message as aporté.
2456 De rien ne m'as reconforté,
Car bien sai que mon frere est morz.
Ce me seroit grant reconforz
S'il estoit vis et jel savoie.

▶ *** 2430.** *Vers omis (bourdon).* **2431.** conjoit. **2433.** A nes .I. seul *(C isolé).*
2446. devoit. *C isolé. Les variantes des manuscrits (P* devroit, *B(T)* Que, *A*
bien estre, *M* li ert) *sont du même ordre : le vers était jugé hypomètre. Cf.
cependant B. Woledge,* Commentaire, I, *pp. 67 - 68 sur l'hiatus de* -ë *et que
s'autorise Chrétien.* **2459.** l *mal formé et proche de* s *dans* jel.
** 2436. *Leçon de PBCRT. Var. ASM* Il ont. **2446.** *Var. AS* et soe iert.

au nom d'Alexandre son frère
il va lui réclamer la couronne,
et il ne lui pardonne pas
de la tenir contre le droit.
Il est venu droit au palais ;
ils sont nombreux à lui témoigner leur joie,
mais il ne répond pas le moindre mot
à ceux qui lui font ainsi fête :
il attend d'abord de connaître
leurs intentions et leurs sentiments
à l'égard de leur seigneur légitime.
Il va sans s'arrêter jusqu'à l'empereur,
il ne le salue pas ni ne s'incline,
il ne lui donne pas le nom d'empereur :
« Alis, fait-il, j'ai une nouvelle
à t'apporter de la part d'Alexandre
qui est resté dehors dans le port.
Ecoute ce que te mande ton frère :
il te réclame son bien propre
et ne demande là rien de déraisonnable.
Constantinople sur laquelle tu règnes
doit être à lui et le sera.
Ce ne serait justice ni raison
qu'il y eût discorde entre vous deux.
Suis mon conseil, accorde-toi avec lui,
et rends-lui la couronne en paix,
le droit exige que tu la lui laisses. »
Alis répond : « Très cher ami,
ta mission n'a rien de sérieux,
pour m'apporter pareil message !
Tu ne me donnes aucun réconfort :
je sais bien que mon frère est mort.
Mais je serais réconforté
si j'apprenais qu'il fût en vie.

2460 Ja nel crerrai jusque jel voie.
     Morz est pieça, ce poise moi.
     Rien que tu dies je ne croi.
     Et se il vit, por quoi ne vient ?
2464 Ja redouter ne li covient
     Que je terre assez ne li doigne.
     Foux sera se de moi s'esloigne,   [fo 97 vb]
     Et s'il me sert, ja n'iert pire.
2468 De la corone et de l'empire
     N'iert ja nus contre moi tenanz. »
     Cil ot que n'est mie avenanz
     La response l'empereor.
2472 Ne laisse por nule peor
     Que son talent ne li responde.
     « Alis, fait il, Dex me confonde
     Se la chose re[ma]int einsi.
2476 De par ton frere te desfi,
     Et de par lui, si com ge doi,
     Semon touz cels que je ci voi
     Que te laissent et a lui vieignent.
2480 Reson est que a lui se tieignent,
     De cui doivent lor seignor faire.
     Qui loiaus est, or i apaire ! »
     A cest mot de la cort se part,
2484 Et l'emperere d'autre part
     Apele cels ou plus se fie.
     De son frere qui le desfie
     Lors quiert conseil et velt savoir
2488 S'il puet fiance en els avoir
     Que ses frere a ceste envaïe
     N'ait par els conseil ne aïe.
     Einsint velt essaier chascun,
2492 Mais il n'en i trueve nes .I.
     Qui de la guerre a lui se tieigne,
     Einz li dient qu'il li sovieigne

▶ * **2487.** Lors q. *(CT).*
     ** **2460.** tant que *(sauf CR, T).* **2463.** Et s'il est vis *(sauf CT, R).* **2466.** *Leçon
     de MBCRT. Var. ASP est.* **2491.** esprover *(sauf C).*

Je n'en croirai rien avant de le voir.
Voilà un moment qu'il est mort, et j'en souffre.
Je ne crois rien de ce que tu me dis,
S'il est vivant, pourquoi ne vient-il pas ?
Il n'a vraiment pas lieu de craindre
que je lui refuse de larges terres.
S'éloigner de moi sera folie de sa part.
A mon service, il n'en sera pas plus mal.
Quant à la couronne et à l'empire,
nul n'en sera contre moi détenteur. »
L'autre entend la réponse de l'empereur,
qui n'est pas acceptable.
Aucune peur ne le retient
de lui dire ce qu'il a sur le cœur.
« Alis, fait-il, Dieu veuille ma mort
si l'affaire en reste là !
Au nom de ton frère, je te défie,
et en son nom, comme j'en ai le devoir,
j'enjoins à tous ceux que je vois ici
de te laisser pour le rejoindre.
Le droit veut qu'ils se rallient à lui ;
de lui, ils doivent faire leur seigneur.
On verra bien alors qui est loyal ! »
A ces mots, il quitte la cour,
et l'empereur de son côté
appelle ses proches confidents.
Sur le défi que lui lance son frère,
il cherche conseil et il veut savoir
s'il obtiendra d'eux l'assurance
que son frère, dans ce conflit,
ne recevra ni leur soutien ni leur aide.
Il veut mettre ainsi chacun d'eux à l'épreuve,
mais il n'en trouve pas un seul
qui se rallie avec lui au parti de la guerre.
Ils l'exhortent au contraire à se souvenir

De la gerre qu'Etyoclés
2496 Prist encontre Polinicés,
Qui estoit ses freres germains,
S'ocist li uns l'autre a ses mains.
« Autel puet de vos avenir
2500 Se volez guerre meintenir,
Et confondue en iert la terre. »
Por ce loënt tel pes a querre
Qui soit raisnable et droituriere,
2504 Ne li uns l'autre ne sorquiere.
Or ot Alis, se il ne fet
A son frere resnable plet,
Que tuit li baron li faudront,
2508 Et dit que ja pais ne voudront
Qu'il ne face par avenant,
Mes il met en son covenant   [fo 98 ra]
Que la corone li remeigne
2512 Coment que li afaires preigne.
Por fere pes ferme et estable,
Alis par .I. suen conestable
Mande Alixandre qu'a lui vieigne
2516 Et toute la terre meintieigne,
Mais que tant li face d'ennor
Qu'il ait le non d'empereor
Et la corone avoir li laist.
2520 Einsint puet estre, se lui plest,
D'entre els .II. la concorde faite.
Quant ceste chose fu retraite
Et Alixandre recontee,
2524 Avec lui est sa gent montee,
Si sont a Athenes venu,
A joie i furent receü.
Mais Alixandre ne plaist mie

▶ * **2495.** que E. *(MCT, +1). Corr. d'après BR.* **2507.** li autre *(C isolé). Corr.*
d'après SRT. **2521-2522.** *Intervertis.*
** **2495-2496.** De la g. Polinicés / Qu'il prist ancontre Etioclés *(ASP, vs*
MBCRT). Polynice avec Adraste, le roi des Grecs, déclenche une guerre dont
Etéocle est responsable. La tradition manuscrite reflète ces deux points de
vue. Mais ASP est sans doute conforme à l'original (cf. aussi l'hiatus de que
et la mesure du vers). W. Foerster a préféré MBCRT. **2500.** *Leçon de SC,*
RT(B). Var. AP S'il vialt la g. **2507.** t. si b. *(PB, A* si bani).

de la guerre que Polynice
entreprit contre Etéocle
qui était son frère de sang.
Chacun, de ses mains, tua l'autre.
« Tel peut être aussi votre sort
si vous entendez faire la guerre,
et le pays en sortira détruit. »
Aussi conseillent-ils de conclure une paix
raisonnable et conforme au droit,
sans exigence excessive de part et d'autre.
Alis comprend que s'il ne passe
avec son frère un pacte raisonnable,
tous les chefs lui feront défaut.
Quelles que soient leurs conditions de paix,
répond-il, elles lui conviendront,
mais il doit être stipulé
que la couronne lui demeure,
quelque tour que prenne l'affaire.
Pour établir une paix ferme et durable,
Alis, par un connétable qu'il a,
mande à Alexandre qu'il vienne à lui
et qu'il gouverne tout le pays,
mais qu'il lui fasse cet honneur
de lui laisser le nom d'empereur
et la possession de la couronne.
Ainsi la paix, s'il lui plaît,
peut être établie entre eux deux.
Quand la chose fut rapportée
et exposée à Alexandre,
ses gens et lui sont montés à cheval
et ils sont venus à Athènes.
Ils y furent reçus dans la joie,
mais il déplaît à Alexandre

2528 Que son frere ait la seignorie
       De l'empire et de la corone
       Se sa fiance ne li done
       Que ja fame n'espousera,
2532 Mes aprés lui Cligés sera
       De Costentinoble emperere.
       Einsint sont acordé li frere.
       Alixandres li eschevist,
2536 Et cil li otroie et plevist
       Que ja en trestout son aage
       N'avra fame par mariage.
       Acordé sont, ami remainent,
2540 Et li baron joie demainent.
       Alis por empereor tienent,
       Mais devant Alixandre vienent
       Li grant afaire et li petit,
2544 Fait est qua[n]qu'il comande et dit
       Et poi fet en se par lui non.
       Alis n'en a mes que le non,
       Que empereres est clamez,
2548 Mais cil est serviz et amez,
       Et qui ne le sert par amor,
       Faire li covient par cremor.
       Par l'une et par l'autre joustise
2552 Toute la terre a sa devise.
       Mais cele qu'an apele Mort
       N'espargne home foible ne fort   [fo 98 rb]
       Que touz ne les ocie et tut.
2556 Alixandre morir estut,
       C'uns maus le mist en sa prison
       Don ne pot avoir garison,
       Mes einz que Morz le sorpreïst,
2560 Son fil manda et si li dist :
       « Biaus fiuz Cligés, ja ne savras
       Conoitre combien tu avras

▶ * **2551.** *Par lui. Mss sauf AM. Le sens impose la correction (l'erreur s'explique par une confusion probable entre* l'un(e) *et* lui). **2554.** Qui n'espa- rigne f. *(C, PR). Dans C,* ign *n'est qu'une graphie pour la consonne palatale.*
** **2550.** *Leçon de PBCRT. Var. ASM* par peor.

que son frère soit souverain
de l'empire et porte couronne
s'il ne lui donne sa parole
de ne jamais se marier
pour qu'après lui Cligès devienne
empereur de Constantinople.
Ainsi se sont accordés les deux frères,
Alexandre en précise les termes
et l'autre avec solennité s'engage
à ne prendre femme en mariage
aussi longtemps que durera sa vie.
Ils sont réconciliés et restent amis,
et tous les nobles montrent leur joie.
Ils tiennent Alis pour l'empereur,
mais devant Alexandre viennent
les affaires, grandes et petites.
On fait tout ce qu'il dit et ordonne
et presque rien ne se fait sans lui.
Alis n'en a plus que le titre
quand il se fait appeler empereur,
c'est son frère qu'on sert et qu'on aime,
et qui ne le sert par amour
est tenu de le faire par la crainte.
En inspirant les deux, il gouverne
tout l'empire à sa volonté.
Mais celle qu'on appelle la Mort
n'épargne ni les faibles ni les forts,
mais elle les fait tous périr.
Alexandre dut à son tour mourir,
un mal s'est emparé de lui
dont il ne pouvait pas guérir,
mais avant que la mort l'emportât,
il appela son fils et lui dit :
« Cligès, cher fils, tu ne pourras
savoir combien tu possèdes

De proesce ne de vertu
2564 Se a la cort le roi Artu
Ne te vas esprover einço[i]s
Et as Bretons et as François.
Se aventure la te maine,
2568 Einsint te contien et demaine
Que tu n'i soies coneüz
Jusqu'a tant qu'as plus esleüz
De la cort esprovez te soies.
2572 De ce te lo que tu me croies,
Et se ç'avient, ja poor n'aies
Que a ton oncle ne t'essaies,
Mon seignor Gauvain, ce te pri
2576 Que tu nel metes en oubli. »
Aprés cest amonestement
Ne vesqui gaires longuement.
Soredamors tel duel en ot
2580 Que aprés lui vivre ne pot,
De duel fu morte ensemble o lui.
Alis et Cligés ambedui
En firent duel si come il durent,
2584 Mais de duel faire se recrurent,
Car touz dels covient trespasser.
Toutes choses covient lasser.
Mauvais est dels a maintenir,
2588 Car nus biens n'en puet avenir.
A noient est li dels venuz,
Et l'empereres s'est tenuz
Grant piece aprés de fame prendre,
2592 Qu'a laiauté voloit entendre.
Mais il n'a cort en tot le monde
Qui de mauvés conseil soit monde.
Par le mauvés conseil qu'il croient,
2596 Li baron sovent se desvoient

▶ * 2567. le t'amaine.
** 2573. Et s'an leu viens *(AMP, S, vs BCR, T)*. 2581. Var. AM, S avoeques
(vs B, CR). 2585-2586. *Ces deux vers, donnés par BCRT, manquent dans
ASMP. Ni le sens ni le style ne les imposent (B choisit de varier :* estuet
lasser*), mais l'omission peut s'expliquer par un bourdon sur* dels. *W. Foerster
les a gardés.* 2591. *Leçon de PCRT. Var. AMSB* Lonc tans a.

de vaillance et de mérite
si à la cour du roi Arthur
tu ne vas d'abord te mesurer
avec les Bretons et les Français.
Si d'aventure tu vas là-bas,
comporte-toi et agis en sorte
que tu n'y soies pas reconnu
avant de t'être mesuré
avec l'élite de la cour.
C'est mon conseil, écoute-moi,
et ne crains pas, à l'occasion,
de faire tes preuves avec ton oncle,
monseigneur Gauvain : je te prie
de ne pas oublier ce point. »
Après cette exhortation,
il ne vécut guère plus longtemps.
Soredamor en conçut un tel chagrin
qu'elle ne put pas lui survivre.
Elle mourut de chagrin avec lui.
Alis et Cligès tous les deux
en eurent un réel chagrin,
mais leur chagrin finit par s'épuiser.
Il faut qu'un jour cesse le deuil,
c'est le sort de toutes les choses,
il est malsain de trop garder le deuil,
aucun bien ne peut en advenir.
Le deuil s'est peu à peu réduit,
et l'empereur s'est retenu
longtemps après de prendre femme :
il entendait rester loyal.
Mais il n'existe pas de cour au monde
qui soit exempte de mauvais conseillers.
Pour ajouter foi aux mauvais conseils,
les seigneurs sortent souvent du droit chemin,

Si que laiauté ne meintienent.
A l'empereor sovent vienent   [fo 98 va]
Li plusor, qui conseil li donent.
2600 De fame prendre le semonent,
Si li enortent et engressent,
Et chascun jor tant l'en enpressent
Que par lor grant engresseté
2604 L'ont de sa fiance geté.
Lor voloir lor acreante,
Mais il dit que molt l'estuet gente
Et bele et sage et riche et noble,
2608 Qui dame iert de Costentinoble.
Lors li dient si conseillier
Qu'il se vuelent apareillier,
Si iront en tiesche terre
2612 La fille l'empereor querre.
Cele li loënt qu'il la preigne,
Car l'empereres d'Alemeigne
Est molt riches et molt poissanz,
2616 Et sa fille est tant avenanz
C'onques en la crestienté
N'ot pucele de sa biauté.
L'emperere tout lor otroie,
2620 Et cil se mestent a la voie
Si come genz bien atornees.
Chevauchié ont par lor jornees
Tant que l'empereor troverent
2624 A Reinneborc, si li roverent
Que il sa fille la greignor
Lor livrast a oés lor seignor.
Molt fu liez de cest mandement

▶ * **2600.** sermonent. **2602.** Chascun j. itant l'en engressent. *Corr. d'après M,*
B *(apressent) qui sont les seuls à donner les deux verbes à la rime.* **2604-2605.**
*Intervertis et séparés par le v. 2606 dans C, mais le scribe le signale par
les lettres b et a mises en regard des vers.* **2608.** est. **2613.** De li, *pour* Celi
des manuscrits. Corr. d'après M, car C n'emploie pas la forme celi *(cf. supra
v. 2234).* **2626.** avec *(SBCRT, P). Corr. d'après M qui a seul préservé la
leçon originale (confusion probable* a ues / auec*).*
** **2598.** S. a l'e. v. *(AMSP, vs BCRT).* **2599.** Si home *(AMSP, vs BCRT).*
2607. *L'ordre des adjectifs varie selon le manuscrit. AB et R ont* cointe *au
lieu de* riche *(MP, SC).* **2622.** Et chevauchent par *(ASMP, vs BCR).*

sans plus garder leur loyauté.
Auprès de l'empereur souvent viennent
en nombre ceux qui le conseillent.
Ils le pressent de prendre femme,
ils l'exhortent et ils s'acharnent,
ils le harcèlent tant chaque jour
qu'à force d'acharnement,
ils lui font oublier sa promesse.
Il consent à leur volonté,
à condition qu'elle ait grâce,
beauté, sagesse, richesse et noblesse,
celle qui sera dame de Constantinople.
Ses conseillers alors lui disent
qu'ils veulent se préparer,
ils iront en pays tudesque
quérir la fille de l'empereur.
C'est elle qu'ils lui conseillent de prendre,
car l'empereur d'Allemagne
a grande richesse et puissance,
et sa fille a tant d'agréments
que jamais dans la chrétienté
il n'y eut demoiselle de sa beauté.
L'empereur les approuve en tout,
et ils se mettent en route
en gens de bel équipage.
A cheval ils font leurs étapes
jusqu'à ce qu'ils trouvent l'empereur
à Ratisbonne, où ils le prièrent
de bien vouloir pour leur seigneur
leur accorder sa fille aînée.
Ce message remplit de joie

[fo 98 vb]

2628   L'empereres et liement
        Lor a otroié sa fille,
        Car de neent ne s'i avile
        Ne de rien s'ennor n'apetise.

2632   Mais il dit qu'il l'avoit promise
        Au duc de Sessoigne a doner,
        Si ne l'en porroient mener
        Se l'empereres n'i venoit

2636   Et se grant force n'amenoit,
        Que li dux ne lor poïst faire
        Ennui n'encombrier al repaire.
        Quant le message ont entendu

2640   Que l'empere a respondu,
        Congié prennent, si s'en revont.
        A lor seignor revenu sont,
        Si li ont la response dite.

2644   Et l'empere a gent eslite,
        Chevaliers d'armes esprovez,
        Les meillors que il a trovez,
        Et prent avec lui son neveu

2648   Por cui il avoit fet tel veu
        Que ja n'avroit fame en sa vie,
        Mais ce veu ne tendra il mie
        Se venir puet jusqu'a Coloigne.

2652   A un jor de Grece s'esloigne
        Et vers Alemaigne s'aprouche,
        Que por blame ne por reproche
        Fame a prendre ne lessera,

2656   Mais s'ennors en abaissera.
        Jusqu'a Coloigne ne s'areste,
        Ou l'empere a .I. feste
        D'Alemaigne ot sa cort tenue.

2660   Quant a Coloigne fu venue
        La compeignie des Grezois,
        Tant i ot Grex et tant Tyois
        Qu'il en estut fors de la ville

▶ * **2640.** Quant. **2644.** L'empereres a *(C isolé).* **2648.** Par c. **2652.** En .XX.
jorz *(CR).* Corr. *d'après AS (MB* En un). **2658.** Que.

l'empereur, et il fut heureux
de leur accorder sa fille,
car il n'y a pas mésalliance
et son honneur n'en est pas abaissé.
Mais il dit qu'il avait promis
de la donner au duc de Saxe.
Ils ne pourraient donc l'emmener
à moins que n'y vînt l'empereur
à la tête de grands renforts,
afin que le duc ne pût leur faire
obstacle ou les inquiéter au retour.
Quand les messagers ont entendu
la réponse de l'empereur,
ils prennent congé et reviennent.
Ils sont de retour chez leur seigneur
et lui transmettent la réponse.
L'empereur a choisi parmi ses hommes
des chevaliers qui ont fait leurs preuves,
les meilleurs qu'il a trouvés,
et il prend avec lui son neveu
pour qui il avait fait le vœu
de n'avoir femme de sa vie,
mais il ne tiendra pas sa promesse,
s'il peut venir jusqu'à Cologne.
Le jour venu, il quitte la Grèce
et s'approche de l'Allemagne,
sans craindre blâme ni reproche
et décidé à se marier,
mais son honneur en sera amoindri.
Il va tout droit jusqu'à Cologne
où l'empereur, pour une grande fête
en Allemagne, tenait sa cour.
Quand fut arrivée à Cologne
la troupe des chevaliers grecs,
il y eut tant de Grecs et d'Allemands
qu'il fallut au dehors de la ville

2664 Logier plus de .LX. mile.
　　　Granz fu l'asemblee des genz,
　　　Et molt refu la joie granz
　　　Que li dui empereor firent
2668 Qui molt volentiers s'entrevirent.
　　　El palés qui molt estoit lons
　　　Fu l'asemblee des barons,
　　　Et l'empereres maintenant
2672 Manda sa fille l'avenant.
　　　La pucele ne tarja pas,
　　　El palés vint enelepas,
　　　Et fu si bele et si bien faite
2676 Com Dex meïsmes l'eüst fete,
　　　Cui molt i plot a travaillier
　　　Por fere siecle merveillier.
2678 a [Onques Dex qui la façona
2678 b Parole a home ne dona]
　　　Qui de biauté dire seüst
2680 Tant que ceste plus n'en eüst.
　　　Fenice ot la pucele non,
　　　Et ne fu mie sanz reson,　　　　　　　　[fo 99 ra]
　　　Car si com fenix li oisiaux
2684 Est de touz les autres plus biaux,
　　　N'estre n'en puet que uns ensemble,
　　　Ausint Fenice, ce me semble,
　　　N'ot de biauté nule pareille.
2688 Ce fu miracles et merveille,
　　　C'onques en sa pareille ovrer
　　　Ne pot Nature recovrer.
　　　Por ce que j'en diroie mains,

▶ * *Après* **2678.** *La lacune de deux vers commune à BCT rend inintelligible les deux vers suivants. Ils doivent donc être rétablis dans le texte même, à moins de corriger* Qui en Nus *comme a fait B au v. 2679. Le copiste de R, plus créatif, refait deux nouveaux vers* (Que le monde n'a sens tant delivre / Qui peüst penser ne descrivre). **2685.** c'uns sels e. *(C isolé : réduction de l'hiatus).*

** **2664.** *Var. AS* .XL. m. **2676.** *Leçon de ABC. Autres manuscrits :* l'avoit. *Le subjonctif semble en contradiction avec la suite mais justement, le temps d'une hypothèse, l'hyperbole devient réalité !* **2678.** la gent m. (*M, A, P* gens esm., *S* jant ci m., *vs CRT, B*). **2684.** sor toz autres li p. b. *(S donne le meilleur texte. MPBR de* t. a. li p. b., *A* sor t. les a. p. b.).

en loger plus de soixante mille.
La foule rassemblée était grande,
et grande était aussi la joie
que firent voir les deux empereurs
heureux de se rencontrer.
Dans la grande salle tout en longueur
se tint l'assemblée des seigneurs,
et l'empereur, aussitôt,
fit venir sa fille charmante.
La demoiselle ne tarda pas,
elle vint tout de suite au palais,
et elle était aussi belle et bien faite
que si Dieu lui-même l'eût faite.
Il dut volontiers se consacrer à la tâche
pour en émerveiller le monde.
Jamais Dieu qui la façonna
ne doua de la parole un homme
qui sût si bien décrire la beauté
que celle-ci n'en eût encore davantage.
La jeune fille avait pour nom Fénice,
et ce n'était pas sans raison,
car de même que l'oiseau Phénix
comparé à tous les autres est plus beau,
et qu'il ne peut y en avoir qu'un à la fois,
de même Fénice, comme il me semble,
n'avait pas sa pareille en beauté.
C'était un miracle et une merveille,
jamais Nature ne parvint
à refaire un pareil ouvrage.
Comme ce que j'en dirais serait insuffisant,

2692   Ne chief ne cors, ne braz ne mains,
        Ne vueil par parole descrivre,
        Car se .M. anz avoie a vivre
        Et chascun jor doublast mes sens,
2696   Si perdroie je tout mon tens
        Einçois que le voir en deïsse.
        Bien sai, se m'en entremeïsse,
        Que ce seroit poine gastee.
2700   Tant s'est la pucele hastee
        Que el palés en est venue
        Chief descovert et face nue,
        Et la luors de sa beauté
2704   Rent el palés si grant clarté
        Com feïssent .IIII. escharbocle.
        Devant l'empereor son oncle
        Restoit Cligés desafublez.
2708   Un poi fu li jorz ennublez,
        Mes tant estoient bel andui,
        Entre la pucele et celui,
        C'uns rais de lor biauté issoit
2712   Dont li palais resplendissoit
        Tout ensement com li soleuz
        Raiast molt clers et molt vermeuz.
        Por la biauté Cligés retraire
2716   Vueil une description faire
        Dont molt boens sera li passages.
        En la fleur estoit ses aages,

▶ * **2692.** Ne c. ne col. **2696.** t. le t. **2705.** Com se fussent. *Corr. d'après RT.*
2709. Molt e. b. ambedui *(BCT, vs ASMPR).*
** **2692.** *C'est l'ordre de l'énumération dans MBCRT. Après* **2698,** *BCR
(mais pas T) om.* Et tot mon sens i espuisaisse / Et tote ma paine i gastaisse
(texte de P). Var. M Que... / Et... / Quer ce seroit... **2704-2705.** plus grant c.
/ Ne feïssent *(ASM).* **2707.** Restoit : *leçon commune à MC qui donne plus
de relief à la scène : la jeune fille d'un côté et, de l'autre,* Cligès *(valeur
distributive du préfixe re-).* **2713.** T. autresi *(AMP).* **2714.** *Leçon de BCR (M*
Raie), *mais on peut préférer la version de AP,* Qui nest (naist) *ou de S,*
Reluist au main c. et v. *(Foerster), qu'on retrouve dans le* Chevalier au Lion,
vv. 427-429. Entre Reluist, Raiast *et* Qui naist, *la distance n'est pas grande
paléographiquement.* Rais, *au v.* **2711,** *a-t-il influencé la lecture ? On
s'explique mieux les glissements en partant de AP.* **2717.** *Leçon de CRT. Var.
BM* biax, *S* bien, *mais PA* briés, *adopté par W. Foerster.*

sa tête, son corps, ses bras ni ses mains,
je ne les veux décrire avec mes mots,
car si j'avais mille ans à vivre
et que chaque jour doublât mon talent,
j'épuiserais mon temps en pure perte
avant d'en donner une idée véritable.
Si je voulais m'en mêler, je le sais,
[et que tout mon talent s'y épuisât
et que toute ma peine y fût dépensée,]
j'aurais seulement gaspillé mes efforts.
La jeune fille a mis tant de hâte
qu'elle est arrivée au palais
tête et visage découverts,
et l'éclat de sa beauté
y répand une clarté plus grande
que n'eussent fait quatre escarboucles.
Or, devant l'empereur son oncle,
se tenait Cligès, son manteau ôté.
Le ciel était un peu voilé,
mais ils étaient tous les deux si beaux,
la jeune fille et lui,
qu'un rayon émanait de leur beauté
dont le palais resplendissait
comme si eût irradié
la rouge clarté du soleil.
Pour retracer la beauté de Cligès,
je veux tenter une description
qui fera la valeur de ce passage.
Il était dans la fleur de l'âge,

Car pres avoit .X. et .VII. anz,
2720 Plus biaus estoit et avenanz
      Que Narcisus qui desouz l'orme
      Vit en la fonteinne sa forme,
      Si l'ama tant quant il la vit
2724 Qu'il en fu morz si com en dit   [fo 99 rb]
      Por ce qu'il ne la pot avoir.
      Molt ot biauté et pou savoir,
      Mes Cligés en ot plus grant masse,
2728 Tant com fins ors le coivre passe,
      Et plus que je ne di encor.
      Si chevuel sembloient fin or,
      Et sa face rose novele.
2732 Nés ot bien fet et bouche bele,
      Et fu de si bele estature
      Com meuz le sot former Nature,
      Que en lui mist trestout a .I.
2736 Ce que par parz done a chascun.
      En lui fu Nature si large
      Que trestout mist en .I. charge,
      Si li dona quanque li plot.
2740 Ce fu Cligés, qui en lui ot
      Sen et biauté, largece et force.
      Cist ot le fust o tout l'escorce,
      Cist sot plus d'escremie et d'arc
2744 Que Tristanz li niés le roi Marc,
      Et plus d'oisiaus et plus de chiens.
      En Cligés ne failli nus biens.
      Cligés, si biaus come il estoit,
2748 Devant son oncle en piez estoit,
      Et cil qui ne le conoissoient
      De lui esgarder s'angoissoient,
      Et li autre si se rangoissent

▶ * **2720.** Mes b. *Corr. d'après SMPT.* **2723.** Qu'il a. *(BCT).* **2730.** Li c.
2731. *Après* face, *le copiste a commencé un mot débutant par* s *(à cause de*
sembloient ?), *puis s'est ravisé, sans l'exponctuer.* **2734.** Que. **2743.** *Faut-il*
lire d'art *(comme dans AR)* ? **2744.** T. *(nom abrégé dans C).*

** **2719.** Car pres avoit ja de .XV. ans *(SAMP, vs BC, RT).* **2730.** *Leçon de*
SMBCRT. Var. ANP resanbloient d'or. **2733.** si gente *(NP, vs BCRT).*
2739. *Leçon de CNPT. Var.* ASMBR q. qu'ele pot. **2751.** *Var.* ANM Et aussi
li a. s'angoissent.

car il avait près de quinze ans.
Il avait plus de beauté et d'agrément
que Narcisse, qui sous l'orme
vit dans la source son image
et l'aima tant quand il la vit
qu'il en mourut, à ce qu'on dit,
parce qu'il ne pouvait l'atteindre.
Il avait grande beauté et peu de sagesse,
Cligès en avait beaucoup plus,
tout ainsi que l'or pur passe le cuivre,
et plus encore que je ne dis.
Ses cheveux ressemblaient à de l'or
et son visage à une rose fraîche éclose,
le nez était bien fait, la bouche belle.
Il était de gracieuse stature,
au mieux de ce que savait faire Nature,
car elle avait mis d'un coup en un seul
ce qu'elle distribue en partie aux autres.
Nature se montra si large avec lui
qu'elle rassembla tout en un seul lot
et lui donna tout ce qu'elle avait.
Tel fut Cligès, qui possédait
sagesse et beauté, largesse et force.
Il avait le bois et l'écorce avec.
Il en savait plus en fait d'escrime et à l'arc
que Tristan, le neveu du roi Marc,
et plus encore en fait d'oiseaux et de chiens de chasse.
Aucun bien ne manquait à Cligès.
Cligès, dans toute sa beauté,
se tenait debout devant son oncle.
Ceux qui ne le connaissaient pas
se mettaient en peine de le regarder
comme sont anxieux de le faire

2752 Qui la pucele ne conoissent.
     A merveille l'esgardent tuit,
     Mais Cligés par amor conduit
     Vers lui ses euz covertement
2756 Et ramaine si sagement
     Que a l'aler ne au venir
     Ne le pot l'en por fol tenir.
     Molt deboennerement l'esgarde,
2760 Mais de ce ne se done garde
     Que la damoisele a droit change.
     Par boenne amor, non par losange,
     Ses euz li baille et prent les suens.
2764 Molt li semble cist changes buens,
     Et meldre assez li semblast estre
     S'ele auques seüst de son estre,   [fo 99 va]
     Mais n'en set plus que bel le voit.
2768 Et s'ele rien amer devoit
     Por beauté que ele i veïst,
     N'est droiz qu'aillors son cuer meïst.
     Ses eulz et son cuer i a mis,
2772 Et cil li ra le suen promis.
     Promis ? Mais doné quitement !
     Doné ? Non a, par foi, je ment,
     Car nus son cuer doner ne puet,
2776 Autrement dire le m'estuet.
     Ne dirai pas si com cil dient
     Qui .II. cuers a .I. cors alient,
     Qu'il n'est voirs ne estre ne semble
2780 Que .I. cors ait .II. cuers ensemble ;
     Et s'il pooient assembler,
     Ne porroit il voir resembler.
     Mais s'il vos i plest a entendre,
2784 Bien vos savrai le voir aprendre,
     Coment dui cuer a .I. se tienent
     Sanz ce qu'ansemble ne parviennent.

▶ * 2762. et par eschange. 2766. Se a. *(CT).* 2767. set fors que *(C isolé).*
2778. a .I. cuer.
** 2758. puet *(sauf MPC).* 2761. la pucele a d. li c. *(ANSM, vs PBCRT).*
2769. que en lui v. *(NSB, vs MCR, P).* 2778. Qui en un cors deus cuers a.
(NASMB, vs PCRT). 2780. Qu'en un cors ait *(NASPB, vs MCRT).*

ceux qui ne connaissent pas la jeune fille.
Tous la regardent émerveillés,
mais Cligès, amoureux, dirige
en secret ses regards vers elle
et les ramène si sagement
que, à l'aller ni au retour,
on ne peut l'accuser de manquer de raison.
Très tendrement il la regarde,
mais il ne s'aperçoit pas
qu'elle le lui rend équitablement.
Avec un amour sincère, sans tromperie,
elle lui donne ses yeux et prend les siens.
L'échange lui paraît bien doux
et lui paraîtrait encore meilleur
si elle en savait un peu plus sur lui.
Elle sait seulement qu'elle le voit beau,
et s'il lui fallait aimer un être
pour la beauté qu'elle verrait en lui,
pas de raison qu'elle mît ailleurs son cœur.
Ses yeux et son cœur, elle les a mis en lui,
et lui, en échange, lui a promis le sien.
Promis ? Bien plutôt donné, sans réserve !
Donné ? Non vraiment, c'est mentir,
car nul ne peut donner son cœur.
Il me faut le dire autrement.
Je ne tiendrai pas le langage
de ceux qui en un corps associent deux cœurs,
car il n'est ni vrai ni vraisemblable
qu'en un corps se trouvent deux cœurs ensemble.
Et qu'ils puissent y être réunis
n'aurait aucune vraisemblance.
Mais s'il vous plaît d'y prêter attention,
je saurai vous apprendre en toute vérité
comment deux cœurs peuvent ne faire qu'un
sans être réunis ensemble.

           Sol de tant se tienent a .I.
2788   Que la volentez de chascun
           De l'un a l'autre se trespasse,
           Si vuelent une chose a masse,
           Et por ce [qu']une chose vuelent
2792   I a de tex qui dire suelent
           Que chascuns a les cuers andeus,
           Mais uns cuers n'est pas en .II. leus.
           Bien puet estre li voloirs uns
2796   Et s'a adés son cuers chascuns,
           Ausi com maint home divers
           Puent ou chançonete ou vers
           Chanter a une concordance.
2800   Si vos pruis par ceste semblance
           C'uns cors ne puet .II. cuers avoir
           Por autri volenté savoir,
           Neporec se li autres set
2804   Quanque cil aime et quanqu'il het.
           Ne plus que les voiz qui s'asemblent
           Si que tout une chose semblent,
           Et si ne puent estre a un,
2808   Ne puet cors avoir cuer que .I..
           Mais ci ne m'a mestier demore,
           Q'autre besoigne me cort sore.
           De la pucele et de Cligés
2812   M'estuet parler des ore mes,   [fo 99 vb]
           Et s'orroiz dou duc de Sessoigne
           Qui a envoié a Coloigne
           .I. suen neveu, vallet molt juevre,
2816   Qui a l'empereor descuevre
           Que ses oncles li dux li mande
           Qu'a lui trives ne pés n'atende
           Se sa fille ne li envoie,

▶ * **2794.** nus cors n'est en .II. cuers seus (*!*). *Leçon absurde de CT (cp. PR*
nus cuers... .II. cors). *Corr. d'après AS (cp. B* nus cors n'a a .II. coers leus).
2805. que li feu qui *(CRP). Corr. d'après M, NA* (qui a.). **2807.** Puent toutes
estre a chascun *(CT, cp. PB* P. doi cuer). *Corr. d'après A, NSM* (l'un).
2815. juenvre *(cf. M.K. Pope, § 643).*
** **2791.** *Leçon de MBCRT. Var. ASP* Et por tant c'une *(N manque).* **2803.** Ne
por ce se *(M, B, vs PCR).* **2818.** *Ordre des mots dans SPCR. Var. ANMB* p.
ne t.

Ils ne font qu'un pour autant seulement
que la volonté propre à chacun
vient à passer de l'un à l'autre ;
ils n'ont ensemble qu'un même désir.
Parce qu'ils désirent la même chose,
certains ont coutume de dire
que chacun a le cœur des deux,
mais un cœur n'est pas en deux endroits.
Leur volonté peut n'en faire qu'une,
mais le cœur de chacun lui reste,
de même que des hommes différents
peuvent à plusieurs chanter à l'unisson
une chansonnette ou un couplet.
Par cette comparaison, je vous prouve
qu'un corps ne peut avoir deux cœurs,
quand même saurait-on ce que veut l'autre,
et l'autre aussi bien saurait-il
tout ce qu'aime ou déteste le premier.
Non plus que les voix qui s'unissent
au point de paraître n'en former qu'une
ne peuvent être le fait d'un seul,
il ne se peut qu'un corps ait plus d'un cœur.
Mais je n'ai pas lieu de m'attarder davantage,
car une autre tâche me presse.
Il me faut maintenant parler
de la jeune fille et de Cligès.
Vous entendrez conter du duc de Saxe
qui a envoyé à Cologne
un de ses neveux, un tout jeune homme,
lequel déclare à l'empereur
que son oncle le duc lui mande
de n'attendre de lui trêve ni paix
s'il ne lui envoie pas sa fille.

2820 Ne cil ne se fit en la voie
Qui avec lui mener l'en cuide,
Qu'il ne la trovera pas vuide,
Einz li ert molt bien deffendue
2824 Se cele ne li est rendue.
Bien fist li vallez son message,
Tout sanz orgueil et sanz outrage,
Mais ne trueve respondeor
2828 Ne chevalier n'empereor.
Quant il vit que tuit se taisoient
Et que par orgueil le fesoient,
De cort se part par deffiance,
2832 Mais jovenetez et enfance
Li firent Cligés aatir
De bohorder au departir.
Por bohorder es chevaux montent,
2836 D'an .II. parz a .III.C. se content,
Si furent par igal de nombre.
Touz li palais vuide et descombre
Que n'i remest ne cil ne cele,
2840 Ne chevaliers ne damoisele
Que tuit n'aillent monter as estres,
Aus batailles et as fenestres,
Por veoir et por esgarder
2844 Cels qui devoient bohorder.
Nes la pucele i est montee,
Cele qui d'amors est dontee
Et a sa volenté conquise.
2848 A .I. fenestre est asise
Ou molt se delite a seoir,
Por ce que d'ilec puet veoir
Celui qui son cuer a repost,
2852 Ne n'a talent qu'ele l'en ost,
Car ja n'amera se lui non.
Mais ne set coment il a non
Ne qui il est ne de quel gent,
2856 N'a demander ne li est gent,

▸ * **2820.** fist *(BCR)*. **2831.** sanz d. *(C isolé)*.
** **2830.** par desdaing *(ASMP, vs BCRT)*.

Et qu'il se méfie du retour,
celui qui pense l'emmener avec lui !
car il ne trouvera pas la voie libre,
mais bien défendue contre lui,
si elle ne lui est pas rendue.
Le jeune homme a bien fait son message
sans arrogance ni insolence,
mais il ne trouve ni chevalier
ni empereur qui lui réponde.
Quand il a vu que tous se taisaient
et qu'ils le faisaient par dédain,
il quitte la cour d'un air de défi,
mais l'irréflexion de la jeunesse
le poussa, au moment de partir,
à provoquer Cligès au combat.
Ils montent à cheval pour combattre,
tandis qu'ils sont trois cents à se compter
de part et d'autre, en nombre égal.
La grande salle se vide entièrement,
il n'est personne qui y reste,
ni chevalier ni demoiselle,
mais tous montent aux galeries,
aux créneaux et aux fenêtres,
afin de regarder à leur aise
ceux qui devaient jouter.
La jeune fille aussi y est montée,
celle que l'amour a domptée
et soumise à sa volonté.
Elle est assise à une fenêtre
où elle a plaisir à s'installer
parce que de là, elle peut voir
celui qui a volé son cœur.
Loin d'elle l'envie de le lui reprendre,
car elle n'aimera jamais que lui,
mais elle ne sait quel est son nom,
qui il est, de quelle famille,
et il ne convient pas qu'elle le demande.

Si li est tart qu'ele dire oie
Tel chose dont ses cuers s'esjoie.   [fo 100 ra]
Par la fenestre esgarde fors
2860 Les escuz ou reluist li ors
Et cels qui a lor cols les portent
Qui au bohorder se deportent,
Mais son penser et son esgart
2864 A trestout mis a une part,
Qu'a nule autre rien n'est pensive.
A Cligés esgarder estrive,
Sel suit as euz quel part qu'il aille,
2868 Et cil por lui se retravaille
De bohorder apertement,
Por ce qu'ele oie solement
Dire qu'il est preuz et adroit,
2872 Que toutes voies sera droiz
Qu'ele le prist por sa proesce.
Vers le neveu le duc s'adresce
Qui molt aloit lances brisant
2876 Et les Grezois desconfisant,
Mais Cligés, qui forment anuie,
Es estriers s'afiche et apuie,
Sel vait ferir touz eslessiez
2880 Si que maugré suen a lessiez
Les arçons de la sele vuiz.
Au relever fu granz li bruiz,
Li vallez relieve, si monte,
2884 Qui bien cuide venchier sa honte,
Mais tex cuide, se il li loist,
Venchier sa honte qui l'acroist.
Li vallez vers Cligés s'eslaisse,
2888 Et cil vers lui sa lance baisse,
Sil vet si roidement requerre

▶ * 2866. C. regarde et e. 2868. Et cil qui por lui (= por li) se travaille *(CR, BT)*. Corr. d'après *ANSMP*. 2878. apoie. 2880. Si q. il avoit touz l.

** 2857. Si li tarde que dire en o. *(NMP)*. *Var. B* Mais tart li est que d. en o. 2858. Chose de quoi *(NASM, vs PBCRT)*. 2868. por li. 2871. *Leçon de MBCRT. Var. ANSP* Que il est p. et bien a. 2873. le lot *(NAMP)*. 2877. cui. 2884. *Leçon de MBCRT. Var. ASP* Et cuide bien.

Mais il lui tarde d'apprendre
chose qui mette son cœur en joie.
Par la fenêtre elle regarde au-dehors
les écus où resplendit l'or
et ceux qui les portent à leur cou,
et qui se divertissent à combattre,
mais ses pensées et ses regards
se concentrent tous en un seul endroit,
et elle ne pense à rien d'autre.
Elle s'évertue à regarder Cligès,
où qu'il aille, elle le suit des yeux,
et lui s'emploie au mieux pour elle
sous les yeux de tous à combattre,
afin seulement qu'elle entende dire
qu'il est vaillant et adroit aux armes.
Il sera juste en tout cas
qu'elle le loue pour sa prouesse.
Il se dirige vers le neveu du duc
qui brisait lance sur lance,
mettant en déroute les Grecs.
Mais Cligès, qui s'en irrite,
s'arc-boute, prend appui sur les étriers
et vient d'un tel élan le frapper
que l'autre doit malgré lui
vider les arçons de sa selle.
Quand il se releva, il y eut grand bruit.
Le jeune homme se relève, il monte en selle
et pense bien venger sa honte,
mais tel pense avoir l'occasion
de venger sa honte qui l'accroît.
Le jeune homme s'élance vers Cligès,
lequel baisse sa lance contre lui
et va si violemment l'attaquer

Que des arçons le porte a terre.
Or a cil sa honte doublee,
2892 S'en est toute ses genz troblee,
Car bien voient que par honor
Ne puent meintenir l'estor,
Car d'els n'i a .I. si vaillant,
2896 Se Cligés le vient ateignant,
Qu'es arçons devant lui remeingne.
S'en sont molt lié cil d'Alemeigne
Et cil de Grece quant il voient
2900 Que li leur les Saines convoient
Qui s'en vont come desconfit.   [fo 100 rb]
Et cil les chacent par afit
Tant qu'a une eve les ateignent,
2904 S'en i plungent assez et baignent.
Cligés el plus parfont dou gué
A le neveu le duc versé,
Et tant des aut[r]es avec lui
2908 Qu'a lor honte et a lor ennui
S'en vont fuiant, pensif et morne.
Et Cligés a joie retorne
Qui d'an .II. parz le pris en porte,
2912 Et vint tout droit a .I. porte
Qui estoit devers .I. estage
Ou cele estoit, qui le paage
Au passer de la porte prent
2916 D'un douz regart, et cil li rent.
Des euz se sont entre encontré,
Einsint a li uns l'autre outré.
Mais n'i a Tyois n'Alemant
2920 Qui sache parler solement
Qui ne die : « Dex, qui est cist
En cui si grant biautez florist ?

▶ * 2901. vunt (*mais* vont *au v.* 2909). 2922. bonté (*C isolé*).
** 2890. de rechief (*AM seuls. Cf. S* dou cheval). 2894. *Leçon de MCRT.
Var. PB, S* partiront mais de. 2895. nul si v. (*ASPB, vs MCR*). 2904. Assez
en i p. (*vs CR, BT*). 2909. *Leçon de PBCRT, Var. AMS* dolant et m. 2911. de
.II. p. (*sauf CR, P* des). 2913. veisine a l'e. (*sauf CR, T, B*). 2914. *Leçon de
CR. Manuscrits* passage. 2915. *Leçon de BCRT. Var. ASMP* A l'entrer.
2917. Que (*Car*) des ialz se s. ancontré (*ASM, vs C, PRT*).

qu'il le porte de nouveau à terre.
Sa honte en est redoublée,
ses hommes en sont décontenancés
et comprennent que dans ce combat,
il n'y a pour eux d'issue honorable,
car aucun d'entre eux n'a la force
de tenir bon sur ses arçons
si Cligès vient à l'attaquer.
Ceux d'Allemagne s'en félicitent
et ceux de Grèce aussi en voyant
comment les leurs tiennent compagnie aux Saxons
qui s'enfuient en pleine déroute.
Ils les poursuivent en les moquant
et les atteignent pour finir à un cours d'eau
où ils en font plonger et baigner bon nombre.
Au plus profond du gué, Cligès
a renversé le neveu du duc
et tant d'autres avec lui
qu'à leur honte et désagrément,
ils fuient, mornes et abattus.
Cligès revient joyeusement,
en ayant des deux côtés remporté le prix.
Il est venu tout droit à une porte
à proximité du lieu
où se tenait celle qui, à l'entrée,
perçoit le droit de passage
d'un doux regard que lui-même lui rend,
car leurs yeux se sont rencontrés.
Ainsi chacun a vaincu l'autre.
Mais il n'est un seul Allemand
en âge de parler
qui ne s'écrie : « Dieu, qui est ce jeune homme
en qui fleurit tant de beauté ? »

Dex, dont li est si tost venu
2924 Que si grant pris a retenu ? »
Einsint demande cist et cil :
« Qui est cist enfes, qui est il ? »
Tant que par toute la cité
2928 En sevent ja la verité
Et le suen non et le son pere
Et le covent que l'emperere
Li avoit fet et otroié.
2932 S'est ja tant dit et poploié
Que nes icele dire l'ot
Qui desor touz grant joie en ot,
Por ce c'or ne puet el mie
2936 Dire qu'Amors l'ait escharnie
Ne de rien ne se puet clamer,
Que le plus bel li fet amer,
Le plus gentil et le plus preu
2940 Que l'en puisse trover nul leu.
Mais par force avoir li estuet
Celui qui plere ne li puet,
S'en est angoisseuse et destroite,
2944 Car de celi qu'ele covoite   [fo 100 va]
Ne se set a cui conseillier
S'en penser non et en veillier,
Et cez .II. choses si l'ataignent,
2948 Qui la descolorent et teignent,
Si que l'en voit tout en apert
A la coulor que ele pert
Qu'el n'a mie quanqu'ele velt,
2952 Car mains geue qu'ele ne seut
Et meins rit et meins s'esbenoie,
Mes bien le ceile et bien le noie
Se nus li demande qu'ele a.
2956 Sa mestre avoit non Thessala

▶ * **2944.** celi *(CR), pour* celui. Cf. note au v. 2234. **2946.** et esveillier *corr.
d'après SBR).* **2954.** cesle.
** **2934.** *Leçon de MPCRT. Var. A, SB* an son cuer. **2939.** Le plus cortois
(ASMP, vs BCR). **2940.** poïst *(sauf BCR).* **2946.** S'a p. n. et a v. *(AM, P* Fors
a p. et). **2948.** *Leçon de MBCR. Var. AS* Que *(P* Qui) molt la palissent.
2951. *Var. AP* ce qu'e.

D'où vient que si précocement,
il a acquis gloire si grande ? »
Tel demande et tel autre encore :
« Qui est cet enfant, qui est-il ? »
tant et si bien que par toute la ville,
on sait bientôt la vérité,
son nom et celui de son père,
et la promesse que l'empereur
avait consenti à lui faire.
La rumeur s'est faite publique
et parvient aux oreilles de celle
qui en eut plus de joie que tous,
puisqu'elle sait bien maintenant
qu'Amour ne s'est pas moqué d'elle
et qu'elle n'a nulle raison de se plaindre
quand il lui fait aimer le plus beau,
le plus courtois et le plus digne
que l'on puisse trouver au monde.
Mais elle est contrainte de prendre
un homme qui ne peut lui plaire,
elle en éprouve angoisse et détresse,
car, au sujet de celui qu'elle désire,
elle ne sait à qui se confier,
sinon à ses pensées et à ses veilles,
et les unes et les autres l'assaillent
et lui ôtent toutes ses couleurs,
montrant ainsi à l'évidence,
à la couleur qu'elle a perdue,
qu'elle n'a rien de ce qu'elle veut.
Elle joue moins que de coutume,
elle rit moins, se distrait moins,
mais elle s'en cache ou bien le nie
si quelqu'un lui demande ce qu'elle a.
Sa gouvernante se nommait Thessala,

Qui l'avoit norrie d'enfance,
Si savoit molt de nigromance.
Por c'estoit Thessala clamee
2960 Qu'ele fu de Thessaile nee,
Ou sont faites les deablies,
Enseigniees et establies,
Car charaies et charmes font
2964 Les fames qui dou païs sont.
Thessala voit tainte et palie
Cele qu'Amors a en baillie,
Si l'a a conseil aresniee :
2968 « Dex ! fet ele, estes vos feniee,
Ma douce damoisele chiere,
Qui si avez teinte la chiere ?
Molt me merveil que vos avez.
2972 Dites le moi, se vos savez,
En quel leu li mals vos tient plus,
Car se garir vos en puet nus,
A moi vos en poez atendre,
2976 Car bien vos savrai santé rendre.
Je sai bien garir [d']ydropique,
Si sai garir de l'artetique,
De quinancie et de cuerpos.
2980 Tant sai d'orine et tant de pos
Que ja mar querrez autre mire,
Et sai, se je l'osoie dire,
D'enchantement et de charaies,
2984 Bien esprovees et veraies,
Plus c'onques Medea n'en sot.
Onques mais ne vos en dis mot,
Si vos ai des que ci norrie,   [fo 100 vb]

▶ * **2959.** Por ce e. *(CR, +1. Corr. d'après T).* **2961.** Ou l'en seut fere *(C, T* set). **2962.** Lonc tans a qui sunt e. *leçon isolée, refaite dans C).* T I ensainez. *Les vv. 2961-2962 manquent dans R. Corr. d'après ASM, en suivant l'usage orthographique de C.* **2977.** d' *manque dans BCR.* **2978.** la retique. *Corr. d'après MB,* A. **2979.** De quinatique et de carpos. *Corr. d'après AM.* **2983.** charoies.
** **2959.** Por ce fu *(sauf CRT).* **2968.** fesniee (< fascinata) : *l'auteur joue discrètement avec le nom de Fenice.* **2972.** *Var. AM* qui le s. **2973.** cist m. *(ASMP, vs BCRT).* **2974.** doit *(sauf MCR).*

qui l'avait élevée depuis l'enfance.
Elle était experte en magie,
et on l'appelait Thessala
parce qu'elle était née en Thessalie
où les maléfices sont pratiqués,
enseignés et bien établis,
car les femmes de ce pays
jettent des sorts et exercent des charmes.
Thessala voit blêmir et pâlir
celle qu'Amour tient en sa puissance,
et en secret l'a interrogée :
« Dieu, souffrez-vous d'un maléfice,
ma chère et douce demoiselle,
pour avoir le visage si blême ?
Je me demande bien ce que vous avez.
Dites-moi, si vous le savez,
où le mal est le plus sensible,
car si quelqu'un doit vous guérir,
vous pouvez compter sur moi,
je saurai bien vous rendre la santé.
Je sais guérir l'hydropisie
et je sais bien soigner l'arthrite,
l'esquinancie, la pleurésie.
J'en sais tant en fait d'urine et de pouls
qu'à tort vous prendriez un autre médecin,
et, osons le dire, je m'y connais
en enchantements et en charmes
bien éprouvés et authentiques
plus que n'en sut jamais Médée.
Je ne vous en ai jamais dit mot
tout en vous élevant jusqu'à présent,

2988 Mes ne vos refusez vos mie,
Car ja rien ne vos en deïsse
Se certeinement ne veïsse
Que tex mals vos a envaïe
2992 Que grant mestier avez d'aïe.
Damoisele, vostre malage
Me dites, si feroiz que sage,
Einçois que il plus vos sorpreigne.
2996 Por ce que de vos garde preigne
M'a o vos l'empereres mise,
Et je m'en sui si entremise
Que molt vos ai gardee seine.
3000 Or avrai perdue ma peine
Se de cest mal ne vos respas.
Gardez ne me celez vos pas
Se ce est mals ou autre chose. »
3004 La pucele apertement n'ose
Descovrir sa volenté toute,
Por ce que forment se redoute
Qu'ele ne li blasme et deslot.
3008 Et por ce qu'ele entent et ot
Que molt se vante et molt se prise
Que d'enchantement est aprise,
De charaies et de poisons,
3012 Li dira quex est l'achesons
Por coi a pale et teint le vis.
Mais einz li avra covent mis
Qu'ele touz jorz le celera,
3016 Ne ja ne li desloera.
« Maistre, fet ele, sanz mentir,
Nul mal ne cuidoie sentir,
Mais je le cuiderai par tens.
3020 Ce solement que je i pens

▶ * **2988.** *On lit plutôt* ne vos r. nos, *mais T* ce ne r. vos. **2990.** Se je certement. **3012.** Or d. **3013.** Por coi ele a *(CR)* p. le vis *(R +1,* p. et t.). **3015.** la c. *Corr. d'après PRT.* **3018.** Ne c. nul m. *(C isolé).* **3019.** jel recuideré *(cf. T* rechevrai, *R* comparai).

** **2988.** ne m'an encusez vos *(ASMP, R).* **2992.** Que m. avez de m'aïe *(ASMP, vs BCRT).* **3015.** l'en *(AS, vs PRT* le).

mais ne me le reprochez pas,
car je ne vous aurais rien dit
si je n'avais à l'évidence vu
que vous êtes assaillie d'un tel mal
que vous avez besoin d'une aide.
Ma demoiselle, votre mal,
confiez-le moi, ce sera plus sage,
avant qu'il ne se soit plus emparé de vous.
L'empereur m'a placée auprès de vous
pour que je prenne soin de vous,
et je m'en suis si bien chargée
que j'ai su vous garder en santé.
Vraiment, j'aurai perdu ma peine
si je ne vous guéris pas de ce mal.
Veillez à ne pas me cacher
si c'est un mal ou autre chose. »
La jeune fille n'ose ouvertement
dévoiler le fond de son cœur,
si forte est en effet sa crainte
d'encourir blâmes et reproches.
Mais puisqu'elle l'entend si nettement
se vanter avec autant de force
d'être experte en enchantements,
en sortilèges et en philtres,
elle lui dira la raison
pour laquelle elle a perdu ses couleurs.
Mais elle y met d'abord la condition
qu'elle lui en gardera à jamais le secret
sans chercher à l'en détourner.
« Maîtresse, fait-elle, sans mentir,
je croyais ne sentir aucun mal,
mais bientôt je ne le croirai plus.
Le fait seulement d'y penser

Me fet poor et si m'esmaie.
Mais coment set qui ne l'essaie
Que puet estre ne mals ne biens?
3024 De touz mals est divers li miens,
Car se voir dire vos en vueil,
Molt m'embelist et molt m'en dueil.
Si me delit en ma mesese,
3028 Et se mals puet estre qui plese,
Mes anuiz est ma volentez
Et ma doulors est ma santez,   [fo 101 ra]
Ne ne sai de coi je me pleigne,
3032 Car riens ne sai dont mals me vieigne
Se de ma volenté ne vient.
Mes voloirs est mals, se devient,
Mes tant ai d'ese en mon voloir
3036 Que doucement me fait doloir,
Et tant de joie en mon anui
Que doucement malades sui.
Thessala, mestre, car me dites,
3040 Cist mals, don n'est il ypocrites,
Qui douz me semble et si m'angoisse?
Ne sai coment je le conoisse,
Se c'est enfermetez ou non.
3044 Maistre, car me dites le non
Et la maniere et la nature,
Mais sachiez bien que je n'ai cure
Dou guerir en nule maniere,
3048 Car j'en ai l'angoisse molt chiere. »
Thessala, qui molt estoit sage
D'amor et de tout son usage,
Set et entent par sa parole
3052 Que d'amor est ce qui l'afole.
Por ce que douz l'apele et claime

▶ * **3032.** tiegne. **3036.** solement. *Corr. d'après ANPBR.* **3040.** ydropiques.
Faute commune à SMCT, PB (ydropites). *Corr. d'après ANR.* **3041.** et molt
(*C isolé*).
** **3021.** Me fet grant mal (*ASMP, vs BCRT*). **3026.** m'abelist (*vs MCR*) et
si m'en d. (*AMPB, vs SCR*). **3032.** rien ne sant *ANMB, vs SPC. R.*) **3042.** Ne
ne sai c. je c. (*NSM*). **3048.** *Leçon de PBCRT, MS* (m. en ai l'a.). *Var. AN*
je ai m. la dolor.

me cause souffrance et frayeur.
Mais comment savoir avant l'épreuve
ce qu'il en est du bien ou du mal ?
De tous les maux, le mien diffère,
car, pour dire la vérité,
il fait ma joie et pourtant mon chagrin,
mon malaise fait mes délices,
et s'il existe un mal auquel on prend plaisir,
mon tourment fait tout mon désir,
dans ma douleur est ma santé,
et je ne sais de quoi je me plaindrais,
car je ne connais à mon mal d'autre origine
que mes propres désirs.
Mon désir fait mon mal, peut-être,
mais je me sens si bien en ce désir
qu'elle en est douce, la souffrance,
et je sens tant de joie en mon tourment
que douce en est la maladie.
Thessala, dites-moi donc, ma maîtresse,
ce mal, n'est-il pas hypocrite,
qui me semble doux et m'étreint d'angoisse ?
Je ne sais comment reconnaître
si c'est une maladie ou non.
Maîtresse, dites-m'en le nom,
le caractère et la nature,
mais sachez que je n'ai aucun souci
d'en guérir de quelque manière,
car je chéris un tel supplice. »
Thessala était bien au fait
de l'amour et de ses pratiques.
Elle comprend à ces paroles
que l'amour est ce qui la tue.
Puisqu'à l'entendre, la chose est douce,

Est certeine chose qu'ele aime,
Car tuit autre mal sont amer
3056 Fors solement celui d'amer,
Mais cist seus torne s'amertume
En douçor et en soatume,
Et sovent retorne a contraire.
3060 Cele qui bien sot tout l'afaire
Li respont : « Or ne doutez rien.
De vostre mal vos dirai bien
La nature et le non ensemble.
3064 Vos m'avez dit, si com moi semble,
Que la doulors que vos sentez
Vos semble estre joie et santez :
De tel nature est mals d'amors
3068 Que molt i a joie et douçors.
Donc amez vos, ice vos pruis,
Car douçor en nul mal ne truis
S'en amor non tant solement.
3072 Tout autre mal comunalment
Sont touz jorz felon et orrible,   [fo 101 rb]
Mais amors est douce et paisible.
Vos amez, toute en sui certeine.
3076 Ne vos en tieig pas a vileine,
Mais ce tendrai a vilenie
Se par enfance ou par folie
Vostre corage me celez.
3080 – Maistre, de neent m'apelez,
Qu'ainz serai certeine et seüre
Que ja vos, par nule aventure,
N'en parleroiz a rien vivant.
3084 – Damoisele, certes li vent
En parleront einçois que gié

▶ * 3065. douçors. 3078. et par envie (C isolé). 3083. p. por nule rien. Corr.
d'après AMB. 3084-3085. D. je vos di bien / Einz le diront li vent que gié
(leçons isolées).
** 3057. Leçon de PBRT (cil), C. Var. NASM cil retorne. 3060. Leçon de
PR (set), BCT. Var. NAS, M Mais cele qui b. s. l'a. 3061. Var. NASM Ja ne
d. 3068. Qui vient de j. et de d. (NB, M moet, A Qu'il, vs CR). Var. SP Que
(Car) il i a j. et dolors (T dolour et doçor). 3080. Var. AS Dame voir de n.
parlez, PB M. por n. en parlés. La leçon de CR est ici meilleure, mais il n'est
pas sûr qu'elle remonte à l'original (cf. T m'aparlez).

elle aime, l'affaire est certaine,
car tous les autres maux sont amers
à l'exception du mal d'aimer.
Lui seul change son amertume
en douceur et en suavité,
et puis produit l'effet contraire.
Celle qui en était instruite
lui répond : « Ne craignez donc rien.
De votre mal, je vais vous dire
tout à la fois le nom et la nature.
Vous m'avez dit, si j'ai compris,
que la souffrance ressentie
vous semble être joie et santé :
c'est la nature du mal d'amour
qui naît de la joie et de la douceur.
Vous aimez donc, et je le prouve,
car je ne trouve de douceur en aucun mal,
sinon seulement en amour.
Les autres maux sans exception
sont toujours cruels et horribles,
mais l'amour est chose douce et tranquille.
Vous aimez, j'en suis certaine.
Je ne vois là rien qui soit indigne,
mais il serait indigne de vous
de me cacher vos sentiments
de façon puérile ou sotte.
– Maîtresse, votre appel reste vain,
si je ne suis d'abord vraiment certaine
que jamais, quoi qu'il arrive,
vous n'en parlerez à âme qui vive.
– Ma demoiselle, en vérité les vents
en parleront plutôt que moi,

Se vos ne m'en donez congié,
Et sor ce vos fiancerai
3088 Que je vos en avancerai
Si que certeinement savroiz
Que par moi vostre joie avroiz.
– Maitre, dont m'avez vos garie !
3092 Mais l'emperere me marie,
Dont molt sui irie et dolente,
Por ce que cil qui m'atalente
Est niés celui que prendre doi.
3096 Et se cil a joie de moi,
Donques ai ge l'amor perdue
Que n'i ai mes nule atendue,
Einz vodraie estre desmembree
3100 Que de nos .II. fust remembree
L'amor d'Iseut et de Tristen,
Dont tantes folies dist l'en
Que hontes m'est a raconter.
3104 Je ne me porroie acorder
A la vie qu'Ysez mena.
Amors en lui trop vilena,
Car li cors fu a dos rentiers   *le mari*
3108 Et li cuers iere a un entiers.
Ensi tote sa vie usa
C'onques les dos ne refusa.
Ceste amors ne fu pas raisnable,
3112 Mais la moie est si veritable
Que de mon cors ne de mon cuer
N'iert partie faite a nul fuer.
Ja voir mes cors n'iert garçoniers,   *letch*

▶ * **3100.** racontee *(CR)*. **3105-3115.** *Selon Cl. Luttrell et S. Gregory, à la suite de W. Foerster, ces onze vers sont d'une autre main (manque par exemple le point en fin de chaque vers, d'usage chez le premier copiste). Ce que conteste A. Micha. La différence est cependant visible sur les vers 3105-3108 avec une légère inclinaison des lettres (noter aussi l'orthographe d'Ysez).* **3105.** que Y. *(CR, +1)*. **3106.** en lui = en li. **3112.** Mas. **3115.** *Voir* ja *(CR)* vergoingniez *(R* vergonders).
** **3087.** *Var. MS* Et sanz ce. **3091.** m'avriez g. *(AN, T, S, vs MPBCR)*. **3093.** *Var. AN* D. ge sui. **3097.** la moie p. *(ANMB, S* ma joie, *vs PT, C, R* ma jor). **3099.** Miauz *(ANSP, vs BRT, C)*. **3102.** dit. **3107-3108.** *Intervertis dans AN, A(S), ses cuers... / Et ses cors (B ses cors... / Et li cuers)*. **3108.** fu *(ASP, vs C, BR)*. **3112.** *Leçon de PBCRT. Var. AN, S* iert toz jorz estable.

si vous ne m'y autorisez,
et, de surcroît, je vous promets
de faire progresser les choses
au point que vous serez certaine
d'obtenir grâce à moi votre bonheur.
– Maîtresse, vous m'auriez alors guérie !
Mais c'est l'empereur qui m'épouse,
et j'en suis toute contrariée,
parce que celui qui me plaît
est le neveu de celui que j'aurai.
Si ce dernier trouve en moi sa joie,
c'est alors la mienne que je perds
sans qu'il me reste aucun espoir.
J'aimerais mieux qu'on me démembre
plutôt que lui et moi fassions revivre
l'amour d'Yseut et de Tristan
dont on raconte les multiples folies,
qu'il m'est honteux de redire.
Je ne pourrais pas me résoudre
à la vie que mena Yseut.
L'amour en elle fut trop avili,
car son corps versait une rente aux deux,
quand son cœur était entièrement à un seul.
Ainsi passa-t-elle toute sa vie
sans se refuser à aucun des deux.
Cet amour manquait à la raison,
mais le mien est si véritable
que mon corps non plus que mon cœur
ne seront à aucun prix partagés.
Jamais mon corps ne se prostituera,

3116 Ja n'i avra .II. parçoniers.
Qui a le cuer, cil ait le cors.
Touz les autres en met defors.
Mais ce ne repuis je savoir
3120 Coment puisse le cors avoir
Cil a qui li cuers s'abandone,
Quant mes peres autrui me done,
Ne je ne li os contredire.
3124 Et quant il iert de mon cors sire,
S'il en fait rien que je ne vueille,
N'est pas droiz qu'un autre i acueille,
Ne cil ne puet fame espouser
3128 Sanz sa fiance trespasser,
Einz avra, s'en ne li fet tort,
Cligés l'empire aprés sa mort.
Mais se vos tant saviez d'art
3132 Que ja cil n'eüst en moi part
Cui je sui donee et plevie,
Molt m'avriez en gré servie.
Maistre, car i metez entente
3136 Que cil sa fiance ne mente
Qui au pere Cligés plevi,
Si com il meïsme eschevi,
Que ja n'avroit fame espousee.
3140 Sa fiance sera fausee,
Car adés m'esposera il,
Mais je n'ai pas Cligés si vil
Qu'ainz ne volsisse estre enterree
3144 Que par moi perde une denree
De l'ennor qui soë doit estre.
Ja de moi ne puisse enfes nestre
Par coi il soit deseritez.
3148 Mestre, or vos en entremetez,

▶ * 3117. Qui ait. 3122. mon pere a autre (*C, RT* peres +*1*). 3126. que autre
(*corr. d'après NAP*). 3127-3128. *Intervertis.* 3127. Ne puet pas cil. 3129. Einz
l'avra. 3137. Que. 3138. meuz li e. *Faute commune à PBCRT. Corr. d'après
A (N m'aimme et e. ! M manque).* 3139. avra.
** 3117. *Var. SPB* si ait (*N* si a, *AR* cil a, *M manque*). 3119. ne puis je pas
ANS, vs BCR. 3125. chose que ne v. (*ANS, vs PBCRT*). 3132. cil en moi
n'e. *(sauf PCR).* 3140. *Leçon de CR* (*P* passee, *B* en a ja f.). *Var. A(N)* en
iert reüsse. 3144. Que ja par moi p. d. (*A, S*).

ils ne seront pas deux à se le partager :
qui a le cœur, qu'il ait aussi le corps !
Tous les autres, je les exclus.
Mais je n'arrive pas à savoir
comment le corps pourrait avoir
celui auquel mon cœur se donne,
si mon père me livre à un autre,
et que je n'ose lui dire non.
Quand il aura tout pouvoir sur mon corps,
si, malgré moi, il en fait usage,
je n'ai pas le droit d'en accueillir un autre.
Mais il ne peut non plus se marier
sans manquer à la parole donnée.
Après sa mort, c'est à Cligès,
si on ne lui fait du tort, qu'échoit l'empire.
Si vous saviez un artifice
pour qu'il n'eût jamais rien de moi,
celui auquel je suis promise et donnée,
vous m'auriez rendu un grand service.
Maîtresse, soyez attentive
à ce que ne soit pas trahie la parole
de celui qui jura au père de Cligès,
dans les termes que celui-ci lui précisa,
qu'il ne se marierait jamais.
Il aura manqué de parole,
car il m'épousera bientôt,
mais j'estime bien trop Cligès
pour ne pas souhaiter qu'on m'enterre
plutôt qu'il ne perde à cause de moi
la moindre parcelle de ce qui lui revient.
Puissé-je ne jamais mettre au monde d'enfant
par qui il soit déshérité !
Maîtresse, à vous de faire ce qu'il faut

Por ce qu'a touz jorz vostre soie. »
Lors li dist sa maistre et otroie
Que tant fera conjuremenz
3152 Et posons et enchantemenz
Que ja de cel empereor
Mar avra doute ne poor,
Des qu'il avra beü d'un boivre,
3156 Que cele li donra a boivre,
Et si gerront ensemble andui,
Mais ja n'iert sole avec lui
Qu'ausint ne puist estre a seür
3160 Com s'entr'eus .II. eüst .I. mur.   [fo 101 vb]
Mais de seul tant ne li anuit
Se par songe a lui se deduit,
Car quant il dormira forment,
3164 De lui avra joie en dormant,
Et cuidera tout entresait
Que en veillant sa joie en ait,
Ne ja rien n'en tendra a songe
3168 N'a fauseté ne a mençonge.
Einsint de lui se deduira
Qu'an dormant veillier cuidera.
La pucele aime et loe et prise
3172 Ceste bonté et cest servise.
En boenne esperance la met
Sa mestre qui ce li promet,
Et si li fiance a tenir,
3176 Car par ce cuidera venir
A sa joie, que qu'il li tart,
Car ja n'iert tant de male part
Cligés, s'il set que ele l'aint

▶ * 3154. N'avra ne d. *Corr. d'après PR, T* (*B* crieme). 3161. Mais del soutant. *Corr. d'après R* (*T*). 3168. ne au m. 3176. por ce.
** 3150. dit. 3154. Mar avra garde (*ANS, M, vs PBCRT*). 3155-3156.*Om. ANSM* (*vs PBCRT*). 3160. *Leçon de NBCR. Var. AMSP* avoit. 3162. *Leçon de M(P)BCRT. Var. AN* Qu'il a par s. son d. 3164. *Var. AN* j. a talant (*N* Avra de vos). 3168. *Var. AN* (*A* losange ne m., *SP* fantosme). 3169. *Var. AN* E. toz jorz de lui sera. *Mais P* de vos (*S* a vous) se d., *et M comme CBRT.* 3170. *Var. AN* joer. *Cette variante met en résonance jeux et joie d'amour mais le v. 3282 infra confirme la leçon de* C.

et je serai vôtre à jamais ! »
Sa nourrice y consent et dit
qu'elle fera tant d'incantations,
de breuvages et d'enchantements
qu'au sujet de cet empereur,
elle pourra chasser toute crainte
sitôt qu'il aura bu d'un philtre
qu'elle lui donnera à boire.
Ils pourront tous les deux être couchés ensemble
sans que, même seule avec lui,
elle ait davantage à craindre
que s'il y avait entre eux deux un mur.
Qu'elle ne voie pas d'inconvénient
s'il prend son plaisir d'elle en songe,
car, une fois plongé dans le sommeil,
il aura d'elle sa joie, mais en rêve,
tout en étant persuadé
qu'il le fait dans l'état de veille.
Rien ne lui paraîtra tenir du rêve,
de l'illusion ni du mensonge.
Il tirera son plaisir d'elle,
croyant, tout en dormant, être éveillé.
La jeune fille aime et apprécie
ce bienfait et ce service.
Sa nourrice lui rend l'espoir
en lui faisant cette promesse,
dont elle lui donne assurance.
De là lui viendra, pense-t-elle,
son bonheur, quel qu'en soit le délai,
Cligès n'a pas l'esprit si bas,
en effet, s'il sait qu'elle l'aime

3180 Et que por lui tel vie meint
Cum de garder son pucelage
Por lui garder son heritage,
Qu'il aucune pitié n'en ait,

3184 S'a boenne nature retrait
Et s'il est tex com estre doit.
La pucele sa maistre croit
Et molt s'i fie et aseüre.

3188 L'une a l'autre fiance et jure
Que cist conseuz iert si teüz
Que ja n'iert en avant seüz.
Einsint la parole est finee,

3192 Et quant vint a la matinee,
L'empereres sa fille mande.
Cele i vint, des qu'il le comande.
Mais que vos iroie contant ?

3196 Lor afere ont aprouchié tant
Li dui empereor ensemble
Que li mariages assemble,
Et la joie el palés comence.

3200 Mais n'i vueil fere demorance
A parler de chascune chose :
A Thessala, qui ne repose
De poison fere et atorner,

3204 Vueil ma parole retorner.   [fo 102 ra]
Thessala trible sa poison.
Espices i met a foison
Por adoucir et atemper.

3208 Bien la fist batre et destremper
Et coler tant que toute est clere

** 3182. *Leçon de NSC. Var. APBR* sauver. 3191. *Var. AN* Si est la p.
3194. *Var. NSR* Cele vient. 3195. Que vos iroie tot c. *(ANM, S* i. je c., *vs PBCRT).* 3203. *Var.* poisons *(sauf MBC). Var. ANSM* atramprer, *mais peut-être y a-t-il eu une influence du v. 3207 infra, et* atorner *donne une rime meilleure (cf. aussi infra, vv. 3213-3214,* atornee : jornee). *Ici se vérifie que l'accord des manuscrits de la première famille ne garantit pas forcément la leçon originale, à moins de supposer un effort ultérieur (de l'auteur ou d'un scribe) pour améliorer certaines rimes.* 3208. fet *(ANB, vs PCR).* 3209. cole *(ANSM, vs PBCRT).* tot est cler *(SMRT, AN* toz e. clers, *vs BC).*

et qu'en menant pour lui cette vie
elle entend rester vierge
pour lui sauver son héritage,
qu'il soit incapable de la prendre en pitié,
s'il est de noble nature
et s'il est tel qu'il doit être.
La jeune fille croit sa nourrice,
et lui fait pleinement confiance.
Elles se jurent l'une à l'autre
de se taire sur ce projet
afin qu'il n'en transpire rien.
La discussion prend ainsi fin,
et la matinée venue,
l'empereur appelle sa fille.
Elle est venue, puisque c'est l'ordre.
Mais qu'irais-je encore vous dire ?
Les deux empereurs ont ensemble
si bien avancé leur affaire
que le mariage est célébré,
et la fête commence au palais.
Mais je ne veux pas m'attarder
à évoquer chaque détail.
C'est à Thessala, qui s'affaire
à la préparation de philtres,
que je veux ramener mon propos.
Thessala broie ses drogues.
Elle y met une foule d'épices
pour en adoucir le mélange
qu'elle bat et fait infuser
et qu'elle filtre jusqu'à ce qu'il soit limpide

Et qu'ele n'est n'aigre n'enmere,
Car les espices qui i sont
3212 Douce et de boenne odor la font.
Quant la poisons fu atornee,
S'ot li jorz faite sa jornee
Et por souper furent asises
3216 Les tables, et les napes mises,
Mais le souper met en respit.
Thessala covient qu'ele espit
Par quel enging, par quel message,
3220 Ele envoiera son bevrage.
Au mengier furent tuit asis,
Mes orent eü jusqu'a sis,
Et Cligés son oncle servoit.
3224 Thessala qui servir le voit
Pense que son servise pert,
Qu'a son deseritement sert,
Si l'en ennuie molt et poise.
3228 Puis s'apense come cortoise
Que del boivre servir fera
Celui qui joie et preuz sera.
Por Cligés mande Thessala,
3232 Cil tout maintenant i ala,
Si li a quis et demandé
Por quel chose ele l'a mandé.
« Amis, fet ele, a cest mengier
3236 Vueil l'empereor losengier
D'un boivre qu'il avra molt chier,
Ne au souper ne au couchier
Ne vueil qu'ennuit mes d'autre boive.

▶ * **3213.** bien temprec (*C isolé*). **3214.** Et bien confite et atornee (*C isolé*).
Corr. d'après APB. **3217.** de s. (*CR, MP* del). *Corr. d'après ANS(B).*
3218. quiert comme (*cp. RT* coment ele, *au lieu de* covient ; *de même dans*
S : coment quele). *La faute est dans le modèle de CRT, que C corrige pour*
faire sens. **3220.** le b. (*C isolé*). **3233.** Et si li a q. et rové (*CR*). **3239.** qu'an
i m.
** **3210.** Ne rien n'i set a. n'amer (*R, P* ne sot, *M* Que r. ne seit, *AN* Ne r.
n'i est). *Cl.* Luttrell et S. Gregory *adoptent ici de façon convaincante la*
« *lectio difficilior* » (savoir = « *avoir tel ou tel goût, ou odeur* », *cf. B.* Woledge,
I, p. 165, Yvain, *v. 2853*). **3217.** *Var. B* le (*T* del) surplus. **3222.** plus de sis
(*ASM, vs PBCRT*). **3232.** Et cil m. (*ASM vs PCR*). **3234.** Por coi ele l'avoit
m. (*SM, vs PBCRT*).

et n'ait nul goût amer ou aigre,
car les épices qui s'y trouvent
le rendent doux et odorant.
Quand le breuvage fut fin prêt,
le jour avait fini son cours,
et pour le souper, on avait dressé
les tables et mis les nappes.
Mais je passe sur le souper.
Il faut que Thessala s'avise
d'un moyen et d'un messager
pour faire porter son breuvage.
Ils étaient tous assis pour le repas,
déjà ils avaient eu plus de six mets,
et Cligès servait son oncle.
Thessala, le voyant servir,
pense qu'il y perd sa peine :
il n'aide qu'à son déshéritement !
Elle en est contrariée et chagrine.
Mais une belle idée lui vient :
elle fera servir sa boisson
par celui qui en tirera joie et profit.
Thessala fait appeler Cligès ;
il y est allé aussitôt
et lui a demandé
pourquoi elle l'a fait venir.
« Ami, fait-elle, à ce repas,
je souhaite que l'empereur prenne
une boisson qui l'enchantera ;
et qu'il ne boive ce soir d'aucune autre,
au souper non plus qu'au coucher.

3240 Je cuit que molt plere li doive,
      C'onques de si boen ne gosta
      Ne nus boivres tant ne costa;
      Mais gardez bien, ce vos acoint,
3244 Que nus autres n'en boive point,
      Por ce que trop en i a poi.
      Et ce meïsmes vos reloi
      Qu'il ne sache ja dont il vint,
3248 Mais que par aventure avint   [fo 102 rb]
      Qu'an la despense le trovastes,
      Et por ce que vos l'esprovastes
      Et sentites au vent de l'air
3252 Des boennes espices le flair,
      Et por ce que boen le veïstes,
      Le vin en la coupe meïstes.
      S'il par aventure l'enquiert,
3256 Bien sachiez qu'a tant pes en iert,
      Mes por chose que j'aie dite,
      N'i aies ja male souspite,
      Car li boivres est boens et sains,
3260 De molt chieres espices pleins,
      Et puet cel estre en autre tans
      Vos fera lié si com je pens. »
      Quant cil oit que bien l'en vendra,
3264 La poison prent, si s'en reva,
      Car ne set qu'il i ait nul mal.
      En une coupe de cristal
      L'a devant l'empereor mise.
3268 L'emperere a la coupe prise
      Qui en son neveu molt se croit.
      De la poison .I. grant tret boit,

▶ * 3240. Je c. molt que. 3241. Onques. 3258. nule s. *(C isolé).*
** 3240. *Leçon de MB,* C *(PSRT* plaisir). *Var.* A amer le *(dans N, jusqu'à
la lettre* a, *le reste du vers étant perdu).* 3247. Que ja ne s. *(sauf CRT).*
3249. Qu'antre les presanz *(ANSMP, vs BCRT). Les abréviations dans S ou
P peuvent expliquer la méprise qui a entraîné la leçon* despense *du modèle
de* C. 3253. cler *(ANM, vs PC, BR* bel). 3254. sa c. *(sauf SCR).* 3257-3258.
La leçon de SR, t'aie, *montre que* N'i *(N'en)* aies, *au vers suivant dans*
M(P)BCR *est un passage au tutoiement, qu'expliquent selon les cas l'émotion
ou l'insistance.* 3259. nez *(SM, vs PBCRT).* 3260. Et de boenes e. *(C, isolé,
a voulu éviter la répétition de l'adjectif).*

Je pense qu'elle lui plaira,
jamais il n'en a goûté d'aussi bonne
et jamais boisson ne coûta si cher.
Mais veillez, je vous en préviens,
à ce que personne d'autre n'en boive,
car il n'y en a pas outre mesure.
Et, d'autre part, je vous conseille
d'éviter qu'il en sache l'origine.
Dites plutôt que par hasard,
vous l'avez trouvée parmi les cadeaux,
et pour vous en être assuré,
pour avoir bien senti dans l'air tout autour
la bonne odeur de ses épices,
voyant ce vin si limpide,
vous l'avez versé dans sa coupe.
Si, par hasard, il s'en enquiert,
la réponse l'apaisera.
Mais de tout ce que j'ai pu dire,
n'allez rien soupçonner de mal,
car la boisson est pure et saine,
et remplie de bonnes épices ;
il se peut même qu'un jour,
elle vous rende heureux, comme je crois. »
Quand il entend qu'il s'en trouvera bien,
il prend le breuvage et repart,
sans y voir rien de mal.
Dans une coupe en cristal,
il l'a posé devant l'empereur.
L'empereur a saisi la coupe,
car il se fie à son neveu.
Il boit une grande gorgée

Et maintenant la force sent
3272 Qui del chief el cors li descent
Et del cors li remonte el chief,
Si le cerche de chief en chief.
Tout le cerche sanz rien grever,
3276 Et quant vint as tables oster,
Ot l'empereres tant beü
Del boivre qui li ot pleü
Que ja mais n'en sera delivres.
3280 Toute nuit iert en dormant ivres,
Et sel fera si travaillier
Qu'an dormant cuidera veillier.
Or est l'empereres gabez.
3284 Molt ot esvesques et abez
Au lit seignier et beneïr.
Quant ore fu d'aler gesir,
L'empereres, si come il dut,
3288 La nuit avec sa fame jut.
Si come il dut ? Ai je menti,
Qu'il ne la baisa ne senti,
Mais en .I. lit jurent ensemble.
3292 La pucele de premiers tremble,   [fo 102 va]
Qui molt redoute et molt s'esmaie
Que la poisons ne soit veraie,
Mais ele l'a si enchanté
3296 Que ja mais n'avra volenté
De lui ne d'autre s'il ne dort,
Mais lors en avra tel deport
Come en puet en sonjant avoir,
3300 Et si tendra le songe a voir.
Neporquant cele le resoigne,
Premierement de lui s'esloigne
Ne cil aprouchier ne la puet,
3304 Car meintenant dormir l'estuet.
Et dort et songe et veillier cuide,

► * **3272.** del cors el chief. **3274.** Qui. **3280.** est. **3293.** et si s'e. *(C isolé)*.
3294. ne soit preu vraie.
** **3276.** as napes lever *(AN, vs SMC, PR* as tables lever, *B* as napes oster).
3281. tant t. *(ANSR, vs MPBCT)*. **3293.** se dote *(ASPBR, vs NMC)*. **3298.** *Var.*
ANP Et lors. **3305.** Il dort *(AMP, vs BCRT)*.

et en sent aussitôt la force
qui, de la tête, lui descend dans le corps
puis lui remonte du corps à la tête
et le parcourt de part et part.
Elle le pénètre entier, sans dommage,
et quand vint le moment d'ôter les nappes,
l'empereur avait tant bu
de la boisson qui lui plaisait
qu'il ne pourra plus jamais s'en défaire.
Toute la nuit, dans son sommeil, il sera ivre.
Il en sera tant travaillé
qu'il croira en dormant être éveillé.
Voilà l'empereur abusé.
Nombre d'évêques et d'abbés
étaient là pour bénir le lit nuptial.
Quand ce fut l'heure du coucher,
l'empereur, comme il se devait,
dormit cette nuit avec sa femme.
Comme il se devait ? J'ai menti,
car il n'y eut ni baisers ni étreinte.
Ils couchaient pourtant dans le même lit.
La jeune fille tremble tout d'abord,
tout effrayée à l'idée
qu'il ne s'agisse pas d'un vrai philtre,
mais le sortilège est si fort
qu'il n'aura jamais de désir
pour elle ou pour une autre, sinon en dormant,
mais alors, il n'en aura que le plaisir
que l'on peut tirer d'un rêve,
tout en prenant son rêve pour la réalité.
Elle a cependant peur de lui
et se tient tout d'abord éloignée,
et lui ne peut pas l'approcher,
car il lui faut aussitôt dormir.
Il dort et rêve, et croit veiller,

En grant poine et en grant estuide
De la pucele losengier.
3308 Et cele meinne tel dangier
et se desfent come pucele,
Et cil la prie et si l'apele
Molt doucement sa douce amie.
3312 Tenir la cuide, n'en tient mie,
Mais de neent est a grant ese,
Neent enbrace et neent baise,
Neent tient et neent acole,
3316 Neent voit, a neent parole,
A neent tence, a neent luite.
Molt fu bien la poisons confite
Qui si le travaille et demaine.
3320 De neent est en si grant poine,
Car por voir cuide et si s'en prise
Qu'il ait la forteresce prise.
Einsint le cuide, ensint le croit,
3324 Einsint se lasse et recroit.
A .I. foiz vos ai tout dit,
C'onques n'en ot autre delit.
Einsint l'estovra demener
3328 Touz jorz mais, s'il l'en puet mener,
Mais einz qu'a sauveté la tiegne,
Criem granz encombriers ne li viengne,
Car quant il s'en retornera,
3332 Li dus pas ne sejornera,
Cui ele fu primes donee.
Grant force a li dus amenee,
S'a toutes les marches garnies,   [fo 102 vb]
3336 Et a la cort sont ses espies
Qui li font savoir chascun jor
Tout le covine et tout l'ator
Et combien il sejorneront

▶ * **3310.** cil la p., si l'a. **3314.** N. acole *(SPC). Corr. d'après MBR.* et *manque dans C.* **3315.** Nient t. **3326.** Onques *(BC).*
** **3306.** S'est an g. p. et an e. *(AS, M* si est en p., *vs BCRT).* **3308.** grant d. *(SMP, vs CRT).* **3324.** Et de neent l. *(NSMP, vs CRT, B).* **3330.** Criem que g. e. li v. *(AN, R* l'en, *B* qu'e. ne li aviegne). *Var. SMP* Cuit. **3334.** *Var. AN* a o lui a.

il ne ménage pas sa peine
pour se concilier la jeune fille,
mais elle résiste
et se défend pudiquement,
et lui la supplie et l'appelle
avec douceur sa tendre amie.
Il croit la tenir, mais il n'a rien d'elle,
un pur néant fait son bonheur,
il enlace du néant, embrasse du néant,
tient du néant, se joint au néant,
c'est du néant qu'il voit, auquel il parle,
du néant avec lequel il lutte et se débat !
La confection du philtre était parfaite
pour le travailler et l'agiter ainsi.
Pour du néant, il se met en peine :
il est persuadé, et il s'en vante,
d'avoir pris la forteresse.
Il le croit, il en est sûr,
et retombe épuisé sur du néant.
Pour vous le dire une fois pour toutes,
jamais il n'en eut d'autre plaisir.
Telle est la vie qu'il mènera
désormais, s'il parvient à l'emmener,
mais avant qu'il l'ait mise en lieu sûr,
je crains que ne surgisse un grand obstacle,
car sur le chemin du retour,
le duc ne restera pas en repos,
lui à qui elle avait été d'abord donnée.
Le duc a amené de grandes forces
et placé des garnisons aux frontières,
il a ses espions à la cour,
qui le renseignent chaque jour
sur la situation et les préparatifs,
sur la durée de leur séjour

3340 Et quant il s'en retorneront,
Par quex leus et par quex trespas.
L'emp[er]eres ne tarda pas
Aprés ses noces longuement.
3344 De Coloigne part liement,
Et l'emperere d'Alemeigne
Le conduit a molt grant compeigne
Por ce que molt crient et resoigne
3348 La force le duc de Sessoigne.
Li dui empereor cheminent,
Jusque outre Reinneborc ne finent,
Et furent par .I. vespree
3352 Logié sus Duno en la pree.
Li Grezois furent en lor trez
Delez Noire Forest es prez,
Et d'autre part logié estoient
3356 Li Saine qui les esgardoient.
Li niés le duc en .I. angarde
Remest, que nus ne s'en prist garde,
S'il porroit faire nul gaaig
3360 Sor cels dela ne nul mahaig.
La ou il ert en son esgart
Vit Cligés chevauchier lui quart
De vallez qui se deportoient,
3364 Qui lances et escuz portoient
Por bohorder et por deduire.
Ja lor voldra grever et nuire
Li niés le duc, s'il onques puet.
3368 O tout .V. conpeignons s'esmuet,
Si se sont mis tout a celee

▶ * **3348.** La f. au duc *(CR)*. Vers hypomètre. *Cf. vv. 2906, 3357, et B. Woledge,
La Syntaxe des substantifs chez Chrétien de Troyes, § 63, 2.* **3349-3350.** ne
finent / ... virent. *Corr. d'après MSPR (vs ABT* ne finent / ... cheminent). *
3352. Sus D. logié *(C isolé)*. **3358.** prent. *Corr. d'après MPBR. Cf. infra
vv. 3613-3614.* **3362.** Chevauchier vit C. *(C isolé)*. **3364.** avoient *(rime inférieure, commune à PCRT). Corr. d'après MS, AB.* **3365.** Por b. por aus d.
** **3346.** *Var. A* a riche c. **3356.** *Leçon de SPCR, mais la variante M(A)
agueitoient a plus d'intérêt pour le sens et la rime.* **3358.** *La construction
Remest... s'il (« pour voir si ») a fait difficulté comme l'attestent les traditions
de S* (R. tot sos por panre garde) *et de A, dont le copiste, Guiot, refait le
vers entier* (S'an fu alez por p. g.).

et la date de leur départ,
sur l'itinéraire et sur les passages.
L'empereur ne s'attarda pas
très longtemps après ses noces.
Il quitte Cologne dans la liesse,
et l'empereur d'Allemagne
l'accompagne en grande escorte,
car les forces du duc de Saxe
lui inspirent de vives craintes.
Les deux empereurs font route,
sans arrêt jusqu'à Ratisbonne.
Ils étaient là, un soir, à camper
au bord du Danube, dans la prairie.
Les Grecs se trouvaient dans leurs tentes
sur des prés longeant la Forêt Noire,
et de l'autre côté campaient
les Saxons qui les guettaient.
Sur une hauteur, le neveu du duc
avait pris place, sans qu'on y fît attention,
pour voir s'il prendrait quelque avantage
au détriment de ceux d'en face.
Du haut de son observatoire,
il vit Cligès venir à cheval
et s'ébattre avec trois jeunes compagnons ;
ils apportaient lances et écus
pour se distraire à des joutes.
Le neveu du duc, s'il le peut,
voudra leur nuire et leur causer des pertes.
Il s'ébranle avec cinq compagnons,
ils ont pénétré en cachette

Lez le bois en une valee
Si c'onques li Grezois nes virent,
3372 Tant que de la valee issirent
Et que li niés le duc s'adrece.
Si fiert Cligés si qu'il le blece
.I. petitet devers l'eschine.
3376 Cligés se baisse, si s'encline
Si que la lance outre s'en passe,
Nequedent .I. petit le quasse.   [fo 103 ra]
Quant Cligés sent qu'il est bleciez,
3380 Vers le vallet s'est adreciez,
Sel vet ferir de tel randon
Que parmi le cuer a bandon
Li met sa lance, mort le rue.
3384 Lors se mestent tuit a la fuie
Li Sesne, qui molt se redoutent,
Parmi la forest se desrotent.
Et Cligés qui ne set l'agait
3388 Hardement et folie fait
Quant de ses compeignons se part.
Si les enchauce icele part
Ou la force le duc estoit,
3392 Et ja toute l'oz s'aprestoit
De fere as Grex une envaïe.
Touz sels les chace sanz aïe,
Et li vallet tuit esperdu
3396 De lor seignor qu'il ont perdu
Vienent devant le duc corant,
Si li ont conté en plorant
Le domache de son neveu.
3400 Li dus ne le tient mie a geu
Mes Deu et touz ses sainz en jure
Que joie ne boenne aventure

▶ *** 3374.** C. que il le b. (*leçon commune à APC, confondant le* si *de liaison avec le* si *consécutif*). **3376.** se b. et si s'e. **3391.** la f. dou duc (*C isolé; cf. supra v. 3348*). **3400.** Mais il ne le t. (*R* Ne, *BT* Et).
** 3382. *Leçon de SPCT. Var. AMR, B* cors. **3383.** ruie (*cf. supra v. 1869*). **3385.** *Leçon de SMCR (P* forment se d.). *Var. A* le r. (*B* forment le d.). **3389.** Qui (*ASMP, vs CRT, I* Que, *B* Car). **3398.** *Var. SMI* Si li recontent, *SI* tuit dolant.

dans un vallon proche du bois,
si bien que les Grecs n'ont pu les voir
avant qu'ils soient sortis du vallon,
et que le neveu du duc s'élance.
Il vient frapper Cligès et il le blesse
légèrement dans le dos.
Cligès se baisse, en se courbant,
si bien que la lance passe outre,
non sans l'avoir un peu atteint.
Quand Cligès sent qu'il est blessé,
il s'élance vers le jeune homme,
et met tant de vigueur à le frapper
qu'en plein cœur, de tout son élan,
il lui enfonce sa lance et l'abat mort.
Les Saxons, soudain pris de peur,
prennent tous alors la fuite
et se dispersent dans la forêt.
Cligès, qui ne sait rien du guet-apens,
commet une folle imprudence
en s'éloignant de ses compagnons.
Il est parti, dans sa poursuite,
du côté où le duc avait ses forces,
alors que toute l'armée s'apprêtait
à venir attaquer les Grecs.
Il les pourchasse seul, sans aide.
Les jeunes gens, désemparés
par la perte de leur seigneur
se hâtent d'aller jusqu'au duc.
Ils lui ont raconté, en larmes,
le malheur de son neveu.
Pour le duc, c'est un coup très grave :
il atteste Dieu et tous les saints
qu'il n'aura de toute sa vie

En toute sa vie n'avra
3404 Tant com celui vivant savra
Qui son neveu li a ocis,
Et dit que molt iert ses amis
Et molt le reconfortera
3408 Qui le chief l'en aportera.
Lors s'est .I. chevaliers vantez
Que par lui li iert presentez
Li chiés Cligés, se il l'atent.
3412 Cligés les vallez chaça tant
Que sor les Saines s'enbati,
Et cil le voit qui s'aati
Qu'il en aporteroit la teste.
3416 Lors s'en part que plus n'i areste,
Et Cligés s'est en retor mis
Por esloignier ses anemis,
Si revint la touz eslessiez
3420 Ou ses compeignons ot laissiez,
Mais il n'en i a nul trové,   [fo 103 rb]
Q'au trés s'en furent retorné
Por lor aventure conter.
3424 Et l'empereres fist monter
Grex et Tyois comunalment.
Por aler la isnelement
S'arment et montent li baron.
3428 Et cil a tant a esperon
Toutes voies Cligés chacié,
Touz armez, le hiaume lacié,
Que Cligés le voit seul venir,
3432 Qui onc ne volt apartenir
A recreant n'a cuer failli.
De parole l'a asailli
Li chevaliers premierement,

▶ * **3404.** vivant celui s. *(C isolé).* **3415.** Qu'il l'en a. *(BC).* **3433.** N'a r.
** **3414.** *Noter la forme du verbe dans AS, qui fait mieux ressortir la rime chez Chrétien,* s'anbati : s'anhati. **3416.** *Leçon de MBCRT, I. Var. A, SP* s'en vet. **3426.** Par tote l'ost *(ASMIP, vs BCRT).* **3431.** Quant C. *est la leçon générale des mss (sauf PC).* W. Foerster *suppose une lacune après 3430, ainsi qu'après 3432.* PC *donnent pourtant un texte qui s'enchaîne.* **3433.** *Leçon de CRT, SM* r. de cuer f. *Var.* APB ne a f.

plus jamais de joie ni de bonheur
aussi longtemps qu'il saura vivant
celui qui lui a tué son neveu.
Il aura, dit-il, pour ami intime
celui qui le réconfortera
en lui apportant sa tête.
Alors un chevalier s'est vanté
de lui faire présent lui-même
de la tête de Cligès, s'il ne s'enfuit.
Cligès a tant mené la chasse
qu'il est tombé sur les Saxons,
et celui-là le voit qui avait dit bien haut
qu'il rapporterait sa tête.
Il part, sans tarder, en avant des autres,
tandis que Cligès fait demi-tour
pour distancer ses ennemis.
Il est revenu à toute allure
là où étaient restés ses compagnons,
mais il n'a plus trouvé personne,
car tous étaient rentrés au camp
pour raconter leur aventure.
L'empereur a fait monter à cheval
Grecs et Allemands tous ensemble.
Promptement, par tout le camp,
les nobles s'arment et montent à cheval.
Mais celui qui poursuivait Cligès,
tout armé, le heaume lacé,
a si bien donné de l'éperon
que Cligès le voit arriver seul,
lui qui ne voulut jamais faire partie
des lâches ni manquer de cœur.
Le chevalier a commencé
par lui lancer des injures

3436 Garçon l'apele estoutement,
Car ne pot celer son corage.
« Garz, fet il, ça leroiz le gage
De mon seignor que avez mort.
3440 Se ta teste avec moi n'en port,
Donc ne me pris .I. faus besant.
Au duc en vueil fere present,
Que autre gage n'en prendrai.
3444 Por son neveu tant li rendrai,
S'en avra bien eü l'eschange. »
Cligés ot que cil le ledenge
Come fous et mal afetiez.
3448 « Vasal, fet il, or vos gaitiez,
Car ma teste vos chalons gié.
Ne l'avroiz mie sanz congié. »
A tant li uns l'autre requiert,
3452 Cil a failli, mes Cligés fiert
Si fort que lui et son destrier
Fet tout a terre trebuchier.
Li destriers chiet sor lui envers
3456 Si roidement que en travers
L'une des jambes li peçoie.
Cligés sor l'erbe qui verdoie
Descent a pié, si le desarme.
3460 Quant desarmé l'ot, si s'en arme,
Et la teste li a coupee
De la soë meïsme espee.
Quant la teste li a trenchie,
3464 Enson sa lance l'a fichiee,   [fo 103 va]
Et dit qu'il en fera servise
Au duc, cui il avoit promise
La soë teste a presenter,
3468 S'en estor le puet encontrer.

▶ * **3447.** fel *(CT)*. **3456.** durement *(C isolé)*. **3468.** Se il le pooit *(C isolé,
PR(M)* S'il encor)*. Corr. d'après ASB.*
** **3438.** Leçon de ASPCT. Var. MBR leiras. **3439.** que tu as *(sauf C). Le
passage au tutoiement est trop brusque, comme l'atteste C. D'où l'adoption
par W. Foerster, puis Cl. Luttrell et S. Gregory, de la leçon de MBR au vers
précédent. La confusion est facile entre* leiras *(M) et* lairés *(P), et le tutoiement est habituel dans une provocation.* **3452.** et C. *(ASMB, vs PCRT).*
3454. A fet en un mont *(AM, vs PBCR, T).*

en le traitant insolemment de valet,
car il ne peut cacher ce qu'il ressent :
« Valet, fait-il, tu vas laisser en gage
de quoi payer la mort de mon seigneur.
Si je n'emporte pas ta tête,
je ne vaux même pas de la fausse monnaie.
Je veux en faire présent au duc,
je n'en prendrai pas d'autre gage.
Pour son neveu, c'est le montant à rendre :
l'échange en sera équitable. »
Cligès entend que l'autre l'insulte
comme un fou et un malappris.
« Eh bien, en garde, brave chevalier !
car je vous dispute ma tête.
Vous ne l'aurez pas sans mon accord. »
Ils se lancent à l'attaque l'un de l'autre,
le Saxon a manqué son coup, mais Cligès frappe
si fort que l'homme et son cheval
sont culbutés en un seul tas.
Le cheval s'est renversé sur lui
si lourdement qu'il lui a brisé
une jambe tout net.
Cligès, sur l'herbe verdoyante,
descend de cheval, lui ôte ses armes,
puis, quand il a fini, il les revêt,
et il lui a coupé la tête
à l'aide de sa propre épée.
Quand il lui a tranché la tête,
il l'a fichée au bout de sa lance,
en se disant qu'il la présentera
au duc, comme l'autre avait promis
de le faire avec la sienne,
s'il pouvait le rencontrer en combat.

N'ot pas bien en son chief asis
Cligés son hiaume et l'escu pris,
Non pas le suen, mais le celui
3472 Qui s'estoit combatuz a lui,
Et remontez estoit lors primes
Sor le cheval celui meïsmes,
Et lessa le suen estraier
3476 Por les Grezois fere esmaier,
Quant il vit plus de .C. banieres
Et batailles granz et planieres
Des Grex et des Tiois mellees.
3480 Ja comenceront les mellees
Molt felenesses et cruex
Entre les Sesnes et les Grex.
Des que Cligés venir le voit,
3484 Vers les Saines s'en vet tot droit,
Et cil de lui chacier s'angoissent
Qui por les armes nel conoissent,
Et ses oncles se desconforte
3488 Qui la teste voit qu'il en porte,
Ne n'est merveille s'il en doute.
Toute l'oz aprés lui s'arote,
Et Cligés se fait tant chacier
3492 Por la mellee comencier
Que li Saines venir le voient,
Mais les armes touz les desvoient
Dont il est armez et garniz.
3496 Gabez les a et escharniz,
Car li dus et trestuit li autre,
Si come il vint lance sor fautre,
Dient : « Nostre chevaliers vient !
3500 Enson la lance que il tient

▶ * **3473.** Et s'estoit r. **3483.** Jusque. *Corr. d'après MT, selon l'usage de C :*
cf. infra v. 4765. **3490.** a. li. **3499.** *On lit* Vostre *(abrégé) dans C, mais* u *et*
n *s'y distinguent parfois mal.*
** **3470.** le h. **3474.** destrier *(ASP, vs MBCRT).* **3475.** leisse *(ASM, vs PBCR).*
3479. De... de *(sauf PC et leçon isolée de M).* **3483.** Lués que *(APR).*
3488. *Leçon de CRT (P, BS :* Qui voit la t.). *Var. AM :* Por la t. que v. *Après*
3488. *seul A présente ces deux vers :* An son sa lance et cuide et croit / Que
la teste son neveu soit. **3489.** s'en d. *(PS). Var. AB* N'est m. s'il en a d.
3498. vient *(AMPB, vs SCR).*

Cligès avait à peine placé
le heaume sur sa tête et pris l'écu,
non pas le sien, mais l'écu de celui
qui s'était battu contre lui,
il venait juste de remonter
sur le propre cheval de l'autre,
laissant à l'abandon le sien,
afin que les Grecs s'en alarment,
quand il vit plus de cent bannières
et corps de bataille au complet,
de Grecs et d'Allemands ensemble.
Bientôt vont s'engager des combats
impitoyables et sanglants
entre les Saxons et les Grecs.
Dès que Cligès les voit venir,
il s'en va droit sur les Saxons,
et les siens s'acharnent à sa poursuite,
faute de le reconnaître à ses armes.
Et son oncle se désespère
à la vue de la tête qu'il emporte.
S'il a des craintes, c'est bien naturel.
L'armée entière s'ébranle derrière lui.
Cligès se fait donner la chasse
pour que s'engage la bataille,
si bien que les Saxons le voient venir,
mais ils se laissent abuser
par les armes dont il est équipé.
Il s'est joué et moqué d'eux.
Le duc ainsi que tous les autres,
le voyant venir lance en arrêt,
s'écrient : « C'est notre chevalier qui vient !
Au bout de la lance qu'il tient,

Aporte la teste Cligés,
Et li Greu le chacent aprés.
Or as chevaux por lui secorre ! »
3504 Lors lessent tuit lor chevax corre,
Et Cligés vers les Saines point,
Desouz l'escu se clot et joint,
Lance droite, la teste enson,
3508 N'ot mie mains cuer de Sanson   [fo 103 vb]
Ne n'estoit plus d'un autre forz.
D'ambes parz cuide[nt] qu'il soit morz
Et Saine et Greu et Alemant.
3512 S'en sont cil lié et cil dolent,
Mais par tens iert li voirs seüz,
Car Cligés ne s'est plus teüz.
Criant s'eslaisse vers .I. Saine,
3516 Et fiert de la lance de fraisne
O tout la teste enmi le piz
Si que les estriers a guerpiz,
Et crie en haut : « Baron, ferez !
3520 Je sui Cligés que vos querez.
Or ça, franc chevalier hardi !
Ne n'i ait nul acoardi,
Car nostre est la premiere jouste.
3524 Coarz hom de tex mes ne gouste. »
L'empereres molt s'esjoï
Quant son neveu Cligés oï
Qui si les semont et enorte,
3528 Molt s'en esbaudist et conforte.
Et li dux est molt esbahi,
Qu'or set il bien qu'il est trahi
Se la soë force n'est graindre.
3532 Ses genz fet serrer et estraindre,
Et li Greu serré et rengié
Ne se sont pas d'els estrangié,

▶ * **3512.** Si sont *(CT).* **3521.** Ors. **3529.** molt s'en e. *(C isolé).* **3530.** Qu'il cuide bien estre t. *(C isolé). Corr. d'après ANP, SI.*
** **3508.** CRT, B *ont préservé la bonne leçon, à tort corrigée dans la copie de Guiot (*A Ne n'a mie c.). *Var. MS(P)* cuer d'un (de) lion. **3516.** Sel f. *(ANSPR, vs MBCI).* **3519.** *Var. AN* Puis s'escrie. **3528.** se resbaudist *(ANI, vs MCR).*

il apporte la tête de Cligès,
et les Grecs sont à ses trousses.
Vite, à cheval, pour lui venir en aide ! »
Ils laissent tous alors filer leurs chevaux,
et Cligès pique vers les Saxons,
couvert par son écu bien serré,
sa lance droite, la tête à la pointe.
Il n'était pas plus fort qu'un autre,
mais il avait le cœur d'un Samson.
Des deux côtés, il passe pour mort,
aux yeux des Saxons, des Grecs et des Allemands.
Les uns s'en réjouissent, les autres s'affligent,
mais la vérité sera bientôt connue,
car Cligès ne s'est pas tu plus longtemps.
Il s'élance en criant contre un Saxon
et le frappe avec sa lance en frêne,
la tête au bout, en pleine poitrine,
si bien que l'autre a vidé les étriers,
puis il s'écrie : « Frappez, seigneurs !
C'est moi, Cligès, que vous cherchez !
A moi, nobles et hardis chevaliers !
Qu'il n'y ait personne de lâche !
La première joute est à nous !
Ce genre de plat n'est pas du goût des lâches ! »
L'empereur est rempli de joie
en entendant Cligès, son neveu,
les encourager de la sorte.
Il en est tout ragaillardi,
et le duc est frappé de stupeur,
car il voit bien qu'il est perdu,
s'il n'engage de plus grandes forces.
Il commande aux siens de serrer les rangs,
et les Grecs, en ordre serré,
n'ont pas cherché à les éviter :

Car maintenant brochent et poignent.
3536 D'an .II. parz les lances esloignent,
Si s'entrencontrent et reçoivent
Si come en tel ost fere doivent.
Au premeraines acointances,
3540 Percent escuz et froissent lances,
Trenchent resnes, rompent estriers.
Vuit en remainent li destrier
De cels qui chient en la place.
3544 Mais coment que chascuns le face,
Cligés et li dux s'entrevienent,
Les lances esloigniés tienent,
Et fierent de si grant vertu
3548 Li uns l'autre sor son escu
Que les lances volent en clices,
Qui forz estoient et fetices.
Cligés iert chevaliers adroit,
3552 En la sele remest touz droiz   [fo 104 ra]
Qu'il ne branle ne ne chancele.
Li dux a guerpie la sele
Et malgré suen la laisse vuide.
3556 Cligés prendre et mener l'en cuide
Et molt s'en travaille et esforce,
Mais soë n'est mie la force,
Car li Saine assemblent entor
3560 Qui li rescoënt par estor.
Cligés neporquant sanz mehaig
Part de l'estor atout gaaig,
Car le destrier le duc en mainne,
3564 Qui plus estoit blans que n'est laine
Et valoit a oés .I. prodome

▶ * **3555.** Que m. s. la sele v. *(C, MI). Corr. d'après B, RP* (Qui). **3563.** le d.
au duc. *Corr. d'après RT (vs ANSPBCI : faute par inadvertance, rattachant
le nom au verbe qui suit). Cf, supra, note au v. 3348.* **3565.** o oés.
** **3536.** *Leçon de SCRT (PBM* aloignent). *Var. AN* anpoignent. **3537.** *Leçon
de MCS. Var. AN* s'antracointent. *La leçon de AN ici, comme au vers précédent, paraît meilleure (là pour la rime, ici pour la valeur ironique).*
3538. *Var. A* a tel oés *(N* a tel besoig). **3541.** resnes : *MIBCRT. Var. SP*
cengles *(verbes intervertis dans AN).* **3551.** ert a cheval a. *(texte critique
d'après ANSI, vs MPBCRT).* **3553.** Qu'il n'anbrunche *(AN, SI, vs PCR).*

les voici qui se lancent à la charge.
Des deux côtés, on baisse les lances,
on s'aborde et on se reçoit
comme il convient en pareille bataille.
Aux premières rencontres,
les écus sont percés, les lances brisées,
les rênes tranchées, les étriers rompus,
et se retrouvent sans cavalier
les chevaux de ceux qui gisent à terre.
Mais quoi qu'il se passe autour d'eux,
Cligès et le duc foncent l'un sur l'autre,
leurs lances pointées tout droit,
et le choc est si vigoureux
sur l'écu de chacun des deux
que les lances volent en éclats.
Elles étaient pourtant solides et bien faites.
Cligès était un adroit cavalier,
il est resté en selle, bien droit,
sans vaciller ni chanceler.
Le duc a vidé la selle :
s'il n'y est plus, c'est malgré lui.
Cligès pense le prendre et l'emmener
en y mettant tous ses efforts,
mais la force n'est pas de son côté,
car les Saxons font cercle autour d'eux
et le lui arrachent de haute lutte.
Cligès quitte cependant indemne
le combat, en ayant fait une prise,
car il emmène le cheval du duc
qui était plus blanc que laine
et valait à l'usage d'un brave

3555. Var. A les estriés, S les arçons. N manque. **3558.** n'est mie soë (ANSI, vs C, PM, R). **3564.** p. ert b. que nule 1. (A, PI est, R estoit [+1], BT q'une, N est b. que une). S comme C.

L'avoir Otovien de Rome.
Li destriers estoit arabois,
3568   Grant joie en font Greu et Tiois
Quant Cligés voient sus monté,
Qui la valor et la bonté
De l'arabi veü avoient,
3572   Mais d'un agait ne se gardoient,
Ne ja ne s'en aperceüssent
Tant que grant perte i receüssent.
Une espie est au duc venue,
3576   Donc grant joie li est creüe.
« Dux, fet l'espie, n'a remés
En toutes les tentes as Grés
Home qui se puisse desfendre.
3580   Or puez fere la fille prendre
L'empereor, se tu me croiz,
Tant com les Grés entendre voiz
A l'estrif et a la bataille.
3584   .C. de tes chevaliers me baille,
Et je lor baillerai t'amie.
Par .I. viez voie enhermie
Les conduirai si sagement
3588   Que de Tyois ne d'Alemant
Ne seront veü n'encontré,
Tant que la pucele en son tré
Porront prendrë et mener quite,
3592   Que ja ne lor iert contredite. »
De ceste chose est liez li dux.
.C. chevaliers senez et plus
Avec l'espie a envoiez,
3596   Et cil les a si convoiez   [fo 104 rb]
Que la pucele en mainent prise,
Ne n'i ot pas grant force mise,

▶ * **3571.** Qui. **3582.** come Grés *(CT)*. **3586.** enherbie *(CM, T)*. **3594.** .C. de ses c. et p. *Corr. d'après ANIB.*
** **3567.** ert arrabiois *(ANI, vs SPCR)*. **3571.** *Leçon de* MPBCRT. *Var. AN* rient ne savoient. **3573-3574.** apercevront / ... recevront *(MP, AN Dom il ja ne s'a., vs CRT)*. **3583.** *Leçon de* IMPBCRT. *Var. ANS* l'estor. **3591.** *Var. AP* mener si q. **3596.** avoiez *(ANIMPB, vs SCRT)*. **3598.** ont *(AIMB, vs SPCRT)*.

tous les trésors d'Auguste à Rome.
C'était un coursier d'Arabie.
Grecs et Allemands sont remplis de joie
en voyant Cligès monté dessus,
car la valeur et la qualité
du cheval arabe avaient été remarquées.
Mais ils donnèrent dans un piège
dont ils ne s'apercevront pas
avant d'en avoir subi le dommage.
Un espion est venu vers le duc,
faisant naître en lui une grande joie.
« Duc, fait l'espion, il n'est pas resté
dans toutes les tentes des Grecs
un seul homme qui puisse se défendre.
Tu peux faire enlever sur l'heure
la fille de l'empereur, si tu m'en crois,
tandis que tu vois les Grecs occupés
à batailler à qui mieux mieux.
Donne-moi cent de tes chevaliers
et je leur remettrai ton amie.
Par un ancien chemin écarté,
je saurai si bien les conduire
qu'ils ne seront vus ni rencontrés
par aucun Allemand, du Nord ni du Sud.
Alors la jeune femme, dans sa tente,
pourra être librement enlevée
sans que personne la leur dispute. »
Le duc, heureux de la chose,
a envoyé avec l'espion
cent chevaliers d'expérience et même plus,
et l'autre les a si bien guidés
qu'ils emmènent la jeune femme prisonnière
sans grand usage de force,

Legierement mener l'en porent.
3600 Quant des Grés esloigniee l'orent,
Par .XII. d'els l'en envoierent,
Ne gaires loig nes convoierent.
Li .XII. en mainent la pucele,
3604 Li autre ont dite la novele
Au duc que bien ont esploitié.
Li dux n'avoit d'el covoitié,
Si prent trives tout main a main
3608 As Grezois jusqu'a l'endemain,
Trives ont prises et donees.
Les genz le duc sont retornees,
Et li Grezois sanz nule atente
3612 Repere[nt] chascuns a sa tente.
Mes Cligés seus en .I. angarde
Remest, que nus ne s'en prist garde,
Tant que les .XII. qui venoient
3616 Vit et cele qu'il en menoient
Tout le grant cors et les galoz.
Cligés, qui vout aquerre los,
Vers els s'eslaisse enelepas,
3620 Car por neent ne fuient pas,
Ce se pense et li cuers li dit.
Tout maintenant que il les vit
S'eslaisse aprés, et cil le voient
3624 Qui folie cuident et croient,
Car tuit dient : « Li dux nos suit,
Contre atendons le .I. petit. »
Mais seus i velt chascuns aler.
3628 Cligés comence a avaler
.I. grant val entre .II. monteignes.
Ja mais d'els ne seüt enseignes

▶ * **3600.** des Grezois esloignié. *Corr. d'après ISPBRT.* **3626.** a. loi.
** **3599.** *Leçon de MPBCRT. Var. ASI* Car de legier. **3600.** des trez *(ANM).*
3611. sanz plus d'atente *(ANIM, vs SPCRT).* **3616.** et celi *(sauf CI).* **3618.** velt
(MNAPBR, vs CI). **3625.** sit *(MPIAN, vs BCR,* T sieut, *corrigé en* sit). *La
forme normale est* siut *(par métathèse* suit), *cf. M.K. Pope, § 328 et 515.* sit
est un hapax. W. Foerster *a préféré retenir la version de* S, Li d. nos set,
chascuns le dit. *Après* **3626.** *om.* MBCRT Il s'est toz seus partiz de l'ost / Et
si vient après nos molt tost / N'i a celui qui ne le cuit / Contre lui voelent
aler tuit *(AN, SIP).*

car l'enlèvement fut facile.
Quand ils l'eurent éloignée des tentes,
ils la remirent à douze d'entre eux
sans leur faire plus longue escorte.
Les douze emmènent la jeune femme,
les autres ont rapporté au duc
la nouvelle du succès de leur entreprise.
Le duc ne souhaitait rien d'autre,
il conclut aussitôt la trêve
avec les Grecs jusqu'au lendemain.
La trêve est conclue de part et d'autre,
les envoyés du duc sont revenus,
et les Grecs, sans plus attendre,
regagnent chacun leur tente.
Mais Cligès était sur une hauteur
resté seul, sans qu'on y prît garde,
si bien qu'il vit les douze qui venaient
avec celle qu'ils emmenaient
à toute allure, au grand galop.
Cligès, dans son désir de gloire,
s'élance sur-le-champ contre eux,
car ils ne s'enfuient pas pour rien,
à ce qu'il pense et pressent.
Dès l'instant où il les a vus,
il part à leur poursuite et eux le voient,
en se méprenant follement.
« Le duc nous suit, se disent-ils.
Attendons-le un peu,
[il a quitté tout seul le camp
et se hâte de nous rejoindre. »
Ils en sont tous persuadés
et ils veulent aller à sa rencontre,]
mais chacun veut le faire pour soi.
Cligès devait d'abord descendre
un grand vallon entre deux monts.
Il aurait perdu leur trace

Se cil contre lui ne venissent
3632 Ou se il nel contratendissent.
Li .VI. li vindrent a l'encontre,
Mais en lui avront mal encontre.
Avec la pucele remaint
3636 Li autre, qui soef la mainent
Le petit pas et l'ambleüre,
Et li .VI. vont grant aleüre
Poignant adés parmi le val.
3640 Cil qui ot plus isnel cheval   [fo 104 va]
Vint devant touz criant en haut :
« Dux de Sessoigne, Dex vos saut !
Nos amenons ci vostre amie.
3644 Or n'en merront li Grezois mie,
Car ja t'iert bailliee et rendue. »
Quant la parole a entendue
Cligés que cil li vait criant,
3648 N'en ot mie son cuer riant.
Par .I. petit que il n'enrage.
Onques nule beste sauvage,
Liepart, ne tygre ne lyons,
3652 Se il vit prendre ses feons,
Ne fu si ardanz n'enragié,
Ne de combatre encoragié
Com fu Cligés, cui il ne chaut
3656 De vivre s'a s'amie faut.
Melz velt morir qu'il ne [la] rait.
Molt a grant ire en son deshait
Et molt grant hardement li done.
3660 L'arrabi broche et esperone
Et vait desor la targe peinte
Au Saine doner une empeinte
De tel vertu que sanz mentir

▸ * 3634. avrant. 3641. d. tout. 3644. Tyois. 3648. joiant *(PC). Corr. d'après*
ANSIBR. 3657. *Vers hypomètre. Corr. d'après* AMPB. 3661. la t. pangre.
3662. done une empangre.
** 3642. D. te s. *(ANSIR, vs MPBC).* 3643. Dus, recovree avons t'amie
(ANSIP, vs C, MBRT nos vos a. v. a.). 3648. *Leçon de* I(S)PCRT. *Var.* AN
a. 3649. Einz est merveille qu'il n'e. *(ANSIP, vs MBCRT).* 3652. S'ele v.
(ANIP, vs BCT, R). 3653-3654 enragiee / ...ancoragiee *(AN, ISP* -ie, *cf. M.K.
Pope, § 513).*

s'ils ne s'étaient portés à sa rencontre
ou s'ils n'avaient attendu sa venue.
Ils étaient six à venir au-devant de lui,
malencontreusement pour eux !
Avec la jeune femme restent
les autres, qui tranquillement l'emmènent,
en allant au pas et à l'amble.
Les six galopent à toute allure,
piquant des deux par la vallée.
Celui qui avait le cheval le plus rapide
surgit le premier, criant à voix haute :
« Duc de Saxe, que Dieu te garde !
Duc, nous avons repris ton amie.
Les Grecs ne l'emmèneront pas,
elle te sera livrée et rendue. »
Quand il a entendu les paroles
qu'il lui crie, Cligès
est loin d'en avoir le cœur gai,
c'est merveille s'il n'en est fou de rage !
Jamais on ne vit bête sauvage,
léopard, tigre ni lion,
dépossédée de ses petits,
montrer plus d'ardeur, de rage
ou d'excitation au combat
que ne fait Cligès, qui se moque
de vivre, s'il perd son amie.
Plutôt mourir que de ne la ravoir !
Il ressent dans son chagrin une colère
qui accroît encore son audace.
Piquant des éperons le cheval arabe,
il va porter sur le bouclier peint
du Saxon un coup de lance
si vigoureux que sans mentir,

3664 Li fait la lance au cuer sentir.
     Cist a Cligés asseüré.
     Plus d'un grant arpent mesuré
     A l'arrabi point et brochié
3668 Einçois que l'autre ait aprochié,
     Car tuit venoient arouté.
     Por l'un n'a l'autre redouté,
     Car sol a sol jouste a chascun,
3672 Ses encontre touz un et un,
     Ne li uns n'a de l'autre aïe.
     Au secont fait une envaïe
     Qui li cuidoit de son contraire
3676 Noveles dire et joie faire,
     Si com li premiers avoit fait.
     Mais Cligés n'a cure de plait
     Ne de sa parole escouter,
3680 Sa lance el cors li vait bouter,
     Qu'au retraire li sans en vole,
     Si li tolt l'ame et la parole.   [fo 104 vb]
     Aprés les .II. au tierz s'acouple,
3684 Qui molt le cuidoit trover souple
     Et lié fere de son anui.
     A esperon vient contre lui,
     Mes ainz que mot dire li loise,
3688 Cligés de sa lance une toise
     Parmi le cors li a colee.
     Al quart redone tel colee
     Qu'anmi le champ pasmé le laisse.
3692 Aprés le quart au quint s'eslaisse
     Et puis au siste aprés le quint.
     De cels nus ne se contretint
     Que touz nes laist taisanz et muz.
3696 Mains en a les autres cremuz
     Et plus par hardement requis.
     Puis n'ot il garde de cez .VI.
     Quant de cez fu aseürez,

▶ * 3670. ne l'autre a r. *Corr. d'après SMR.* 3673. envie. 3674. envaier.
** 3672. e. par un et un *(ASIPB, vs CRT).* 3697. plus hardiement *(ASIMP, vs BCR).* 3699. P, ot les seürtés. *G. Paris corrigeait ainsi :* a seürtez *(pour la rime).*

il lui fait sentir le fer jusqu'au cœur.
De ce côté, Cligès est rassuré.
Sur plus d'un grand arpent de long,
il a éperonné son cheval arabe
avant d'approcher le suivant,
car ils se suivaient à distance.
face à l'un, il n'a rien à craindre de l'autre,
chaque combat est singulier,
il les affronte tous séparément,
sans que l'un ait le secours de l'autre.
Il se lance à l'attaque du second
qui pensait, avec la nouvelle
qui fait son tourment, le remplir de joie,
comme le croyait le premier,
mais Cligès n'a cure de paroles
et ne veut pas prêter l'oreille.
Il lui plante sa lance dans le corps :
quand il la retire, le sang jaillit.
Il lui ôte l'âme et la parole.
Après ces deux, il rejoint le troisième
qui pensait le trouver bien disposé
et le réjouir de ce qui l'afflige.
Cligès pique des deux à sa rencontre :
sans lui laisser le temps de dire un mot,
il lui enfonce dans le corps
près de deux mètres de sa lance.
Il assène un tel coup au quatrième
qu'il le laisse inconscient sur le terrain.
Après le quatrième, il fond sur le cinquième
puis sur le sixième après le cinquième.
Aucun d'entre eux n'a tenu bon,
il les a tous réduits au silence.
Il en a moins redouté les autres
et va plus hardiment les attaquer :
il n'avait plus rien à craindre des six.
Quand il fut rassuré sur leur compte,

3700 De honte et de maleürtez
      Present vait faire au remanant
      Qui la pucele en vont menant.
      Atainz les a, si les asaut
3704 Com lyons qui a proie saut,
      Fameilleus et esjeünez,
      Qu'il li est vis que b[u]er fu nez
      Quant il puet fere apertement
3708 Chevalerie et hardement
      Devant cele qui le fait vivre.
      Or est morz s'il ne l'en delivre,
      Et cele rest autresi morte
3712 Qui por lui molt se desconforte,
      Mais nel set pas si pres de lui.
      Un poindre qui li embeli
      A fait Cligés, lance sor fautre,
3716 Si fiert .I. Saine et puis .I. autre
      Si qu'a[m]bedeus a .I. seul poindre
      Les a faiz contre terre joindre
      Et sa lance de fresne froisse,
3720 Et cil chie[n]t jus par tel angoisse
      Qu'il n'o[n]t pooir de relever
      Por lui mal fere ne grever,
      Car des cors furent empirié.
3724 Li autre quatre tuit irié   [fo 105 ra]
      Vont ferir Cligés tuit ensemble,
      Mais il ne branle ne ne tremble
      Ne ne li ont estrier tolu.
3728 L'espee a l'acier esmolu
      Fors del fuerre isnelement sache,
      Et por ce que boen gré l'en sache
      Cele qui a s'amor s'atent,

▶ * 3700. Des honteus, des maleürez. *Corr. d'après AIPB.* 3704. faut.
3705. ajeünez. 3720. par cele a. *Corr. d'après ASB.*
** 3704. *Leçon de PC (RB, M, IT). Var. AS* Come lous. 3706. *Leçon de
IMPBC. Mais W. Foerster a préféré la variante* Or li est. 3709. celi. 3713. de
li *(cf. supra, v. 3297, et infra, vv. 3771, 3793-3794). L'emploi de* lui *au lieu
de* li *pour la forme forte du pronom féminin est un trait constant de C.*
3714. abeli *(ASPB, vs IMCRT). Cf. supra, vv. 37, 313 et 3026.* Embelir *est
employé par C au sens de* abelir, « *plaire, agréer* ». 3725. Cligés ferir *(sauf
BC).* 3726. ne bronche *(PS, A* enbrunche, *vs CR).*

c'est la honte et c'est le malheur
qu'il vient offrir à ceux qui restent,
et qui emmènent la jeune femme.
Il les a rejoints et il les assaille
comme un lion affamé et à jeun
qui bondit sur sa proie.
C'est une chance, à ses yeux,
de pouvoir accomplir en plein jour
des actes de bravoure et de chevalerie
devant celle qui est sa vie.
Il est mort à présent, s'il ne la sauve,
et elle est tout aussi bien morte
à cause de lui, dans son désespoir,
sans savoir qu'il est si près d'elle.
Piquant au galop avec joie,
lance en arrêt, Cligès
frappe un Saxon et puis un autre,
si bien qu'une charge a suffi
pour en envoyer deux à terre,
tandis qu'il brise sa lance de frêne,
et leur chute est si douloureuse
qu'ils n'ont pas la force de se relever
pour s'acharner contre lui,
car ils étaient dans un triste état.
Les quatre autres pleins de colère
vont frapper Cligès tous ensemble,
mais il ne se baisse ni ne tremble
et il n'a pas vidé les étriers.
Il tire aussitôt du fourreau
l'épée à l'acier affilé,
et pour que lui en soit reconnaissante
celle qui attend son amour,

3732 Vait encontre .I. Saine batant
      Et fiert de l'espee esmolue
      Si qu'il li a del bu tolue
      La teste et del col la moitié,
3736 C'onques n'en ot autre pitié.
      Fenice qui l'esgarde et voit
      Ne set pas que ce Cligés soit.
      Ele voudroit que ce fust il,
3740 Mais por ce qu'il i a peril
      Dist que ele nel voldroit mie.
      D'andeus parz li est boenne amie,
      Car sa mort crient et s'ennor velt.
3744 Et Cligés a l'espee aquelt
      Les .III., qui fier estor li rendent,
      Son escu li troënt et fendent,
      Mais n'ont pooir de lui baillier
3748 Ne de son hauberc desmaillier,
      Et quanque Cligés d'eus ataint,
      Devant son cop riens ne remaint
      Que tout ne porfende et derompe.
3752 S'est plus tornanz que n'est la tro[m]pe
      Que la corgiee maine et chace.
      Proesce et Amors qui l'enlace
      Le fet hardi et combatant.
3756 Les Sesnes travailliez a tant
      Que touz les a morz et conquis,
      Cels afolez et cels ocis,
      Mais .I. en laissa eschaper
3760 Por ce qu'il furent per a per,
      Et por ce que par lui seüst
      Li dux sa perte et duel eüst.
      Mais ainz que cil de lui partist,
3764 Proia Cligés tant qu'il li dist

▶ * **3735.** del bu. *Faute commune à PBCRT (mais P, au vers précédent, substitue* branc à bu). *Corr. d'après AS (M* del cors). **3746.** tr̃oent *surmonté d'une abréviation fautive, comme dans* seigñ (seignor) *au v. 3837.* **3750.** son piz *(C isolé).*
** **3733.** Sel f. *(AR, S, vs MPBC).* **3741.** qu'ele ne le *(ASP, vs MBC).* **3754.** *Var. AS* l'amors *(A* qui le lace). **3755.** font *(seulement dans AR).* **3756.** a tr. *(sauf CR).* **3759.** *Var. AM* Mes c'un. **3760.** erent *(sauf CT).*

il va promptement au-devant d'un Saxon
et le frappe de l'épée tranchante
si bien qu'il lui a ôté du tronc
la tête et la moitié du cou
sans avoir autrement pitié.
Fénice, en train de l'observer,
ne sait pas que c'est Cligès.
Elle voudrait que ce fût lui,
mais comme il y a du danger,
elle ne le voudrait pas, se dit-elle.
Dans les deux cas, c'est une amie sincère,
puisqu'elle craint sa mort mais veut sa gloire.
Cligès avec l'épée attaque
les trois qui violemment lui résistent.
Ils trouent et fendent son écu,
mais sans pouvoir se saisir de lui
ni rompre les mailles de sa cotte.
Tout ce sur quoi frappe Cligès
cède devant ses coups :
il pourfend et il brise tout.
Il tourne sur soi plus que la toupie
que mène et que chasse le fouet.
Prouesse et Amour qui l'a dans ses liens
le rendent hardi au combat.
Il a tant harcelé les Saxons
qu'il les a tous tués et vaincus,
les uns mutilés, les autres morts.
Il n'en a laissé échapper qu'un seul,
parce qu'ils étaient d'égal à égal
et afin que par lui le duc
apprît cette perte et en souffrît.
Mais l'autre, avant de le quitter,
supplia Cligès de lui dire

Son non, et cil le rala dire
Au duc, qui molt en ot grant ire.   [fo 105 rb]
Or ot li dus sa mescheance,
3768 S'en a grant duel et grant pesance.
Et Cligés Fenice en amaine,
Qui d'amors le travaille et paine,
Mais s'or n'en prent a lui confesse,
3772 Lonc tens li ert male et engresse,
Et cele, s'ele se retaist,
Qu'el ne die ce que li plaist,
C'or puet chascuns en audience
3776 Dire a l'autre sa concience.
Mais tant criement le refuser
Qu'il n'osent lor cuers encuser.
Cil crient que cele nel refust,
3780 Cele encusee se refust
S'ele ne doutast la refuse,
Mais neporquant des euz encuse
Li uns a l'autre son penser,
3784 S'il s'en osassent apenser.
Des euz parolent par esgart,
Et des langues sont si coart
Que de l'amor qui les joustise
3788 N'osent parler en nule guise,
Ne cele comencier ne l'ose.
N'est merveille, car simple chose
Doit estre pucele et coarde,
3792 Mais cil qu'atent et por quoi tarde,
Qui par tout est por lui hardiz,
S'est vers lui sole acoardiz ?
Dex ! ceste crieme dont li vient,
3796 C'une pucele sole crient,

▶ * **3777.** doutent (*C isolé, or la reprise au v. 3779 paraît voulue et l'erreur peut tenir au signe abréviatif du modèle, cf. P :* c'emēt). **3781.** sa r. **3781-3782.** *Intervertis dans C, mais le copiste le signale par les lettres* b a *mises en regard.*
** **3768.** S'en ot *(ASMP, vs BCRT)*. **3769.** ramaine *(PB, AS* re-*)*. **3771.** a li. **3772.** ert amors engresse *(AP, S, vs MBCR)*. **3773.** celi. **3774.** *Var. A* Que ne die. **3775.** *Var. S* li uns. **3782.** Et n. *(ASMP, vs BCRT)*. **3784.** s'en seüssent *(PA, S, vs CR, T)*. **3786.** Mes des l. *(S, A, vs PCRT)*. **3789.** Se cele *(AS, vs PBCRT)*. **3793.** por li est par tot *(ASP, vs CR)*. **3794.** vers li.

son nom, qu'il alla rapporter
au duc, à sa plus grande fureur.
Le duc vient d'apprendre son malheur,
il le ressentit douloureusement.
Cependant Cligès ramène Fénice
dont l'amour le met au supplice,
mais s'il ne va se confesser à elle,
le mal ne le lâchera pas de sitôt,
et elle non plus, si elle se tait,
sans dire ce qu'elle désire,
car l'heure est venue de se déclarer
l'un à l'autre leurs sentiments.
Mais ils craignent tant un refus
qu'ils n'osent découvrir leur cœur.
Il craint qu'elle ne le repousse ;
elle se serait ouverte à lui,
si elle n'avait craint un refus.
Leurs yeux trahissent pourtant
ce qu'ils ont chacun en la pensée,
s'ils s'en avisaient seulement.
Leurs yeux s'ingénient à se parler,
mais leurs langues sont si couardes
que, de l'amour qui les domine,
ils n'osent d'aucune façon parler.
Si elle n'ose commencer,
faut-il s'en étonner ? Car une jeune fille
se doit d'être modeste et craintive.
Mais lui, qu'attend-il, pourquoi tarde-t-il,
lui, si hardi partout pour elle,
mais craintif devant elle seule ?
Mon Dieu ! d'où lui vient cette crainte
pour une jeune fille toute seule,

Foible et coarde et simple et coie ?
A ce me semble que je voie
Les chiens foïr devant le lievre,
3800 Et la turtre chacier le bievre,
L'aignel le lou, le colon l'aigle.
Einsint fuit li vileins sa maigle,
Et li girfauz por le hairon,
3804 Et li gros luz por le vairon,
Et le lyon chace li cers,
Si vont les choses a envers.
Mais volentez en moi s'aüne
3808 Que je die reson aucune   [fo 105 va]
Por coi ç'avient a fins amanz
Que sens lor faut et hardemenz
A dire ce qu'il ont en pens,
3812 Quant il ont ese et leu et tens.
Vos qui d'amors vos faites sage,
Qui les coustumes et l'usage
De sa cort meintenez o foi,
3816 N'onques ne fausates sa loi
Que que vos en deüst cheoir,
Dites se l'en puet nes veoir
Rien qui por amor enbelisse
3820 Que l'en n'en tressaille et palisse.
Ja de ce n'iert contre moi nus
Que je ne l'en rende conclus,
Car s'il n'en palist et tressaut,
3824 Cui sens et memoire n'en faut,
En larrecin porchace et quiert
Ce que par droit ne li afiert.
Serjanz qui son seignor ne doute
3828 Ne doit remanoir en sa route
Ne ne doit faire son servise.

► * 3800. tuntre. 3801. L'aigle. 3816. n'en f. 3818. se nus hom puet savoir
(*C, BRT* le p. nus). *Corr. d'après A (M manque, S* Dites moy se l'an p., *P*
nus p.). 3820. n'en teigne *(C isolé)* et enpalisse *(CT)*. 3826. Ce qui a droit.
** 3797. *Leçons de CM. Var. S* f. et c., s. et c. *Après* 3802. *CT om.* Dont il
vit et dont il s'ahane / Issi fuit li faucons por l'ane *(texte de R, corrigé au
début du second vers :* Et issi *[+1]). Bourdon probable sur* Einsint *répété.*
3819. abelisse *(AS). Cf. supra, v. 3714.* 3823. Car qui *(AS, vs PBCR).*

faible et craintive, modeste et muette ?
Il me semble là que je voie
les chiens s'enfuir devant le lièvre,
la tourterelle chasser le castor,
l'agneau le loup, la colombe l'aigle.
Ainsi le paysan fuit-il sa bêche
[qui le fait vivre en travaillant,
ainsi le faucon fuit devant la cane,]
le gerfaut devant le héron,
le brochet devant le vairon,
ainsi le cerf chasse le lion.
C'est vraiment le monde à l'envers.
Mais j'éprouve une forte envie
d'expliquer par quelques propos
comment il arrive aux parfaits amants
de n'avoir plus l'esprit ni l'audace
de dire ce à quoi ils pensent
quand ils en ont tout le loisir.
Vous qui avez l'expérience de l'amour,
qui maintenez fidèlement
les us et coutumes de sa cour,
qui jamais n'avez trahi sa loi,
quoi qu'il dût vous en advenir,
dites-moi si l'on peut seulement voir
un être qu'on a plaisir à aimer
sans tressaillir ni pâlir.
Personne n'ira me contredire
sans que mes arguments aient le dessus,
car, s'il a mémoire et bon sens,
celui qui n'en pâlit ni n'en tressaille
cherche par fraude à obtenir
ce que le droit lui dénie.
Un serviteur qui ne craint pas son maître
ne doit plus faire partie de sa suite
ni demeurer à son service.

Seignor ne crient qui ne le prise,
Et qui nel prise ne l'a chier,
3832 Einz se poine de lui trichier
Et de la soë chose embler.
De poor doit serjanz trembler
Quant ses sires l'apele ou mande,
3836 Et qui a Amor se comande,
Son maistre et son seignor en fait.
S'est droiz [qu']en reverence l'ait
Et molt le crieme et [molt l']enort
3840 S'il velt bien estre de sa cort.
Amors sanz crieme et sanz poor
Est feus sanz chaut et sanz chalor,
Jorz sanz soleil, ree sanz miel,
3844 Estez sanz fleurs, ivers sanz giel,
Ciel sanz lune, livre sanz letre.
Einsint le vueil a nient metre,
Que la o crieme s'en desoivre
3848 Ne fait amors a rementoivre.
Qui amer velt, douter l'estuet,
Ou se ce non, amer ne puet,   [fo 105 vb]
Mais sol celui qu'il aime dout,
3852 Et por lui soit hardiz par tout.
Donc ne fause ne mesprent mie
Cligés se il doute s'amie.
Mais por ce ne laissast il pas
3856 Qu'il ne l'eüst isnelepas
D'amors aresnie et requise,
Coment que la chose fust prise,
S'ele ne fust fame son oncle.
3860 Por ce sa plaie li raoncle
Et plus li grieve et plus li delt
Qu'il n'ose dire ce qu'il velt.

▶ * **3831.** prise et ne. **3847.** sanz d. **3855.** laissoit *(CR)*. Corr. d'après *AP*.
** **3838.** remanbrance *(APB, vs SMCRT)*. En dépit de l'accord *SMC*, la leçon de *A* est plus riche de sens et de résonance *(cf. vv. 3824 et 622, 3100, 4308)*. **3842.** Leçon de *SBC*. Emploi, semble-t-il, voulu comme au vers précédent d'une paire de synonymes mais évité dans *MPR* (s. flanme) et *A* (f. ardanz). **3843.** Leçon de *MPCR. Var. SB* bresche. **3851.** celi. **3852.** por li. **3854.** s'il redote *(AP, S, vs BCR)*.

Qui n'estime son seigneur ne le craint,
de même qui ne l'estime ne l'aime guère,
mais s'efforce de le tromper
et de lui voler son bien.
Un serviteur doit trembler de peur
quand son maître l'appelle ou le mande.
Et qui s'en remet à l'Amour
fait de lui son maître et son seigneur.
Il faut qu'il le garde en mémoire
et qu'il le craigne et qu'il l'honore
s'il veut être à sa cour le bienvenu.
Amour sans crainte ni sans peur
est feu sans ardeur ni chaleur,
jour sans soleil, rayon sans miel,
été sans fleurs, hiver sans gel,
ciel sans lune, livre sans lettres.
Voici mon argument pour le confondre :
là où la crainte fait défaut,
l'amour n'est pas digne qu'on s'en souvienne.
Qui veut aimer se doit de craindre,
aimer, sinon, est impossible.
Il ne doit craindre que celle qu'il aime
et se montrer partout hardi pour elle.
Ainsi Cligès, en craignant son amie,
ne commet pas de faute ni d'erreur.
Il n'eût pas manqué cependant
de lui faire tout aussitôt
prière et requête d'amour
de quelque façon qu'on le reçût,
mais elle était la femme de son oncle.
Aussi sa plaie suppure-t-elle
et s'aggravent ses souffrances,
car il n'ose exprimer son désir.

Einsint vers lor gent s'en reviennent,
3864 Et se de rien parole tiennent,
N'i ot chose dont lor chausist.
Chascuns sor .I. blanc cheval sist,
Et chevaucherent a esploit
3868 Vers l'ost ou molt grant duel avoit.
Par toute l'ost de duel forsenent,
Mais a nul voir dire n'asenent,
Qu'il dient que Cligés est morz.
3872 De c'est li deus molt granz et forz,
Et por Fenice se resmaient :
Ne cuident que ja mais la raient.
S'est por celë et por celui
3876 Toute l'ost en molt grant ennui.
Mais cil ne tarderont mais gaires,
Einz changera touz li aferes,
Car ja sont en l'ost retorné,
3880 S'ont le duel a joie torné.
Joie revient et dels s'en fuit,
A l'encontre lor viennent tuit
Einsint que tout l'oz i asemble.
3884 Li dui empereor ensemble,
Quant il oïrent la novele
De Cligés et de la pucele,
Encontre vont a molt grant joie.
3888 Mais a chascun est tart qu'il oie
Coment Cligés avoit trovee
L'empereriz et recovree.
Cligés lor conte, et cil qui l'oent
3892 Molt s'en merveillent et molt loent   [fo 106 ra]
Sa proesce et son vasselage.
Mais d'autre part li dus enrage,

▶ ***** **3863.** vers l'ost pensant r. (*leçon isolée qui s'explique par des confusions probables lors (cf. R) / lost, gent s'an / pensant, mais celles-ci n'ont rien de mécanique : elles témoignent plutôt d'une lecture active de la part du copiste*). *Corr. d'après A.* **3872.** De ce (*SCR +1, PB* li d. grans). *Corr. d'après A.* **3875.** S'est por celui (*cf. v. 2234 corr.*). *Corr. d'après R* (*S* p. cele et c'est p.). **3882.** Et a l'e. lor vont (*C isolé*). **3887.** Encontre els v. (*C isolé*). **3892.** et si l.

** **3867.** *Var. AB* chevauchent a grant e. **3875.** p. celi et. **3878.** Si (*A, S, vs BCT*). **3883.** Si que (*ASP, vs CRT, B*).

C'est ainsi qu'ils reviennent vers leurs gens,
et s'ils échangent des propos,
c'est sur des sujets sans intérêt.
Chacun montait un cheval blanc,
et ils se sont hâtés de chevaucher
vers le camp où on était en deuil.
Tous, au camp, sont fous de douleur,
mais ils ne sont pas dans le vrai
en disant que Cligès est mort.
C'est la cause de tant de douleur,
et ils s'inquiètent aussi pour Fénice,
pensant ne jamais la ravoir.
C'est à cause d'elle et de lui
que tous, au camp, sont affligés,
mais ils ne vont guère tarder
et tout va bientôt changer.
Les voici déjà de retour,
et la douleur se change en joie.
La joie revient, le deuil s'enfuit,
ils viennent tous à leur rencontre,
tout le camp s'attroupe autour d'eux.
Quand ils ont appris les nouvelles
de Cligès et de la jeune femme,
les deux empereurs de concert
vont tout joyeux à leur rencontre.
Mais il tarde à chacun d'entendre
comment Cligès avait trouvé
et reconquis l'impératrice.
Cligès le leur conte, et ses auditeurs
s'en émerveillent et font grand éloge
de sa prouesse et de sa vaillance.
De son côté, le duc enrage :

Il jure et afie et propose
3896 Que sol a sol, se Cligés ose,
Iert entr'eus .II. bataille prise,
Si la fera par tel devise
Que se Cligés veint la bataille
3900 L'empereres seürs s'en aille
Et la pucele quite en maint,
Mais s'il ocist Cligés et veint,
Qui maint domage li a fait,
3904 Por ce trive ne pés n'i ait
Qu'aprés chascuns son meuz ne face.
Ceste chose li dux porchace
Et fait [par] .I. suen druguemant
3908 Qui greu savoit et alemant
As .II. empereors savoir
Qu'einsint velt la bataille avoir.
Li messagiers fist son message
3912 En l'un et en l'autre langage
Si que bien l'entendirent tuit.
Toute l'ost en fremist et bruit,
Et dient que ja Deu ne place
3916 Que Cligés la bataille face.
Et andui li empereor
En ierent en molt grant freor,
Mais Cligés as piez lor en chiet
3920 Et prie lor que ne lor griet,
Mais s'onc fist rien qui lor pleüst,
Que ceste bataille en eüst
En guerredon et en merite,
3924 Et s'ele li est contredite,
Ja mais n'iert a son oncle .I. jor
Ne por son bien ne por s'ennor.
L'empereres qui tant avoit
3928 Son neveu chier come il devoit,
Par la main contremont le lieve

▶ * 3907. a fait .I. s. d. (*CT, R* par .I. d.). *Corr. d'après ASPB.* 3910. S'einsint (*CS*).
** 3895. Qui (*APR*). 3902. ou v. (*ASP, vs BCR*). 3918. En sont en m. g. esfreor (*A, S, P* en m. tres g. freor, *vs BCR*). 3921. s'ainz (*AS, R*). 3922. Que il c. b. eüst (*ASB, vs PCR*). 3929. *Leçon de BCRT, M. Var. ASP* l'an l.

il jure, il assure, il annonce
qu'en combat singulier, si Cligès l'ose,
ils s'affronteront tous les deux.
Il y mettra ces conditions :
si c'est Cligès qui est vainqueur,
l'empereur partira sans rien craindre,
emmenant toute à lui la jeune femme.
Si lui-même tue ou bat Cligès
qui lui a causé maint dommage,
trève ni paix ne les empêcheront
de poursuivre chacun leur avantage.
Telles sont les intentions du duc,
et par un de ses interprètes
qui savait le grec et l'allemand,
il fait connaître aux deux empereurs
les conditions de la bataille.
Le messager fit son message
dans l'une et l'autre langue,
en sorte qu'ils l'ont tous bien entendu.
Tout le camp est troublé de rumeurs :
à Dieu ne plaise, se dit-on,
que Cligès livre la bataille,
et les empereurs, tous les deux,
sont pris d'une grande frayeur,
mais Cligès tombe à leurs pieds
et les prie de n'y voir d'inconvénient.
S'ils ont jamais eu à se louer de lui,
qu'il obtienne cette bataille
en récompense de ses mérites ;
si elle lui est refusée,
il ne servira plus jamais son oncle
pour son profit ni son honneur.
L'empereur qui tout naturellement
avait beaucoup d'affection pour son neveu,
le prenant par la main le relève

Et dit : « Biaus niés, forment me grieve
Ce que tant te sai combatant
3932 Qu'aprés joie duel en atent.
Lié m'avez fet, nel puis nier,
Mes molt me grieve a otroier   [fo 106 rb]
Qu'a la bataille vos envoi,
3936 Por ce que trop enfant vos voi
Et que tant vos sai de fier cuer
Que je n'os desdire a nul fuer
Rien qui vos plese a demander,
3940 Que soulement por comander
Seroit il fet, ce sachiez bien.
Mais se priere i valoit rien,
Ja cest fes n'enchargeriez.
3944 — Sire, de neent plediez,
Fet Cligés, que Dex me confonde
Se j'en prenoie tot le monde
Que la bataille ne feïsse.
3948 Ne sai por coi vos en meïsse
Lonc respit ne longue demore. »
L'empereres de pitié plore,
Et Cligés en plore de joie
3952 Quant la bataille li otroie.
La ot ploree meinte lerme,
Ne n'i ot pris respit ne terme,
Q'ainçois que fust hore de prime,
3956 Par le suen message meïsme
Fu la bataille au duc mandee,
Si come il l'avoit demandee.
Li dux qui cuide et croit et pense
3960 Que Cligés n'ait vers lui desfense,
Que tost mort et conquis ne l'ait,

▶ * **3944.** m'aplediez. *Corr. d'après AS.* **3946.** Se je en p. *(+1).* **3950.** pleure.
** **3931.** vos *(ASMR, vs PBCT).* **3937.** Mes t. v. resai *(A, S* Et, *PR* je v. s.
t., vs *CT, M* v. vei). **3944.** *Noter la variante de PBRT,* parleriés, *pour établir
apparemment une rime riche, mais l'accord ASC est en faveur de la leçon*
plediez, *avec la diérèse qui a gêné le scribe de C, mais qui rime avec la
désinence dissyllabique au vers précédent.* **3948.** *Leçon de MPCRTO. Var.
AB* queïsse. **3954.** *Sur l'emploi de* ne *coordonnant après un premier élément
positif, voir Ph. Ménard, Syntaxe. § 214 Remarque. Cp. M* Et n'i. **3955.** *Leçon
de PCRO, M. Var ASB* Einçois.

et lui dit : « Cher neveu, je souffre
de vous voir si impétueux
que je crains le chagrin après la joie.
Vous avez fait mon bonheur, je l'avoue,
mais j'ai grand-peine à consentir
à vous envoyer au combat,
quand je vous vois si jeune encore.
Toutefois je vous sais d'un cœur si fier
que je n'ose à aucun prix refuser
chose que vous me demandiez.
Un ordre de vous suffirait,
sachez-le, à son exécution.
Mais si ma prière avait quelque valeur,
vous ne vous chargeriez pas du poids de cette affaire.
– Sire, il est vain de discuter,
fait Cligès ; Dieu veuille ma mort
si je n'aimais mieux livrer bataille
que de recevoir le monde en partage !
Je ne vois aucune raison
pour tarder ni demeurer. »
L'empereur pleure de pitié,
mais Cligès en pleure de joie
quand il lui octroie la bataille.
On versa de nombreuses larmes,
mais on ne prit aucun retard :
avant que ce fût l'heure de prime,
le propre messager du duc
vint lui annoncer la bataille
conformément à sa demande.
Le duc est bien persuadé
que Cligès ne saura pas l'empêcher
de le tuer et de le vaincre au plus vite.

Isnelement armer se fait.
Cligés, cui la bataille tarde,
3964 De tout ce ne cuide avoir garde
Que bien vers lui ne se desfende.
L'empereor armes demande
Et velt que chevalier le face,
3968 Et l'empereres par sa grace
Li done armes, et cil les prent,
Cui li cuers de bataille esprent
Et molt la desirre et covoite.
3972 De bien armer sa teste esploite,
Quant armez fu de chief en chief,
L'empereres, qui molt fu grief,
Li a l'espee ceinte au flanc.
3976 Cligés desor l'arrabi blanc   [fo 106 va]
S'en monte armez de boennes armes.
Son escu prent par les enarmes
Qui estoit d'un os d'olifant
3980 Tel qu'il ne brise ne ne fent,
Ne n'i ot color ne peinture.
Toute fu blanche l'armeüre
Et li destriers et li hernois.
3984 Si fu touz blans come une nois.
Cligés et li dux sont armé.
S'a li uns a l'autre mandé
Qu'a la mivoie assembleront,
3988 Et d'ambes parz lor genz seront
Tuit sanz espees et sanz lances,
Par seremenz et par fiances
Que ja tant hardi n'i avra,
3992 Tant com la bataille durra,
Qui s'ost movoir por nul mal faire
Ne plus qu'il s'oseroit l'ueil trere.

▶ * **3966.** L'empereres. **3975.** Li ra *(C isolé dans son groupe)*. **3986.** li uns
l'autre demandé. **3987.** monjoe *(CT)*.
** **3972.** De lui armer molt tost s'e. *(S,A formant s'e. Cp. P De l'a. se haste
et e., vs BCRT, M)*. **3975.** Li va l'e. ceindre *(ASP, vs BCR, TM)*. **3977.** de
totes armes *(ASP, vs MBCRT)*. **3978-3979.** *Var. A, S A son col pant... / Un
escu,* mais la guige *serait plus appropriée que* les enarmes. *La leçon de AS
gardée par W. Foerster, Cl. Luttrell et S. Gregory, ne doit donc pas être
retenue.* **3984.** plus b. que nule n. *(A, S Tos fu, P Fu tos, vs BCT, R)*.

Il se fait armer promptement.
Cligès, impatient de se battre,
ne pense nullement avoir à craindre
de ne pouvoir lui résister.
Il demande des armes à l'empereur
et le prie de l'armer chevalier.
L'empereur avec bienveillance
lui donne des armes, qu'il prend
d'un cœur enflammé à l'idée de se battre
ainsi qu'il en a le désir.
Il se hâte de s'armer,
et quand il fut armé de pied en cap,
l'empereur, avec tristesse,
va lui ceindre l'épée au côté.
Cligès, sur le cheval arabe blanc,
monte armé de toutes ses armes.
Il prend par les brides son écu
qui était en os d'éléphant
impossible à briser ni à fendre,
et où il n'y avait couleur ni peinture.
Son armure était toute blanche
et le cheval et les harnais
étaient plus blancs que neige.
Cligès et le duc sont en armes.
Chacun a fait savoir à l'autre
qu'ils se rencontreront à mi-chemin,
leurs gens restant de part et d'autre,
tous, sans leurs épées ni leurs lances,
après avoir fait le serment
qu'aucun ne sera si hardi,
aussi longtemps qu'ils se battront,
pour oser bouger dans un but hostile,
pas plus qu'il n'oserait s'arracher un œil.

Par cest covent sont assemblé,
3996 S'a a chascun molt tart semblé,
C'avoir cuidoit chascuns la gloire
Et la joie de la victoire.
Mais einz que cop feru i ait,
4000 L'empererriz mener s'i fait,
Qui por Cligés est trespensee.
Mais de ce est bien apensee
Que s'il i muert ele i morra.
4004 Ja nus aidier ne l'en porra
Qu'avec lui morir ne se lait,
Car sanz lui vie ne li plait.
Quant el champ furent tuit venu,
4008 Haut et bas et juene et chenu,
Et les gardes i furent mises,
Lors ont andui lor lances prises,
Si s'entrevienent sanz feintise
4012 Si que chascun sa lance brise,
Et des chevaux a terre vienent
4014 Si que as seles ne se tienent,
   1 Mais tost resont en piez drecié
   2 Quar ne furent de rien blecié,
   3 Si s'entrevienent sanz delai.
   4 As espees notent .I. lai
   5 Sor les hiaumes qui retentissent
   6 Si que lor genz s'en esbaïssent,
Et semble a cels qui les esgardent
4016 Que lor hiaume espreignent et ardent,
Et quant les espees resaillent,   [fo 106 vb]
Estenceles ardanz en saillent
Ausi come li fers qui fume
4020 Que li fevres bat sor l'enclume,
Quant il le trait de la favarge.

▶ * **4007.** en c. **4014.** / 1. en pré (*R isolé*). **4014/** 2. blescié. **4014/** 5. S. les
haubers (*SR*). **4014/** 6. les g. (*R isolé*). **4021.** Lors quant il le retrait (*C, T* le
t., *M* le fiert) et sache (*C, T* encarge, *M* le charge). *Corr. d'après SP, R* (*B*
fornage, *A* faunarge).
** *** **3997.** cuide (*SB, vs PCR*). **4002.** s'est (*AP*). **4004.** ne li (*AM, vs CRT*).
Après **4014.** *CT omettent six vers que nous donnons d'après R, le manuscrit
le plus proche.* **4016.** li h. (*ASMP, vs BCRT*). **4019.** de fer (*ASBR, vs MPC,
T*).

Cet accord conclu, le combat s'engage.
Chacun a trouvé le temps long,
persuadé d'avoir la gloire
et la joie de la victoire.
Mais avant qu'on ait frappé un coup,
l'impératrice se fait mener sur les lieux,
pleine d'anxiété pour Cligès.
Mais elle est bien déterminée,
s'il meurt, à mourir elle-même.
Aucune aide ne l'empêchera
de se laisser mourir avec lui,
car, sans lui, elle n'a plus le goût de vivre.
Quand tous furent venus sur le terrain,
puissants et humbles, jeunes et vieux,
et que les gardes furent en place,
ils ont tous deux saisi leur lance,
et ils s'attaquent pour de bon,
si bien que chacun brise sa lance.
Ils sont tombés de leurs chevaux,
sans pouvoir rester en selle,
mais les voici vite debout,
car ils n'avaient pas de blessures,
et ils s'attaquent sans tarder.
De leurs épées, ils jouent un air
sur les heaumes qui retentissent,
à l'étonnement général.
Il semble à ceux qui les regardent
que leur heaumes prennent feu et brûlent.
Lorsque les épées rebondissent,
des étincelles ardentes en jaillissent
comme du fer fumant
que le forgeron bat sur l'enclume,
quand il le tire de la forge.

Molt sont andui li vasal large
De cops doner a grant plenté.
4024 Chascuns a boenne volenté
De rendre quanque il acroit,
Ne cist ne cil ne se recroit
Que tout sanz conte et sanz mesure
4028 Ne rende chetel et usure
Li uns a l'autre sanz respit.
Mais le duc vint a grant despit,
Et molt en est iriez et chauz,
4032 Quant il au premerein enchauz
N'avoit Cligés conquis et mort.
.I. grant cop merveilleus et fort
Li done tel que a ses piez
4036 Est d'un genoil agenoilliez.
Por le cop dont Cligés cheï
L'empereres s'en esbahi
N'onques mains esperduz n'en fu
4040 Que se il fust desouz l'escu.
Lors ne se pot mie tenir,
Que qu'il l'en deüst avenir,
Fenice, tant fu esbahie,
4044 Qu'ele ne criast : « Dex ! aïe ! »
Au plus haut que ele onques pot,
Mais ele ne cria c'un mot,
Qu'aranment li failli la voiz,
4048 Et si cheï pasmee en croiz
Si qu'el vis est .I. poi bleciee.
Dui haut baron l'ont redreciee,
Si l'ont tant sor les piez tenue
4052 Que en son sen fu revenue,
Mais onques nus qui la veïst,

▶ * **4027.** s. cop (*C, S* colpe). **4042.** Que que il l'en doie a. *(BC).* Corr. d'après *AS (MPR* Que que).

** **4024.** S'a ch. *(ASP, vs MBCRT).* **4025.** De tost r. ce qu'il *(AS, vs C, MPBRT* tot r. q. qu'il). **4026.** s'en r. *(MAP, vs CRT).* **4030.** vient *(SAPR, vs MCT, B).* Sur l'emploi du régime direct avec le tour impersonnel, cf. B. Woledge, Syntaxe, § 54-57. **4032.** as premerains *(ASMB).* Mais seuls PC ont préservé à la rime enchauz au sens dérivé d'«attaque » (var. ASMBR assauz), leçon originale. **4038.** molt s'esbahi *(sauf SC).* **4049.** s'est *(PMS).* Var. *BR* fu.

Les deux guerriers avec largesse
distribuent quantité de coups.
Ils ont chacun à cœur
de vite rendre ce qu'on leur prête.
Ni l'un ni l'autre ne se lasse
de rendre sans compter ni mesurer
capital et intérêts
à l'adversaire et sans tarder.
Mais le duc bouillant de colère
a éprouvé un grand dépit
de n'avoir, au premier assaut,
pu vaincre ni tuer Cligès.
Il lui assène un coup prodigieux,
si formidable qu'à ses pieds
Cligès a mis un genou en terre.
Devant le coup qui fit tomber Cligès,
l'empereur fut saisi de stupeur.
Sa confusion n'était pas moindre
que s'il eût été sous l'écu lui-même.
Fénice, alors, dans sa stupeur,
n'a pas pu se retenir,
au mépris des conséquences,
de s'écrier : « Mon Dieu, pitié ! »
à haute voix, le plus fort qu'elle put,
mais ces mots furent son seul cri,
car la voix lui manqua aussitôt,
elle tomba pâmée, les bras en croix,
en se blessant un peu au visage.
Deux hauts seigneurs l'ont relevée,
et l'ont soutenue debout sur ses jambes
jusqu'à ce qu'elle eût repris connaissance,
mais personne, en la voyant,

Quel que semblant qu'ele feïst,
Ne sot por qu'ele se pasma.
4056 Onques nus hom ne l'en blama,
Einçois l'en ont loëe tuit,
Car n'i a .I. seul qui ne cuit   [fo 107 ra]
Q'autel feïst ele de lui
4060 Se il fust en leu de celui,
Mais de tout ce nient n'i a.
Cligés, quant Fenice cria,
L'oï molt bien et entendi.
4064 La voiz force et cuer li rendi,
Si resaut sus isnelement
Et vint au duc iriement.
Si le requiert et envaïst
4068 Si que li dus s'en esbahist,
Que plus le trueve bataillant,
Fort et hardi et assaillant
Que il n'avoit fet, ce li semble,
4072 Quant il vindrent premiers ensemble,
Et por ce qu'il crient son asaut
Li dit : « Vallet, se Dex me saut,
Molt te voi corageus et preu,
4076 Mais se ne fust por mon neveu
Que je n'oublierai ja mais,
Volentiers feïsse a toi pais
Et la querele te lessasse,
4080 Que ja mais plus ne m'en mellasse.
    – **D**ux, fait Cligés, que vos en plaist ?
Donc ne covient que son droit laist
Cil qui recovrer ne le puet ?
4084 De .II. mals, quant fere l'estuet,
Doit l'en le mains mauvais eslire.
Quant a moi prist tençon et ire
Vostre niés, ne fist pas savoir.
4088 Tout autretel, poez savoir,

▶ ** **4054.** Quel s. que ele *(AB).* **4068.** *Var. AB* Que li d. toz s'en e. **4070.** F. et legier *(ASMPB, vs CRT). Mais ASMR offrent une moins bonne rime* (conba-tant). *Seuls PB ont préservé la meilleure leçon sur l'ensemble du vers.* **4074.** dist *(sauf CR).* **4076.** Et se *(AMR, vs SPBCT).* **4080.** lassasse *(APRO – on lit dans M* ne m'en la[...] *– vs SBC).*

quoi qu'elle eût laissé paraître,
n'en devina la raison.

Personne ne l'en a blâmée,
tous font son éloge au contraire,
car chacun est persuadé
qu'elle aurait fait pour lui de même
si c'était lui qui fût en cause,
mais il n'en est rien.

Cligès, quand Fénice a crié,
l'a entendue très nettement.
Sa voix lui a rendu force et courage,
il se redresse d'un seul coup
et marche sur le duc plein de colère.

Il l'attaque et lui fait assaut,
à la grande surprise du duc
qui le trouve plus combatif,
plus vigoureux, agile et agressif
qu'il ne l'avait été, lui semble-t-il,
au tout début de leur rencontre.

Comme il redoute son attaque,
il lui a dit : « Jeune homme, Dieu me garde,
je te vois courageux et très vaillant.
Si ce n'était pour mon neveu
que je n'oublierai jamais,
j'aurais volontiers fait la paix avec toi
et laissé là cette querelle
sans plus jamais y user mes forces.

– Duc, fait Cligès, à votre avis,
ne doit-on pas laisser là son droit
quand on ne peut le recouvrer ?
De deux maux, quand c'est nécessaire,
il faut choisir le moindre.
Votre neveu a manqué de sagesse
en se prenant de querelle avec moi.
Vous connaîtrez, si faire se peut,

Ferai de vos se j'onques puis,
Se boenne pais en vos ne truis. »
Li dux, cui sembloit que Cligés
4092   Creissoit en force tot adés
Pense que meuz li vient assez,
Einz qu'il par soit del tout lassez,
Qu'il enmi son chemin recroie
4096   Et qu'il retort d'ami la voie
Qu'il aut dou tout a male voie.
Neporquant pas ne s'i desnoie
La verité tout en apert,   [fo 107 rb]
4100   Et dit : « Vallet, bel et apert
Te voi molt et de grant corage,
Mes molt par iés de juenne aage.
Por ce me pens et sai de fi
4104   Que se je te veinc et oci,
Ja los ne pris n'en aquerrai,
Ne ja preudome ne verrai
Oiant cui regeïr deüsse
4108   Que a toi combatuz me fusse,
Qu'enor te feroi[e] et moi honte.
Et se tu sez que honor monte,
Granz honors te sera touz jorz
4112   Que tu solement .II. estorz

▶ * **4089.** se je o. **4091.** qui semblant (*corr. d'après PB, R*). **4098.** *On lit plutôt* desvoie *que* desnoie. *Dans R le vers est répété :* N. ne s'i desvoie *se lit d'abord nettement. On peut hésiter ensuite entre* N. pas ne s'i desvoie *ou* desnoie.
** **4092.** *Leçon de SPCR. Var. AMB* Creüst. **4097-4098.** *Ces deux vers qui manquent dans S et qu'ont rejetés W. Foerster et A. Micha sont pourtant authentiques. Un bourdon est probable. A a remanié le passage mais gardé le v. 4097. M. à qui manque 4097-4098, a gardé 4096 comme dans C. P saute 4096 et 4097 et enchaîne :* Neporquant pas ne se desvoie / Ainsi li a dit t. *B présente les deux distiques et fournit la solution, à condition de corriger :* de la une voie *en* de la mivoie (*comme T, et cf. supra, v. 3987*), *et de lire :* Et nonporqant pas ne desnoie *plutôt que* desvoie (*cp. T* denoie), *c'est-à-dire une forme du verbe* desnoer, *comme dans Béroul, v. 400 : « Sire, le voir vos en desno »* (*noter l'hésitation dans Tobler-Lommatzsch sur ce vers, Bd. 2, s.v., col. 1659, entre* desvo *et* desno). *D'où la correction de Cl. Luttrell et S. Gregory :* a male voe / ... ne li desnoe (*sur le modèle de S,* ne li outroie). **4100.** Ains dit (*B, S En*). *Var. AS* gent et a. **4101.** *Leçon de SBCR. Var. AP* de fier c. **4102.** Mes trop (*APR, vs C, B*). **4104.** v. ou o. (*A, P* ne, *vs BC*). *Cf. supra, v. 3902.* **4105-4106.** aquerroie / ...verroie (*ASPR, vs MBC*). **4110.** *Var. AS* Mes. **4112.** *Var. AS* Ce que s.

le même sort, sachez-le bien,
si je ne trouve en vous de garantie de paix. »
Le duc, aux yeux de qui Cligès
semblait croître toujours en force
pense qu'il lui vaut beaucoup mieux,
avant d'être épuisé complètement,
abandonner à mi-parcours,
et de là rebrousser chemin,
plutôt que d'aller à sa perte.
Cependant il ne reconnaît pas
aussi ouvertement la vérité,
mais dit : « Tu es un beau et franc jeune homme,
à ce que je vois, et de grand cœur,
mais tu es encore très jeune,
et je me dis qu'assurément,
si je te vaincs ou te tue,
je n'y gagnerai gloire ni renom,
et je ne verrai d'homme d'honneur
à qui j'oserais avouer
avoir combattu contre toi :
ce serait te faire honneur et me faire honte.
Mais, si tu sais ce qu'est l'honneur,
tu auras à jamais la gloire
d'avoir, le temps de deux assauts,

T'iés contre moi contretenuz.
Or m'est cuers et talenz venuz
Que la querele te guerpisse,
4116   Ne que a toi plus ne champisse.
— Dus, fet Cligés, ne vos i vaut !
Oianz touz le diroiz en haut,
Ne ja n'iert dit ne reconté
4120   Que vos m'aiez fete bonté
Ne que de moi aiez merci.
Oiant trestouz cels qui sont ci
Le vos covendra recorder,
4124   S'a moi vos volez acorder. »
Li dus oianz touz le recorde.
Einsint ont fet pes et acorde,
Mais coment que li plaiz soit pris,
4128   Cligés ot l'ennor et le pris
Et li Greu molt grant joie en orent.
Mais li Saine rire ne porent,
Car bien orent trestuit veü
4132   Lor seignor las et recreü,
Ne ne fait pas a demander
Que s'il le peüst amender,
Ja ceste acorde ne fust faite,
4136   Einz eüst Cligés l'ame traite
Dou cors, se il le poïst faire.
Li dus en Sesoigne repaire,
Dolenz et maz et vergondeus,
4140   Car de ses homes n'i a deus   [fo 107 va]
Qui nel tieignent por mescheant,
Por failli et por recreant.
Li Saine o toute lor vergoigne
4144   S'en sont reperié en Sessoigne,
Et li Grezois plus ne sejornent,

▶ * 4114. C'or *(CT)*. 4125. li r. 4141. Qu'il nel tieigne. *Corr. d'après APR
(vs MBC).*
** 4113. anvers moi *(ASB, vs MPCT)*. 4120. *Leçon de MPCT. Var. AB* m'an
aiez fet. 4121. *Var. AS* Einz que de vos aie merci. *W. Foerster n'a pas retenu
cette version plus arrogante dans le ton.* 4128. *Var. P, A* le los. 4130. n'en
p. *(ASMP, vs BCR).* 4144. *Leçon de PBCR. Var. AS* retorné.

pu me résister de la sorte.
Allons ! J'ai au cœur le désir
de t'abandonner la querelle
et de cesser ce combat avec toi.
– Duc, fait Cligès, c'est sans valeur !
Il vous faut le dire en public,
et l'on n'ira pas raconter
que vous m'avez fait une faveur
ou que vous m'avez fait grâce.
Devant tous ceux qui sont ici,
il vous faudra le déclarer,
si vous voulez que nous fassions la paix. »
Le duc en fait déclaration publique.
Ainsi se sont-ils accordés,
mais quelle qu'en fût la manière,
l'honneur en revint à Cligès
et les Grecs en furent joyeux.
Mais les Saxons n'avaient pas le cœur à rire,
car ils avaient tous bien pu voir
leur seigneur recru de fatigue,
et il ne fait pas le moindre doute
que, s'il avait pu faire autrement,
la paix n'eût pas été conclue,
mais il eût arraché à Cligès l'âme
du corps, s'il avait pu le faire.
Le duc s'en retourne en Saxe,
triste et sombre, et rempli de honte
car il n'y a pas deux de ses hommes
qui ne tiennent l'infortuné
pour un lâche et pour un vaincu.
Couverts de honte, les Saxons
sont retournés en Saxe,
et les Grecs ne s'attardent plus :

En Costentinoble retornent.
Cligés a aquité la voie.
4148 Or ne les siut plus ne convoie
Li empereres d'Alemeigne.
Au congié de la gent grifeigne
Et de sa fille et de Cligés
4152 Et de l'empereor aprés
Est en Alemeigne remés.
Et li empereres des Grés
S'en vet molt bauz et molt haitiez.
4156 Cligés li preuz, li afetiez,
Pense au comandement son pere.
Se ses oncles li empere
Le congié li velt otroier,
4160 Requerre l'ira et proier
Qu'an Breteigne le lait aler
A son oncle le roi parler,
Car conoitre et veoir le velt.
4164 Devant l'empereor s'aquelt,
Et si li prie, se lui plest,
Qu'an Breteigne aler le lest
Veoir son oncle et ses amis.
4168 Molt doucement l'en a requis,
Mais ses oncles l'en escondit
Quant ot sa requeste et son dit
Trestoute oïe et escoutee.
4172 « Biaus niés, fait il, pas ne m'agree
Ce que partir volez de moi.
Ja cest congié ne cest otroi
Ne vos donrai qu'il ne me griet,
4176 Car molt me plait et molt me siet
Que vos soiez compaiz et sire
Avec moi de tot mon empire. »
Or n'ot pas chose qui li siee
4180 Cligés, quant ses oncles li vee

▶ * **4155.** preuz. *Corr. d'après* ASMP. **4175.** que ne me g. **4180.** ongles.
** **4146.** *Vers* C. *(AS, vs* MPBCR). *Après* **4146.** MPBCT *om.* A grant joie
et a grant leesce / Car bien lor a par sa proesce / C. aquitee la v. *(AR, S).*

ils repartent vers Constantinople
[remplis de joie et d'allégresse,]
maintenant que la voie est libre
[grâce à Cligès et à sa bravoure].
L'empereur d'Allemagne, désormais,
a cessé de leur faire escorte.
Prenant congé de la troupe des Grecs,
de sa fille, de Cligès
et, pour finir, de l'empereur,
il est resté en Allemagne.
Quant à l'empereur des Grecs,
il s'en va tout gai et joyeux.
Cligès, en homme du monde et en brave,
pense aux recommandations de son père.
Si son oncle l'empereur
consent à le laisser partir,
il lui demandera la permission
d'aller en Grande-Bretagne
parler à son oncle, le roi,
qu'il désire voir et connaître.
Il se rend devant l'empereur
et lui fait la prière, s'il lui plaît,
de le laisser aller en Bretagne
voir son oncle et ses amis.
Il le demande avec délicatesse,
mais son oncle le lui refuse,
après avoir tout écouté
de la requête qu'il faisait.
« Cher neveu, fait-il, je vois sans plaisir
que vous désirez me quitter.
Jamais vous n'obtiendrez sans qu'il m'en pèse
cette permission de partir,
car il me plaît et me convient
que vous partagiez avez moi
la souveraineté de tout l'empire. »
Mais ce qu'il entend ne plaît pas
à Cligès, quand son oncle lui refuse

Ce qu'il li demande et requiert,
Et dit : « Biaus sire, a moi n'afiert,
Ne tant preu ne sages ne sui

4184 Qu'avec vos n'avecques autrui   [fo 107 vb]
Ceste compeignie reçoive
Que empire meintenir doive.
Trop sui enfes et petit sai.

4188 Por ce touche on l'or a l'essai
Qu'en velt savoir se il est fins,
Einsint vueil je, ce est la fins,
Moi essaier et esprover

4192 La ou je cuit l'essai trover.
En Breteigne, se je sui preuz,
Me porrai touchier a la queuz
Et a l'essai fin et verai

4196 Ou ma proesce esproverai,
Qu'en Breteigne sont li preudome
Qu'enors et proesce renome.
Et qui velt honor gaaignier,

4200 A cels se doit acompeignier,
Qu'enor i a, et si gaaigne
Qui a preudome s'acompeigne.
Por ce le congié vos demant,

4204 Et sachiez bien certeinement
Que se vos ne m'i envoiez
Et le don ne m'en otroiez,
Que g'irai sanz vostre congié.

4208 – Biaus niés, einçois le vos doins gié,
Quant je vos voi de tel maniere
Que par force ne par priere
Ne vos porroie retenir.

4212 Or vos doint Dex dou revenir
Corage et volenté par tens.
Des que priere ne desfens
Ne force n'i avroit mestier,

▶ * **4181.** et li q. *(C isolé)*. **4185.** Oen c. *Corr. d'après AS.* **4186.** Qu'anpereres
(SBC). Corr. d'après PR(A). **4189.** s'il est bien f. *(CR). Corr. d'après*
MPT(A).
** **4208.** *Sur la forme* doins, *voir M.K. Pope, § 958-959.*

la requête qu'il lui adresse.
« Sire, dit-il, ce n'est pas à moi,
qui ne suis assez vaillant ni sage,
qu'il revient d'être celui
qui en compagnie de vous ou d'autrui
ait à régner en empereur.
Je suis trop jeune et j'en sais peu.
On essaie l'or à la pierre de touche,
quand on veut savoir s'il est pur.
Je veux moi aussi, pour tout dire,
faire l'épreuve de moi-même
là où se trouve, à mes yeux, la pierre de touche.
En Bretagne, si j'en ai la vaillance,
je pourrai me soumettre à l'essai
de la pierre fine et vraie
où j'éprouverai ma prouesse,
car les hommes de bien sont en Bretagne,
ceux que l'honneur et la prouesse illustrent,
et qui veut gagner en honneur
doit être de leur compagnie,
car là est l'honneur et l'on retire profit
à être compagnon d'un brave.
C'est pourquoi je vous demande congé.
Sachez-le avec certitude :
si vous ne m'y envoyez pas
et que vous m'en refusiez la faveur,
je m'en irai sans votre permission.
– Cher neveu, je vous la donne plutôt,
quand je vous vois de telle humeur
que par force ni par prière,
je ne pourrais vous retenir.
Puissiez-vous bientôt, par la grâce de Dieu,
avoir l'envie de revenir !
Puisque prière ni défense
ni force ne serviraient à rien,

4216 D'or et d'argent plus d'un setier
Vueil que vos en façoiz porter,
Et chevaus por vos deporter
Vos donrai tout a vostre eslite. »
4220 N'ot [pas] bien sa parole dite
Quant Cligés l'en a encliné.
Tout quanque li a destiné
Li empereres et promis
4224 Li fu devant maintenant mis.
Cligés tant com lui plot et sist
D'avoir et de compeignons prist,
Mais a oés le suen cors demaine
4228 Quatre divers chevaus en maine,   [fo 108 ra]
.I. blanc, .I. sor, .I. fauve, .I. noir.
Mais trespassé vos dui avoir
Ce qu'a trespasser ne fait mie.
4232 Cligés a Fenice s'amie
Va congié prendre et demander,
Q'a Deu la voudra comander.
Devant lui vint, si s'agenoille,
4236 Plorant, si que de[s] lermes moille
Tout son bliaut et son hermine,
Et vers terre les euz encline,
Que de droit esgarder ne l'ose,
4240 Ausi come d'aucune chose
Ait vers lui mespris et forfait,
Si semble que vergoigne en ait.
Et Fenice qui le regarde
4244 Come pensive et coarde,
Ne set quex aferes le maine,
Si li a dit a quelque paine :
« Amis, biaus sire, levez sus,
4248 Seez lez moi, ne plorez plus,
Et dites moi vostre plesir.

▶ * **4236.** de l. *(C isolé dans son groupe).*
** **4216.** *Var. A, M* plain un s. **4228.** *Var. AM* destriers. **4235.** D. li vient *(ASBRT, vs PMC).* **4236.** *Var. AM* P. que de ses l. **4244.** *Leçon de MCRT (-1), B* si c. *Mais S a* paorse, *forme corrompue pour* peoreuse *(cf. P* pereceuse, *qui ne convient pas pour le sens), leçon adoptée par W. Foerster, Cl. Luttrell et S. Gregory.*

je veux que vous emportiez avec vous
plus d'un setier d'or et d'argent,
et je vous donnerai à choisir
des chevaux pour votre plaisir. »
Il n'eut pas plus tôt fini de parler
que Cligès s'est incliné devant lui.
Tout ce que lui a destiné
l'empereur et qu'il lui a promis
fut aussitôt mis devant lui.
Cligès a pris autant de biens
et de compagnons qu'il lui plaisait,
mais pour son usage personnel,
il emmène quatre chevaux de robes différentes,
un blanc, un alezan, un fauve, un noir.
Mais j'ai failli vous passer sous silence
ce qu'il ne faut surtout pas taire.
Cligès, auprès de son amie, Fénice,
est allé prendre congé.
Il veut la recommander à Dieu.
Il vient devant elle et il s'agenouille
tout en pleurs, mouillant de ses larmes
sa tunique avec son hermine,
gardant les yeux baissés à terre,
sans oser la regarder en face,
comme s'il avait de façon ou d'autre
commis une faute envers elle.
Il a tout l'air d'en avoir honte,
et Fénice qui le regarde
tout intimidée et craintive
ne sait quelle affaire le mène.
Elle lui dit, faisant effort sur elle-même :
« Mon ami, cher seigneur, relevez-vous.
Asseyez-vous sans pleurer près de moi,
et dites-moi ce qu'il vous plaît.

– Dame, que dire, que taisir ?
Congié vos quier. – Congié, de quoi ?
4252 – Dame, en Breteigne aler en doi.
– Donc me dites por quel besoigne,
Einçois que je congié vos doigne.
– Dame, mes peres me pria,
4256 Quant il morut et devia,
Que por rien nule ne lessasse
Qu'en Breteigne ne m'en alasse
Tantost com chevaliers seroie.
4260 Por rien nule, je ne voudroie
Son commandement trespasser.
Ne m'estovra gaires lasser
Por aler de ci jusque la.
4264 Jusqu'en Grece molt grant voie a,
Et se je en Grece en aloie,
Trop me seroit longue la voie
De Costentinoble en Breteigne.
4268 Mes droiz est qu'a vos congié preigne
Come a cele qui je sui touz. »
Molt a fait soupirs et sanglouz
Au partir celez et coverz,
4272 Car nus n'ot tant les euz overz   [fo 108 rb]
Ne tant n'i oï clerement
Qu'apercevoir certeinement
D'oïr ne de veoir seüst
4276 Que entre els .II. amor eüst.
Cligés, ja soit ce que li poist,
S'em part tant dis com il li loi[s]t.
Pensis s'en vet, pensis remaint
4280 L'empereres et autre maint,
Mais Fenice est sor touz pensive.
Cele ne trueve fonz ne rive
El penser dom ele est emplie,

▶ * **4275.** ne ne de v.
** **4254.** le c. *(ASM, vs CP).* **4258.** *Leçon de MCR, S. Var. AT* Que je an
B. n'a. **4265.** *Leçon de SMCRT. Var. APB* Et se an G. m'an a. **4270.** *Leçon
de BCRT, M. Var. A* ot fez, *P* faisoit. **4272.** *Var. P* C'ainc, *S* Einz. **4278.** tantost
c. *(AB, P* au plus tost qu'il, *vs MCR, T).* **4282.** *Leçon de MBCRT. Var. ASP*
Ele.

– Madame, que dire ? Que taire ?
Je vous demande votre permission. – De quoi ?
– Madame, je dois aller en Bretagne.
– Dites-moi donc pour quelle affaire
avant que je vous le permette.
– Madame, à l'heure de sa mort,
mon père me fit la prière
de ne manquer à aucun prix
de partir en Grande-Bretagne
dès que je serais chevalier.
Je ne voudrais pour rien au monde
passer outre à son injonction.
Il ne me faudra guère d'efforts
en partant d'ici pour y aller.
La route est longue jusqu'en Grèce,
et si je m'en allais en Grèce,
le voyage serait trop long
de Constantinople en Bretagne.
Mais je vous en fais la demande,
comme il se doit pour celle à qui je suis tout entier. »
Que de sanglots, que de soupirs n'a-t-il poussés
au départ, tout en se cachant,
car nul n'avait les yeux si grands ouverts
ni non plus l'ouïe si fine
qu'il pût en regardant ou en écoutant
s'apercevoir à l'évidence
d'un quelconque amour entre eux deux.
Cligès, en dépit de sa peine,
s'éloigne aussitôt qu'il lui est permis.
Pensif il s'en va, pensif reste
l'empereur, et plus d'un avec lui,
mais la plus pensive est Fénice.
Elle ne trouve fond ni rive
aux pensées dont elle est envahie,

4284   Tant li habonde et monteplie.
       Pensive est en Grece venue.
       La fu a grant honor tenue
       Come dame et empererriz,
4288   Mais ses cuers et ses esperiz
       Est a Cligés, quel part qu'il tort,
       Ne ja ne quiert qu'a lui retort
       Ses cuers, se cil nel li raporte
4292   Qui muert dou mal dom ele [est] morte,
       Et s'il garist, ele garra,
       Ne ja cist ne le comparra
       Qu'ele autresi ne le compert.
4296   En sa coulor ses mals apert,
       Qui molt est palie et changie.
       Molt est de sa face estrangie
       La coulor fresche et clere et pure
4300   Que asise i avoit Nature.
       Sovent plore, sovent soupire.
       Molt li est poi de son empire
       Et de la richece qu'ele a.
4304   L'ore que Cligés [s']en ala
       Et le congié qu'il prist a lui,
       Come il chanja, come il pali,
       Les lermes et la contenance
4308   A touz jorz en sa remembrance,
       Qu'ausint vint devant lui plorer
       Com s'il la deüst aorer,
       Humbles et simples, a genouz.
4312   Tout ce li est plesant et douz
       A recorder et a retrere.
       Aprés por boenne bouche faire
       Met sor sa langue en leu d'espece
4316   .I. douz mot que por toute Grece   [fo 108 va]

▶ * **4297.** et pale. *Corr. d'après R.* **4298.** de biauté e. **4301.** et sovent s. **4303.** de sa r. *(BC).* **4304.** C. en a. *(BC).* **4309.** Que le vit *(CT). Corr. d'après P* (K'ausi) *et S* (C'ansis). *Pour la tournure, voir supra, vv. 3159-3160. D'où notre correction plutôt que de suivre R* Qui si vint. **4315.** soz *(BC). Confusion paléographique fréquente entre* r *après* o *et* z.

** **4286.** *Leçon de MPBCT. Var. A* A g. enor i fu t. **4290.** a li. **4292.** d. il l'a morte *(AMP, B, vs CRT).* **4294.** cil *(sauf MC).* **4297.** Car *(AM, P).* **4299.** *Leçon de PCRT, M. Var. AS* f. c. et p. **4305.** a li. **4309.** devant li.

tant elles se multiplient et abondent.
Pensive, elle est venue en Grèce.
Là, elle eut droit à de grands honneurs
comme souveraine et impératrice,
mais son cœur et son esprit
sont à Cligès, où qu'il aille,
et elle ne cherche pas le retour
de son cœur, s'il ne le rapporte,
lui qui se meurt du mal dont il l'a laissée morte,
et si lui guérit, elle guérira,
et ce qu'il lui en coûtera
est pour elle aussi le prix à payer.
A sa couleur, son mal est visible ;
son teint est pâle et altéré.
De son visage s'est effacée
la fraîche couleur, claire et pure,
qu'y avait disposée Nature.
Souvent elle pleure et souvent soupire.
Peu lui importe son empire
et toute sa magnificence.
L'heure où Cligès s'en est allé
et le congé qu'il a pris d'elle,
son visage altéré, sa pâleur,
ses larmes et sa contenance,
elle garde tout en mémoire :
il était venu pleurer devant elle
comme s'il était en adoration,
à genoux, le cœur humble et sincère.
Il lui est agréable et doux
de se remémorer le tout.
Puis, gardé pour la bonne bouche,
elle met sur sa langue comme une épice
un doux mot dont, pour la Grèce entière,

Ne voudroit que cil qui le dist
En cel sen que ele le prist
I eüst pensee de feintié,
4320 Qu'ele ne vit d'autre daintié
Ne autre chose ne li plait.
Cist seus moz la soustient et paist
Et tout son mal li asoage,
4324 D'autre mes ne d'autre brevage
Ne se quiert paistre n'abevrer,
Car quant ce vint au desevrer
Dist il que il estoit touz suens.
4328 Cist moz li est si douz et boens
Que de la langue au cuer li toche,
Sel met au cuer et en la bouche
Por ce que plus en soit seüre,
4332 Desouz nulle autre serreüre
N'ose cel tresor estoier.
Nel porroit si bien aloier
En autre leu come en son cuer.
4336 Ja nel metra fors a nul fuer,
Tant crient larrons et robeors.
Mais de neent li vient poors
Et por neent crient les escobles,
4340 Que cil avoirs n'est mie mobles,
Einz est ausi come edefiz
Qui ne puet estre desconfiz
Ne par deluge ne par feu
4344 Ne ja ne se movra d'un leu.
Mais ele n'en est pas certeine,
Por ce met contençon et poine
A encerchier et a aprendre
4348 A coi ele se porra prendre,
Qu'an plusors manieres l'espont.

▶ * 4317. que il n'eüst dit *(C, T)*. *Corr. d'après ASPR.* 4319. Qu'il n'i ot pensé
de f. *Corr. d'après SPR.* 4323. si a. 4327-4328. suens t. / C. m. li est b. et
d. *(C isolé)*. 4330. Si que au c. *(SC)*. *Corr. d'après AR.* 4344. del l. 4349. respont.
** 4318. En celui s. qu'ele *(AS, vs PBC)*. 4327. Dist Cligés qu'il *(AP, S, vs
CR, T, M, B)*. 4331. *Var. AM* mialz. 4340. cist *(ASMPR, vs BCT)*.
4346. cusançon *(SBR, vs MPC)*.

au sens où elle-même l'a pris,
elle ne voudrait, chez celui qui l'a dit,
que la pensée eût été feinte.
C'est, pour vivre, sa seule friandise,
et aucune autre chose ne lui plaît.
Ce seul mot la soutient, la nourrit
et lui adoucit tout son mal.
Elle ne veut goûter ni boire
d'autre mets ni d'autre breuvage,
car, l'heure venue de se séparer,
Cligès a dit qu'il était tout à elle.
Ce mot lui est si doux et agréable
que de la langue il lui vient droit au cœur.
Elle le met dans son cœur et dans sa bouche
pour le garder plus sûrement.
Sous aucune autre serrure,
elle n'ose enfermer ce trésor.
Elle ne saurait le déposer
en un meilleur endroit que son cœur.
Elle ne l'en sortira à aucun prix,
tant elle craint les brigands et les voleurs,
mais sa peur n'a pas de raison d'être,
elle craint sans raison le milan voleur,
ce n'est pas un bien meuble qu'elle a,
mais bien plutôt un édifice
qui ne peut pas être détruit
par le feu ni par un déluge
et qui jamais ne bougera de place ;
mais elle n'en est pas certaine,
aussi met-elle ses soins et sa peine
à découvrir et à savoir
à quoi elle pourra s'en tenir,
car elle peut le prendre en plusieurs sens.

A lui sole oppose et respont
Et fait tele opposition :
4352 « Cligés, par quel entention
"Je sui touz vostre" me deïs[t]
S'amors dire ne li feïst ?
De coi le puis je joustisier
4356 Por coi me doie tant prisier
Que dame me face de lui ?
N'est il plus biaus que je ne sui
Et molt plus gentix hom de moi ?   [fo 108 vb]
4360 Nule riens fors Amors ne voi
Qui cest don me poïst franchir.
Par moi qui ne li puis ganchir
Proverai, se il ne m'amast,
4364 Ja por mien tout ne se clamast.
Ne plus que je seue ne fusse
Toute, ne estre ne deüsse,
S'Amors ne m'eüst a lui mise,
4368 Ne redeüst en nule guise
Cligés dire qu'il fust toz miens,
S'Amor ne l'a en ses liens,
Car s'il ne m'aime, il ne me doute.
4372 Amors, qui me done a lui toute,
Espoir le me redone tout,
Mes ce me resmaie de bout
Que c'est .I. parole usee,
4376 Si repuis tost estre amusee,
Car tex i a qui par losenge
Dient nis a la gent estrange :
"Je sui touz vostre et quanque j'ai."
4380 Si sont plus gengleor que jai.
Donc ne me sai a coi tenir,
Car ce ne porroit avenir

▶ * **4357.** Qu'il. **4361.** ne p. *(CRT)*. **4362.** Por moi *(MBC)* qui ne p. garantir *(C isolé)*. *Corr. d'après APR.* **4364.** moien, *avec* o *exponctué.* **4365.** Neent plus que je s. f. *(CT, M, P)*. *Corr. d'après ASR.* **4377.** que. **4379.** Je suis vostres. *Bien que cette leçon soit partagée par ABC, M, la correction d'après SPR s'impose conformément au v. 4353.*

** **4350.** A li. **4356.** tant me d. *(SMPRT, vs A, C)*. **4366.** *Var. AS* ne dire nel d. **4381.** *Var. AM* au quel.

Elle s'adresse objections et réponses
dans ce débat avec elle-même :
« Dans quelle intention Cligès
m'aurait-il dit : "Je suis tout à vous",
si l'amour ne le lui avait faire dire ?
De quelle supériorité
dois-je me prévaloir sur lui
pour qu'il fasse de moi sa suzeraine ?
N'est-il pas plus beau que je ne suis
et de bien plus haut rang que moi ?
Je ne vois personne d'autre qu'Amour
qui puisse me valoir ce don.
Par mon propre cas, moi qui lui suis livrée,
j'entends prouver que, s'il ne m'aimait pas,
il ne se dirait pas tout à moi.
Pas plus que je ne serais à lui
tout entière ni ne devrais l'être,
si Amour ne m'avait remise à lui,
Cligès ne devait d'aucune façon
dire qu'il était tout à moi
si Amour ne l'enchaîne dans ses liens.
Car s'il ne m'aime, il ne me craint.
Amour qui me donne à lui toute
me le donne aussi tout entier peut-être,
mais ce qui tout de bon m'inquiète,
c'est qu'il s'agit d'une expression usée.
Il se peut que je sois vite abusée,
car il existe des flatteurs
pour dire même aux inconnus :
"Je suis tout à vous, et mes biens aussi."
Ils sont plus menteurs que des geais.
Je ne sais donc à quoi m'en tenir,
car il pourrait bien se faire

Qu'il le dist por moi losengier,
4384 Mais je li vi color changier
Et plorer molt piteusement.
Les lermes, au mien jugement,
Et la chiere honteuse et mate
4388 Ne vindrent mie de barate.
N'i ot barat ne tricherie,
Li oeil ne m'en mentirent mie
Dont je vi les lermes cheoir.
4392 Assez i poi semblanz veoir
D'amors, se je neent en sai.
Oïl ! tant que mar le pensai !
Mar l'ai apris et retenu,
4396 Car trop m'en est mesavenu.
Mesavenuz ? Voire, par foi.
Morte sui quant celui ne voi,
Qui de mon cuer m'a desrobee,
4400 Tant m'a losengiee et lobee.
Par sa lobe et par sa losenge,
Mes cuers de son hostel s'estrange   [fo 109 ra]
Ne ne velt o moi remanoir.
4404 Tant het mon estre et mon manoir.
Par foi, donc m'a cil malbaillie
Qui mon cuer a en sa baillie.
Qui me desrobe et tout le mien
4408 Ne m'aime pas, je le sai bien.
Jel sai ? Por quoi ploroit il dons ?
Por coi ? Ne fu pas en pardons,
Q'assez i ot reson por quoi.
4412 N'en doi neent prendre sor moi,
Car de gent qu'an aint et conoisse
Se part l'en a molt grant angoisse.
Quant il laissa sa conoissance,

▶ * 4383. Qu'il deïst. 4386. au m. escient *(MBCR)*. *Corr. pour la rime d'après*
ASP. 4390. Li oiel *(cf. v. 475)* n'en mentiroient *(BC)*. 4394. Or aim *(C, T)*.
4397. Non est p. f. *(C isolé)*. 4398. M. en sui q. je ne le v. *(C isolé)*. 4413. aime
(sauf S). *En dépit de l'accord des manuscrits, la syntaxe impose de rétablir*
le subjonctif.
** 4394. *Leçon de PBCR. Var. ASM mal.* 4410. Ne f. mie *(ASR, P ce n'ert*
mie, *vs MBC)*.

qu'il me l'ait dit par flatterie.
Je l'ai vu pourtant changer de couleur
et pleurer à faire pitié.
Les larmes, c'est mon impression,
et la mine honteuse et triste
ne relevaient pas de la comédie.
Il n'y avait ruse ni tromperie :
ils ne mentaient pas, ces yeux
dont j'ai vu tomber les larmes.
J'ai bien pu y voir tous les signes
de l'amour, si j'en sais quelque chose.
Oui, mais ces pensées ont fait mon malheur !
Quel malheur ici que d'apprendre et retenir !
Car je n'en ai retiré que des maux.
Des maux ? Oui, c'est la vérité :
je suis morte quand je ne vois plus
celui qui m'a dépouillée de mon cœur,
à force de belles paroles.
A cause de ses beaux discours
mon cœur a quitté son logis
et ne veut plus rester chez moi,
dans sa haine pour moi et ma demeure.
Il m'a donc vraiment traitée mal,
celui chez qui mon cœur est détenu.
Qui me vole et m'enlève mon bien
ne m'aime pas, j'en suis certaine.
Certaine ? Pourquoi pleurait-il alors ?
Pourquoi ? Ce n'était pas pour rien,
car les raisons n'y manquaient pas ;
je n'entre aucunement en compte.
Des gens qu'on aime et qu'on connaît,
on est anxieux de se séparer.
Quand il quittait ses familiers,

4416 Si en ot ennui et pesance,
Et s'il plora, ne m'en merveil.
Mais qui li dona ce conseil
Qu'an Breteigne alast demorer

4420 Ne me poïst melz acorer.
Acorez est qui le cuer pert,
Mal doit avoir qui le desert,
Mais je ne le deservi onques.

4424 Ha ! dolente, por coi m'a donques
Cligés morte sanz nul forfait ?
Mais de neent le met en plet,
Car je n'i ai nule reson.

4428 Ja Cligés en nule seson
Ne m'esloignast, ce cuit je bien,
Se ses cuers fust pareuz au mien.
Ses pareuz, ce cuit, n'est il mie.

4432 Et se mes cuers prist compeignie
Au suen ne ja n'en partira,
Ja sanz le mien li suens n'ira
Et li miens le siut en emblee,

4436 Tel compeignie ont assemblee.
Mais a la verité retraire,
Il sont molt divers et contraire.
Coment sont contraire et divers ?

4440 Li suens est sire et li miens sers,
Et li sers, malaait gré suen,
Doit fere au seignor tot son boen
Et laissier touz autres aferes.

4444 Mais moi que vaut ? Lui ne chaut gueres
De mon cuer ne de mon servise. [fo 109 rb]
Molt me grieve ceste devise
Que li uns est sire des .II.

4448 Por coi ne puet li miens touz seus

▶ * **4421.** le suen p. **4427.** n'en ai *(C isolé)*. **4430.** cuers *rajouté par une main tardive au-dessus de* fust. **4436.** Ot *(C isolé)*. **4439.** Einsint s. *(C isolé)*. **4440.** est *rajouté par une main tardive au-dessus de* sire. **4448.** pot *(C isolé)*. ** **4432.** *Var. S(A)* se li miens **4434.** *Ordre des mots dans SPCR. Var. AMB* Ja li s. sanz le m. **4435.** Car *(ASP, vs BCR)*. **4444.** *Leçon de BCR. Var. SMP* que chaut *(A* A moi en ch.)*. Lui n'en est g. *(Sauf CRT)*. Lui n'en est g. *(B* ne l'en est)*.

il en concevait du chagrin,
et s'il pleura, je n'en suis étonnée.
Mais celui qui lui donna le conseil
d'aller séjourner en Bretagne
ne pouvait mieux causer ma perte.
Perdre son cœur, c'est courir à sa perte.
Que souffre celui qui le mérite !
Mais moi je ne l'ai pas mérité.
Ah ! malheureuse, pourquoi donc
Cligès m'a-t-il tuée, quand je suis innocente ?
Mais c'est en vain que je l'accuse,
car c'est le faire sans raison.
Jamais Cligès à aucun moment
ne m'aurait quittée, j'en suis sûre,
si son cœur avait été pareil au mien.
Mais il n'est pas pareil à lui, je crois.
Et si mon cœur s'est fait le compagnon
du sien sans plus jamais s'en séparer,
jamais le sien n'ira sans le mien
car le mien le suit à la dérobée,
c'est ainsi qu'ils se font compagnie.
Mais pour dire la vérité,
ils sont différents et même opposés.
Comment donc opposés et différents ?
Le sien est maître et le mien serf,
et le serf, malgré qu'il en ait,
doit faire ce que veut son maître
en laissant là toute autre affaire.
Qu'ai-je à y gagner ? Lui se moque
de mon cœur et de mes services.
Je souffre de cette différence
qui fait de l'un le maître des deux.
Pourquoi le mien n'a-t-il par lui-même

Autretant com li suens par lui ?
Si fuissent d'un pooir andui.
Pris est mes cuers, qu'il ne se puet
4452 Movoir se li suens ne se muet,
Et se li suens erre ou sejorne,
Li miens toute voies s'atorne
De lui sivre et d'aler aprés.
4456 Dex ! que ne sont li cors si pres
Que je par aucune proiere
Ramenasse mon cuer arrere !
Ramenasse ? Fole mauvaise,
4460 Si l'osteroie de son ese,
Ausi le porroie tuer.
La soit ! Ja nel quier remuer,
Einz vueil qu'a son seignor remeingne
4464 Tant que de lui pitié li preigne,
Qu'ainçois devra il la que ci
De son serjant avoir merci,
Por ce qu'il sont en terre estrange.
4468 S'il set bien servir de losenge
Si come en doit servir a cort,
Molt iert riches einz qu'il s'en tort.
Qui vel[t] de son seignor bien estre
4472 Et delez lui seoir a destre
Si come or est us et costume,
Dou chief li doit oster la plume,
Nis lors quant il n'en i a point.
4476 Mais ci a .I. molt malvés point.
Quan[t] l'aplanie par defors,
Et se il a dedenz le cors
Ne mauvestié ne vilenie,
4480 Ja n'iert tant cortois qu'il li die,
Einz li fet cuidier et entendre
Qu'a lui ne se porroit nus prendre

▶ * 4450. Se fuissons (T fuissiens). 4455. De l. servir d'aler. 4462. ne l'en q. hoster (CR). Corr. pour la rime d'après ASP.
** 4457. maniere (AMPB, vs SOCR). 4477. PB et C emploient le verbe aplanoier / aplanïer. A donne seul la variante aplaignier. D'où la correction de W. Foerster : Quant il l'aplangne. Var. SMR (par une confusion de lecture) la plume.

autant de pouvoir que le sien tout seul ?
Tous deux auraient alors même pouvoir.
Mon cœur est prisonnier et il ne peut
changer de place si le sien n'en change.
Que le sien voyage ou s'arrête,
le mien cependant se prépare
à s'en aller et à le suivre.
Mon Dieu, pourquoi nos corps ne sont-ils assez près
pour que je puisse de manière ou d'autre
ramener mon cœur en arrière ?
Le ramener ? Triste insensée,
ce serait l'arracher à son bonheur !
Je pourrais aussi bien le tuer.
Qu'il reste là-bas ! Je ne veux pas qu'il en parte,
je veux au contraire qu'il y demeure
jusqu'à ce que son maître ait pitié de lui,
car c'est là-bas plutôt qu'ici
qu'il aura pitié de son serviteur,
puisqu'ils sont en terre étrangère.
S'il s'y entend en beaux discours,
comme un homme de cour doit savoir le faire,
il sera riche avant d'en revenir.
Qui veut être au mieux avec son maître
et se trouver assis à sa droite
selon l'usage et la coutume,
doit lui ôter la paille des cheveux
même quand il n'y en a point.
Mais voici qui est bien fâcheux :
tandis qu'il flatte ainsi son apparence,
si l'autre n'a au fond de lui
que lâcheté et infamie,
il ne le lui dira pas en honnête homme,
préférant lui donner à croire
qu'il n'est personne qui l'égale

De proesce ne de savoir,
4484 Si cuide cil qu'il die voir.
Mal se conoist qui autrui croit
De chose qui en lui ne soit,
Car quant il est fel et enrievres,
4488 Malvais et coarz come lievres,   [fo 109 va]
Chiches et foux et contrefez
Et vileins de diz et de fez,
Le prise par devant et loe
4492 Cil qui desrier li fet la moe.
Et se ses sires velt mentir,
Il est touz prez dou consentir
Et quanqu'il dit por voir afiche,
4496 Ja n'en avra la langue chiche.
Qui les corz et les seignors onge,
Servir li covient de mençonge.
Autel covient que mes cuers face
4500 S'avoir velt de son seignor grace,
Loberres soit et losengiers.
Mais Cligés est tex chevaliers,
Si biaus, si frans et si laiaus
4504 Que ja n'iert mençongiers ne faus
Mes cuers tant le sache loer,
Qu'an lui n'a rien a amender.
Por ce vueil que mes cuers le serve
4508 Que li vileins dit en sa verve :
Qui a preudome se comande,
Mauvais est s'entor lui n'amende. »
Einsint travaille amors Fenice,
4512 Mais cist travauz li est delice,
Qu'ele ne puet estre lassee.
Et Cligés a la mer passee,
S'est a Galingefort venuz.

▶ * 4492. Qui par d. *Corr. d'après MPBR.* 4500. *Par inadvertance, le copiste écrit* vel't *comme pour l'abréviation de* ml't. 4505. blamer. 4513. n'en p. *(CT).* 4514. la mer a p. *(C isolé).*
** 4490. en d. et en f. *(sauf CRO).* 4492. Tex *(SA). Après* 4492. *CT om. six vers. Texte de A :* Mes einsi le loe oiant lui / Quant (*A* Que) il en parole a autrui / Et si fet quainses que il n'ot / De quanqu'antr'aus .II. dient mot. / Mes s'il cuidoit qu'il (*A* qu'an) ne l'oïst / Ja ne diroit don cil joïst.

en prouesse ni en savoir.
Et l'autre croit qu'il lui dit vrai.
Il se connaît mal, celui qu'autrui persuade
d'une chose qui n'est pas en lui.
Est-il déloyal et hargneux,
couard et lâche comme un lièvre,
avare, fou ou bien difforme,
et indigne en paroles et en actes,
tel fait par-devant son éloge
qui dans son dos fait la grimace.
[Mais en sa présence il le loue
quand il parle de lui aux autres,
faisant comme si son maître n'entendait mot
de toute la conversation,
alors que s'il pensait n'être pas écouté,
il ne dirait rien qui lui fît plaisir.]
Et si son maître veut mentir,
il est tout prêt à l'approuver
et il tient pour vrai tout ce qu'il dit,
sans jamais ménager sa langue.
Qui fréquente les cours et les seigneurs
doit pour les servir user de mensonges.
Il convient que mon cœur fasse de même
s'il veut avoir la faveur de son maître :
qu'il le séduise et qu'il le flatte !
Mais Cligès est un chevalier
si beau, si noble et si loyal
que mon cœur, si élogieux soit-il,
ne dira rien de faux ni de menteur,
car il n'y a rien à reprendre en lui.
Et je veux que mon cœur le serve
conformément au proverbe populaire :
"qui s'attache aux pas d'un homme de bien,
s'il n'est mauvais, en retire toujours profit". »
L'amour tourmente ainsi Fénice,
mais ce tourment fait son délice,
sans que jamais elle s'en lasse.
Et Cligès a passé la mer,
il est venu à Wallingford,

4516 La s'est richement contenuz
A bel hostel, a grant despense,
Mais touz jorz a Fenice pense
N'onques ne l'entroublie .I. hore.

4520 La ou il sejorne et demore
Ont tant enquis et demandé
Ses genz qui il l'ot comandé
Que dit et reconté lor fu

4524 Que li baron au roi Artu
Et li cors meïsmes le roi
Avoient empris .I. tornoi
Es pleins devant Oxenefort,

4528 Qui pres est de Galinguefort.
Einsint est empris li estors
Qui devoit durer quatre jors,
Mes einz porra molt sejorner   [fo 109 vb]

4532 Cligés et son cors atorner
Se riens li faut endementiers,
Car plus de .XV. jors entiers
Avoit jusqu'au tornoiement.

4536 A Londres fet isnelement
Trois de ses escuiers aler,
Si lor comande a acheter
Trois pere d'armes despareilles,

4540 Unes noires, autres vermeilles,
Les tierces verz, et au repaire
Comande que chascune paire
Soit coverte de toile nueve,

4544 Que s'aucuns en chemin les trueve
Ne savra de quel taint seront
Les armes qu'il aporteront.
Li escuier maintenant muevent,

4548 A Londres vienent et si truevent
Apareillié quanque il quierent.

▶ * **4544.** Se aucuns (*MPCO*, *S* Et s'a.). *Corr. d'après BR* (*AT* Que se nus).
4549. quistrent.
** **4519.** *Leçon de PBC* (*R* C'onques, *S* Onques). *Var. AT* Que il. **4527.** *Var.*
ART devers O. **4529.** ert (*AR*, *T*). **4530.** Qu'il (*PBRT*, *vs SAC*). *Cf.* B S'estoit
si empris... / Qu'il. **4532.** a son c. (*ST*, *A* por, *vs MPBCR*). **4538.** *Leçon de*
SMCR. Var. AP, *BT* aporter. **4541.** *Var. AT* mes au r.

et il y a mené grand train,
avec force dépenses et riche logis,
mais il pense sans cesse à Fénice
et ne l'oublie un seul instant.
Tandis qu'il est là à demeure,
ses gens qui en avaient reçu l'ordre
se sont enquis tant et si bien
qu'on leur a dit et raconté
que les barons du roi Arthur
ainsi que le roi en personne
avaient organisé un tournoi
dans la plaine devant Oxford,
qui est proche de Wallingford.
La rencontre avait été prévue
pour durer pendant quatre jours,
mais Cligès aura tout le temps
auparavant pour s'équiper
s'il lui manque rien en attendant,
car il restait jusqu'au tournoi
encore plus de quinze jours.
Dans la plus grande hâte à Londres,
il envoie trois de ses écuyers,
avec la mission d'acheter
trois paires d'armes différentes,
les unes noires, les autres vermeilles,
les troisièmes vertes, mais au retour,
il faudra que chacune d'elles
soit couverte de toile neuve,
pour que personne au hasard du chemin
n'en vienne à savoir la couleur
des armes qu'ils apporteront.
Les écuyers partent sur l'heure,
arrivent à Londres et trouvent
tout l'équipement recherché.

Tost orent fait, tost repairerent,
Revenu sont plus tost qu'il porent.
4552 Les armes qu'aportees orent
Moustrent Cligés, qui molt les loe.
Avec celes que sor Dunoe
Li empereres li dona,
4556 Quant a chevalier l'adouba,
Les a fait repondre et celer.
Qui ci me voudroit apeler
Por quel chose il les fist repondre,
4560 Ne l'en voudroie pas respondre,
Car bien vos ert dit et conté
Quant as chevaus seront monté
Tuit li haut baron de la terre
4564 Qui i vindrent por los aquerre.
Au jor qui fu nomez et pris
Assemblent li baron de pris.
Li rois Artus o tout les suens
4568 Qu'esleüz ot entre les boens
Devers Oxenefort se tint.
Devers Galinguefort s'en vint
Li plus de la chevalerie.
4572 Ne cuidiez pas que je vos die
Por fere demore en mon conte :
« Cil roi i vindrent et cil conte,   [fo 110 ra]
Et cist et cil et cist i furent. »
4576 Quant li baron assembler durent,
Si com costume iert a ce tens,
S'en vint touz seus entre .II. rens
.I. chevaliers de grant vertu
4580 Des compeignons le roi Artu
Por le tornoi encomencier.
Mais nus ne s'en ose avancier

▶ * 4550. T. repairerent t. revindrent (*C isolé*). Texte de R pour la correction.
4551. Reperié (*C isolé*). 4558. Qui or (*CT*). *Corr. d'après* AMPR. demander.
En dépit de l'accord SMPBC, *nous corrigeons pour la rime d'après* AR, T.
** 4560. v. ore r. (*AT*). 4562. es ch. (*AP, vs CT*). 4564. vendront (*SPBR, vs
MC*). 4570. *Var.* A revint. 4573. *Var.* A demorer mon c. (*S* demore *avec
rajout du* r *par-dessus*). R *amalgame les deux versions :* demorer en (*+1*),
ce qui confirme son utilisation de deux modèles. 4574. Cil r. i furent (*sauf
CT*). 4575. Et cil et c. et cil (*sauf* B, C). 4578. *Var.* AT S'en v. poignant.

Aussitôt fait, aussitôt de retour.
Ils sont revenus au plus vite.
Les armes qu'ils ont apportées
sont montrées à Cligès, qui les apprécie.
Avec celles que sur le Danube
l'empereur lui avait données
quand il l'adouba chevalier,
il les a fait soigneusement cacher.
Si l'on me demandait ici
pourquoi il les a fait cacher,
je ne voudrais pas y répondre,
car tout cela vous sera dit
lorsque se trouveront en selle
tous les grands seigneurs du pays
qui y viendront pour s'illustrer.
Au jour indiqué et fixé,
les chefs renommés se rassemblent.
Le roi Arthur, avec tous ceux des siens
qu'il avait choisis parmi les meilleurs,
se tenait du côté d'Oxford.
Du côté de Wallingford venait
le plus grand nombre de chevaliers.
N'attendez pas de moi que je vous dise
dans le but d'allonger mon conte :
« Tels rois y furent, et tels comtes,
et ceux-ci encore ou bien ceux-là ! »
Quand ce fut l'heure du combat,
suivant la coutume d'alors,
entre deux rangs s'avança seul
un chevalier de grand mérite,
des compagnons du roi Arthur,
afin d'engager le tournoi.
Personne n'ose s'avancer

Qui por joster contre lui vieigne,
4584 N'i a nul qui coi ne se tieigne,
Et s'i a de tex qui demandent :
« Cil chevalier por coi atendent,
Que des rens ne s'en part aucuns ?
4588 Adés comencera li uns. »
Et li autre dient encontre :
« Donc ne veez vos quel encontre
Nos ont tramis icil dela ?
4592 Bien sache qui seü ne l'a
Que des .IIII. meillors qu'an sache
Est cist une pareille estache.
— Qui est il donc ? — Si nel veez ?
4596 C'est Segremor li Desreez.
— C'est il ? — Voire, sanz nule doute. »
Cligés, qui ce ot et escoute,
Sist sor Morel, s'ot armeüre
4600 Plus noire que more meüre,
Noire fu s'armeüre toute.
Dou renc as autres se desrote
Et point Morel qui se desroie,
4604 Ne n'i a .I. seul qui le voie
Qui ne die li uns a l'autre :
« Cist s'en vait bien lance sor fautre,
Ci a chevalier molt adroit,
4608 Molt porte ses armes a droit,
Molt li siet bien l'escu au col.
Mais en le pot tenir por fol
De la jouste qu'il a emprise
4612 Vers l'un des meillors a devise
Que l'en sache en tout cest païs.
Mais qui est cist ? Dont est naïs ?
Qui le conoit ? — Ne gié — Ne gié ;
4616 Mais n'a mie sor lui negié,

▶ * **4598.** que ce ot. **4613.** son p. (*RT* ce). *Corr. d'après ASMPB.*
** **4586.** *Var. AT* a quant a. **4589.** *Var. AT* Et li plusor. **4591.** envoié cil
(*SAP, vs CR, MB*). **4594.** l'une p. (*MR, S, vs PBCT*). **4596.** Sagremor (*ASR*).
Var. PB Saigremors, *M* Sacremors. **4609.** Bien li s. li escuz (*BT, P* cix e).
Var. A Molt li s. (*vs MC, S* Molt s. b. li e.). **4614.** M. qui est il (*SPR, vs
MBC*). *Var. A(T)* Mes cist qui est.

à sa rencontre pour la joute.
Il n'y en a aucun qui bouge.
Mais certains posent des questions :
« Qu'attendent donc les chevaliers là-bas ?
Pourquoi quelqu'un ne sort-il des rangs ?
L'un d'eux va devoir commencer. »
Les autres disent à l'encontre :
« Ne voyez-vous donc pas quel adversaire
nous ont envoyé ceux d'en face ?
Qu'on le sache, si on l'ignore :
prenez les quatre meilleurs qu'on connaisse,
cet homme-là est l'un de ces piliers.
– Qui est-ce donc ? – Vous ne le voyez pas ?
C'est Sagremor l'Impétueux.
– C'est lui ? – Mais oui, sans aucun doute. »
Cligès, qui était à l'écoute,
chevauchait le Maure et portait une armure
plus noire que mûre de saison.
Toutes ses armes étaient noires.
Sortant des rangs de l'autre camp,
il éperonne le Maure qui bondit.
Il n'y a personne en le voyant
qui ne dise à son voisin :
« Lance en arrêt, il a belle allure.
Voilà un cavalier habile.
Il porte ses armes comme il faut,
l'écu à son cou lui va bien.
Mais on peut le tenir pour fou
de s'engager dans un combat
contre l'un des meilleurs possibles
que l'on connaisse dans tout le pays.
Mais qui est-il ? Et d'où vient-il ?
Qui le connaît ? – Pas moi. – Ni moi ;
mais il n'a pas neigé sur lui ! »

Einz est plus s'armeüre noire   [fo 110 rb]
Que chape a moine n'a provoire. »
Ensi entendent au parler,
4620   Et cil laissent cheval aler
Que plus ne se vont retardant,
Car molt sont engrés et ardant
De l'asembler et de la jouste.
4624   Cligés fiert si qu'il li acoste
L'escu au braz, le braz au cors.
Touz estenduz chiet Segremors,
Et Cligés vait sanz mesprison,
4628   Si li fait fiancier prison.
Segremors prison li fiance.
Meintenant li estors comence,
Si s'entreviennent qui ainz ainz.
4632   Cligés s'est en l'estor enpainz
Et vait querant jouste et encontre.
Chevalier devant lui n'encontre
Que il ne le preigne et abate.
4636   D'ambedeus parz le pris achate,
Que la ou il muet au jouster,
Tout le tornoi fet arester,
Ne cil n'est pas sanz grant proesce
4640   Qui por jouster vers lui s'adresce,
Einz a plus los de lui atendre
Que d'un autre chevalier prendre ;
Et se Cligés l'en maine pris,
4644   De ce solement a grant pris
Q'a joster atendre l'osa.
Cligés le pris et le los a
De trestout le tornoiement.
4648   A l'avesprer celeement
Est reperiez a son hostel
Por ce que nus ne d'un ne d'el
En parole ne le meïst,

▶ * 4619. Et si *corrigé en* Ensi *par une main tardive (comme supra, vv. 4430
et 4440).* 4620. laisse. 4621. Qui *(CR).* 4627. fait. 4628. A celui f. *(C isolé).*
4635. Qu'il *(-1).* 4637. vient *(C isolé).* 4640. au j. *(SC).* 4645. Q'au j. *(C
isolé). Corr. d'après PBT (S, M).*
** 4621. atardant *(ASB, vs PCR).*

Son armure au contraire est plus noire
qu'une chape de moine ou de prêtre ! »
Tels sont les propos qui les occupent.
Les deux combattants laissent courir leurs chevaux
sans s'attarder davantage,
car ils sont pleins d'ardeur et impatients
de s'affronter dans cette joute.
En le frappant, Cligès lui plaque
l'écu sur le bras, le bras sur le corps :
Sagremor tombe à plat.
Cligès s'avance suivant l'usage,
Sagremor doit donner sa parole
qu'il se constituera son prisonnier.
La mêlée commence aussitôt,
on s'entrattaque à qui mieux mieux.
Cligès s'est jeté dans la mêlée,
recherchant l'adversaire pour la joute.
Il ne rencontre pas face à lui
de chevalier qu'il n'abatte et ne prenne.
Des deux côtés, il remporte le prix,
car dès qu'il engage une joute,
le tournoi tout entier s'interrompt,
et il a bien de la vaillance
celui qui s'offre à le combattre !
Il a plus de gloire à l'attendre
qu'à s'emparer de quelqu'un d'autre,
et si Cligès l'emmène prisonnier,
il s'est au moins fait le renom
d'avoir osé l'attendre au combat.
Cligès reçoit le prix et la gloire
du tournoi tout entier.
A la nuit tombée, sans être vu,
il est rentré à son logis
pour éviter qu'on ne l'interroge
sur quelque sujet que ce soit.

4652 Et por ce que se nus feïst
      L'ostel as noires armes querre,
      En une chambre les enserre
      Que l'en ne les truisse ne voie,
4656 Et fait a l'uis devers la voie
      Les armes verz mestre en present,
      Si les verront li trespassant.
      Se nus le demande et enquiert,
4660 Ne savra ou ses ostex iert   [fo 110 va]
      Quant nule enseigne ne verra
      Dou noir escu que il querra.
      Issi Cligés est en la ville,
4664 Si se cele par itel guile,
      Et cil qui si prison estoient
      De chief en chief la ville aloient
      Demandant le noir chevalier,
4668 Mais nus ne lor sot enseignier,
      Et meïsmes li rois Artus
      L'envoie querre sus et jus,
      Mes tuit dient : «Nos nel veïmes
4672 Einc puis que del tornoi partimes,
      Ne ne savons qu'il se devint.»
      Vallet le quierent plus de vint
      Que li rois i a a[n]voiez,
4676 Mes Cligés s'est si desvoiez
      Qu'il n'en truevent nule entreseigne.
      De ce li rois Artur se seigne
      Quant reconté li fu et dit
4680 C'on ne trove grant ne petit
      Qui saiche enseignier son repaire
      Ne plus que s'il iert en Cesaire
      O a Toulete o a Candie.
4684 «Par foi, fait il, ne sai qu'en die,

▶ * **4664.** se cuevre par ceste g. (*C isolé*). **4675.** *La seconde main reprend,*
mais l'écriture reste très proche. L'absence d'un point en fin de vers est en
revanche caractéristique. **4680.** nel t. **4684.** que d. (*SMC*). *Corr. d'après*
APBR pour la rime (dans A Quandie : qu'an die).
** **4668.** set (*AMPBR, vs SC*). **4670.** *Var. AR* et s. et j. **4672.** Puis que nos
(*AS, vs MPC*). **4673.** que il d. (*MPBT, vs CR*) *Var. AB* savomes qu'il d.
4682. fust a C. (*SMP*).

De plus, pour le cas où l'on ferait
rechercher le logis aux armes noires,
il les enferme dans une chambre
où elles ne seront vues ni trouvées.
Puis il expose les armes vertes
à la porte donnant sur la rue.
Ainsi les passants les verront.
Si quelqu'un le demande et le cherche,
il ne saura où son logis peut être,
faute de voir la moindre trace
de l'écu noir qu'il cherchera.
Cligès demeure ainsi en ville,
bien caché grâce à cette ruse.
Ceux qui étaient ses prisonniers
allaient d'un bout à l'autre de la ville
en demandant le chevalier noir,
mais personne ne put le leur indiquer.
Le roi Arthur lui-même
envoie partout à sa recherche,
mais tous répondent : « Nous ne l'avons pas vu
depuis notre départ du tournoi,
et ne savons ce qu'il est devenu. »
Plus de vingt jeunes gens le cherchent
que le roi y a envoyés,
mais Cligès s'est si bien tenu à l'écart
qu'ils ne trouvent nulle trace de lui,
et le roi Arthur s'est signé
quand on lui a rapporté
qu'on ne trouve petit ni grand
qui puisse indiquer son logis,
pas plus que s'il était à Césarée,
ou à Tolède ou à Candie.
« Vraiment, fait-il, je ne sais que dire,

Mes a grant merveille me vient.
Ce fu fantosme, se devient,
Qui entre nos a conversé.
4688 Maint chevalier a hui versé,
Et des meillors les foiz en porte
Qui ne vesront oan sa porte
Ne son païs ne sa contree.
4692 S'avra chascuns sa foi otree. »
Isi dist li rois son plaisir
Dum il se poïst bien taisir.
Molt unt parlé li baron tuit
4696 Del noir chevalier cele nuit,
C'onques d'el parole ne tindrent.
L'endemain as armes revindrent
Tuit sainz semonse et sainz proiere.
4700 Por faire la joste premiere
Est Lanceloz del Lac sailliz,
Qui n'est mie de cuer failliz,
Lanceloz a la joste atant.   [fo 110 vb]
4704 A tant ez vos Cligés batant,
Plus vert que n'est herbe de pré,
Sor un fauve destrier comé.
La o Cligés point sor le fauve
4708 N'i a ne chevelu ne chauve
Qui a merveille ne l'esgart,
Et de l'une et de l'autre part
Dient : « Cist est en toz endroiz
4712 Plus genz asez et plus adroiz
De celui d'ier as noires armes
Tant com pins est plus biaus que charmes
Et li loriers plus del seü.
4716 Mes oncor n'avuns nos seü
Qui cil d'ier fu, mes de cestui
Savrons nos qui il iert encui.
Qui le conoist, si le nos die. »

─────────

▶ * 4686. ses devient *(CM)*. 4706. ch[e]val. 4710. Et d'ilec. 4712. endroiz.
4714. *Abréviation fautive* c̄ *pour* 9.
** 4703. *Noter la variante de S, maintenue par W. Foerster :* Lance droite
la j. 4706. *Var.* S Sor un d. bien atamprer (= atampré). *Cette variante fournit
une meilleure rime. G. Paris proposait, pour le sens, de corriger :* destre

mais je m'en émerveille fort.
C'était un fantôme peut-être
qui a habité parmi nous.
Aujourd'hui, maints chevaliers ont été renversés,
les meilleurs lui ont donné leur parole,
qui, de l'année, ne verront sa porte,
ni son pays ni sa contrée,
manquant ainsi chacun à leur serment. »
Le roi a dit ce que bon lui semblait,
il aurait pu aussi bien se taire.
Les grands seigneurs ont tous beaucoup parlé
du chevalier noir cette nuit-là,
ils n'ont pas abordé d'autre sujet.
Le lendemain, tous ont repris leurs armes
sans se faire prier.
Pour accomplir la première joute,
a bondi en avant Lancelot du Lac,
un homme qui n'a pas un cœur de lâche.
Lancelot attend un adversaire,
mais voici Cligès qui vient au galop,
plus vert que n'est l'herbe des prés,
sur un cheval fauve à belle crinière.
Tandis que Cligès charge au galop,
il n'y a chevelu ni chauve
qui ne s'émerveille à le voir,
et d'un côté comme de l'autre,
on déclare : « A tous égards, celui-ci
est bien plus beau et plus accompli
que l'homme d'hier aux armes noires,
tout comme le pin est plus beau que le charme
et le laurier que le sureau.
Mais nous ne savons toujours pas
qui était celui d'hier. Celui-ci en revanche,
nous le connaîtrons aujourd'hui.
Si quelqu'un le connaît, qu'il nous le dise ! »

---

comé, « *qui porte sa crinière à droite* ». **4716.** oncor, *forme de l'Ouest et de
l'anglo-normand* (Chanson de Roland : uncor). **4718.** *Var. A* savromes n. qui
il i. hui.

4720 Chascuns dit : « Je nel conois mie
       Ne nel vi mes, au mien cuid[i]er,
       Mes plus est beaus de celui d'ier
       Et plus de Lanceloz del Lac.

4724 Se cist estoit armez d'un sac
       Et Lanceloz d'argent et d'or,
       Si seroit cist plus gent encor. »
       Ei[n]sint tuit a Cligés se tienent,

4728 Et cil poignant si s'entrevienent
       Quant qu'il puent esperonner.
       Cligés li vait tel cop donner
       Sor l'escu d'or au lion peint

4732 Que jus de la sele l'enpeint
       Et vint sor lui por la foi prendre.
       Lanceloz ne se puet desfendre,
       Si li a prison fianciee.

4736 Lors est la noise comenciee
       Et li bruiz et li frois des lances.
       En Cligés ont tuit lor fiances
       Cil qui sunt devers sa partie,

4740 Car qui il fiert par aatie,
       Ja n'iert tant forz ne li coviegne
       Que del [cheval] a terre viegne.
       Cligés si bien cel jor le fist,

4744 Tant en i abati et prist
       Que dos tanz as suens pleü
       Et .II. tanz i a los eü   [fo 111 ra]
       Que l'autre jor devant n'i out.

4748 A l'avesprer plus tost qu'il pout
       Est repairiez a son repaire,
       Et fait isnelement fors traire
       L'escu vermeil et l'autre ator.

4752 Les armes qu'il porta le jor
       Commande que soient repostes,

▶ * **4720.** Jascuns. **4721.** vis. **4739.** devres sa p. **4741.** nel c. *(-1)*. **4742.** Que
de la terre viepnie. **4745.** a assez p.
  ** **4721.** N'onques nel v. au m. c. *(PR, S, vs MC)*. **4725.** ou d'or *(sauf CR,
S)*. **4726.** plus biaus *(sauf CR)*. **4734.** pot *(sauf MCR)*. **4737.** *Var. A, P*
l'escrois. **4744.** Et tant en a. *(SPB, vs MCR)*. **4749.** *Leçon de SPCR. Var.
AM* revenuz.

Chacun répond : « Je ne le connais pas,
je ne crois pas l'avoir jamais vu,
mais il est plus beau que celui d'hier
et plus que Lancelot du Lac.
Serait-il revêtu d'un sac,
et Lancelot d'argent et d'or,
il serait toujours le plus beau. »
Tous se rangent du côté de Cligès,
tandis qu'ils s'attaquent au galop
en éperonnant de leur mieux.
Cligès lui porte un tel coup
sur l'écu d'or peint d'un lion
qu'il lui fait vider la selle,
puis il fonce sur lui pour avoir sa parole.
Incapable de se défendre,
Lancelot s'est reconnu prisonnier.
Alors commence le tumulte
dans le bruit et le fracas des lances.
Cligès a acquis la confiance
de tous ceux qui sont dans son camp.
Celui qu'il frappe, dans sa fougue,
sera contraint, si fort soit-il,
d'aller mordre la poussière.
Ce jour-là, Cligès s'illustra si bien,
il en abattit et prit un tel nombre
qu'il fut deux fois plus apprécié des siens
et acquit deux fois plus de gloire
qu'il ne l'avait fait la veille.
A la tombée du soir, sitôt qu'il put,
il a regagné son logis,
et promptement il fait sortir
l'écu et l'armement vermeils.
Quant aux armes portées ce jour-là,
il donne l'ordre de les cacher,

Repostes les a bien ses ostes.
Asez le ront cele nuit quis
4756 Li chevalier qu'il avoit prins,
Mes nule novele n'en oent.
As ostels le prisent et loent
Li plusor qui parole en tiennent.
4760 L'endemain as arme[s] reviennen[t]
Li chevalier delivre et fort.
Del renc devers Oxenefort
Part .I. vassaus de grant renon,
4764 Percevals le Galois ot non.
Des que Cligés le vit mover
Et de son non oï le ver,
Que Perceval l'oï nommer,
4768 Molt desierre a lui asembler.
S'est del renc issuz demanois,
Sor .I. destrier sor espanois,
Et s'armeüre fu ve[r]meille.
4772 Lors le regardent a merveille
Trestuit plus c'onques mes ne firent,
Et dient c'onques mes ne virent
Nul chevalier si avenant.
4776 Et cil poignent tot maigtenant
Que de demore n'i ot poigt,
Et li uns et li autres poigt
Tant qu'es escuz granz cols se donnent.
4780 Lor lances ploient et arçonnent
Qui cortes et grosses estoient.
Veant toz cels qui les v[e]oient
A feru Cligés Perceval
4784 Si qu'il l'abat jus del cheval,
Et prison fiancier li fait
Sanz grant bataille et sanz grant plait.

▶ * 4755. A. l'orent *(CT)*. 4762. Onxinefort. 4770. Sor .I. d. sist e. 4779. as
escuz. 4780. estronnent *(S* atronent). *Corr. d'après AMPBR.* 4781. Que.
4782. icels qui le voient.
** 4762. *Leçon de SCR. Var. AMPB* Des rens. 4765. Luès que *(APR).*
4765-4766. *On notera les formes* mover/ver (movoir/voir) : *dans l'Ouest
et en anglo-normand, au milieu du XIII* siècle, la diphtongue* ei < *e fermé*

et son hôte les a bien cachées.
Cette nuit-là, longtemps l'ont cherché
les chevaliers qu'il avait pris,
mais ils n'ont aucune nouvelle de lui.
Dans leurs logis font son éloge
le grand nombre de ceux qui parlent de lui.
Le lendemain, les armes sont reprises
par les chevaliers dispos et pleins de vigueur.
Des rangs du côté d'Oxford
sort un guerrier de grand renom,
appelé Perceval le Gallois.
Dès que Cligès l'a vu en mouvement
et qu'il a su son nom en toute certitude,
en l'entendant appeler Perceval,
il a l'ardent désir de l'affronter.
Il est aussitôt sorti des rangs
sur un alezan d'Espagne,
et son armure était vermeille.
Emerveillés, tous le regardent
plus intensément que jamais,
en disant qu'ils n'ont jamais vu
de chevalier plus séduisant.
Sur-le-champ, les combattants se lancent au galop,
sans s'attarder davantage.
Eperonnant l'un et l'autre,
ils se frappent violemment sur leurs écus.
Leurs lances fléchissent et plient,
bien qu'elles soient courtes et grosses.
Aux yeux de tous les spectateurs,
Cligès a frappé Perceval
et il l'abat de son cheval.
L'autre doit se rendre prisonnier
sans grande discussion ni résistance.

---

accentué libre s'est réduite en e ouvert. Cf. infra vv. 4829-4830 : aver/saver,
v. 4972 : saver. **4769.** Leçon de *C, M, S* (Do r. et issut), *T. Var. AP* Cligés
ist des rens (*R* del renc). **4772.** l'esgardent a grant m. (*SP, R*). **4777.** Que
demoree (*AM*) n'i a (*APR, B*). **4786.** Var *AP* Sanz g. parole.

Quant Perchevals ot fiancié,
4788 Lors unt le tornei commencié,
Si s'entreviennent toz emsemble.　　　　[fo 111 rb]
Cligés a chevalier n'asemble
Qu'a terre nel face chaoir.
4792 En cel jor nel pot un v[e]oir
Une sole hore fors d'estor.
Ausi comme sor une tor
Fierent sor lui chascuns par soi,
4796 N'i fierent pas ne dui ne troi,
Car donc n'estoit us ne costume.
De son escu a fait enclume,
Que tuit i forgent et martelent,
4800 Si le fendent et esquartelent,
Mes nus n'i fiert qu'il ne li soille
Si qu'estriers et sele li toille,
Ne nus qui ne volsist mentir
4804 Ne poïst dire au departir
Que tot n'eüst le jor veincu
Li chevaliers au rouge escu.
Et li meillor et li plus cointe
4808 Voldroient estre si acointe,
Me[s] ne pot mie estre si tost
Qu'il s'en est partiz en repost
Quant esconser vit le soleil.
4812 Si a fait son escu vermeil
Et tot l'autre hernois oster,
Et fait les blanches aporter
Donc il fu novials chevaliers,
4816 Et les armes et li destriers
Furent mises a l'uis devant.
Mes or se vunt apercevant
Li plusor qui le ramentoivent,
4820 Bien dient et bien apercevent

▶ * **4789.** s'en reviennent. **4792.** A cel j. *Corr. d'après R.* **4796.** Il n'i f. pas
dui. **4799.** fierent. **4802.** Si que estrieus. **4808.** Voldrent *(-1). Corr. d'après*
SBR. **4811.** acoter. *Corr. d'après R.* **4819.** qui li r.
** **4803.** n'en v. *(AS, M, vs PBCR).* **4808.** *Var. AP* Volsissent. **4809.** puet
(ASBR, vs PMC). **4811.** esconsé *(SPB, M* resconsé*).* **4820.** s'aperçoivent *(SP,*
vs CRT).

Quand Perceval eut donné sa parole,
on a commencé le tournoi,
et c'est l'attaque générale.
Cligès n'affronte un chevalier
sans le renverser à terre.
On ne put, ce jour-là, le voir
un seul instant hors de la mêlée.
Comme si ce fût une tour,
ils frappent tous sur lui, l'un après l'autre,
sans s'y mettre à deux ou à trois,
car en ce temps-là on n'en avait pas le droit.
De son écu il a fait une enclume
que l'on martèle et où l'on forge,
et que l'on fend et met en pièces,
mais nul n'y frappe sans être payé en retour
et sans devoir vider arçons et selle.
Personne au moment du départ
n'aurait pu nier sans mentir
que ce jour-là était complet vainqueur
le chevalier à l'écu rouge.
Les meilleurs, les plus avertis,
voulaient être de ses amis,
mais ce ne pouvait être de sitôt,
car il est parti en cachette
dès qu'il a vu le soleil se coucher.
Il a fait ôter son écu vermeil
et tout le reste de l'équipement,
puis il fait apporter les armes blanches
qui servirent à son adoubement.
Armes et cheval sont placés
à la porte donnant sur la rue.
Mais à présent ils s'en sont rendus compte,
tous ceux qui le repassent en mémoire,
ils s'aperçoivent bien et le disent

Que par .I. sol unt tuit esté
Desconfit et desbareté,
Mes chascuns jor se desfigure
4824 Et de cheval et d'armeüre,
Si semble autrui que lui meïsmes.
Aperceü se sunt or primes,
Et mes sires Gauvains a dit
4828 C'onques tel josteor ne vit,
Et por ceu qu'il voldroit aver
S'acointance et son non saver,
Dit qu'il iert l'endemain premiers
4832 A l'assembler des chevaliers.   [fo 111 va]
Mes il ne se vante de rien,
Ainz dit et pense et cuide bien
Que tot li meuz et les vantances
4836 Avra cil au ferir des lances,
Mes a l'espee, puet cel estre,
Ne sera il mie ses mestre,
C'onques n'en pot mestre trouver,
4840 Or se revoldra eprover
Demain au chevalier estrange
Qui chacun jor ses armes change
Et cheval et hernois remue.
4844 Par tens sera de mainte mue   *oiseau*
Se il chacun jor par costume
Oste et reprent novele plume.
– E[n]si ostoit et remetoit –,

▶ * **4830.** S'acongrance. **4832.** A l'a[n]contrer. **4837-4846.** *Au style direct
seulement dans C. Nous préférons rétablir le style indirect libre.* **4838.** mes
m. **4839.** N'onques n'en poi. **4840.** Et me revoldrai. **4843.** c. et armes
(*C isolé*). **4847.** E[n]si mes sire Gauvains parloit. *Corr. d'après AB.*
** **4826.** s'an sont (*A*). **4828.** *Leçon de MBCRT. Var. PS(A)* Que mes.
4834. dit qu'il p. (*PTM, vs BCR*). **4840.** *Leçon de AMPR. Var. SPT* se voldra
il. **4844.** de quarte mue (*PT, A .IIII., vs SMBCR*). **4846.** et remet (*ASB, vs
MPCR*). **4847.** *Les manuscrits divergent (var. individuelles M, C, R, T),
désorientés par le brusque changement du sujet, qui reste inexprimé entre
les vv. 4847* (Cligès) *et 4848* (Gauvain). *La réfection de C supprime la difficulté (de même T, E. parole et ramentoit). La solution de Cl. Luttrell et
S. Gregory,* L'an (= on) *demain, d'après* Yvain, *v. 3600, n'est pas conforme
à l'emploi normal de l'adverbe (cf. G. Moignet,* Grammaire de l'ancien
français, *Paris, Klincksieck, 1973, pp. 282-283). Mais il suffit de considérer
le v. 4847 comme une parenthèse à l'appui du vers précédent pour que
l'enchaînement du v. 4831 au v. 4848 devienne clair.*

qu'ils ont été vaincus et mis hors de combat,
tous par un seul et même homme,
seulement chaque jour il change
de cheval, d'armure et de visage,
se faisant passer pour un autre.
Ils s'en sont enfin aperçus,
et monseigneur Gauvain a dit
qu'il n'a jamais vu pareil jouteur,
et comme il souhaiterait faire
sa connaissance et savoir son nom,
il sera le premier, dit-il, le lendemain,
au rassemblement des chevaliers,
mais il ne se vante de rien,
se contentant de dire et de penser
que si le chevalier au choc des lances
s'en sort mieux et en a la gloire,
il se pourrait bien qu'à l'épée,
celui-ci ne soit plus le maître,
car jamais il n'y a trouvé son maître.
Il voudra donc se mesurer
demain au chevalier venu d'ailleurs,
qui change d'armes chaque jour
et renouvelle cheval et harnais.
Ce sera bientôt sa quatrième mue
si chaque jour il continue
à ôter son plumage en échange d'un neuf.
– C'est ce qu'il faisait : ôter et remettre ! –

4848 Et l'endemain revenir voit
      Cligés plus blans que flos de lis,
      L'escu par les enarmes pris,
      Sor l'arabi blanc sejorné,
4852 Si com la nuit ot atorné.
      Gauvains li proz, li alosez,
      N'est gueres el champ reposez,
      Ainz broiche et point, si s'avancist,
4856 Et [de] quant qu'il puet s'agencist
      De bel joster s'il trove a cui.
      Par tens seront en champ andui,
      Car Cligés n'a d'arester cure,
4860 Qu'il ot entendu le murmure
      De cels qui dient : « C'est Gauvains,
      Qui n'est a pié n'a cheval vains.
      C'est cil a cui nus ne se prent. »
4864 Cligés, qui la parole entent,
      Enmi le champ vers lui se lance.
      Li uns et li autres s'avance,
      Si s'entreviennent d'un eslais
4868 Plus tost que cers qui ot les glais
      Des chiens qui aprés lui glatissent.
      Les lances es escuz flatissent,
      Et li cop donnent tel escrois
4872 Que totes jusques es camois
      Esclicent et fendent et froissent.
      Li arçon des seles esloissent
      Et rompent cengles et poitral.   [fo 111 vb]
4876 A terre viennent par igal,
      S'unt traites les espees nues.
      Environ sunt les genz venues
      Por la bataille regarder.
4880 Por departir et acorder
      Vint li rois Artus devant toz,
      Mes molt orent ançois deroz

──

▶ * **4854.** en cen *(?)*. *Mais cf. P* el căp *et infra, v. 4858,* en chanp. **4856.** Et
q. qu'il pot *(-1)*. *Corr. d'après SR.* **4870.** as escuz. **4872.** jusque antant c.
Corr. d'après MR.
   ** **4859.** n'ot *(ASM, vs PBCR).* **4860.** Qui *(ASMP, vs BC).* **4874.** *Leçon de
MPCR. Var. AS, B* Et li a. derriers.

De fait le lendemain il voit venir
Cligès plus blanc que fleur de lis,
tenant son écu par les brides,
à cheval sur l'arabe blanc, frais et dispos,
qu'il avait préparé la veille.
Gauvain le preux, le renommé,
n'a guère attendu sur la place,
il pique de l'éperon, se porte en avant,
et se prépare du mieux qu'il peut
pour que soit belle la joute à venir.
Ils seront bientôt tous les deux en lice,
car Cligès n'avait soin d'attendre.
Il venait d'entendre la rumeur
de ceux qui disent : « C'est Gauvain,
qui à pied ou à cheval, n'est pas un vain guerrier.
A lui personne ne s'égale. »
Cligès, en entendant ces mots,
se lance contre lui dans le champ clos.
Les voici tous deux qui s'avancent,
d'un seul élan ils viennent l'un sur l'autre,
plus vite qu'un cerf aux abois
que poursuivent les cris des chiens.
Les lances heurtent les écus,
dans le fracas des coups
elles volent en éclats et se fendent
tout entières jusqu'au cuir du manche.
Les arçons des selles se brisent,
les sangles et le harnais de poitrail se rompent.
Tous deux se retrouvent à terre.
Ils ont tiré les épées nues.
On s'est regroupé autour d'eux
pour regarder la bataille.
Pour les séparer et les réconcilier,
le roi Arthur vient devant tous,
mais ils avaient déjà rompu

Les haubers blans et desmailliez,
4884 Et porfenduz et detailliez
Les escuz et les hialmes fraiz
Que parole fust de la paiz.
Quant li rois esgardez les ot
4888 Une pice tant cum li plot,
Et maint des autres qui disoient
Que de nient meins ne prisoient
Le blanc chevalier tot de plain
4892 D'armes que mon seignor Gauvain,
N'encor ne savoient a dire
Li ques ert meldre, li ques pire,
Ne li ques l'autre otreir deüst,
4896 Se tant combatre lor leüst
Que la bataille fust otree,
Lors ne plaist au roi ne agree
Que plus en facent qu'il unt fait.
4900 Por departir avant se trait,
Si lor dist : « Tr[a]iez vos ensus !
Mar i avra cop feru plus,
Mes faites pais, soiez ami !
4904 Beaus niés Gauvain, je vos en pri,
Que sanz querele et sanz haïne
Ne fait bataille n'ataïne
A nul prodome a maintenir.
4908 Mes s'a ma cort voloit venir
Cist chevaliers o nos deduire,
Ne li devroit grever ne nuire.
Proiez l'en, niés ! – Volentiers, sire. »
4912 Cligés ne s'en quert escondire,
Bien otroi[e] qu'il [i] ira
Quant li torneis departira,
C'ore a bien le commandement
4916 Son pere fait otreement.

► * **4894.** est m. *Corr. d'après PBS,* A. **4904.** B. niers. **4911.** niers. **4912.** se q. **4914.** le tornai (*M* le tornei). **4916.** otreiment.

** **4895.** *On notera pour l'infinitif* outrer *la désinence en* -eir. á[> ei *est un trait particulier de l'Est (cf. M.K. Pope, § 1321, IV) mais, à la fin du XIIIe siècle, attesté aussi au Nord-Ouest (M.K. Pope, § 232). Voir infra, v. 5194,* meir. *Or la scripta du second copiste de C présente des traits*

et démaillé leurs blancs hauberts,
et pourfendu et découpé
les écus, et cassé les heaumes,
avant qu'il fût question de paix.
Le roi les regarda
à sa guise un certain moment,
ainsi que beaucoup d'autres qui disaient
ne pas accorder moins de valeur
au chevalier blanc, certainement,
qu'à monseigneur Gauvain en fait d'armes,
et ne pas être encore à même de savoir
qui était le meilleur, qui le pire,
ni lequel devait vaincre l'autre
s'il avaient le loisir de combattre
jusqu'à la victoire totale.
Mais il n'est pas alors au goût du roi
qu'ils en fassent plus qu'ils n'ont fait.
Pour les séparer il s'avance
et il leur dit : « Retirez-vous !
Non ! Il n'y aura pas un coup de plus !
Faites la paix, soyez amis !
Gauvain, mon cher neveu, je vous en prie,
quand il n'y a ni querelle ni haine,
il ne convient pas qu'un homme de bien
prolonge une bataille lancée en défi.
Mais si ce chevalier consentait
à venir à ma cour s'y divertir,
il n'aurait aucunement à s'en plaindre.
Priez-l'en, mon neveu ! – Volontiers, sire. »
Cligès n'entend pas s'y refuser,
il donne son accord pour y aller
sitôt que le tournoi s'interrompra,
car il a maintenant jusqu'au bout
respecté l'ordre de son père.

---

*caractéristiques du domaine de l'Ouest (cf. ici même v. 4912, la réduction
de* quiert *à* quert *et supra au v. 4699, la forme* sainz, *répétée, qu'on a chez
Wace par exemple).* **4897.** *Leçon de MCR(S). Var. APB* finee. **4898.** *Var.
S(A)* Mes le roi ne p. **4906.** *Var. AP* n'afiert. *Pour le sens,* aatine *(PBR),*
« *combat arrangé d'avance entre deux adversaires* » (*L. Foulet,* Glossary of
the Ist Continuation) *convient mieux qu'*ataïne *(MC),* « *querelle* ».

Mes li rois dit que il n'a cure
De torneement qui trop dure,
Bien le puent a tant laissier.   [fo 112 ra]
4920 Departi sunt li chevalier,
Car li rois le velt et commande.
Cligés por tot son hernois mande,
Que le roi seurre lo covient.
4924 Au plus tost qu'il puet a cor[t] vient,
Mes bien fu atorné ançois,
Vestuz a guise de François.
Maintenant qu'il vient a la cort,
4928 Chascuns a l'encontre li cort
Que uns ne autres n'i areste,
Ainz en font tel joie et tel feste
Com il unques puent greinor,
4932 Et tuit cil l'apelent seignor
Qu'il avoit pris au torneer,
Mes il le velt a toz neer
Et dit que trestuit quite soient
4936 De lor foiz, s'il quident et croient
Que ce fust il qui les preïst.
N'i a .I. sol qui ne deïst :
« Ce fustes vos, bien le savons.
4940 Vostre acointance chiere avons
Et molt vos devrions amer
Et proisier et seigno[r] clamer,
Q'a vos n'est nus de nos parauz.
4944 Tot autresi com [li] solauz
Estaint les esteiles menues
Que la clartez n'en pert as nues
La o li rai del soleil naissent,
4948 Ausi estaignent et abaissent

▶ * **4923.** li rois. **4924.** Plus t. qu'il puet a la cor vient (Au *manque à SC*). *On notera en fin des mots les négligences orthographiques du second copiste (cf. vv. 4942, 4966, 5106, 5157, etc.).* **4926.** en g. *(SC).* **4929.** ne austres *(autre fantaisie orthographique).* **4930.** Qui *(C isolé, MR* Si*). Corr. d'après ASPB.* **4934.** vot *(C isolé).* **4937.** preïnst. **4946.** ne p. *(CT).* **4948.** Tot ausi *(+1). Leçon commune à PCR. Corr. d'après ASB.*

** **4923.** *La forme* lo *du pronom c.r.s.m. est un trait de l'Est, mais reste isolée ici ; seure est aussi caractéristique des parlers de l'Est (cf. M.K. Pope, § 328), mais cette forme n'est pas exclue non plus pour les dialectes du*

Mais le roi n'a souci, il le dit,
d'un tournoi qui s'éternise.
Ils peuvent bien en rester là.
Les chevaliers se sont séparés,
puisque le roi le veut et l'ordonne.
Cligès envoie chercher tout son équipement,
car il lui faut suivre le roi.
Au plus tôt, il vient à la cour,
non sans avoir d'abord soigné sa mise
et s'être vêtu à la française.
Dès qu'il arrive à la cour,
chacun s'empresse à sa rencontre
sans que personne soit de reste.
On lui fait joyeusement fête,
on ne pourrait pas faire mieux.
C'est du nom de seigneur que l'appellent
tous ceux qu'il avait pris au tournoi,
mais il le nie dans tous les cas,
ajoutant qu'il les tient tous quittes
de leur parole, s'ils croient vraiment
que c'est lui qui les avait pris.
Mais ils font tous cette réponse :
« C'était vous, nous le savons bien.
Etre de vos amis nous est précieux
et nous devrions bien vous chérir,
vous estimer et vous appeler seigneur,
car vous n'avez votre pareil.
De la même façon que le soleil
éteint les étoiles menues
dont la clarté s'efface dans les nues
quand les rayons du soleil paraissent,
aussi s'éteignent et déclinent

*Sud-Ouest (M.K. Pope, ibid., * sequit > seut et sieut), et on n'en a pas d'autre
exemple chez le second copiste. Faut-il conclure à une scripta hybride ou à
un scribe peu soigneux (cf. v. 4924) ? Avec* covenir, *le régime du pronom
personnel est direct ou indirect. Voici la forme du vers dans P :* Car le roi
sivre li covient. **4927.** vint *(sauf PC).* **4934.** *Leçon de SCR. Var. APB* lor v.

Nos proeces devant les voz,
Si soleent estre les noz
Molt renommees par le monde. »

4952 Cligés ne set qu'il lor responde,
Car plus le loënt tuit ensemble
Qu'il ne devroient, ce li semble,
Mes biau li est, et s'en a honte,

4956 Li sans en la face li monte
Si que tot vergunnier le voient.
Parmi la sale le convoient,
Si l'ont devant li roi conduit,

4960 Mes la parole laissent tuit
De lui loer et losengier.   [fo 112 rb]
Ja fu droite hore de maingier,
Si corurent as tables metre

4964 Cil qui s'en durent entremetre.
Les tables sunt eu palais mises,
Li un unt les toaille[s] prises,
Et li autre les bacins tiennent

4968 Qui donent l'eve a cels qui viennent.
Tuit unt lavé, tuit sunt asis,
Et li rois a par la main pris
Cligés, si l'asiet devant lui,

4972 Qui molt voldra saver encui
De son estre, s'il unques puet.
Del ma[n]gier a parler n'estuet,
Qu'ausi furent li mes plenier

4976 Com s'on eüst bof a denier.
Quant toz lor mes orent eüz,
Lors ne s'est plus li rois teüz.
« Amis, fait il, aprendre vuel

4980 Se vos laissastes par orguel
Q'a ma cort venir ne deignastes
Tantost qu'en cest païs entrastes,
Et por quoi si vos estrangiez

▶ * **4956.** *Le copiste a d'abord écrit* sens, *puis rajouté un* a *suscrit.*
4963. coroient (*C isolé*). **4967.** li autres. **4978.** tenuz.
** **4950.** soloient. *Réduction de la diphtongue/*ei*/à/*ɛ/, *caractéristique de*
l'Ouest (cf. infra v. 5319, volet, 5361, ancés, 5444, maleet, 5463, voldree).
4968. *Leçon de SCR. Var. APB* Si. **4971.** l'asist *(sauf C)*. **4972.** Car (*APB*,

nos prouesses devant les vôtres.
Les nôtres cependant passaient pour être
de grand renom de par le monde. »
Cligès ne sait que leur répondre,
car ils se mettent tous à le louer
plus qu'ils ne devraient, lui semble-t-il.
Mais il y prend plaisir, s'il en a honte.
Le sang lui monte au visage
et tous voient la honte qui le gagne.
Ils l'accompagnent par la salle
et l'ont conduit devant le roi,
mais ils mettent enfin un terme
à leurs compliments élogieux.
C'était déjà l'heure du repas.
Ceux qui devaient s'en occuper
en hâte dressèrent les tables.
Elles sont mises dans la grande salle.
Les uns ont pris les serviettes,
et les autres tiennent les bassins,
présentant l'eau à ceux qui viennent.
Tous se sont lavé les mains et se sont assis.
Le roi a pris par la main
Cligès, qu'il fait asseoir devant lui,
curieux d'apprendre le jour même,
si possible, ce qu'il en est de lui.
Je n'ai pas à parler du repas :
les mets furent aussi copieux
que si un bœuf n'eût coûté qu'un denier !
Une fois le service terminé,
le roi n'est plus resté sur la réserve :
« Mon ami, fait-il, je veux savoir
si c'est l'orgueil qui vous poussa
à ne pas daigner venir à ma cour
dès votre entrée en ce pays,
et aussi pourquoi vous vous écartiez

S Que, *vs* CRT). **4976.** bof, *pour* buef : *caractéristique de l'anglo-normand,*
cf. M.K. Pope, § 1156.

4984 Des genz et vos armes cha[n]giez.
     Et vostre non me raprenez
     Et de quel gent vos estes nez. »
     Cligés respont : « Ja celé n'iert. »
4988 Tot quanque li rois li requiert
     Li a dit et requeneü,
     Et quant li rois l'a conneü,
     Lors l'acole, lors li fait joie.
4992 N'i a nul qui ne le conjoie,
     Et mes sire Gauvains le sot,
     Qui sor toz l'acole et conjot.
     Tuit le conjoient et acolent,
4996 Et tuit cil qui de lui parolent
     Dient que molt est biaus et proz.
     Plus que nul de toz ses nevoz
     L'aime li rois et plus l'honore.
5000 Cligés ovec le roi demore
     Tresqu'au novelement d'esté.
     S'a par tote Bretaigne esté
     Et par France et par Normendie,   [fo 112 va]
5004 S'a fait mainte chevalerie,
     Tant que bien s'i est essaiez,
     Mes l'amor dum il est plaiez,
     Ne li alige n'asouage,
5008 La volenté de sen courage
     Toz jorz en .I. pensé le tient,
     De Fenice li resovient
     Qui loig de lui son cuer travaille.
5012 Talent li prent que il s'en aille,
     Car trop a fait grant consirree
     De veer la plus desirree
     C'onques nus peüst desirrer,
5016 Ne s'en voldra plus consirrer.

▶ * 4987. celui mort, *exponctué, surcharge* celé n'iert. 4992. voie *(-1)*.
4998. Pl. que nus. *Seul R donne la forme grammaticalement correcte.*
4999. plus et h. 5000. li roi. 5001. Presqu'a n. *On peut corriger en* Desqu'au,
d'après P selon l'usage de C (cf. infra, v. 5072), mais peut-être faut-il lire
Tresqu'au, *comme au v. 5809.* 5004. Ou fist *(C isolé).* 5009. a .I. p. *(CT).*
5016. pas c.

de nos gens et changiez vos armes.
Apprenez-moi encore votre nom,
et quelle est votre parenté. »
Cligès répond : « Je n'en cacherai rien. »
Tout ce que le roi veut savoir,
il le lui dit et le lui révèle,
et quand le roi a su qui il est,
il lui donne l'accolade avec joie.
Tout le monde lui fait fête.
Monseigneur Gauvain l'a appris :
il est le premier à lui montrer sa joie.
Tous lui font fête et l'embrassent,
et toutes les conversations
célèbrent sa beauté et sa vaillance.
Le roi le chérit et l'honore
plus qu'aucun autre de ses neveux.
Cligès demeure auprès du roi
jusqu'au retour de la belle saison.
Il a été par toute la Bretagne,
la France et la Normandie,
il a fait maints exploits chevaleresques
et bien démontré sa valeur.
Mais l'amour dont il est blessé
ne s'allège ni ne s'apaise.
Le désir qu'il a dans son cœur
lui impose une seule et même pensée.
Il lui ressouvient de Fénice,
dont le cœur loin de lui se tourmente.
Il lui prend envie de s'en aller,
car il s'est trop longtemps privé
de voir la plus désirée
que personne ait jamais désirée.
Il ne voudra plus longtemps être privé d'elle.

** **4976.** bof, *pour* brief = *réduction typique dans le dialecte anglo-normand de la diphtongue à* /u/, *écrit* u *ou* o, *cf. M.K. Pope, § 1156.* **4987.** De nos (*APBR, vs SC*). **5001.** Jusqu'au (*ASB, vs R* j. qu'a).

De l'aler en Grece s'atorne,
Congié a pris, si s'en retorne.
Mes molt pesa, si com je croi,
5020   Mon seignor Gauvain et le roi
Quant plus nel porent retenir.
Tart li est qu'il puisse venir
A cele qu'il aime et coveite,
5024   Et par terre et par mer espleite,
Si li est molt longue la voie,
Tant li tarde que cele voie
Qui son cuer li fortrait et tot.
5028   Mes bien li rent et bien li sot
Et bien li restore sa toute
Quant ele li redonne a soute
Le suen, qu'ele n'aime pas mains.
5032   Mes il n'en est mie certains,
N'onques n'i ot plait ne covent,
Si s'en demente molt sovent.
Et cele ausi se redemente
5036   Cui s'amor[s] ocit et tormente,
Ne rien qu'ele poïst veer
Ne li pot plaisir ne seer
Puis cele hore qu'ele nel vit,
5040   Ne ne set ele se il vit,
Donc granz dolors au cuer li toche.
Mes Cligés chacun jor aproche,
Et de cen li est bien chaü
5044   Que sanz torment a vent eü,
S'ont prins a joie et a deport   [fo 112 vb]
Devant Costantinoble port.
En la cité vint la novele,
5048   S'ele fu l'empereor bele
Et l'empereriz .C. tanz plus,

▶ * **5027.** sortrait (*T* soustrait). **5031.** qu'il n'a. mie m. **5034.** dementent (*SC*).
5040. Cel.
** **5017.** Var. *AT, R* De raler. **5021.** pueent (*AP, S* poet, *vs BC*). **5023.** *et*
5026. celi. **5034.** *Leçon de PC. Var. ASR* durement. **5036.** *Var ABR* Cui
amors. **5043.** cen *est une forme nasalisée de* ce qui *dans l'Ouest (Normandie),
s'est développée devant des mots commençant par une nasale (M.K. Pope,
§ 849). Cf. infra vv. 5265, 5272 et 5913. Il faudrait d'autre part rétablir à*

Il s'apprête à rentrer en Grèce,
il a pris congé et s'en retourne.
Mais ce fut, je crois, un immense chagrin
pour monseigneur Gauvain et pour le roi
de ne pouvoir le garder davantage.
Il lui tarde d'avoir rejoint
celle qu'il aime et qu'il désire.
Il voyage au plus vite par terre et par mer,
mais qu'il paraît long, le chemin,
à celui qui est impatient de voir
celle qui a ravi son cœur !
Mais elle s'acquitte bien en retour
du montant de son larcin,
puisqu'en échange elle le paie comptant
avec le sien, car elle n'est pas moins éprise.
Mais il n'en a pas la certitude,
il n'y eut entre eux ni accord ni promesse,
aussi se plaint-il très souvent,
comme elle se plaint elle-même,
elle qui se meurt pour l'amour de lui.
De tout ce qui s'était offert à elle,
rien n'avait trouvé grâce à ses yeux
depuis l'heure où elle avait cessé de le voir.
Elle ne sait même pas s'il est vivant,
et elle en souffre au fond du cœur.
Mais Cligès se rapproche chaque jour,
et il a eu assez de chance
pour avoir bon vent, sans tempête.
Le cœur joyeux, il a déjà
mouillé devant Constantinople.
La nouvelle en parvint à la cité :
que l'empereur en ait été heureux
et cent fois plus l'impératrice,

---

la rime la forme cheü, *comme au v. 4791* (au lieu de chaoir), *mais elle relève
de la langue du second copiste, de même que* rue *au lieu de* ruie *caractéri-
sait aux vv. 1869 et 3383 le parler du premier copiste.* **5045.** S'a pris *(ASPB,
vs CRT). Autre particularité de la langue du second copiste : le parfait
analogique de* prendre (prins, *sur le modèle de* tenir), *d'où le participe passé*
prins *et supra v. 4937* preïnst *(cf. M.K. Pope, § 1037 et 1054).*

De ce mar dotera ja nus.
Cligés avoc sa compaignie
5052 Est repairiez en Grifonnie
Droit au port de Costentinoble.
Tuit li plus haut et li plus noble
Li viennent au port a l'encontre,
5056 Et quant l'empereres l'encontre,
Qui devant toz i fu alez
Et l'empereriz lez a lez,
Devant toz le cort acoler
5060 L'empereres et saluer.
Et quant Fenice le salue,
Li uns por l'autre color mue,
Et merveille est com il se tiennent,
5064 La ou pres a pres s'entravienent,
Qu'il ne s'entracolent et baisent
De cels baisiers qui amor plaisent,
Mes folie fust et forsens.
5068 Les genz acorent de toz sens,
Qui a lui veer se deduient,
Parmi la cité le conduient
Tuit qui a pié qui a cheval,
5072 Des qu'au palais emperial.
De la joie qui la fu faite
N'iert ja ci parole retraite
Ne de l'ennor ne del servise,
5076 Mes chacuns a sa peinne mise
A faire quanqu'il cuide et croit
Que Cligés plaise et beau li soit.
Et ses uncles li abandonne
5080 Tot quant qu'il a fors la coronne,
Bien velt qu'il preigne a son plaisir
Quanqu'il vodra del suen saisir,

▶ * **5053.** Vunt au p. **5063.** quant. *Corr. d'après RB(S).* **5067.** sorsens. **5068.** La
gent. **5072.** aul p. **5073.** que li fu f. **5078.** Qui li p. et qui b. *Corr. d'après*
P *(*K'a Cl.*) et* R *(Que li ; cf. l'abréviation* Cli *pour* Cligés*). **5079.** li a abandonné *(+1).* **5080.** Quant *(-1 ;* R Quanque il).
** **5051-5052.** Cl. il et sa c. / Sont *(AS, B* Est, *vs C, PR* o sa grant c.).
5066. *Noter la var.* PRT amors *(« au dieu Amour »).* **5072.** Jusqu'au *(A).*
5082. de lui *(ASPB, vs CR).*

il n'y a pas lieu d'en douter.
Cligès et tous ses compagnons
sont revenus en Grèce
droit au port de Constantinople.
Les plus hauts et les plus nobles seigneurs
viennent au port à sa rencontre.
Quand l'empereur arrive devant lui,
le premier à y être allé,
avec l'impératrice à ses côtés,
il court lui donner l'accolade
devant tout le monde et le saluer.
Quand Fénice à son tour le salue,
chacun pour l'autre a changé de couleur,
et c'est miracle qu'ils se gardent,
en étant si près l'un de l'autre,
de s'embrasser et d'échanger
de ces baisers qui sont chers à l'amour,
mais ç'eût été folie et déraison.
Les gens accourent de tous côtés,
se réjouissant de le voir.
A travers la cité, ils lui font tous
escorte à pied ou à cheval
jusqu'au palais impérial.
On ne fera pas mention ici
de la fête qu'on lui fit là-bas,
ni de l'honneur ni du service qu'il reçut,
mais chacun s'est évertué
à faire tout ce qu'il pensait
devoir être agréable à Cligès.
Son oncle lui donne sans réserve
tout ce qu'il a, ormis la couronne.
Il veut bien qu'il prenne de ses biens
tout ce qu'il désirc avoir, à volonté,

Ou soit de terre ou de tresor.
5084 Mes il n'a song d'argent ne d'or
Quant son penser descovrir n'ose
A cele por qui ne repose,
Et s'a bien aise et leu del dire   [fo 113 ra]
5088 S'il ne dotast de l'escondire,
Car tote jor la puet veer
Et sol a sol lez lié seer
Sanz contredit et sanz defense,
5092 Car nus mal n'i entent ne pense.
Grant piece aprés ce qu'il revint,
Un jor sols en la chambre vint
Cele qui n'ert pas s'ennemie,
5096 Et bien sachiez ne li fu mie
Li uis a l'encontre [botez].
Delez lié se fu acotez
Et tuit se furent trait ensus,
5100 Que si pres d'els ne se sist nus
Qui lor paroles entendist.
Phenice a parole le mist
De Bretaigne premierement.
5104 Del sen et de l'afaitement
Mon seignor Gauvain li enquert,
Tant que es parole[s] se fiert
De ce dunc ele se cremoit.
5108 Demanda li se il amoit
Dame ne puce[le] el païs.
A ce ne fu pas estaïs
Cligés ne lenz de bien respondre.
5112 Isnelement li sot espondre

▶ * **5092.** nul m. *Corr. d'après R (AP* nus n'i e. m.). **5097.** Li uns. *Le vers est par ailleurs resté incomplet. Corr. d'après R.* **5102.** en p. **5108.** se il l'a. **5109.** en p. **5111.** n'est l. *(CT).* **5112.** solt.
** **5090.** *La forme* lié, *ici et aux vv. 5098 et 5568, pour le pronom personnel féminin tonique c. r. s. (qui, chez le copiste précédent, était toujours confondu avec* lui), *appartient à la région du Sud-Ouest (cf. M.K. Pope, § 839).* **5100.** *Leçon de PC. Autres mss* Si que. **5105.** enquiert *(mais cf. supra v. 4912,* quert). **5106.** an parole *(APR, vs BT, C, S* as p.). **5110.** *Excellente leçon de PC (*estaïf, *cf. T-L, Bd. 3, col. 1338, « störrisch »). Var. AS* restis *(BR* arestis), *T* esbahis.

qu'il s'agisse de terre ou de richesses.
Mais il ne se soucie d'argent ni d'or,
alors qu'il n'ose découvrir son cœur
à celle qui lui ôte tout repos
et pourtant, si ce n'était qu'il craint
d'essuyer un refus, il en a bien le loisir,
car il peut la voir à longueur de journée
et être seul à seule assis près d'elle
sans qu'on y fasse d'objection,
personne, en effet, n'y voyant de mal.
Longtemps après son retour,
il vint un jour, seul, dans la chambre
de celle qui n'était pas son ennemie,
et la porte, sachez-le bien,
ne lui fut pas fermée.
Il s'était accoudé près d'elle
et tout le monde s'était retiré :
personne n'était assis suffisamment près d'eux
pour entendre leurs propos.
Fénice l'engagea à lui parler
avant tout de la Bretagne.
Elle s'enquiert de la sagesse
et de la courtoisie de monseigneur Gauvain,
et, pour finir, aborde le sujet
qui nourrissait ses inquiétudes :
avait-il aimé, demanda-t-elle,
en ce pays dame ou demoiselle ?
Cligès n'eut pas d'hésitation
ni de lenteur pour lui répondre.
Il eut tôt fait de tout lui dire

Lués que ele l'en apela.
« Dame, fait il, j'amai de la,
Mes n'amai rien qui de la fust,
5116 Q'ausi come escorche sanz fust
Fu mes cors sanz cuer en Bretaigne.
Puis que je parti d'Alemaigne
Ne soi que mes cuers se devint,
5120 Mes que ça aprés vos s'en vint.
Ça fu mes cuers et la mes cors,
N'estoie pas de Grece fors,
Que mes cuers i estoit venuz,
5124 Por cui je sui ça revenuz.
Mes il ne vient ne ne repaire,
Ne je nel puis a moi retraire,
Ne je ne quier ne je ne puis.
5128 Et vos, coment a esté puis
Qu'an cest païs fustes venue ?   [fo 113 rb]
Quel joie i avez puis eüe ?
Plaist vos la gent, plaist vos la terre ?
5132 Je ne vos doi de plus enquerre
Fors tant se li païs vos plaist.
– Onc ne me plot, mes or me naist
Une joie et une plaisence,
5136 Por Pavie ne por Plaisence,
Sachiez, ne la voldroie perdre,
Car mon cuer n'en puis desaerdre
Ne je ne l'en ferai ja force.
5140 En moi n'a rien fors que l'escorce,
Car sainz cuer vif et sanz cuer sui.
Unques en Bretaigne ne fui,
Et si a mes cuers sanz moi fait
5144 En Bretaigne ne sai quel plait.

▶ * **5113.** Trusqu'ele *(-1)*. Corr. d'après P, R. **5114.** je amai deça. **5120.** Mes
qu'aprés vos ça *(-1)*. **5123.** Quant. **5124.** Por quoi *(CT)*. **5126.** atraire. **5136.** et
por P. *(CT, -1)*. **5144.** maint malvés p. *(CT)*. B oan maint bon p. (!) *et* P
sovent m. p. *La leçon remaniée et déformée de R*, Aloignement ne sai
qu'atrait, *appuie indirectement celle de S, la meilleure pour le sens* (ne say
quel plait). *Nous l'adoptons après W. Foerster, Cl. Luttrell et S. Gregory (cf.
A* Ne sai s'il a bien ou mal fait).
▶ ** **5116.** Ausi *(ASB, vs PC, R)*. **5134.** Ainc *(PBRT), sous la graphie* Einz
dans AS. **5141.** sainz : *cf. supra v. 4699*

dès l'instant où elle l'y invita.
« Madame, fait-il, j'ai aimé là-bas,
mais personne qui fût de là-bas.
Comme une écorce sans aubier,
mon corps sans mon cœur était en Bretagne.
Depuis que j'ai quitté l'Allemagne,
je n'ai su ce qu'il advint de mon cœur,
sinon qu'il vous suivit ici.
Ici était mon cœur, là-bas mon corps :
je n'étais pas hors de la Grèce
puisque mon cœur y était venu,
et me voici pour lui de retour.
Pourtant il ne revient pas à moi,
je ne puis pas le ramener,
je ne le peux et je ne le veux pas.
Mais qu'en a-t-il été de vous
depuis votre arrivée ici ?
Quelle joie y avez-vous eue ?
Les gens, le pays vous plaisent-ils ?
Je n'ai pas droit à d'autre question
que de savoir si le pays vous plaît.
– Il ne m'a jamais plu ! Mais voici que me viennent
une joie et un grand agrément
que je ne voudrais perdre, sachez-le,
ni pour Pavie ni pour Plaisance,
car je n'en puis détacher mon cœur
et je ne l'y forcerai pas.
Il ne reste en moi que l'écorce,
car je vis, j'existe sans mon cœur.
Je n'ai jamais été en Bretagne
et pourtant mon cœur a mené sans moi
je ne sais quelle affaire en Bretagne.

– Dame, quant vostre cuers fu la ?
Dite[s] moi quant il i ala,
En quel tens et en quel saison,
5148 Se c'est chose que par raison
Doiez dire n'a moi n'autrui.
Fu il i lors quant je i fui ?
– Oïl, mes ne le coneüstes.
5152 Tant i fu il com vos i fustes
Et ovec vos s'en departi.
– Dex ! je ne l'i soi ne ne vi.
Dex, que nel soi ! Se l'i seüsse,
5156 Certes, dame, je li eüsse
Bonne compaignie porte[e].
– Molt m'eüst or reconforte[e],
Et bien le redeüssiez faire,
5160 Car je fusse molt debonnaire
A vostre cuer, s'il li pleüst
A venir la ou me seüst.
– Dame, certes, o vos vint il.
5164 – O moi ? Ne vint pas en essil,
Q'ausi ala li miens o vos.
– Dame, donc sunt ci ovec nos
Andui li cuer, si com vos dites,
5168 Car li miens est vostre toz quites.
– Amis, et vos ravez le mien,
Si nos entracordommes bien.
Et sachiez bien, se Dex me gart,   [fo 113 va]
5172 Q'onc vostre uncles n'ot en moi part,
Car moi ne plot ne lui ne lut.
Unques encor ne me quenut
Si come Adam conut sa femme.
5176 A tort sui apelee dame,
Mes bien sai, qui dame m'apele

▶ * 5148. Se ce (+1). 5150. Fu il il. 5151. ne l'i c. (RT nel, -1). Corr. d'après
A. 5156. Dame certes (CR). 5156-5157. Seul B (S partiellement) accorde au
féminin les participes. 5159. redetisse (CR, P deüsse). Corr. d'après ST.
5161. Au v. c. (SC). 5162. V. la ou il (PC). 5163. a vos sauf A, confirmé au
vers suivant et au v. 5165 par C). 5164. Qu'o m.
** 5149. dire moi ne a. (AP, R a moi, vs SBT Puissiés d.). 5153. ovec, forme
anglo-normande (cf. M.K. Pope, § 1236), cp. vv. 5153 et 5166. 5155. Se le

– Madame, quand y fut donc votre cœur ?
Dites-moi quand il y alla,
à quel moment et en quelle saison,
si c'est une chose qu'avec raison
vous puissiez me dire, à moi et à d'autres.
S'y trouvait-il quand j'y étais ?
– Oui, mais vous n'en avez rien su.
Il y resta tant que vous y étiez
et avec vous il en partit.
– Ah, Dieu, je n'en sus rien, je n'en vis rien !
Mon Dieu, que ne l'ai-je su ! L'eussé-je su,
je lui aurais, madame, en vérité,
tenu bonne compagnie.
– J'en aurais eu du réconfort
et vous auriez bien dû le faire,
car j'aurais été bienveillante
pour votre cœur, s'il lui avait plu
de venir là où il me savait.
– En vérité, madame, il vint auprès de vous.
– De moi ? Alors, il avait trouvé son refuge,
puisque le mien, lui, était allé près de vous !
– Eh bien, madame, voici donc avec nous
nos deux cœurs, ainsi que vous le dites,
car le mien sans réserve est tout à vous.
– Et vous avez le mien, ami !
Nous voici donc en harmonie.
Et, Dieu me garde ! apprenez
que votre oncle jamais n'eut rien de moi :
je n'y consentis point et il n'en eut pas le pouvoir.
Jamais encore il ne m'a connue
ainsi qu'Adam connut sa femme.
Je porte à tort le nom de dame,
mais je sais bien, quand on m'appelle dame,

s. *(A, vs CRT).* **5159.** Et molt b. le deüssiez *(AB).* **5161.** Se lui p. *(AS).*
5164. N'ot il pas trop d'essil *(APR, vs SBCT).* **5170.** *Leçon de PCRT. Var.*
A(S) antravenomes.

Ne set que je soie pucele.
Neïs vostre uncles nel set mie,
5180 Qui a beü de l'endormie
Et veillier cuide quant il dort,
Si li semble que son deport
Ait de moi tot a sa devise
5184 Ausi come entre ses braz gise,
Mes bien l'en ai mis au defors.
Vostre est mes cuers, vostre est mes cors,
Ne ja nus par mon essamplaire
5188 N'aprendra vilanie a faire,
Car quant mes cuers en vos se mist,
Le cors vos dona et pramist
Si qu'autres part ja n'i avra.
5192 Amor por vos si me navra
Que ja mes ne cuidai garir
Ne plus que meirs porroit tarir.
Se je vos aim et vos m'amez,
5196 Ja n'en serez Tristanz clamez
Ne je ne serai ja Yseuz,
Car puis ne seroit l'amor preuz
Qu'il i avroit blasme ne vice.
5200 Ja de mon cors n'avrez delice
Autre que vos or i avez
S'a apenser ne vos savez
Coment je puisse estre en emblee
5204 De vostre uncle desasemblee
Si que ja mais ne me retruisse
Ne moi ne vos blasmer ne puisse,
Ne ja ne s'en sache a cui prendre.
5208 Ennuit vos i covient entendre
Et je ausi i penserai.
Demain, quant levee serai,
Venez matin a moi parler,

► * **5189.** s'est en vos mis *(C isolé)*. **5190.** donai et pramis *(C isolé)*. **5193.** Si
que mes. **5207.** Ne je ne m'en sai. *Corr. d'après APR.*
   ** **5184.** con s'e. *(A, R* si e., *P* que, *vs SBCT)*. **5190.** pramist *est une forme
picarde et de l'Ouest (normand et anglo-normand), bien attestée par exemple
dans la* Chronique des ducs de Normandie, *de provenance tourangelle (éd.
C. Fahlin, cf. Glossaire, s.v., t. III)*. **5194.** la mer puet *(sauf RC)*. **5201.** en

qu'on ignore que je suis vierge.
Votre oncle lui-même l'ignore,
car il a bu d'un narcotique
et, quand il dort, il croit veiller,
avec le sentiment d'avoir
son plaisir de moi tout à sa guise,
comme si j'étais entre ses bras,
mais il en est, par mes soins, bien exclu.
Vôtre est mon cœur, vôtre est mon corps,
et personne par mon exemple
n'ira commettre d'infamie :
quand mon cœur s'est rendu à vous,
il vous fit don et promesse du corps,
et personne d'autre n'y aura part.
De la blessure que me fit Amour pour vous,
je ne pense jamais guérir,
non plus que la mer ne saurait tarir.
Si je vous aime, et que vous m'aimez,
vous n'aurez jamais le nom de Tristan
et je n'aurai jamais celui d'Yseut,
car l'amour n'aurait rien de digne
quand il y aurait faute et blâme.
Jamais mon corps ne vous donnera de plaisir
autre que celui que vous avez à présent,
si vous ne trouvez le moyen
de me dérober à votre oncle
et de me séparer de lui,
sans qu'il puisse jamais me retrouver
ni me blâmer, non plus que vous,
sans qu'il sache jamais à qui s'en prendre.
Il vous faut dès ce soir y réfléchir
[et vous viendrez demain me dire
ce que vous aurez imaginé de mieux,]
et je vais, moi aussi, y réfléchir.
Demain, quand je serai levée,
venez de bon matin me parler,

---

avez *(ASB, vs PC). Après* **5208.** *C om.* Et demain dire me savrez / Le mielz
que pensé en avrez *(texte de R).*

5212 Si dira chascuns son penser,
      Et ferons a ovre venir   [fo 113 vb]
      Celui que mielz voldrons tenir. »
      Quant Cligés ot sa volenté,
5216 Si li a tot acreanté
      Et dit que molt sera bien fait.
      Lie la lesse et liez s'en vait,
      Et la nuit chascuns en son lit
5220 Veille et est en grant delit
      De penser ce que miez li semble.
      L'endemain reviennent ensemble
      Maintenant qu'il furent levé,
5224 Et furent a conseil privé
      Si com il lor estoit mestiers.
      Cligés dit et conte premiers
      Ce qu'il avoit pensé la nuit.
5228 « Dame, fait il, je pens et cuit
      Que mielz faire ne porrions
      Que s'en Bretaigne en alions.
      La ai pensé que vos en meinne.
5232 Or gardez qu'en vos ne remainne,
      C'onques ne fu a si grant joie
      Helene receüe a Troie,
      Quant Paris l'i ot amenee,
5236 Qu'encor ne soit graind[r]e menee
      Par tote la terre le roi,
      Mon uncle, de vos et de moi.
      Et se ce bien ne vos agree,
5240 Dites moi la vostre pensee,
      Car je sui prez, que qu'il aviegne,
      Qu'a vostre pensee me tiegne. »
      Cele respont : « Et je dirai,
5244 Ja ovec vos ensi n'irai,
      Car lors seroit par tot le monde
      Autresi com d'Yseut la Blonde

────────────

▶ * **5226.** dit et pensa. *Corr. d'après APBR.* **5234.** H. roïne de T. **5246.** com disoit (d'Isoit, *pour* d'Ysolt ?) *(CS).*
   ** **5241.** que qu'en *(ASR, vs PBC).* **5242.** *Leçon de BC, P, S. Var. RA* conseil. **5246.** Ausi come *(sauf CR).*

et chacun dira son idée.
Nous mettrons alors en œuvre
le parti que nous aurons choisi. »
Quand il entend ce qu'elle veut,
Cligès lui donne son plein accord
et dit que c'est un excellent projet.
Il la laisse en joie et s'en va joyeux.
Cette nuit-là, chacun dans son lit
resté éveillé, tout au plaisir
de penser au meilleur projet.
Le lendemain, ils se retrouvent
aussitôt qu'ils sont levés,
et tiennent leur conciliabule
ainsi qu'ils en avaient besoin.
Cligès est le premier à exposer
l'idée qu'il avait eue pendant la nuit.
« Madame, dit-il, à mon avis,
nous ne pourrions mieux faire
que de partir pour la Bretagne.
C'est là que j'ai pensé vous emmener.
Veillez à ne pas manquer l'occasion,
car si grande qu'ait été la joie
qui accueillit Hélène à Troie
quand Pâris l'y eut amenée,
on en montrera une bien plus grande
par toute la terre du roi
mon oncle, pour vous et pour moi.
Mais si cela ne vous plaît pas,
dites-moi quelle est votre idée,
car je suis prêt, quoi qu'il advienne,
à m'en tenir à votre idée.
– Je vais le dire, répond-elle.
Jamais je n'irai ainsi avec vous,
car alors, dans le monde entier,
on parlerait de nous dans les mêmes termes

Et de Tristen de nos parlé.
5248 Quant nos en serion alé,
Et ci et la totes et tuit
Blasmeroient nostre deduit.
Nus ne querroit ne devroit croire
5252 La chose si come el est voire.
De vostre uncle qui querroit dons
Que li fuse si en pardons
Pucele estorse et eschapee ?   [fo 114 ra]
5256 Por trop baude et por estapee
Me tendroit l'en et vos por fol.
Mes le comandement saint Pol
Fait bon garder et retenir :
5260 Qui chastes ne se velt tenir,
Saint Pol a faire li enseigne
Si sagement que il n'en preigne
Ne cri ne blasme ne reproiche.
5264 Bon estoper fait male boiche,
Et de cen, s'il ne vos est gri[e]f,
Cuit je molt bien venir a chief,
Car je me voldrai faire morte,
5268 Si com mes pensers le m'aporte.
Malade me ferai par tens,
Et vos resoiez en porpens
De porveer ma sepolture.
5272 A cen metez entente et cure
Que faite soit en tel maniere
Et la sepulture et la biere
Que je n'i muire n[e] estaigne,
5276 Ne ja nus garde ne s'en preigne
La nuit quant vos m'en voldrez traire.
Et si me querez tel repaire
Ou ja nus for[s] vos ne me voie,
5280 Ne ja nus riens ne me porvoie

▶ * 5247. devons p. 5268. mes pensens. *Corr. d'après SPRT.* 5270. reserez.
5272. metrez. 5277. me vendrez t. *Corr. d'après APB (SRT me v.).*
** 5248. serion : *cf. infra note au v.* 5375. 5251. crerroit *(de même v.* 5253).
La forme querroit *donnée par PB, teintés de picard, mais aussi par SC,
comporte une métathèse fréquente dans le Nord.* 5254. Que je si li fusse *(AB,*

que d'Yseut la Blonde et de Tristan.
Une fois que nous serions partis,
toutes et tous, çà et là,
blâmeraient notre vie d'amour.
Personne n'aurait de raison de croire
la chose telle qu'elle est vraiment.
Qui donc irait croire que,
quoi que votre oncle ait pu faire,
j'aie su conserver ma virginité ?
Je passerais pour une effrontée
et une sotte, et vous pour un fou.
Mais il est bon d'observer et de retenir
la recommandation de saint Paul.
A qui ne veut rester chaste,
saint Paul conseille d'agir
avec sagesse pour n'encourir
ni réprobation, ni blâme ni reproche.
Bouche qui médit doit rester bouche close.
Pour ce faire, si votre cœur n'en souffre,
je sais bien comment procéder,
car j'entends me faire passer pour morte,
c'est l'idée qui m'est venue à l'esprit.
Je me ferai bientôt porter malade,
de votre côté, préoccupez-vous
de pourvoir à ma sépulture.
Mais veillez soigneusement
à ce que le tombeau et le cercueil
soient faits de telle manière
que je n'y meure d'étouffement,
et que personne ne remarque rien
la nuit où vous voudrez me tirer de là.
Puis cherchez-moi une retraite
où personne d'autre que vous ne me voie,
où personne ne me fournisse

R, vs CT). **5258.** *I Cor. 7, 10-11 :* « *Quod si non se continent, nubant ! Melius est enim nubere quam uri.* » **5264.** *Cf. J. Morawski, éd., Proverbes français, n° 308.* **5265** et **5272.** *Cen : cf. supra v. 5043.* **5270.** porpens, *leçon de AC, vs SBRT* espans, *P* apens.

Donc j'aie mesti[e]r ne besoig
Fors vos, qui je m'otroi et doig.
Ja mais en trestote ma vie
5284 Ne quier d'autre home estre servie.
Mes sire et mes serganz serez,
Bon m'iert quanque vos me ferez
Ne ja mais ne serai d'empire
5288 Dame se vos n'en estes sire.
Uns povres leus obscurs et sales
M'iert plus clers que totes ces sales
Quant vos serez ensemble o moi.
5292 Se je vos ai et je vos voi,
Dame serai de toz les biens
Et tot li mondes sera miens.
Et se la chose est par sen faite,
5296 Ja en mal ne sera retraite
Ne ja nus n'en porra mesdire,   [fo 114 rb]
C'on cuidera par tot l'empire
Que je soie en terre porrie.
5300 Et Thessala qui m'a norrie,
Ma maistre en cui [je] molt me croi,
M'en aidera par bonne foi,
Qu'ele est molt sage, et molt m'i fi. »
5304 Cligés, qui s'amie entendi,
Respont : « Dame, se il puet estre,
Et vos cuidez que vostre mestre
Vos en doi[e] en foi conseillier,
5308 N'i a que de l'apareillier
Et del faire hastivement.
Mais se nel faisons saigement,
Alé sommes sanz recovrier.
5312 En ceste vile a .I. ovrier
Qui merveilles taille et deboisse.

▶ * **5293.** les leus. **5301.** *Vers hypomètre. Corr. d'après APBR.* **5302.** *Vers hypomètre (CR). Corr. d'après NAPB (ST M'i).* **5305.** s'il *poet. Corr. d'après ANSPB. Dans C* poet *est dissyllabique. Il s'agit d'une graphie pour l'imparfait, comme* volet *au v. 5319, cf. RO* pooit. **5310.** faissons. **5313.** Q'a mer-veille. *Le s adverbial doit être rétabli selon ASPR (vs NT).*

** **5281-5282** besoig, doig : *sur cette graphie, récurrente chez le second copiste (cf. v. 5355 preg), voir M.K. Pope, § 695.* **5303.** Car molt est s. *(AP,*

de tout ce qui m'est nécessaire
hormis vous seul à qui je m'accorde et me donne.
Jamais, tout au long de ma vie,
je ne veux du service d'un autre homme.
Vous serez mon maître et mon serviteur :
tout ce que vous ferez pour moi me sera doux,
et jamais je ne serai d'un empire
la dame, si vous n'en êtes le maître.
Un pauvre gîte obscur et sale
me semblera plus clair que ces grandes salles
quand je vous aurai avec moi.
Si je vous ai et vous vois,
je régnerai sur tous les biens
et le monde entier m'appartiendra ;
et si l'affaire est bien menée,
il n'en sera jamais dit de mal
et personne ne pourra en médire,
car on croira par tout l'empire
que mon corps a pourri sous terre.
Et Thessala, ma nourrice,
ma gouvernante, qui a ma confiance,
m'y aidera fidèlement,
car je me fie en sa sagesse. »
Ayant entendu son amie, Cligès
répond : « Madame, s'il vous paraît possible
et que vous pensiez que votre nourrice
doive vous conseiller fidèlement,
il ne reste plus qu'à nous préparer
et à agir rapidement.
Mais si nous n'agissons pas avec sagesse,
nous sommes perdus sans remède.
Il y a dans cette ville un artisan
qui taille et sculpte à merveille.

---

vs CRTO). **5304.** quant (NA, vs PCO). Var. S Et C. quant s'a. oy (R Et q.
C., T C. q. il). **5307.** Leçon de PBCRTO. Var. ANS a droit c. **5312.** Var. AN :
Un mestre ai que j'en vuel proier. *Cette variante, inférieure pour la rime,
valorise Jean le « maître ouvrier ».*

N'est terre ou l'en ne le quenoisse
Par les ovres que il a faites
5316 Et deboissies et portraites.
Jehanz a non et s'est mes sers.
Nus mestiers n'est, tant soit divers,
Se Jehanz i volet entendre,
5320 Que a lui s'en peüst nus prendre,
Car envers lui sunt tuit novice
Comme enfes qui est a norrice.
As soies ovres contrefaire
5324 Unt apris quanqu'il sevent faire
Cil d'Antioche et cil de Romme,
Ne l'en ne set plus leal homme.
Mais or le voudra[i] esprover,
5328 Et se je i puis foi trover,
Lui et toz ses ers franchirai,
Ne ja vers lui n'en gue[n]chirai
Que vostre conseil ne li die
5332 Se il ainz me jure et afie
Que leaument m'en aidera,
Ne ja ne m'en descoverra. »
Cele respont : « Or soit isi. »
5336 A tant Cligés fors s'en isi
Par son congié, si s'en ala.
Et cele manda Thessala,
Sa maistre qu'ele ot amenee   [fo 114 va]
5340 De la terre dunc ele fu nee,
Et Thessala vint en cele hore,
Qu'ele ne tarde ne demore,
Mais el ne set por quoi la mande.
5344 A privé conseil li demande
Que ele velt et que li plaist.

▶ * 5326. Ne nus *(C isolé)*. Corr. d'après R. 5332. S'il *(CR, -1)*. 5333. Qu'il
l. m'aidera *(-1)*. Corr. d'après AN *(P* Que il l. m'a., *R* Qu'il l. m'en a.).
5342. n'i t. 5344. En p. c. *(CR)*. 5345. et qui li p.
** 5319. voloit. 5320. *Leçon de NC. Var. AP* se p. 5329. *La forme* ers *(au
lieu de* oirs) *caractérise la région de l'Ouest* (e *fermé tonique libre* > ei > e
ouvert, cf. M.K. Pope, § 1085). S a aussi ers *et O* eir. 5330. *Var. AN* tricherai.
5332. *Var. AN* Se il ce *(S* le). 5336. *Var. SPR* Cl. fors de la chambre issi.
5341. eneslore *(ANP)*.

Il n'est de pays qui ne le connaisse
pour les œuvres qu'il réalise,
sculptures et peintures.
Il se nomme Jean et il est mon serf.
Aucun travail, si étonnant soit-il,
où Jean ne soit incomparable,
s'il veut bien s'y appliquer :
auprès de lui tous les autres sont des novices
comme des enfants qui sont en nourrice.
C'est en cherchant à imiter ses œuvres
que ceux d'Antioche et ceux de Rome
ont tout appris de leur métier,
et on ne connaît pas d'homme plus loyal.
Je vais à présent le mettre à l'épreuve,
et si je peux avoir confiance en lui,
je l'affranchirai, lui et ses descendants.
Je n'userai pas de détours,
je lui dirai votre projet,
si d'abord il me fait le serment
de m'apporter son aide loyale
et de ne jamais me trahir.
– Qu'il en soit ainsi ! » répond-elle.
Sur ces mots, Cligès sortit,
avec son agrément, et s'en alla.
Fénice a appelé Thessala,
la gouvernante venue avec elle
du pays où elle était née.
Thessala est arrivée sur l'heure
sans prendre le moindre retard,
et sans savoir pourquoi elle l'appelle.
Elle s'enquiert en confidence
de ce qu'elle veut et souhaite.

Cele ne li cele ne taist
De son pensé nes une rien.
5348 « Maistre, fait ele, je sai bien
Que ja chose que je vos die
N'en iert par vos avant oïe,
Car molt vos ai bien esprovee
5352 Et molt vos ai sage trovee.
Tant m'avez fait que mol[t] vos aim.
De toz mes mals a vos me claim
Ne je n'en preg allors conseil.
5356 Vos savez bien por quoi je veil
Et que je pens et que je voil.
Rien ne poent veer mi oil
Fors une chose qui me plase,
5360 Mes je n'en avrai ja mon ase
S'ancés molt chier ne le comper.
Et si ai je trové mon per,
Car se jel voil, il me revelt,
5364 Se je me doil, il se reduelt
De ma dolor et de m'angoisse.
Or m'estuet que vos requenoisse
Un penser et un parlement
5368 A quoi nos dui tant solement
Nos sommes pris et acordé. »
Lors li a dit et recordé
Qu'ele se velt malade feindre,
5372 Et dit que tant se voldra plaindre
Qu'en la fin morte se fera,
Et la nuit Cligés l'emblera,
Si seron toz jors mais ensemble.
5376 En autre guise, se li semble,
Ne li porroit avoir duree,
Mes s'ele estoit asseüree

▶   * 5347. ne cele rien. *Corr. d'après ANPR.* 5351. aie. 5351-5352. *Rimes
interverties dans PC. Corr. d'après ANSR.* 5355. praing. 5359-5360. plase :
ase (plaise : aise) : *en anglo-normand,
à époque tardive, et dans la région du Nord, on trouve assez souvent la
diphtongue* ai *réduite à* a, *c'est-à-dire à son élément accentué (cf. M.K. Pope,
§ 1157 et N. § VII). Cf. infra vv. 5413-5414 et supra, v. 4888,* pice *pour
piece (cf. M.K. Pope, N. § VII,* ie>i). 5360. *Sur* aise, *lire R. Dragonetti,*

Et Fénice ne lui cache rien
de tout ce qu'elle avait en tête.
« Maîtresse, fait-elle, je sais bien
qu'il n'est rien que je vous confie
qui sortira de votre bouche.
J'ai bien appris à vous connaître,
et vous m'avez montré votre sagesse.
Vous avez tant fait que vous m'êtes très chère.
Je me plains à vous de tous mes maux
et ne prends conseil ailleurs.
Vous savez bien pourquoi je veille,
ce que je pense et ce que je veux.
De tous les objets qui peuvent frapper mes yeux,
un seul me plaît,
mais je ne lui serai jamais assez voisine
si je n'en paie d'abord très cher le prix.
Pourtant, j'ai trouvé l'âme sœur,
si je le désire, il me désire aussi,
et si je souffre, il souffre aussi
de ma douleur et de ma peine.
Il faut maintenant que je vous révèle
un dessein dont nous avons parlé
tous deux en secret et auquel
nous nous sommes engagés d'un commun accord. »
Et elle lui a rapporté
qu'elle entend feindre la maladie
et se plaindre jusqu'à ce qu'enfin,
elle se fasse passer pour morte.
La nuit, Cligès l'enlèvera :
« ainsi serons-nous toujours ensemble ».
Autrement, c'est son sentiment,
vivre plus longtemps lui serait impossible,
mais si elle avait l'assurance

« Aizi *et* aizimen *chez les plus anciens troubadours* », *dans* La Musique et
les lettres, *Genève, 1986, pp. 201-227.* **5361.** S'ainçois (*autre trait de l'Ouest
et de l'anglo-normand, la réduction de* ei *à* é, *au lieu de la différenciation*
ei > oi). **5375.** serons. *Dans l'Ouest et en anglo-normand, l's est ressenti
comme caractéristique de la* 2ᵉ *personne, d'où les formes en* -om, -on. *Cf.
supra v. 5248.*

Cligès

Que ele l'en volsist aidier,
5380 Autresi cum par sohaidier
Seroit fete ceste besoigne. [fo 114 vb]
« Mais trop me tarde et trop m'esloigne
Ma joie et ma bonne aventure. »
5384 A tant sa maistre l'aseüre
Qu'ele l'en aidera del tot,
Ja n'en ait crienme ne redot,
Et dit que tel peinne i metra
5388 Puis qu'ele s'en entremetra
Que ja n'iert nus hom qui la voie
Qui tot certeignement ne croie
Que l'ame soit del cors sevree,
5392 Puis qu'ele l'avra abevree
D'un boivre qui la fera froide,
Descoloree et pale et roide
Et sanz parole et sanz aleinne.
5396 Si iert trestot[e] vive et sainne
Ne bien ne mal se sentira,
Ne ja rien ne li grevera
D'un jor ne d'unne nuit entiere
5400 N'en sepulture ne em biere.
Quant Phenice a tot entendu,
Si li a dit et respondu :
« Maistre, en vostre garde me met.
5404 De moi sor vos ne m'entremet.
Je sui a vos, pensez de moi,
Et dites as genz que ci voi
C'un n'en i ait qui ne s'en voise.
5408 Malade sui, si me font noise. »
Cele lor dist comme afaitie :
« Seignor, ma dame est mal haitie.

▶ * **5380.** par son aidier. **5382.** m'estrange et esloigne *(-1). Corr. d'après AN,
B (la leçon de CP vient peut-être d'une mauvaise lecture d'une forme* me
targe, *comme dans O).* **5386.** de r. **5392.** Car *(CTO). Corr. d'après ANPR
(B* Des, *S* Quant). **5398.** l'en g. **5399.** et *(BCO).* **5407.** n'i ait. *Corr. d'après
PR.*
** **5384.** *Var. AN* Et sa m. li a. **5390.** Que *(sauf PC).* **5401.** *Leçon de
PCRO(B). Var. AN* ot tot, *ST* l'ot e. **5403.** *Var. AN* del tot an vos me. **5404.** ne
soi entremetre de... sor : *« laisser la responsabilité de quelque chose à quel-*

qu'elle a le désir de l'aider,
l'affaire s'accomplirait
comme par enchantement.
« Mais comme elles tardent et qu'elles sont loin
ma joie et mon heureuse fortune ! »
Sa gouvernante alors lui assure
qu'elle l'aidera à tous égards.
Qu'elle soit sans crainte là-dessus !
Elle-même y apportera un tel soin,
sitôt qu'elle s'en chargera,
que personne en la voyant
n'ira douter un seul instant
que l'âme ait quitté le corps,
après qu'elle aura absorbé
certain breuvage qui la glacera
et la rendra livide et raide,
en lui ôtant le souffle et la parole.
Elle sera pourtant bien vivante et saine
mais complètement insensible,
si bien que rien ne la fera souffrir,
pendant un jour et une nuit entière
dans son cercueil ni dans sa tombe.
Quand Fénice a tout entendu,
elle lui a dit en réponse :
« Maîtresse, je me confie à votre garde.
Je m'en remets à vous sur tout ce qui me touche.
Je vous appartiens, prenez soin de moi,
et dites aux gens que je vois ici
qu'ils s'en aillent tous sans exception.
Je suis malade, ils m'importunent. »
Thessala leur dit avec courtoisie :
« Messeigneurs, ma dame est souffrante.

Si velt que toz vos en voisiez,
5412 Car trop parlez et trop noisiez
Et la noise li est malvase.
Ele n'avra repos ne ase
Tant cum serez en ceste chambre.
5416 Unques mais dum il me remambre
N'ot mal dunc je l'oïsse plaindre,
Tant est ses mals plus forz et graindre.
Alez vos en, ne vos ennuit. »
5420 Cil s'en vont isnelement tuit
Lors que cele l'ot commandé.
Et Cligés a Jehan mandé
A son ostel priveement,   [fo 115 ra]
5424 Si li a dit celeement :
« Johan, sez tu que je voil dire ?
Tu es mes sers et je tes sire,
Et je te puis doner ou vendre
5428 Et ton cors et ton avoir prendre
Comme la chose qui est moie.
Mais s'en toi croire me p[o]oie
D'un mien afaire que je pens,
5432 A toz jorz mais seroies frens
Et li oir qui de toi seront. »
Johan tot maintenant respont,
Qui molt desiroit la franchise :
5436 « Sire, fait il, tot a devise
N'est chose que je ne feïsse,
Mais que por ce franc me veïsse
Et ma femme et mes enfanz quites.
5440 Vostre commandement me dites,
Ne ja n'iert chose si grevainne
Que ja me soit travalz ne peinne,
Ne ja ne me grevera rien.

▶ * 5418. li m.   5422. ravoit ja m. (*C, PO* avoit). *Corr. d'après ANSR.*
5423. Jehans molt tost p. (*C, P* J. a lui). *Corr. d'après ANR.* 5428. ton avoir
doner ou p. 5432. seroiens. 5439. Ma f. et toz (*C isolé*). *Après 5439. C répète
le v. 5437 légèrement modifié* (je n'en f.).
** 5420-5421. *Var. AN* Ne parleroiz a li enuit. / Vont s'an lués que l'ot
comandé. 5426. s. je sui t. (*ANSB, vs POCRT*). 5430. *Var. ANB* fier. 5431. a
coi je p. (*ANB, R* a qui, *vs SPCT*). 5434. *Leçon de NSRCO. Var. ANB* Et J.
m. 5435. desirre (*ANSPR, vs BCO*). 5438. par tant f. (*AN, S, vs BC, P*).

Elle veut que vous vous en alliez tous,
vous parlez trop, vous faites trop de bruit,
et tout ce bruit l'incommode.
Elle ne sera bien ni en repos
tant que vous serez dans cette chambre.
Jamais, autant qu'il m'en souvienne,
je ne l'entendis se plaindre d'aucun mal.
Son mal n'en est que plus sérieux.
Allez-vous-en, ne vous déplaise. »
Ils partent tous rapidement
dès qu'elle leur en a donné l'ordre.
Cligès a fait venir Jean
secrètement à son logis.
Il lui a dit en confidence :
« Jean, sais-tu ce que je veux te dire ?
Tu es mon serf, je suis ton maître,
je peux te donner ou te vendre,
disposer de ta personne et de ton bien
comme de ce qui m'appartient.
Mais si je pouvais me fier en toi
pour une affaire à laquelle je pense,
tu serais libre à tout jamais,
ainsi que tous tes descendants. »
Jean lui répond aussitôt,
tant il avait envie d'être affranchi :
« Il n'est rien que je ne ferais,
seigneur, à votre volonté,
si je devais être affranchi,
et que ma femme et mes enfants fussent libres.
Faites-moi part de vos ordres,
il n'est de tâche difficile
qui me soit lourde ou pénible,
rien jamais ne me pèsera.

5444   Et sanz ce maleet gré mien
       Le me covendra il a faire
       Et laissier tot le mien afaire.
          – Voire, Johan, mes c'est tel chose
5448   Que ma boche dire ne l'ose
       Se tu ne me plevis et jures
       Et del tot ne le m'aseüres
       Que tu a foi m'en aideras,
5452   Ne ja ne m'en descoveras.
          – Volentiers, sire, fait Johanz.
       Ja n'en soiez vos mescreanz !
       Que je le vos jur et plevis
5456   Que ja jor que je soie vis
       Ne dirai chose que je cuit
       Qui vos griet ne qui vos ennuit.
          – Johan, neïs por moi ocirre,
5460   N'est hon qui je l'osasse dire,
       Ce donc conseil querre vos voil,
       Ainz me lairoie traire l'oil.
       Mielz voldree que m'oceïsse
5464   Que a nul autre le deïsse.   [fo 115 rb]
       Mais tant vos cuit loal et sage
       Que se je vos di mon corage,
       Bien ferez, ce cuit, mon plaisir,
5468   Et de l'aidier et del taisir.
          – Voire, sire, se Dex m'aït. »
       A tant Cligés li conte et dit

▶ * **5448.** n'en ose *(BC)*. **5451.** en foi *(CO)*. *Noter comme au v. 5344 la ten-
dance de C à recourir à la préposition en, au lieu de a.* **5455.** je nel vos j.
(CO). Corr. d'après R (Car je le). **5456.** Ja a nul j. que soie *(C, R* Que a, *O*
Que nul jor que je). *Corr. d'après A.* **5463-5464.** m'oceïsses / … le deïsses.
C est isolé dans son groupe. Nous corrigeons d'après RP. **5468.** Et del celer
(C, B U de c.). *Corr. d'après SAPR.*
** **5445.** *Var. AR* covandroit. **5450.** ne m'an a. *(ASR, vs PCO).* **5461 ss.**
Seul S maintient le tutoiement tout au long : te v. / te truis / te dirai / Bien
feras. *De même A, à qui manquent les vv. 5465-5466. Le voussoiement
marquerait bien pourtant un changement d'attitude envers le maître ouvrier,
une fois que Cligés s'en est remis à lui. Les deux vers 5463-5464 de PRC
(O, qui s'arrête après le premier) manquent à ASBT. W. Foerster les a
conservés dans son édition critique (mais en adoptant le texte de C à cause
du tutoiement !).* **5465.** sai *(BRT, vs PC). Var. S* te truis. **5466.** *Leçon de PCR.
Var. BT* Que jo vos dirai, *S* je te d.

De toute façon, malgré que j'en aie,
il me faudra bien l'accomplir
et laisser là mes propres affaires.
– Oui, Jean, mais c'est une chose
que ma bouche n'ose pas dire
si tu ne fais pas le serment
et ne me donnes pas l'assurance
que tu m'y aideras fidèlement
sans jamais rien en trahir.
– Volontiers, seigneur, répond Jean,
et ne concevez pas le moindre doute,
car je vous fais le serment solennel
que jamais de toute ma vie,
je ne dirai rien que je pense
devoir vous nuire ou vous fâcher.
– Jean, même si je devais en mourir,
il n'est personne à qui j'oserais dire
ce pour quoi je cherche vos conseils.
J'y laisserais plutôt un œil.
Je préférerais me tuer
que de le dire à quelqu'un d'autre.
Mais je vous sais si loyal et si sage
que, si je vous dis le fond de mon cœur,
vous agirez, je crois, tout à mon gré,
qu'il s'agisse de m'aider ou de vous taire.
– C'est la vérité, seigneur, de par Dieu ! »
Cligès lui expose alors

L'aventure tot en apert,
5472 Et quant il li a descovert
Le voir, si com vos le savez,
Qui oï dire le m'avez,
Lors dist Johan qu'il l'aseüre
5476 De bien faire la sepulture
Au mielz qu'il s'en savra pener,
Et dit qu'il le voldra mener
Veer une soie maison
5480 Et ce q'unques ne vit nus hom
Ne femme ne enfanz qu'il ait.
Mostera li que il a fait,
Se lui plaist que ovec lui aille,
5484 La o il ovre et peint et taille,
Tot sol a sol sanz plus de gent.
Le plus biau leu et le plus gent
Li mostera qu'il veïst unques.
5488 Cligés respont : « Alons i donques. »
Desoz la vile en .I. destor
Avoit Johan faite une tor,
S'i ot par molt grant sen pené.
5492 La a Cligés o lui mené,
Si le meinne par les estaiges
Qui estoient peint a imaiges,
Beles et bien enluminees.
5496 Les chambres et les chiminees
Li mostre et sus et jus le meinne.
Cligés voit la messon soutainne,
Que nus n'i maint ne ne converse.
5500 D'une chambre en autre traverse
Tant que tot cuide avoir veü,
Si li a molt la tor pleü
Et dit que molt est bonne et bele.
5504 Bien i sera la damoisele

▶ * 5471. tote en a. 5478. l'en v. 5483. qu'il *(BC)*. 5484. peint et o. et t.
5489. Fors de la v. *(C isolé,* Fors *avec une lettrine)*. 5497. Li m. sus et jus
(BC).
** 5471. *Leçon de SCT (R* Son afaire). *Var. APB* la verité *(l'abréviation*
laventé *dans C montre comment une confusion a pu s'introduire)*. 5479. veoie
une soë m. 5504. sa d. *(APBR, vs SCT)*.

l'aventure sans rien dissimuler,
et quand il lui a découvert
la vérité que vous savez,
pour me l'avoir entendu conter,
Jean lui donne alors l'assurance
qu'il emploiera tout son talent
à bien faire la sépulture,
puis il lui propose de le mener
voir une maison à lui
et ce que personne n'a jamais vu,
homme ni femme ni enfant qu'il ait.
Il lui montrera ce qu'il a su faire,
s'il lui plaît d'aller avec lui,
là où il fait ses œuvres, peint et sculpte,
ils seront tous deux absolument seuls.
Le lieu le plus beau, le plus agréable
qu'il ait jamais vu lui sera montré.
« Allons-y donc », répond Cligès.
En dessous de la ville, et à l'écart,
Jean avait bâti une tour,
en y consacrant tout son art.
C'est là qu'il a mené Cligès ;
il le guide à travers les pièces
où se trouvaient des images peintes
aux belles et riches couleurs.
Le menant de haut en bas, il lui montre
les chambres et les cheminées.
Cligès visite la maison isolée,
où nul n'habite ni ne séjourne.
Il passe d'une chambre à l'autre
si bien qu'il croit avoir tout vu.
La tour est tout à fait à son goût,
il la trouve agréable et belle.
Sa demoiselle y sera bien

Toz les jorz que ele vivra,
Que ja nus hom ne l'i savra.
« Non [voir], sire, ja n'iert seüe !   [fo 115 va]
5508   Mais cuidez vos avoir veü[e]
   1   Tote ma tor et mes deduiz ?
Encore i a de tels reduiz
Que nus hom n'i porroit trover,
   4   Et si vos i leist esprover
Al mielz que vos i savrez cerchier
Ja tant n'i savroiz reverchier,
Ne nus tant soit soltis et sages
   8   Que ja plus i trovast estages
Se je ne vos mostre et ensaing.
Sachiez n'i faillent nes li baing
Ne rien qui a dame coveigne,
  12   Por ce voil que ma dame i veigne
Que molt [i] iert bien aesiee.
  14   Par desoz terre est esleisiee.
5509   Ceste tor si com vos verrez,
5510   Ne ja us trover n'i porrez
Ne entree de nule part.
5512   Pa[r] tel engin et par tel art
Sunt fait li us de pierre dure
Que ja n'i troverez jointure.
   – Or oi merveille, fait Cligés,
5516   Alez avant, g'irai aprés,
Car tot ce m'est tart que je voie. »
Lors s'est Johan mis a la voie,
Si meinne Cligés par la main
5520   Jusqu'a .I. us poli et plain
Qui tot est peinz et colorez.

▶ * **5506.** Ne nus h. (-1). **5507.** Voir *manque dans PCR (-1).* **5508 / 13.** *On
pourrait aussi lire* m. i ert. **5508 / 14.** eslaissee *(BR).* Corr. *d'après ASP.*
** *Après* **5508.** *C omet 14 vers, à la suite d'un bourdon probable sur* Tote
ma tor ... / Ceste tor. *Nous donnons comme supra après les vv. 1736 et 4014
le texte du manuscrit R.* **5508 / 4.** Et se **5508 / 8.** *Leçon de R,* P (ja i t. p.
d'e.). *Var.* B Qui plus t. ici e. (T d'e., A Que p. t. ceanz e.). **5508 / 9.** *Leçon
de SR. Var.* B nes vos, P ne les m., A ne li m. **5508 / 10.** *Leçon de R,* T (Che
s. nes n'i f. b.). *Var.* S ci ne f. li b. **5508 / 11.** Ne chose qu'a (AP, B que, S
qui, + 1). **5513.** Est f. (AS, vs PBCR).

tout le temps où elle y vivra,
sans que personne en sache rien.
« Non, seigneur, personne n'en saura rien !
Croyez-vous avoir tout vu
de ma tour et de mes aménagements ?
Il y a encore des cachettes
que personne ne pourrait trouver.
Et si vous voulez en faire l'expérience
en cherchant du mieux que vous pourrez,
vous aurez beau fouiller en tous sens,
ni vous ni personne n'êtes assez subtil
pour découvrir ici d'autres pièces
si je ne vous les montre pas précisément.
Sachez-le, rien de ce qu'il faut à une dame
ne manque ici, pas même les bains.
Je souhaite donc qu'y vienne ma dame,
elle y vivra tout à son aise.
Dessous terre s'étend encore
cette tour, comme vous verrez.
Vous ne pourrez y trouver de porte
ni d'entrée en aucun endroit.
La porte est faite de pierre dure
avec tant d'art et d'ingéniosité
que vous n'en verrez pas la jointure.
– J'entends merveilles ! fait Cligès.
Allez devant, je vous suivrai,
j'ai hâte de voir tout ceci. »
Jean s'est alors mis en chemin,
il guide Cligès par la main
jusqu'à une porte toute lisse,
entièrement peinte et coloriée.

A l'us s'est Johan arestez
Et tint Cligés par la main destre.
5524 « Sire, fait il, us ne fenestre
N'est nus qui en cest mur veïst,
Et cuidez vos c'on le poïst
En nule guise trespaser
5528 Sanz pierre malmetre et quasser ? »
Cligés respont que il nel croit
Ne ja nel croira s'il nel voit.
Lors dit Johan qu'il le verra
5532 Et l'us del mur li overra.
Johan, qui avoit faite l'ovre,
L'us del mur li desserre et ovre
Si qu'il nel malmet ne [ne] quasse.
5536 Li uns avant l'autre s'en passe,
Et descendent par une viz
Jusqu'a .I. estaige voltiz
Ou Johan ses ovres faisoit
5540 Quant riens a faire li plaisoit.
« Sire, fait il, ci ou nos sommes
N'ot unques de trestoz les hommes
Que Dex a fait fors que nos deus,
5544 Et s'est si aasez cist leus
Com vos verrez jusqu'a n'a gaires.
Ci donques soit vostres repaires
Et vostre amie i soit reposte.
5548 Tel ostel covient a tel oste,
Qu'il i a chambres et estuves
Et l'eve chaude par les cuves,   [fo 115 vb]
Qui vient par conduit desoz terre.
5552 Qui voldreit leu aaisié querre
Por s'amie metre et celer,
Molt li covendroit loig aler
Ainz que trovast si covenable.
5556 Molt le tendrez por delitable

▶ * 5545. jusque n. 5556. tendreit *(CR)*.
   ** 5522. Au mur s'est J. acostez *(AP, vs RC, B* Iloc). 5528. *Leçon de PCR.
   Var. AT(S)* sanz anpirier et sanz q. 5536. *Leçon de CR (ST* Et li uns avant
   l'a. passe). *Var. APB* trespasse. 5546. Ci lo que s. *(R, T* Chi illuec, *P* voel).
   5548. *Var. AS* est boens. 5555. qu'il *(sauf SC).*

Jean s'est appuyé contre le mur,
tenant Cligès par la main droite.
« Seigneur, fait-il, personne ne pourrait voir
de porte ou de fenêtre dans ce mur.
Pensez-vous donc qu'il soit possible
de passer de l'autre côté
sans l'abîmer ou en casser des pierres ? »
Cligès répond qu'il n'en croit rien
et qu'il ne le croira que s'il le voit.
Jean lui dit alors qu'il le verra de ses yeux
et qu'il va lui ouvrir la porte dans le mur.
Jean, qui avait réalisé l'ouvrage,
relâche et ouvre la porte dans le mur
sans l'abîmer ni le casser.
Ils passent l'un derrière l'autre
et descendent par un escalier à vis
jusqu'à une pièce voûtée
où Jean accomplissait ses œuvres
quand il avait goût au travail.
« Seigneur, fait-il, là où nous sommes,
de tous les hommes que Dieu a créés
aucun n'est jamais venu, à part nous deux.
L'endroit est bien aménagé
comme vous le verrez sous peu.
Faites-en donc votre refuge,
où sera cachée votre amie.
Pareil logis est fait pour l'accueillir,
car il y a là chambres et bains
et, dans les baignoires, de l'eau chaude
qu'amènent des conduites souterraines.
Si on cherchait un endroit confortable
pour installer et cacher son amie
il faudrait vraiment aller loin
avant d'en trouver d'aussi approprié.
Vous le jugerez très agréable

Quant vos avrez par tot esté. »
Lors li a Johan tot mostré,
Beles chambres a voltes peintes,
5560   Et si li a mostrees maintes
De ses ovres, qui molt li plorent.
Quant par tot emsemble esté orent,
Lors dist Cligés : « Johan, amis,
5564   Vos et trestoz voz ers franchis,
Et je sui vostres par la gole.
Çai[e]nz voil que soit tote sole
M'amie, et ja nel sache nus
5568   Fors moi et vos et lié sanz plus. »
Johan respont : « Vostre merci !
Or avons assez esté ci,
N'i avons ore plus que faire,
5572   Si nos metommes el repaire.
— Bien avez dit, Cligés respont.
Ralons nos en ! » Lors s'en revont,
Si sunt issu fors de la tor.
5576   En la vile oient el retor
Que li uns a l'autre conseille :
« Vos ne savez com grant merveille
De ma dame l'empereriz ?
5580   Santé li doinst Sainz Esperiz,
A la bonne dame, a la saige,
Qu'ele gist de molt grant malage. »
Quant Cligés entent le murmure,
5584   A la cort vient grant aleüre,
Mais n'i ot joie ne deduit,
Car triste et mat estoient tuit
Por l'empereriz qui se feint,
5588   Mais li mals dum ele se plaint
Ne li grieve ne ne s'en deult.
S'a dit a toz qu'ele ne velt

▶ * **5564.** eris. **5566.** Çainz *est une faute commune à CR (confusion avec* C'ainz
dans le modèle ou simple négligence ?). Corr. d'après PB et infra, v. 6198.
** **5559.** *Leçon de PCR. Var. B et* v. **5562.** Q. tote la tor veüe *(SB, vs PCR).*
5574. Alons *(ASR, vs PCB).* **5584.** *Leçon de PCRT. Var. ASB* vint.
5588. *Leçon de PBCR. Var. ST* Que, A Car.

quand vous l'aurez entièrement visité. »
Alors Jean lui a tout montré,
de belles chambres aux voûtes peintes,
et il lui a montré bon nombre
de ses œuvres, qui lui ont plu.
Quand ils eurent tout visité,
Cligès dit : « Jean, mon ami,
je vous affranchis, vous et tous vos descendants,
et je suis tout à vous, je le jure.
Je veux que vive ici toute seule
mon amie, sans que nul le sache,
sinon vous et moi, avec elle. »
Jean répond : « Je vous en remercie !
Nous sommes restés ici longtemps
nous n'avons plus rien à y faire.
Prenons le chemin du retour.
– Vous avez raison, répond Cligès.
Allons-nous-en. » Et ils repartent.
Les voici sortis de la tour.
De retour en ville, ils surprennent
des propos qu'on se chuchote :
« Ne savez-vous la nouvelle incroyable
touchant l'impératrice ?
Puisse le Saint-Esprit rendre la santé
à cette dame, bonne et sage,
car elle est couchée, gravement malade. »
Quand Cligès entend la rumeur,
il vient au plus vite à la cour.
La joie, les jeux n'y étaient plus,
car tous étaient tristes et mornes
pour l'impératrice qui simule :
le mal dont elle se plaint
ne lui cause peine ni douleur.
Elle a dit à tous qu'elle ne veut pas

Que nus hom en sa chambre viegne
5592 Tant com ses mals si fort la tiegne
Dont li cuers li delt et li chiés,   [fo 116 ra]
Se n'est l'emperere ou ses niés,
Qu'a cels ne l'ose ele escondire.
5596 Mais ja l'empereres ses sire
N'i vieigne, ne l'en chaudra il.
En grant peine et en grant peril
Por Cligés metre la covient,
5600 Mes ce li poise qu'il ne vient,
Car riens fors lui veoir ne quiert.
Par tans Cligés devant lui iert
Tant qu'il li avra reconté
5604 Ce qu'il a veü et trové.
Devant lui vient, si li a dit,
Mais molt i demora petit,
Car Fenice, por ce c'on cuit
5608 Que ce qui li plait li anuit,
A dit en haut : « Fuiez, fuiez !
Trop me grevez, trop m'ennuiez,
Car si sui de mal agrevee
5612 Ja n'en serai saine levee. »
Cligés, qui ce molt atalente,
S'en vait fesant chiere dolente,
Qu'einz si dolente ne veï[s]tes.
5616 Molt pert estre par defors tristes,
Mais ses cuers est molt liez dedenz
Qui a sa joie est atendanz.
L'empererrit, sanz mal qu'ele ait,
5620 Se plaint et malade se fait,
Et l'empereres qui la croit
De duel fere ne se recroit
Et mires querre li envoie,
5624 Mes ele ne velt qu'an la voie

▶ * **5591.** nus enz. *Corr. d'après ASBR.* **5592.** si forz. **5593.** *La première main reprend ici sur un folio.* **5595.** Car cels. *Corr. d'après T, B* (Qu'a c. ne le veut esc.) *et P* (Car a c. ne l'ose esc.). **5604.** ot veü *(C isolé).* **5612.** sanz saine l.

** **5592.** *Var. AR* cist m. **5602.** et **5605.** devant li. **5605.** vint *(APB, vs SCRT).* **5624.** el ne v. que nus *(APB, S, vs CR).*

qu'on lui rende visite dans sa chambre
tant qu'elle souffrira aussi violemment
du mal qui la tient au cœur et à la tête,
mis à part l'empereur ou son neveu :
à eux, elle n'ose fermer sa porte.
Mais que l'empereur, son époux,
ne vienne pas, peu lui importe.
Elle doit pour Cligès se mettre
en grande épreuve et en péril,
mais elle s'afflige qu'il ne vienne pas :
il est le seul qu'elle désire voir.
Cligès sera bientôt devant elle,
il lui fera tout le récit
de ce qu'il a vu et trouvé.
Le voici devant elle, il lui parle,
mais il y demeura bien peu,
car Fénice, afin que l'on croie
que ce qui lui plaît l'importune,
s'est écriée : « Partez, partez !
Votre présence me pèse et me lasse,
je suis si gravement malade
que jamais je n'en guérirai. »
Tout ceci est au gré de Cligès
qui s'en va la mine triste,
la plus triste qu'on ait jamais vue.
Au-dehors il n'est que tristesse,
mais son cœur est joyeux au-dedans,
dans l'attente de son bonheur.
Sans avoir mal, l'impératrice
se plaint et feint la maladie,
et l'empereur qui est crédule
ne cesse de se désoler,
demandant pour elle des médecins,
mais elle ne veut pas qu'on l'examine

Ne nes lesse a soi adeser.
Ce puet l'empereor peser
Qu'ele dit que ja n'i avra
5628 Mire fors .I. qui li savra
Legierement doner santé
Quant lui vendra a volenté.
Cil la face morir ou vivre,
5632 En celui se met a delivre
De sa santé et de sa vie.
De Deu cuident que ele die,
Mais molt a autre entention,
5636 Qu'ele n'entent s'a Cligés non,
C'est se[s] Dex qui la puet garir   [fo 116 rb]
Et qui la puet fere morir.
Einsint l'empereriz se garde
5640 Que nus mires ne s'en prent garde,
N'ele ne velt mengier ne boivre
Por melz l'empereor deçoivre,
Tant que toute est [et] pale et perse.
5644 Et sa maistre entor lui converse
Qui par molt merveilleuse guile
Tant cerche par toute la ville,
Celeement que nus nel sot,
5648 C'une famme malade i ot
De mortel mal sanz garison.
Por melz faire la traïson
L'aloit revisiter sovent
5652 Et si li metoit en covent
Qu'ele la guerroit de son mal.
A chascun main .I. orinal
Li portoit por veoir s'orine,
5656 Tant qu'ele vit que medecine
Ja mais aidier ne li porroit,
Et ce jor meïsmes morroit.
Cele orine en a aportee,
5660 Si l'a estoiee et gardee

▶ ** 5625. a li. 5631. la fera *(ASPB, vs CR)*. 5644. entor li. 5646. Cercha t.
(SPR, vs BC). 5654. Leçon de PCR. Var. ASB A c. jor. 5659. Icele o. a *(BR)*.
5660. *Excellente leçon de PCR* (estoier, « renfermer, serrer »). Var. AB estroi-
temant.

et refuse qu'on la touche.
Ce qui afflige l'empereur,
c'est de l'entendre dire qu'il n'existe
qu'un seul médecin capable
de lui rendre aisément la santé
quand ce sera sa volonté.
Que lui seul la fasse mourir ou vivre !
elle s'en remet toute à lui
pour sa santé et pour sa vie.
On croit qu'elle parle de Dieu,
mais elle a quelqu'un d'autre en tête :
elle ne pense qu'à Cligès,
c'est lui son dieu qui peut la guérir
et qui peut la faire mourir.
Ainsi, l'impératrice veille
à ce qu'aucun médecin ne remarque rien,
elle ne veut ni manger ni boire
pour mieux abuser l'empereur,
au point qu'elle devient pâle et livide.
Auprès d'elle reste sa nourrice,
étonnante de ruse, qui
cherche si bien par toute la ville,
en cachette pour qu'on n'en sache rien,
qu'elle a trouvé une femme atteinte
d'un mal mortel et incurable.
Afin de mieux donner le change,
elle lui rendait souvent visite
et elle lui assurait
qu'elle la guérirait de son mal.
Chaque matin, elle lui apportait
un urinal pour bien voir son urine,
jusqu'à ce qu'elle vît que nul remède
ne pourrait désormais la secourir
et qu'elle mourrait le jour même.
Elle a emporté cette urine,
elle l'a mise à l'abri et gardée

Tant que l'empereres leva.
Meintenant devant lui s'en va,
Si li dist : « Se vos comandez,
5664 Sire, touz voz mires mandez,
Car ma dame a s'orine faite,
Qui de cest mal molt se deshaite,
Si velt que li mire la voient,
5668 Mais que ja devant lui ne soient. »
Li mire vienent en la sale,
L'orine voient pesme et male,
Si dist chascuns ce que lui semble
5672 Tant qu'a ce s'acordent ensemble
Que ja mais ne respassera,
Ne ja nonne ne passera,
Et se tant vit, lors au plus tart
5676 En prendra Dex l'ame a sa part.
Ce ont a conseil murmuré,
Puis lor a dit et conjuré
L'empereres que voir en dient.
5680 Cil responent qu'il ne se fient
De neent en son respasser,   [fo 116 va]
N'ele ne puet none passer
Que einçois n'ait l'ame rendue.
5684 Quant la parole a entendue
L'emperere, a poine se tient
Que pasmez a terre ne vient
Et maint des autres qui l'oïrent.
5688 Einc nules genz tel duel ne firent
Com lors ot par tout le palais.
La parole de[l] duel vos lais,
S'orroiz que Thessala porchace
5692 Qui la poison destrempe et brace.
Destempree l'a et batue,
Car de loig se fu porveüe
De tout quanque ele savoit

► * **5683.** Qu'ele e. (*cf. R* Qu'ainçois, *-1*). *C isolé.* **5685.** L'empereres a poi
se t. *(CRT).* Corr. d'après *BPSA.* **5689.** L'en le set. Corr. d'après *AS* (*PB*
C. il ot). **5691.** S'oiez. Corr. d'après *RS.* **5694.** s'en fu p.
** **5669.** vindrent (*AS, vs PCR*). **5671.** Si dit (*AR, vs SPC*). **5678.** *Var. AB*
Lors. **5688.** nule gent (*SB, R* nule genz, *vs PC*).

jusqu'au lever de l'empereur.
Elle vient alors à sa rencontre
et lui dit : « Si vous voulez bien en donner l'ordre,
sire, convoquez tous vos médecins,
ma dame a rendu son urine,
toujours en proie à sa maladie.
Elle veut que les médecins l'examinent,
mais sans paraître en sa présence. »
Les médecins arrivent dans la salle,
ils voient l'urine horrible et altérée,
chacun exprime son avis,
et pour finir tous sont d'accord
qu'elle n'en réchappera pas
et qu'elle ne passera pas la neuvième heure.
Alors, au plus tard, si elle vit jusque-là,
Dieu rappellera son âme à Lui.
Ils ont sur ce cas conféré à voix basse
puis l'empereur les a conjurés
de lui dire la vérité.
Ils répondent qu'ils ne croient
pas du tout à sa guérison,
qu'elle ne passera pas l'après-midi :
elle rendra l'âme avant.
Quand il a entendu leur réponse,
l'empereur se retient à peine
de tomber évanoui à terre,
et beaucoup d'autres qui l'ont entendue.
Jamais nulle part ne se fit un deuil
semblable à celui que connut le palais.
Mais je vous en passe la description.
Ecoutez plutôt ce à quoi Thessala s'affaire,
en train de brasser sa mixture.
Elle l'a délayée et battue ;
de longue date, elle s'était pourvue
de tout ce dont elle savait

5696 Qu'a la poson mestier avoit.
     Un petit einz hore de none,
     La poison a boivre li done,
     Et lors quant ele l'a beüe
5700 Li est troublee la veüe,
     Si a le vis si pale et blanc
     Com s'ele eüst perdu le sanc,
     Ne pié ne main ne remeüst,
5704 Qui vive escorchier la deüst,
     Ne se croule ne ne dit mot,
     Et s'entent ele bien et ot
     Le duel que l'empereres maine
5708 Et le cri dont la sale est pleinne.
     Et par toute la ville crient
     Les genz qui plorent et qui dient :
     « Dex ! quel annui et quel contraire
5712 Nos a fait la mort deputaire !
     Morz covoiteuse, Morz englove,
     Morz, assez es pire que love,
     Qui ne puez estre saoulee.
5716 Onques mais si male golee
     Ne poïs tu doner au monde.
     Morz, qu'as tu fet ? Dex te confonde,
     Qui as toute biauté esteinte !
5720 La meillor chose et la plus sainte
     As ocise, s'ele durast,
     C'onques Dex a faire endurast.

▶ * **5705.** Ne ne se c. ne d. m. (A N'el ne se c.). *Corr. d'après PB.* **5713-5714.**
Morz est assez pire que love / La morz est pire que delove. *Le vers est répété
dans C qui cumule ainsi les deux comparaisons avec la louve (T, B* lime
pour luve) *et avec le déluge, c'est-à-dire une catastrophe (P* deluive). *Les
deux vers manquent dans S. Les manuscrits A et R présentent une leçon
remaniée :* M. trop es *(R* Que m'lt est) male et covoiteuse. *Nous adoptons
la leçon de T :* M. covoitouse et m. englouve / *M. est pire que nulle louve,
mais en rétablissant dans le premier vers l'asyndète selon P, et en gardant
C pour le second vers, avec passage à la 2ᵉ personne comme dans P (M. tu
es pire de deluive) et A (M. trop es male et covoiteuse). L'ordre des mots
en est légèrement modifié. Nous avons comme W. Foerster retenu la comparaison avec la louve qui s'harmonise mieux avec la suite : insatiable, goulue,
la mort a apporté, « donné » au monde cette « bouchée » funeste.* **5715.** puet.
Corr. d'après TAP.
** **5699.** des qu'ele (A, *var. PB* Tantost com, *vs CT*). l'ot (ASR, *vs PBCT*).
5701. *Leçon de CR, T. Var.* A Et a, *SPB* Et ot.

avoir besoin pour sa préparation.
Un peu avant la neuvième heure,
elle lui donne à boire la potion,
et lorsque celle-ci l'a bue,
sa vue s'est aussitôt troublée.
Elle a le visage aussi pâle et blanc
que si elle avait perdu tout son sang,
elle n'aurait pu remuer ni pied ni main,
eût-elle été écorchée vive ;
elle ne bouge plus ni ne dit mot.
Et cependant elle entend bien
le désespoir de l'empereur
et les cris dont la salle s'emplit.
Toute la ville retentit des cris
de gens qui pleurent et qui disent :
« Dieu, quel malheur et quel chagrin
nous a causés la Mort, cette bâtarde !
Mort avide, Mort goulue,
Mort, tu es pire qu'une louve,
toi qui n'es jamais rassasiée.
Tu ne pouvais offrir au monde
de plus funeste engloutissement !
Mort, qu'as-tu fait ? Dieu te détruise,
toi qui as éteint toute beauté.
La meilleure et la plus sainte des créatures
que Dieu se soit appliqué à faire,
si elle avait pu vivre, tu l'as tuée.

Trop est Dex de grant patience
5724 Quant il te soefre avoir poissance
Des soës choses despecier. [fo 116 vb]
Or se devroit Dex corocier
Et geter hors de ta baillie,
5728 Car trop as fet grant sorsaillie
Et grant orgueil et grant outrage. »
Issi touz li pueples enrage,
Tuerdent lor poinz, batent lor paumes,
5732 Et li clerc i lisent lor siaumes,
Qui prient por la boenne dame
Que Dex merci li face a l'ame.
Entre les lermes et les criz,
5736 Si com tesmoigne li escriz,
Sont venu .III. fisicien
De Salerne molt ancien,
Ou lonc tens avoient esté.
5740 Por le duel se sont aresté,
Si demandent et si enquierent
Dont li cri et les lermes erent,
Por quoi s'afolent et confundent.
5744 Cil lor dient qui lor respondent :
« Dex ! Seignor, donc nel savez vos ?
De ce devroit ensemble o nous
Desver touz li mondes a tire,
5748 S'il savoit le grant duel et l'ire
Et le domage et la grant perte
Qu'an cest jor nos est aoverte.
Dex ! Dont estes vos donc venu,
5752 Qui ne savez qu'est avenu
Orendroit en ceste cité ?
Nos vos dirons la verité,
Que acompeignier vos volons
5756 Au duel de quoi nos nos dolons.
Ne savez de la mort destroite,

▶ * 5727. sa b. *(CS).* 5744. cil qui l'oient lor r. *(C isolé). Corr. d'après A, N (meilleurs que PBR,* Et cil lor d. et). 5745. ne s. vos *(SCT). Corr. d'après ANPR, B.* 5751. vot. 5752. Que *(SC).* 5755. nos v. *(SC).*
** 5726. se deüst *(ASP, vs BCR).* 5733. *Leçon de SCRT. Var. AP* Et p. 5743. *Leçon de SCRT. Var. AN* Por cui.

Dieu a beaucoup trop de patience
quand il te laisse le pouvoir
de détruire ses créatures.
Il devrait bien s'en irriter
et te priver de ton pouvoir,
car c'est trop de témérité
à cette fois, et d'orgueil insolent. »
Ainsi, le peuple est-il comme fou de douleur,
ils se tordent les bras et battent leurs paumes,
et les clercs récitent leurs psaumes,
en priant pour la bonne dame
afin que Dieu ait merci de son âme.
Parmi les larmes et les cris,
comme il est écrit dans le livre,
sont arrivés trois médecins
d'un très grand âge, venus de Salerne
où ils avaient longtemps vécu.
Ils ont fait halte en raison de ce deuil,
et posent des questions afin de savoir
la cause de ces cris et de ces larmes,
et de tous ces gestes de désespoir.
On leur a fait cette réponse :
« Par Dieu ! messeigneurs, vous ne le savez donc pas ?
Devant cela, le monde entier à son tour
devrait tout comme nous en perdre la raison,
si l'on savait le deuil et le chagrin,
le dommage et la grande perte
qui en ce jour ont commencé.
Dieu ! mais d'où venez-vous donc
pour ignorer ce qui arrive
à cette heure en cette cité ?
Nous vous dirons la vérité,
car nous voulons vous associer
au deuil qui nous désole.
Ignorez-vous l'absurdité

Qui tout desirre et tout covoite
Et en touz leus le meuz agaite,
5760 Cum grant folie ele a hui faite
Si come ele en est coustumiere ?
D'une clarté, d'une lumiere
Avoit Dex le monde alumé.
5764 Ce que Morz a acoustumé
Ne puet laissier qu'ele ne face,
Touz jors a son pooir esface
Le meulz que ele puet trover.
5768 Or volt son pooir esprover,
S'a plus de bien pris en un cors   [fo 117 ra]
Qu'ele n'en a laissié defors.
Se ele eüst tot le mont pris
5772 N'eüst ele mie fait pis,
Mais que vive laissast et sainne
Ceste proie que ele en meinne.
Biauté, cortesie et savoer,
5776 Et quanque dame puet avoer
Qu'apartenir doie a bonté
Nos a tolu et mesconté
La mort, qui toz biens a periz
5780 En ma dame l'empereriz.
Eissi nos a la mort tuez.
– Ha ! Dex, funt li mire, tu hez
Ceste cité, bien le savonmes,
5784 Quant grant piece a venu n'i summes.
Se venu i fusons des ier,
Molt se poïst la morz prisier
Se a force rien nos tolsist.

▶ * **5766.** en face. **5767.** pot. **5769.** *La seconde main reprend : absence de point en fin de vers ; formes caractéristiques de l'Ouest, comme* lié *pour le pronom féminin ; négligences de copie (p. ex. voyelles omises, vv. 5798, 5800, 5803 ; lectures fautives, vv. 5777, 5792, 5801, 5803).* **5769.** a un c. *(SC).* **5773.** *On lit* viwe *(un jambage excédentaire).* **5774.** que ore *(C isolé).* **5776.** doie *(influencé probablement par le vers suivant, BT* doit). *Corr. d'après AN (R* puisse). **5777.** Qui partenir d. en b. *(S* Qui apartenir, *+1).* **5783.** savons, *corrigé par le copiste qui fait du* s *le premier jambage d'un* m.

▶▶ ** **5760.** *Var. AN* Quel felenie ele a or f. **5765.** muer *(ANS, vs CR, PB* laier). **5785.** Se nos fussiens v. *(ANS, vs PCRT).*

que la mort, démesurément avide,
qui guette en tous lieux les meilleurs,
a, dans sa cruauté, commise aujourd'hui,
ainsi qu'elle en a la coutume ?
D'une grande clarté, d'une lumière,
Dieu avait illuminé le monde.
Mais la mort ne peut s'empêcher de faire
ce dont elle a pris l'habitude.
De tout son pouvoir toujours elle efface
ce qu'elle trouve de meilleur.
Elle a voulu éprouver sa puissance :
elle a saisi plus de biens en un seul être
qu'elle n'en a laissé au-dehors.
Eût-elle pris le monde entier,
elle n'aurait pu faire pis
à condition d'avoir laissé vivante et saine
celle qu'elle emmène comme sa proie.
Beauté, courtoisie et sagesse
et tout ce qu'une dame peut avoir
dans l'ordre de la perfection
nous a été enlevé et volé
par la mort, qui a anéanti tout bien
en même temps que Madame l'impératrice.
Ainsi la mort nous a tués.
– Ah ! Dieu, font les médecins, Tu hais
cette cité, nous le savons bien,
puisque nous y arrivons si tard.
Si nous étions venus dès hier,
la mort aurait bien pu se glorifier
si elle avait pris quoi que ce fût de force.

5788 – Seignor, ma dame ne volsist
      Por rien que vos la veïssez
      Ne qu'en lié peinne meïssez.
      De bons mires assez i ot,
5792 Mais unques ma dame ne plot
      Que uns ne autres la veïst
      Qui de son mal s'entremeïst.
      Non, par ma foi, ce ne fist mon ! »
5796 Lors lor sovint de Salemon
      Cui sa femme tant enhaï
      Qu'an guise de mort le tr[a]ï.
      Espoir autel a ceste fait,
5800 Mais s'il pooient par nul plait
      Faire tant que il la sentissent,
      N'est hom nez por cui il mentissent
      Se barat i poent veer,
5804 Que il n'en dient tot le ver.
      Vers la tor s'en vont maintenant
      Ou l'en n'oïst pas Deu tonnant,
      Tel cri et tel noise i aveit.
5808 Li maistres d'els qui plus saveit
      S'est tresqu'a la biere aprochiez.
      Nus ne li dist : « Mar i touchiez ! »
      Ne nus ariere ne l'en oste,
5812 Et sor le piz et sor la coste   [fo 117 rb]
      Li met sa main et sent sanz dote
      Qu'ele a el cors la vie tote,
      Bien le set et bien l'aperceit.
5816 L'empereor devant lui veit

▶ * **5793.** Que nus. **5800.** s'estre p[o]oit. *Corr. d'après SBR.* **5801.** Chose tant.
5802. hom por cui il en m. *(CTB). Corr. d'après AP, NS, R.* **5803.** S'il rien
i p[o]oient. *Cp. S* Se vie i pooient. *Le copiste de C devait avoir sous les yeux
cette leçon. SC ont seuls le verbe à l'imparfait et se distinguent aussi des
autres manuscrits dans ce passage aux vv. 5769 et 5777. Corr. d'après
ANPBR,* pueent, *avec graphie conforme à l'usage du second copiste (cf. infra,
v. 5950).* **5804.** Qu'il n'en deïssent *(CT).* **5813.** set *(SC), au lieu de* s͞et.
** **5790.** a li *(AN, S, vs PCR, BT).* **5800.** se il pueent *(ANP, vs SBR).* **5805.** *Var
PT* la cort *(mais N a bien* la tor*).* **5809.** Est droit a *(A, N, vs BR* jusqu'a, *PT*
dusc'a, *C).* **5813.** la m. *(ANPBR, vs SCT).* **5814.** *G. Paris préférait la leçon
isolée de A,* l'ame, *qui a pu être lue* la vie *et, sous sa forme* l'alme, *expliquer
la leçon de S* l'alaine. *Mais N, qu'il ne connaissait pas, a bien* la vie.

– Messeigneurs, ma dame n'aurait voulu
pour rien au monde qu'on l'examinât
ou qu'on se mît en peine pour elle.
Les bons médecins ne manquaient pas,
mais elle n'a pas permis
que l'un ou l'autre vînt la voir
afin de s'occuper de son mal.
Elle ne l'a vraiment pas voulu, c'est sûr ! »
Il leur souvint alors de Salomon
que sa femme prit tant en haine
qu'elle le trompa en jouant la morte.
Celle-ci a peut-être agi de même,
mais s'ils pouvaient par quelque biais
trouver moyen de l'ausculter,
il n'est personne pour qui ils mentiraient,
s'ils découvraient une fourberie ;
ils en diraient la vérité.
Ils s'en vont tout de suite vers la tour
où l'on n'eût pas entendu Dieu tonner,
si grands étaient les cris et le tumulte.
Leur maître, qui était le plus savant,
s'est tout droit approché du cercueil.
Nul ne lui a dit : « Non ! N'y touchez pas ! »,
et nul ne l'en a repoussé.
Sur la poitrine et le côté,
il pose sa main et il sent à l'évidence
que son corps palpite de vie,
il en est sûr, il le voit bien.
Voyant devant lui l'empereur

Qui de duel s'afole et ocist.
En haut s'escrie, si li dist :
« Empereres, conforte toi !
5820 Je sai certainement et voi
Que ceste dame n'est pas morte.
Laisse ton duel, si te conforte !
Car se vive ne la te ren,
5824 Ou tu m'afole o tu me pen. »
Maintenant apaise et acoise
Par le palais tote la noise,
Et l'empereres dist au mire
5828 Qu'or li loist comander et dire
Sa volenté tot a delivre.
S'il fait l'empereriz revivre,
Sor lui iert sire et comanderre,
5832 Mais pendu sera come lesre
Se il li a menti de rien.
Et cil respont : « Je l'otrei bien,
Ne ja de moi n'aiez merci
5836 S'a moi parler ne la fez ci.
Tot sanz penser et sanz cuider
Faites moi cest palais voider
Que uns ne autres n'i remaingne.
5840 Le mal qui la dame mehaigne
M'estuet veer priveement.
Cist dui mire tant solement
Qui de ma compaignie sunt
5844 Ovec moi çaenz remaindront,
Et tuit li autre fors s'en issent. »
Ceste chose contredeïssent
Cligés, Johan et Thessala,
5848 Mais tuit cil qui estoient la
Le poïssent en mal torner
S'il le volsissent trestorner.
Por ce se taisent, et si loent

▶ * 5817. ocist. 5818. dist. 5828. Que or li laist (*C, S* Qui, *+1*). 5834. Cil li
r. *(CT).* Corr. d'après ANBR. 5839. Que nus *(SC).* 5842. Cil *(CT).*
** 5824. m'oci *(A, S, NP* m'ociz, *vs CRT).* 5825. *Var. AN* abaisse. 5827. dit
(ANS, vs PBCR). 5830. Se l'e. fet *(AN, vs PBCRT).* 5836. S'a vos *(ANSB,
vs PCRT).* 5843-5844. *Intervertis dans SB, AN* (Car de ma c.), *vs PCRT.*

qui se détruit à force de chagrin,
à haute voix il lui dit :
« Empereur, reprends courage !
Je constate et je sais de façon certaine
que cette dame n'est pas morte.
Cesse ton deuil, et remets-toi.
Si je ne te la rends pas vivante,
mets-moi à la torture ou fais-moi pendre. »
Aussitôt, dans le palais,
tombe et s'apaise tout le tumulte,
l'empereur dit au médecin
qu'il a tout pouvoir pour donner ses ordres
et qu'il est libre de parler comme il l'entend.
S'il fait revivre l'impératrice,
il commandera à l'empereur,
mais il sera pendu comme un voleur
s'il a menti en quoi que ce soit.
L'autre répond : « J'y consens bien,
et n'ayez de moi aucune pitié
si je n'obtiens, ici-même, qu'elle vous parle.
Faites-moi sans tergiverser
sur l'heure évacuer la salle,
qu'il n'y reste qui que ce soit.
C'est en privé que je dois voir
le mal qui frappe cette dame.
Seuls ces deux autres médecins
dont je suis accompagné
resteront ici avec moi.
Mais que tout le monde sorte ! »
Cligès, Jean et Thessala
auraient voulu s'y opposer,
mais tous ceux qui étaient là
l'auraient interprété à mal,
s'ils avaient cherché à y mettre obstacle.
Ils se taisent donc et approuvent

5852 Ce que as autres loer oent,
Si sunt fors del palais essu.
Et li troi mire unt descosu
Le suare a la dame a force,
5856 Que onc n'i ot cotel ne force.
Puis li dient : « Dame, n'aiez [fo 117 va]
Peor ne ne vos esmaiez,
Mais parlez tot seürement.
5860 Nos savons bien certainement
Que tote estes saine et haitie.
Or sei[e]z sage et afaitie,
De rien ne vos desesperez,
5864 Car se conseil nos requerez,
Tuit troi vos asseürerons
Qu'a nos poers voir vos aiderons,
O seit de bien o seit de mal.
5868 Molt serommes vers vos leal
Et del celer et de l'aidier.
Ne nos faites longues plaidier !
Des que vos metons a devise
5872 Nostre poer, nostre servise,
Nel devez mie refuser. »
Eissi la cuident enmuser
et decevoir, mes ne lor vaut,
5876 Qu'ele n'a so[i]n ne ne li chaut
Del servise qu'il li prometent,
De grant oisose s'entremetent,
Et quant li fisicien voient
5880 Que vers lié rien n'esploiteroient
Por losenge ne por proiere,
Lors la getent fors de la biere,
Si la fierent et si la batent,
5884 Mes de folie se debatent,
Car por ce parole n'en traient.
Lors la man[a]cent et esmaient

▶ * 5852. Ce qu'a as a. 5866. Que nos por voir. 5869. O... o *(CP)*. 5878-5879. *Intervertis, avec rectification par le copiste.*
** 5855. Le s. la d. *(ANPB, vs SCRT)*. 5862. *Var. AN* Mes. 5863. Ne de r. ne vos desperez *(ANSB, vs PCRT)*. 5875. *Var. AN* descovrir. 5881. Par ... par *(sauf SCT)*.

ce que tout le monde dit approuver.
Puis ils sont sortis du palais.
Les trois médecins ont défait la couture
du suaire de la dame d'un geste brusque,
sans couteau ni ciseaux,
puis ils lui disent : « N'ayez pas peur,
madame, ne vous effrayez pas,
vous pouvez parler sans crainte.
Nous savons de façon certaine
que vous êtes en parfaite santé.
Conduisez-vous comme il convient, avec sagesse,
sans vous désespérer en rien,
car si vous demandez notre aide,
nous vous donnons tous les trois l'assurance
que nous vous aiderons de tout notre pouvoir,
pour agir en bien ou en mal.
Nous serons loyaux envers vous,
pour dissimuler et pour vous aider.
Ne nous poussez pas à de longs discours !
Quand nous vous offrons à votre gré
nos forces et notre service,
vous ne devez pas le refuser. »
Ils pensent ainsi l'abuser
et la prendre au piège, mais c'est en vain :
peu lui importe en vérité
toute l'aide qu'ils lui promettent,
ils perdent tout à fait leur temps.
Quand les médecins s'aperçoivent
qu'ils n'obtiendront jamais rien d'elle
par des prières ou de beaux discours,
ils l'arrachent à son cercueil.
Ils la frappent et ils la battent,
mais leurs efforts n'ont pas de sens,
ils ne lui soutirent pas une parole.
Alors pour l'effrayer ils la menacent,

Et dient s'ele ne parole
5888 Molt se tendra encui por fole,
Qu'il feront de lié tel merveille
Qu'einc ne fu faite sa pareille
De nul cors de femme chaitive.
5892 « Bien savons que vos estes vive
Ne parler a nos ne deigniez.
Bien savons que vos vos feigniez,
Si traïsiez l'empereor.
5896 N'ai[e]z mie de nos peor,
Mais se nus vos a corocie,
Ainz que plus vos aions blecie,
Vostre folie descovrez,
5900 Que trop vilainement ovrez,
Et nos vos serons en aïe,   [fo 117 vb]
Soit de savoir o de folie. »
Ne puet estre, rien ne lor vaut.
5904 Lors li redonnent un assaut
Parmi le dos de lor corroies,
S'en perent contreval les roies,
Et tant li batent sa char tendre
5908 Que il en funt le sanc espendre.
Quant des coroies l'unt batue
Tant que la char li unt rompue
Et li sanc contreval li cort
5912 Qui parmi les espaules sort,
Ne por cen n'i poent rien faire
Ne sospir ne parole traire,
N'ele ne se crolle ne muet,
5916 Lors dient que il lor estuet
Feu et plom querre, sel fondront,
En la main geter li voldront
Ençois que parler ne la facent.
5920 Feu et plom querent et porchacent,
Le feu alument, le plom fondent.

▶ * 5890. Que onc *(+1)*, Corr. *d'après PBRT(N).* 5906. Si p. *(CRT).* 5908. del
s. 5912. Que *(CR).* 5915. Cele.
** 5888. Qu'el se t. *(AN, PR, vs SCT).* 5912. p. les plaies li s. *(AB, vs PCT,
R).* 5918. *Leçon de PBCT, R* Qu'en la m. *Var. S* Et es mains, *A* Qu'es paumes.

lui assurant que si elle ne parle pas,
elle regrettera cette folie,
car ce qu'ils lui feront sera si monstrueux
que jamais corps de faible femme
n'a encore subi pareil traitement.
« Nous savons bien que vous êtes vivante
et que vous ne daignez pas nous parler.
Nous savons bien que tout cela est feint.
Ainsi trahissez-vous l'empereur.
Il ne faut pas avoir peur de nous,
mais si quelqu'un a causé votre colère,
avant que nous vous infligions des blessures,
révélez-nous votre passion,
car cette action est trop indigne,
et nous vous viendrons en aide,
que ce soit à raison ou à tort. »
Tout est inutile, ils perdent leur temps.
Alors, ils recommencent leurs violences,
à coups de lanières sur son dos,
qui est marqué de haut en bas,
et ils battent si fort sa tendre chair
qu'ils en font couler le sang.
Quand ils l'ont frappée avec les lanières
au point de lui avoir rompu la chair,
et que son sang coule jusqu'à terre
en jaillissant de ses épaules,
sans résultat pour autant,
sans tirer d'elle un soupir, une parole
ou un seul mouvement,
alors ils disent qu'il leur faut
chercher du feu et du plomb qu'ils fondront
pour le verser dans le creux de ses mains,
plutôt que d'échouer à la faire parler.
Ils se mettent en quête de feu et de plomb,
ils allument le feu et fondent le plomb.

        Ens[i] afolent et co[n]fundent
        La dame li felon ribaut
5924   Que le plom tot boillant et chaut
        Si com il [l']ont del feu osté
        Li unt en la paume versé,
        N'encor ne lor est pas assez
5928   De ce que li plons est passez
        Parmi la paume d'outre en outre,
        Einz dient li cuivert avoltre
        Que se ele ne parole tost,
5932   Ja endroit la metront en rost
        Tant qu'ele iert tote greïllie.
        Cele se taist ne ne lor vie
        Sa char a batre n'a malmetre.
5936   Ja la voloient en feu metre
        Por rostir et por greïllier
        Quant des dames plus d'un millier
        Qui devant le palais estoient
5940   Viennent a la porte, si voient
        Par un petit d'entroverture
        L'angoisse et la malaventure
        Que cil faisoient a la dame,
5944   Qui al charbon et a la flamme
        Li faisoient sofrir martyre.   [fo 118 ra]
        Por l'uis bruisier et desconfire
        Aportent coignies et mauz,
5948   Granz fu la noise et li asauz
        A la porte brisier et fraindre.
        S'or poent les mires ataindre,
        Ja lor sera sanz atendue
5952   Tote lor deserte rendue.
        Les dames entrent el palais
        Totes emsemble a un eslais,

▶ * 5930. Et (SC). li cruel a. (CR). Corr. d'après ASP. 5943. de la d. 5952. la
d. 5954. d'un e.
** 5926. Leçon de CRT. Var. AB colé, mais P jeté convient mieux à la rime.
5933-5934. La rime greïllie : vie (du verbe veer, « refuser ») apparaît plus
loin aux vv. 6009-6010 (apareillie : tallie) où elle se retrouve dans tous les
manuscrits sauf la copie de Guiot. Elle relève de la réduction dialectale de
-iee à -ie qu'on rencontre dans les manuscrits de couleur picarde, PBT, et

C'est ainsi qu'ils blessent et martyrisent
la dame, ces misérables traîtres,
en lui coulant dans les paumes
le plomb chaud et bouillant encore
tel qu'ils l'ont retiré du feu.
Il ne leur suffit pas encore
que le plomb soit ainsi passé
de part en part au travers de ses paumes,
mais ils disent, ces infâmes bâtards,
que si elle ne parle pas tout de suite,
ils la mettront aussitôt à rôtir
jusqu'à ce qu'elle soit toute grillée.
Elle se tait, sans même interdire
sa chair à leurs coups et à leur violence.
Ils voulaient déjà la mettre sur le feu
pour la faire rôtir et griller,
quand plus d'un millier de dames
qui étaient devant le palais
viennent à la porte, et elles surprennent
par une petite ouverture
les tortures et les malheurs
que faisaient subir à la dame,
ceux qui par le charbon et la flamme
lui faisaient subir le martyre.
Pour briser et défoncer la porte,
elles apportent haches et maillets.
Grand fut le tumulte et l'assaut
pour briser et enfoncer la porte.
Qu'elles atteignent les médecins,
ils auront sans délai
le plein salaire qu'ils méritent !
Les dames entrent dans la grande salle
toutes ensemble d'un seul élan,

---

qui devait figurer dans les modèles : Guiot lui-même a ici greslie : vie, *où
la première forme, au lieu de* greïllie, *dénote une incompréhension de la
graphie picarde, comme le montrent Cl. Luttrell et S. Gregory (p. 311). La
langue de notre copiste relève du domaine de l'Ouest, celle du premier ou
du modèle a pu présenter des traits de l'Est (cf. supra vv. 1869 et 3383),
mais les modèles antérieurs étaient sans doute picards.*

Et Thessala est en la presse
5956 Qui de nule rien n'est engresse
Fors qu'a sa dame soit venue.
Al feu la trove tote nue,
Molt emperie et molt malmise.
5960 Ariere en la biere l'a mise
Et desoz le paile coverte.
Et les dames vunt lor deserte
As trois mires donner et rendre.
5964 N'i voldrent mander ni atendre
Empereor ne seneschal,
Par les fenestres contreval
Les ont enmi la cort lanciez
5968 Si qu'a toz trois unt peceiez
Cols et costez et braz et jambes.
Einc mielz nel firent nules dames.
Or ont eü molt laidement
5972 Li troi mire lor paiement,
Que les dames les ont paiez.
Mais Cligés est molt esmaiez,
Et grant duel a quant il ot dire
5976 Le grant angoise et le martyre
Que s'amie a por lui sofert.
A petit que le sen ne pert,
Car il crient molt, et si a droit,
5980 Qu'afolee o morte ne soit
Par le torment que fait li unt
Li troi mire qui mort en sunt,
Si s'en despoire et desconforte.
5984 Et Thessala vient qui aporte
Un molt precios uingnement
Dum el enoint molt doucement
Le cors et les plaies celi.

▶ * **5955.** T. entre *(C isolé)*. **5957.** Mais qu'a *(C isolé)*. **5960.** A. est en la bire
m. *(CT)*. Corr. d'après ASP. **5961.** converte. **5964.** N'i covient *(C isolé)*.
Corr. d'après SAP, selon la forme en usage dans C (cf. supra, v. 4808). Cp.
R Qu'ainc ne voldront m. n'a., *dont la leçon de C est peut-être une altération.* **5970.** Un m. Corr. d'après PBRT. **5975.** l'ot. **5978.** n'en p. **5980.** et m.
(SC). **5985.** tres p.
** **5956.** de rien nule *(sauf SC)*. **5968.** Si que tuit troi ont p. *(AT, vs CR)*.
5969-5970. *La rime champenoise* james : dames *que préservent PBR n'appar-*

et Thessala est dans la foule,
soucieuse avant toute autre chose
de parvenir jusqu'à sa dame.
Elle la trouve nue sur le feu,
terriblement meurtrie et mal en point.
Elle la remet dans le cercueil
et la recouvre du linceul,
et les dames courent payer
aux trois médecins ce qu'ils méritent.
Elle n'ont eu soin d'appeler ni d'attendre
empereur ou sénéchal.
Par les fenêtres tout en bas,
elles les ont jetés au milieu de la cour,
tous les trois se sont brisé
le cou, les côtés, les bras et les jambes.
Jamais dames n'agirent mieux.
Les trois médecins ont pour leur honte
bien reçu maintenant leur dû :
les dames se sont chargées du paiement !
Mais Cligès est plein d'inquiétude,
il est au désespoir d'apprendre
les souffrances et le martyre
que son amie a endurés pour lui.
Il en devient comme fou,
tant il craint, et à juste titre,
qu'elle ne soit au plus mal, voire morte,
après les tourments infligés
par les médecins qu'on a tués.
Il n'a de réconfort ni d'espoir.
Mais voici Thessala qui apporte
un onguent extrêmement précieux
dont elle enduit avec douceur
le corps et les plaies de la jeune femme.

---

tient pas aux modèles du mss. ACT,S. St Gregory et Cl. Luttrell rappellent que la forme james *figure aux v. 5515 d'*Yvain *et 4611 du* Graal *dans la copie Guiot.*

5988	La o l'en [la] reseveli,					[fo 118 rb]
	En un blanc paile de Sulie
	L'unt les dames rensevelie,
	Mais le vis descovert li laissent,
5992	N'onques la nuit lor cri n'abaissent
	Ne ne cessent ne fin ne prennent.
	Par tote la vile forsenent
	Et haut et bas et povre et riche,
5996	Si semble que chascuns s'afiche
	Qu'il veintra toz de faire duel
	Ne ja nel lessera son vuel.
	Tote nuit est li dols molt granz.
6000	L'endemain vint a cort Jehanz,
	Et li emperes le mande,
	Si li dit et prie et comande :
	« Johan, s'onques feïs bon ovre,
6004	Or mostre ton sen et descovre
	En une sepulture ovrer
	Tel que l'en ne puisse trover
	Si bel[e] ne si bien portrait[e]. »
6008	Et Johan qui l'avoit ja fait[e]
	Dit qu'il en a apareillie
	Un[e] molt bel[e] et bien tallie,
	Mais unques n'ot entencion
6012	Qu'il i meïst se cors sainz non
	Quant il la comença a faire.
	« Or soit en leu de seintuare
	L'empereriz dedenz enclose,
6016	Qu'el est, ce croi, molt sainte chose.
	– Bien avez dit, fait l'empere.
	Au mostier mon seignor saint Pere
	Iert enfoïe la defors
6020	Ou l'en enfuet les autres cors,

▶ * **5991.** decovrent et l. **5996.** Et s. *Corr. d'après AB.* **6000.** Jehant. **6002.** dist.
6006. qui l'en ne poisse. **6007-6008.** *Il faut rétablir l'accord au féminin,*
comme l'exige la mesure des vers. **6013.** le c. **6014.** *Noter la graphie* seig-
tuare, *particulière au second copiste de C.*
** **5988.** l'en *(BC),* vs en *(AR). La répétition de* rensevelir *dans la même*
phrase est fâcheuse. Il faudrait adopter le texte de S, même isolé (Et ariere
l'anseveli), *comme le suggérait G. Paris* (cf. T La u l'orent enseveli).

Pour ce nouvel ensevelissement,
les dames l'ont enveloppée
d'un blanc linceul de Syrie,
en lui laissant le visage découvert.
De toute la nuit leurs cris ne s'apaisent,
ne cessent ni ne s'achèvent.
Par toute la ville, tous sont fous de douleur,
puissants et humbles, pauvres et riches.
Chacun semble déterminé
à dépasser le deuil de tous les autres
et à ne pas vouloir y mettre fin.
Toute la nuit, le deuil reste intense.
Le lendemain, Jean arrive à la cour
et l'empereur le fait venir.
Il lui adresse un ordre pressant :
« Jean, si jamais tu fis du bon travail,
montre-nous à présent tout ton art
en travaillant à une sépulture,
si belle et si bien façonnée
qu'on ne puisse en trouver de pareille. »
Et Jean qui l'avait déjà faite
dit qu'il en a une de prête,
très belle et richement sculptée,
mais qu'il avait l'intention,
quand il commença à la faire,
de la réserver à des reliques.
« Eh bien, qu'y soit comme en un reliquaire
déposée l'impératrice,
car elle est, je crois, une sainte créature.
– Vous avez bien parlé, dit l'empereur.
A l'église de monseigneur Saint-Pierre,
elle sera enterrée, au-dehors,
là où se font les enterrements,

5997. *Leçon de PCR. Var. AS tot.* **6003.** boene oevre (*AP, vs SBCR*). **6004.** *Leçon de PCRT. Var. A, SB* Or i met. **6009-6010.** *Voir supra vv. 5933-5934.* **6012.** Qu'en (*SA, R, vs PBCT*). **6014.** seintaure : *les réductions de* ai *à* a, *dont on a plusieurs exemples chez le second copiste* (cf. suare, v. 5855) *sont assez fréquentes dans le Nord et plus tardivement en anglo-normand* (cf. M.K. Pope, § 1157 et 1320, VII) **6016.** *Leçon de C, P. Var. AB* ce cuit.

Car ançois que ele morist
Le me pria molt et requist
Que je la feïsse la metre.
6024 Or vos en alez entremetre,
S'aseez vostre sepulture,
Si com raisons est et droiture,
El plus beau leu del cimentire. »
6028 Johan respont : « Vole[n]tiers, sire. »
Et Jehan maintenant s'en torne,
La sepulture bien atorne,
Et de ce fist que bien apris.　　　　[fo 118 va]
6032 Un lit de plume a dedenz mis
Por la pierre qui estoit dure
Et plus encor por la froidure,
Et por ce que soef li oille
6036 Espandi sus et flos et foille,
Mais por ce le fist encor plus
Que la coute ne veïst nus
Qu'il avoit en la fose mise.
6040 Ja ot en fait tot le servise
As iglises et as parroches,
Et sonnoit en adés les cloiches
Si com l'en doit faire por mort.
6044 Le cors covient que l'en en port,
S'iert en la sepulture mis
Don Johan s'est si entremis
Que molt l'a faite riche et noble.
6048 En trestote Costentinnoble
N'en a remés petit ne grant
Qui n'aut aprés le cors plorant,
Si maldient la mort et blasment.
6052 Chevalier et vaslez se pasment,
Et les dames et les puceles

► * 6024. Quer (*pour* car *à valeur injonctive ? Leçon isolée de* C). 6031. Et o
ce. 6033. qui trop est d. *(C isolé)*. 6037. M. encor le f. por ce plus *(C isolé
pour l'ordre des mots)*. 6040. ot un f. 6042. En sonnoient *(CS)*. Cp. R En
sonoit en *et* P Et sonoient. *Corr. d'après* A, B (Si). 6045. Si iert (+1). 6049. est
r. *(C isolé)* petiz ne granz *(SC)*. 6050. ploranz *(C isolé)*.
** 6023. *L'ordre des mots dans* ASBR *est* Que je la la f. m. *Le copiste de*
C *ne l'a pas jugé heureux, ni celui de* P (Que je le fesisse illuec m.). 6036. *La*

car avant de mourir,
elle me pria instamment
que je l'y fisse reposer.
Faites donc le nécessaire
et disposez votre sépulture
comme il est juste et convenable
au plus bel endroit du cimetière.
– Volontiers, sire », répond Jean.
Et il s'en retourne aussitôt,
il apprête bien la sépulture,
en homme passé maître en cet art.
Il a placé dedans un lit de plume
à cause de la dureté de la pierre
et plus encore, à cause du froid.
Pour que s'exhale une douce odeur,
il répand par-dessus des fleurs et du feuillage,
mais il l'a fait surtout dans l'intention
de soustraire aux regards la literie
qu'il avait mise dans la fosse.
On venait de célébrer le service
dans les églises et les paroisses
et on sonnait les cloches sans arrêt
comme on doit le faire pour un mort.
Il est temps de transporter le corps :
il sera placé dans la sépulture
que Jean a rendue par ses soins
somptueuse et magnifique.
Dans tout Constantinople,
il n'est resté petit ni grand
qui ne suive le corps en pleurant.
Tous maudissent et accusent la mort.
Chevaliers et jeunes gens perdent connaissance,
les dames et les jeunes filles

---

forme flos *réapparaît infra v. 6269 (au lieu du singulier collectif* flor). **6044.** l'en aport *(APR, vs BC).* **6046.** *Leçon de PCR, Var. A* tant e. **6049.** N'a r. ne petit ne grant *(A, SR* Ne remest, *vs B(C)T* N'en a, *P* N'i a).

Batent lor piz et lor mameles,
S'unt a la mort prinse tençon.
6056 « Mort, fait chascunne, raençon
De ma dame que ne preïs ?
Certes, petit gaeig feïs,
Et a nostre oés sunt granz les pertes. »
6060 Neïs Cligés fait duel a chertes
Tel qu'i[l] s'en afole et confunt,
Plus que tuit li autre ne font,
Et merveille est qu'il ne s'ocit,
6064 Mes encor le met en respit
Tant que l'ore et li termes viegne
Qu'il la desfoe et qu'il la tiegne
Et sache s'ele est vive o non.
6068 Sor la fosse sunt li baron
Qui le cors i cochent et metent,
Mais sor Johan ne s'entremetent
De la sepulture asseer,
6072 Neïs nel porent il veer,
Ainz sunt trestuit pasmé chaü,
S'a Johan bon leissir eü   [fo 118 vb]
De faire quant que il li sist.
6076 La sepulture si assist
Que nule autre chose n'i ot,
Bien la seele et joint et clot.
Adonc se poïst molt prisier
6080 Qui sanz malmetre o sanz brisier
Oster ne desjoindre seüst
Rien que Johan mis i eüst.
Phenice est en la sepulture,
6084 Tant [que] vint a la nuit oscure,
Mais .XXX. chevaliers la gardent,

▶ * **6059.** En nos euz s. trop g. (*R* A nos ués). *Cp. S* Et nos en s. *Corr. d'après P(A)* Mais a nostre oés s. g. **6060.** faisoit (*+1*). *Corr. d'après PB, R.* **6063.** A m. (*C isolé*)... s'ocist (*CR*). **6066.** Que il la d. et la t. *Corr. d'après AB, S.* **6074.** grant l. (*C isolé, influencé peut-être par* q'nt *au vers suivant, graphiquement proche de* g'nt). **6079.** Iloc. *Corr. d'après ASR.* **6081.** O. o d. en s.
** **6066.** *Var. PR* Qu'il l'ait desfoïe et la t. **6071.** *Comme l'a expliqué G. Paris, la* sépulture *désigne le sarcophage disposé à l'avance dans le caveau, que recouvre la pierre tombale. Quant au cercueil, plus léger, il a*

se frappent la poitrine et les seins,
et avec la Mort se prennent de querelle :
« Mort, fait chacune, pourquoi n'as-tu pris
une rançon pour ma dame ?
Assurément ton gain est mince,
mais pour notre compte, la perte est grande. »
Même Cligès ressent une douleur réelle,
au point d'en être anéanti
plus fortement que tous les autres.
C'est merveille s'il ne se tue,
mais il en diffère l'heure
pour attendre le moment
d'exhumer Fénice et de la tenir
pour savoir si elle est vivante ou non.
Les seigneurs sont au bord de la fosse
où ils descendent et couchent le corps,
mais ils laissent à Jean le soin
de placer la pierre tombale.
Ils sont incapables de regarder,
ils se sont tous évanouis.
Jean a eu toute liberté
pour faire ce qu'il lui plaisait.
Il a replacé la sépulture
sans qu'il soit besoin de rien d'autre.
Il la scelle, la joint et la ferme bien.
Il aurait raison de se vanter
celui qui sans rien abîmer ni casser
aurait pu ôter ou disjoindre
quoi que ce fût que Jean eût installé.
Fénice est dans le sépulcre,
et voici que tomba la nuit.
Mais trente chevaliers la gardent,

servi à transporter Fénice jusqu'au cimetière. **6072.** Qu'il ne la porent nes
v. (*A, B* Car il ne la p. v., *R* Ne nes ne le, *vs PC* Neïs, *SP* n'i p.). **6077.** *Noter
la var. de P :* Que onques jointure. **6079.** bien p. *(sauf C, B).* **6080.** m. et
(AS, vs PCRT).

Si i a .X. cierges qui ardent,
Qui clarté font et luminaire.
6088 Ennui[é] furent de duel faire
Li chevalier et recreü,
S'ont la nuit maingié et beü
Tant que tuit s'endorment ensemble.
6092 A la nuit de la cort s'en emble
Cligés, et de tote sa gent.
N'i ot chevalier ne sergent
Qui seüst que il se devint.
6096 Ne fina tant qu'a Johan vint
Qui quanque il set le conseille.
Unes armes li apareille
Qui ja mestir ne li avront.
6100 El cimentire andui en vont
Armé, a coite d'esperon,
Mais clos estoit tot environ
Li cimetires de haut mur,
6104 Si cuidoient estre aseür
Li chevalier qui se dormoient
Et la porte fe[r]mee avoient
Par dedenz, que nus n'i entrast.
6108 Cligés ne voit coment il past
Car par la porte entrer ne puet,
Mes outre passer li estuet,
Qu'amors li enorte et semont.
6112 Au mur se prent et monte amont,
Car molt estoit forz et legiers.

▶ * **6086.** S'i a assez. *Le texte de R,* S'i a adés, *au lieu de* s'i a dis, *peut expliquer le glissement qui a conduit de la leçon originale à la variante individuelle de C.* **6089.** Li c. sunt r. *(C, B).* **6092.** Et la n. **6110.** Mes adés *(C isolé). Corr. d'après T, R.* **6111.** anonce.
** **6087.** *Les manuscrits divergent tous sur ce vers, mais ATC s'accordent sur les deux substantifs. La meilleure version est celle de Guiot,* Grant clarté et grant l. *(T* Et g. c. et l.), *vs P* Qui faisoient g. l. *(R* rendoient, *S* Et gietant). **6088.** de mal traire *(AS, P, vs CRT).* **6092.** A l'anuitier de cort *(AB, vs SPC). Cf. l'abréviation dans B* A la nuit', *qui peut expliquer l'autre variante.* **6093.** la g. *(ASB, vs PCRT).* **6095.** *Leçon de PC, T. Var. A* Qui s. pas que il d. *(B, qui emprunte aux deux versions,* Qui pas s. qu'il se d.). **6097.** de q. qu'il puet *(AB, S, vs PT, CR).* **6109.** n'i p. *(APB, vs SCRT).* **6110.** Et por voir antrer *(A, S* totes voies, *P* Nequedent).

il y a dix cierges qui brûlent
et répandent une grande clarté.
Les chevaliers s'étaient lassés
de donner cours à leur douleur.
La nuit venue, ils ont mangé et bu,
et finissent tous par s'endormir.
Quand il fait nuit, Cligès se dérobe
à la cour et à tous ses gens.
Ni chevalier ni serviteur
ne sut ce qu'il était devenu.
Il n'a eu de cesse qu'il ait rejoint Jean,
qui le conseille en tout ce qu'il peut.
Il lui a préparé des armes
dont il n'aura pas à se servir.
Ils se rendent tous deux au cimetière
en armes et à grands coups d'éperons.
Mais, sur tout le pourtour, le cimetière
se trouvait clos par un haut mur.
Aussi les chevaliers qui s'étaient endormis
se croyaient-ils tranquilles,
après avoir fermé la porte
de l'intérieur pour en interdire l'entrée.
Cligès ne voit comment passer,
car il ne peut entrer par la porte,
il faut pourtant qu'il passe de l'autre côté,
l'amour l'y invite et le lui enjoint..
Il s'agrippe au mur et l'escalade,
car il avait force et souplesse.

La dedenz estoit .I. vergiers,
S'i avoit arbres a plenté.
6116 Pres del mur en ot .I. planté
Ensi que au mur se tenoit.   [fo 119 ra]
Or a Cligés quanqu'il voloit,
Que par cel arbre jus se mist.
6120 La premiere chose qu'il fist
Ala Johan la porte ovrir.
Les chevaliers voient dormir,
S'unt tot le luminaire estaint
6124 Que nule clarté n'i remaint.
Et Johan maintenant descovre
La fosse et la sepulture ovre
Si que de rien ne la malmet.
6128 Cligés en la fosse se met,
S'en a s'amie fors portee
Qui molt iert mate et amortee,
Si l'acole et bese et enbrace,
6132 Ne set se duel o joie en face,
Qu'ele ne se crole ne muet.
Et Johan au plus tost qu'il puet
A la sepulture reclose
6136 Si qu'il n'i pert a nule chose
Que l'en i eüst point tochié.
A la tor se sunt aprochié
Au plus tost que venir i porent.
6140 Quant dedenz la tor mise l'orent
Es chambres qui soz terre estoient,
Adonc la dessevelisoient.
Et Cligés qui rien ne savoit
6144 De la poison que ele avoit
Dedenz le cors qui la fait mue
Et tient qu'ele ne se remue,

▶ * 6117. qu'a au m. 6123. tote la lumire. *Corr. d'après R.* 6130. amornee.
6137. Que l'en l'eüst *(-1).*
** 6122. *Leçon de PCR. Var. A, B* voit toz. 6123. *Leçon de CR, P* (Si ont
l. e.). *Var. A(B)* Si a le l. (S'a tot). 6130. est *(AP, vs CR, T* fu, *SB* estoit).
6136. ne pert *(ABR, vs SPCT).* 6138. De *(AB, vs PCR).* 6139. que il onques
p. *(ASP, vs BCR).* 6146. *Leçon de CRT. Var. A* Et tel qu'e. *(B, S* si que).

Il y avait au-dedans un verger,
on y trouvait quantité d'arbres.
Tout près du mur s'en dressait un
qui lui était attenant.
Cligès a maintenant ce qu'il voulait :
grâce à cet arbre, il est redescendu.
La première chose qu'il fit
fut d'aller ouvrir la porte à Jean.
Voyant dormir les chevaliers,
ils ont éteint toutes les lumières
sans laisser la moindre clarté,
et Jean tout aussitôt découvre
la fosse et ouvre le sépulcre,
sans causer le moindre dommage.
Cligès descend dans la fosse,
d'où il a tiré son amie,
qui était comme morte et sans expression.
Il la serre dans ses bras, la couvre de baisers,
ne sait s'il doit être en joie ou en deuil,
car elle n'a pas le moindre mouvement.
Le plus vite possible, Jean
a refermé la sépulture
sans laisser le plus petit indice
qu'on aurait pu y toucher.
Ils se sont dirigés vers la tour
au plus vite qu'ils pouvaient y venir.
Quand ils l'eurent installée dans la tour,
à l'abri des chambres souterraines,
ils l'ont dégagée du linceul.
Cligès qui ignorait tout
du breuvage qu'elle avait absorbé,
qui la privait de parole
et lui interdisait de bouger,

Cuide por voir qu'ele seit morte,
6148 Si s'en desporre et desconforte
Et sospire forment et plore.
Mes par tens iert venue l'ore
Que la poison perdra sa force.
6152 Et molt se travaille et esforce
Phenice, qui l'ot dementer,
Qu'ele le puisse conforter
Et de parole et de regart.
6156 A poi que li cuers ni li part
Del duel qu'el ot que il demeigne.
« Ha, Morz ! fait il, com iés vilainne,
Quant tu esparnes et repites
6160 Les vils choses et les despites !   [fo 119 rb]
Celes laiz tu durer et vivre.
Morz, es tu forsenee o ivre,
Qui m'amie as morte sanz moi ?
6164 Ce est merveille que je voi,
M'amie est morte et je sui vis.
Ha ! dolce amie, vostre amis
Por coi vit et morte vos voit ?
6168 Or porroit l'en dire par droit,
Quant morte estes en mon servise,
Que je vos ai morte et ocise.
Amie, donc sui je la mort
6172 Qui vos ai morte, n'est ce tort ?
Que ma vie vos ai tolue,
Et s'ai la vostre retenue.
Donc n'estoit moie, dolce amie,
6176 Vostre santez et vostre vie,
Et dum n'estoit vostre la moie ?
Car nule rien fors vos n'amoie,
Une chose estions andui.
6180 Or ai je fait ce que je dui !

▶ * **6154.** poisse. **6158.** iers. **6159.** m'espaines. **6170.** m. o o.
 ** **6147.** *Leçon de CRT, P. Var. ASB* Por ce c. **6180.** ne dui *(BR, vs ASPCTO).*
 Dans la leçon je dui, *l'ironie qu'il faut supposer (« Ah oui, j'ai fait ce qu'il*
 fallait ! ») *donne un sens forcé. La leçon des manuscrits BR, plus simple,*
 *trouve un écho dans les vers 6172 (*n'est ce tort*) et 6185 (*nes deüst*).

s'imagine vraiment qu'elle est morte.
Il est au désespoir, inconsolable,
poussant des soupirs et en larmes,
mais bientôt viendra le moment
où le breuvage perdra de sa force.
Fénice, en l'entendant se plaindre,
fait le plus grand effort possible
pour lui donner le réconfort
d'une parole et d'un regard.
Son cœur manque de se briser
en entendant le deuil qu'il mène :
« Ah, Mort, fait-il, que tu es méprisable
de ménager et d'épargner
les créatures viles et indignes !
Celles-là, tu les laisses durer et vivre.
Mort, es-tu forcenée ou ivre,
de prendre mon amie sans moi ?
C'est un prodige que je vois :
mon amie est morte et je suis vivant.
Ah ! ma douce amie, votre ami,
pourquoi vit-il quand il vous voit morte ?
On pourrait dire à juste titre
quand vous êtes morte en me servant
que je vous ai donné la mort.
Amie, ainsi c'est moi la mort
qui ai pris votre vie ! N'est-ce pas injuste ?
Ce faisant, c'est ma vie que je vous ai ôtée
et la vôtre que j'ai gardée.
N'étaient-elles pas miennes, douce amie,
la vie et la santé qui étaient les vôtres ?
Et la mienne n'était-elle pas vôtre ?
Car je n'aimais personne que vous.
Nous deux, nous ne faisions qu'un.
Mais j'ai fait ce qu'il ne fallait pas,

Que vostre ame gart en mon cors,
Et la moie est del vostre fors,
Et l'une a l'autre, ou qu'ele fust,
6184 Compainnie faire deüst,
Ne riens nes deüst departir. »
A tant cele jete .I. sospir
Et dit faiblement et en bas :
6188 « Amis, amis, je ne sui pas
Del tot morte, mes poi s'en faut.
De ma vie mais ne me chaut.
Je [me] cuidai gaber et feindre,
6192 Mes or m'estuet a certes plaindre,
Car la mort n'a soig de mon gap.
Merveille iert se vive en eschap,
Car molt m'ont li mire blecie,
6196 Ma char rompue et depecie.
Et neporquant, s'il poet estre
Qu'avec vos fust çaienz ma mestre,
Cele me feroit tote sainne
6200 Se valoir i puet nul[e] peinne.
– Amie, donc ne vos ennuit,
Fait Cligés, quar encor ennuit
La vos amerrai [je] çaienz.   [fo 119 va]
6204 – Amis, ainz ira Johanz. »
Jehan i va, si l'a tant quise
Qu'il la trove, si li devise
Coment il velt qu'ele s'en viegne
6208 Ne essoignes ne la retiegne,
Que Phenice et Cligés la mandent
En une tor o il l'atendent,
Mes Fenice est molt malbalie,
6212 S'estuet qu'ele viegne ga[r]nie

▶ * 6181. Que v. amor iert *(C isolé)*. Corr. d'après BR *(S, P)*. 6183. l'une et
l'a. *(SPBC)*. Corr. d'après AB. 6186. De maintenant *(C isolé)*. Corr. d'après
ASR. 6187. Tot *(C isolé, -1)* simplement *(PBC)*. Corr. d'après RA(S).
6203. çaeinz. 6210. A une cort *(C isolé)*. 6212. que vos veigniez *(C isolé)*.
** 6184. porter d. *(APB, vs SCRT)*. 6195-6196. Rime picarde *(sauf A)*. Cf.
vv. 5933-5934. 6197. poïst *(AST, vs C, PBO* pooit). 6200. Se rien i pooit
valoir p. *(SB, vs PCRT)*. 6208. detigne *(sauf CO)*. 6211. Var. A(S) Car (Que).

car je garde votre âme en moi
et la mienne n'est plus en vous.
L'une à l'autre pourtant, où qu'elle fût,
aurait dû porter compagnie,
et rien n'aurait dû les séparer. »
Alors Fénice pousse un soupir
et dit tout bas d'une voix faible :
« Ami, ami, je ne suis pas
tout à fait morte, mais peu s'en faut,
et désormais ma vie compte peu à mes yeux.
Je me voyais feindre en jouant,
mais j'ai pour de bon à me plaindre,
car la mort n'a cure de plaisanter.
Ce sera miracle si j'en réchappe vive,
car les médecins m'ont grièvement blessée,
ils ont rompu et déchiré ma chair.
Cependant, s'il pouvait se faire
que ma gouvernante fût avec vous,
elle me rendrait la santé
si des soins peuvent me la rendre.
— Amie, ne soyez pas inquiète,
fait Cligès, car dès ce soir,
je vous l'amènerai ici.
— Ami, que Jean plutôt y aille ! »
Jean y va, et à force de recherches,
il la trouve et il lui explique
comment il souhaite la voir venir,
sans qu'un empêchement la retienne,
car Fénice et Cligès la demandent
dans une tour où ils l'attendent,
mais Fénice est très mal en point.
Il faut qu'elle vienne pourvue

D'oignement et de laituaires,
Et sache ne vivra mes gaires
S'isnelement ne la secort.
6216 Thessala tot maintenant cort
Et prent oignement et entraiz
Et laituaires qu'ele ot faiz,
Si s'est o Johan asemblee.
6220 De la vile issent en celee
Tant qu'a la tor viennent tot droit.
Quant Fenice sa maist[r]e voit,
Lors cuide este tote garie,
6224 Tant l'aime et croit et tant s'i fie.
Et Cligés l'acole et salue,
Et dist : « Bien soiez vos venue,
Maistre, cui je molt aim et pris.
6228 Maistre, por Deu, que vos est vis
Del mal a ceste damoisele ?
Que vos en semble ? Garra ele ?
– Oïl, sire, n'en doutez pas
6232 Que je molt bien ne la respas.
Ja n'iert passee la quinzainne
Que je si ne la face sainne
C'onques ne fu nule foïe
6236 Plus sainne ne plus envosie. »
Thessala peinne a lié garir,
Et Johan vait la tor garnir
De tot quanque il lor covient.
6240 Cligés en la tor va et vient
Hardiement tot a veüe,
C'un hostor i a mis en mue,
Et si dist qu'il le va veer,

▶ * 6214. sachiez. *SR partagent cette leçon mais terminent le vers avec* secort.
6215-6215 bis. Se i. n'i venez / Et se vos ne la secorez. *Remaniement isolé,
avec vers rajouté pour continuer au style direct.* 6216. Th. maintenant s'en
vient, *exponctué et surchargé par* vait. 6217-6218. Et p. o. qu'ele a fait. *Les
vv. 6217 et 6218 sont contractés en un seul. Corr. d'après PRT.* 6238. la
cort. 6242. Con.
** 6213-6214. laituaire / ... gaire *(AB, vs SPCRT, SPT* oignemenz*).* 6217-
6218. entrait / Et laituaire qu'ele ot fait *(AS).* 6219. a J. *(SBR, A, vs C, PT).*
6220. a c. *(AS). Var. PT* a *(BR* en) emblee. 6237. panse *(ASP, vs BCR).*
6239. il i c. *(sauf BC).* 6240. *Var. AR* va en la tor.

d'onguent et d'électuaire.
Qu'elle sache que Fénice mourra sous peu
si elle ne la secourt rapidement.
Thessala se précipite aussitôt,
et elle prend onguent, baume
et électuaire de sa fabrication,
elle a ensuite rejoint Jean.
Ils quittent la ville en cachette,
et vont tout droit jusqu'à la tour.
Quand Fénice aperçoit sa nourrice,
elle pense qu'elle est guérie,
tant elle l'aime et se fie à elle.
Cligès lui donne l'accolade et la salue :
« Soyez la bienvenue, maîtresse,
vous que j'aime et que j'estime tant.
Pour l'amour de Dieu, maîtresse, que pensez-vous
du mal de cette demoiselle ?
Que vous en semble-t-il ? Guérira-t-elle ?
– Oui, seigneur, ne doutez pas
qu'elle ne soit, par mes soins, bien rétablie.
La quinzaine ne passera pas
sans que je lui rende la santé
au point même qu'elle n'aura jamais eu
plus de santé ni de gaieté. »
Thessala s'applique à la guérir,
et Jean s'occupe de pourvoir la tour
de tout ce qui leur est nécessaire.
Cligès fait des allées et venues jusqu'à la tour
hardiment, au vu de tous :
il y a mis un autour en mue,
a-t-il dit, et il va le voir.

6244 Ne nus nel puet apercever.
Molt i demore nuit et jor,
A Johan fait garder la tor,   [fo 119 vb]
Que nus n'i entre qu'il ne vuelle.
6248 Fenice n'a mal donc se duelle,
Car bien l'a Thessala garie.
S'or fust Cligés duc d'Aumarie
O de Maroc o de Tudele,
6252 Nel prisast il une cenele
Envers la joie que il a.
Certes, de rien ne s'avila
Amors quant il les mist ensemble,
6256 Car a l'un et a l'autre semble,
Quant li uns l'autre acole et baise,
Que de lor joie et de lor aise
Soit toz li mondes amendez,
6260 Ne ja plus ne m'en demandez,
Mais n'est chose que li uns voille
Que li autres ne s'i acuille.
Eissi est lor volers communs
6264 Com s'il dui n'estoient que uns.
Tot cel an et de l'autre assez,
.II. mois, ce croi, o plus passez,
A Fenice en la tor esté.
6268 Au renovelement d'esté,
Quant flos et fuilles d'arbres issent
Et cil oiselet s'esjoïssent
Qui font lor joie en lor latin,
6272 Avint que Fenice un matin
Oï chanter le rosignol.
L'un braz au flanc et l'autre au col
La tenet Cligés dolcement,

▶ * **6246.** Et. *Seuls SP ont préservé la bonne leçon que le contexte impose,
puisqu'il ne saurait y avoir d'autre gardien que Jean. Le v. 6238 a sans
doute influencé la version fautive dans ABCTR.* **6252.** Ne *(ABCR).* Corr.
d'après SP. *p. pas une c.* (C isolé). **6255.** On lit A em mors. **6259.** Est.
6264. se il dui (+1). **6266.** .II. mois trestuit. Corr. d'après AR(P). **6267.** Qu'a
F.
** **6244.** ne puet *(sauf C qui supprime deux vers). Après* **6244.** *C omet* Qu'il
i aut por nule acoison / Se por l'ostor solement non *(texte de B). Var. AP*

Personne ne peut se douter
[qu'il y va pour une autre raison
que pour celle de l'autour.]
Il y demeure longtemps, nuit et jour,
il fait garder la tour par Jean,
pour que personne n'entre sans qu'il le veuille.
Fénice ne souffre plus d'aucun mal,
car Thessala l'a bien guérie.
Fût-il duc d'Alméria
ou de Maroc ou de Tudèle,
Cligès s'en moquerait comme d'une prune
au prix de la joie qu'il éprouve.
Amour ne fit vraiment rien d'indigne
quand il les unit l'un à l'autre,
et il leur semble à tous les deux,
quand ils sont dans les bras l'un de l'autre,
que leur joie et que leur bonheur
rendent meilleur le monde entier.
Ne m'en demandez pas davantage,
mais il n'y a de chose que l'un veuille
à quoi l'autre ne consente.
Ainsi ont-ils un commun vouloir
comme si tous deux ne faisaient qu'un.
Toute cette année et une partie de l'autre,
deux mois, je crois, ou davantage,
Fénice est restée dans la tour.
Au renouveau de la belle saison,
quand fleurs et feuilles sortent des arbres,
et que les oiseaux font fête
en s'égayant dans leur latin,
il advint qu'un matin Fénice
entendit chanter le rossignol.
Un bras autour de la taille, l'autre autour du cou,
Cligès l'enlaçait avec douceur

---

voist. **6252.** cenelle : *fruit rouge de l'aubépine et du houx. Nous transposons l'expression dans la traduction.* **6264.** ne fussent *(SB, A manque).*

6276 Et ele lui tot ensement,
     Si li a dit : « Beaus amis chiers,
     Grant bien me feïst uns vergiers
     O je me poïsse deduire.
6280 Ne vi lune ne soleil luire
     Plus a de .XV. mois entiers.
     S'estre poïst, molt volentiers
     M'en istroe la fors au jor,
6284 Qu'enclose sui en ceste tor,
     Et se ci pres avoit vergier
     O je m'alasse esbanoier,
     Molt me feroit grant bien sovent. »
6288 Lors li met Cligés en covent
     Qu'a Johan conseil en querra,   [fo 120 ra]
     Tot maintenant qu'il le verra.
     Et maintenant est avenu,
6292 Ez vos laienz Johan venu,
     Qui sovent venir i soloit.
     De ce que Fenice voloit
     L'a Cligés a parole mis.
6296 « Tot est apareilié et quis,
     Fait Johan, quanqu'ele comande.
     De ce qu'ele velt et demande
     Est ceste tor bien aaisie. »
6300 Lors se fait Fenice molt lie
     Et dit a Johan qu'il l'i meint,
     Et cil dit qu'en lui ne remaint.
     Lors va Johan ovrir un huis
6304 Tel que je ne vos sai ne puis
     La façon dire ne retraire.
     Nus fors Johan nel seüst faire,
     Ne ja nus dire ne seüst
6308 Que huis ne fenestre i eüst
     Tant cum li huis ne fust overt,

► * 6298. De tot quanqu'ele (-1). 6301. dit Johan que il (PCT). 6306. ne lo
sot.
** 6292. Que J. est l. venuz (vs CR ; P K'es vos J. l. v.). 6302. Leçon de
CS (Cil dit que). Var. PR En moi, fait Jehans, ne r., A Cil respont : En moi
ne r., B Il r. en lui ne r. 6304. Leçon de SC (P que ne vos s. ne ne p.). Var.
A, R je ne s. ne ne p.

et elle lui pareillement.
Elle lui a dit : «Cher et doux ami,
prendre du bon temps,
dans un verger me ferait du bien.
Je n'ai vu briller lune ni soleil
depuis plus de quinze bons mois.
S'il se pouvait, j'aurais plaisir
à voir dehors la lumière du jour,
car je suis claustrée dans cette tour.
S'il existait près d'ici un verger
où je puisse aller me distraire,
cela me ferait souvent grand bien. »
Cligès lui fait alors la promesse
de demander conseil à Jean
dès l'instant où il le verra.
Et sur ces entrefaites,
voici que Jean est arrivé
comme il en avait pris l'habitude.
Cligès l'a entretenu
de ce que souhaitait Fénice.
« Tout ce qu'elle commande, dit Jean,
est déjà prêt, à sa disposition.
De tout ce qu'elle demande,
cette tour est bien pourvue. »
Fénice alors, remplie de joie,
demande à Jean de l'y mener.
Il y est prêt, lui répond-il,
et il va ouvrir une porte,
mais je ne saurais vous décrire
la façon dont elle était faite.
Lui seul était capable de la faire.
Personne n'aurait eu l'idée
qu'il y eût là ouverture ou fenêtre,
aussi longtemps que la porte était fermée,

Si estoit celez et covert.
Quant Fenice voit [l']hus ovrir
6312 Et le soleil laianz ferir
Qu'ele n'avoit pieça veü,
De joie a tot le sen meü
Et dist c'or ne quert ele plus,
6316 Des qu'issir puet fors del reclus,
N'aillors ne se quert herbergier.
Par l'uis est entree ou vergier,
Qui molt li plaist et atalente.
6320 Enmi le vergier ot une ente
Molt haute et bele et parcreüe,
De flos chargie et bien vestue.
Eissi estoient li rain duit
6324 Que vers terre pendeient tuit
Et pres jusqu'a terre baissoient,
[Fors la cime dom il naissoient].
La cime aloit contremont droite.
6328 Fenice autre leu ne coveite,
Car desoz l'ente est li preals
[Molt delitables et molt beaus]
Ne ja n'iert li solaz tant chauz
6332 A midi, quant il est plus hauz,
Que ja rais i poïst passer,
Si le sot Johan compasser   [fo 120 rb]
Et les branches mener et duire.
6336 La se vait Fenice deduire,
Si i fait en sor jor son lit,
La sunt a joie et a delit.

▶ * **6316.** Desque *(+1)*... de cel us. *Corr. d'après SR.* **6318.** s'en entre *(-1).* **6319.** plot. **6325.** baissoit *(PC).* **6326.** *C om. Texte de SA(R).* **6330.** *C om.* **6332.** En *au lieu de* a, *selon une habitude du second copiste (cf. infra, v. 6338).* **6333.** rains. **6338.** en... en.
** **6311.** hus *au lieu de* huis *(s'il ne s'agit pas d'une négligence orthographique) est un trait de l'Ouest (cf. M.K. Pope, § 315 et 1326, X), ce que confirmerait la rime de C au v. 6316,* cel us. **6314.** sanc *(ST, vs AC, BRO).* **6321-6322.** De flors chargiee et bien foillue / Et par dedesoz estandue. *Leçon de AS, R pour le premier vers et de A pour le second (R* Et desoz ert l'erbe drue, *-1). Var. ST* dessus. *La leçon de C est commune à PB pour le premier vers, mais P a* foeillue *et non* vestue *au vers suivant. La copie de Guiot, « lectio difficilior » (cp. R), a seule préservé la version originale.* **6329.** Et *(AP, S, vs CR, B* Que). **6337.** *Leçon de BCR, P* (Et s'i). *Var. AT* Si a.

tant elle était bien camouflée.
Quand Fénice voit la porte s'ouvrir
et le soleil inonder la salle
après tout ce temps passé sans le voir,
dans sa joie, tout son sang s'enflamma,
et elle a dit ne rien chercher de plus,
maintenant qu'elle n'est plus recluse.
Elle ne cherchera d'autre séjour.
Par la porte elle entre dans le verger
qui est conforme à ses désirs.
Au milieu du verger se trouvait une ente
chargée de fleurs et d'un riche feuillage
qui s'évasait largement vers le bas.
On avait conduit les branches
de façon qu'elles retombent vers le sol
et touchent presque terre,
tandis que la cime, au départ des branches,
s'élevait en droite ligne.
Fénice ne désire d'autre lieu,
car sous l'arbre était le pré,
plein d'agrément et de beauté :
le soleil n'est jamais si chaud
quand il est au plus haut, à midi,
qu'un de ses rayons y puisse passer.
Jean, par son art, lui avait donné forme,
et il en avait conduit les branches.
C'est là que Fénice passe le temps
et qu'elle a fait un lit pour la journée.
Là ils se livrent à la joie et au plaisir.

Et li vergiers est clos entor
6340 De haut mur qui tient a la tor,
    Si que riens nule n'i entrast
    Se par la tor sus ne montast.
    Or est Fenice molt a aise.
6344 N'est riens nule qui li desplaise
    Ne ne li faut riens qu'ele voille
    Quant soz la flos et sos la foille
    Son ami li loist embracier.
6348 El tens que l'en vait en gibier
    De l'esprevier et del brachiet,
    Qui quiert l'aloe et le machet
    Et la quaille et la perdriz chace,
6352 Avint c'uns chevaliers de Trace,
    Bachelers jovnes, envoissiez,
    De chevalerie proisiez,
    Fu un jor en gibiers alez
6356 Vers cele tor tot lez a lez.
    Bertranz ot non li chevaliers.
    Essorez fu ses espreviers,
    Q'a une aloete ot failli.
6360 Or se tendra por malballi
    Bertranz s'il pert son esprevier.
    Desoz la tor, enz eu vergier,
    Le vit descendre et aseor,
6364 Et ce li plot molt a veor,
    Qu'or ne le cuide il mie perdre.
    Tantost se vait au mur aerdre
    Et fait tant que otre s'en passe.
6368 Soz l'ente voit dormir a masse
    Fenice et Cligés nu a nu.
    « Dex ! fait il, que m'est avenu ?
    Quel merveille est ce que je voi ?
6372 N'est ce Cligés ? Oïl, par foi !
    N'est ce l'empereriz ensenble ?

► * **6340.** De mur si qu'il. **6357.** ont n. **6358.** li e. **6365.** Que or nel c. *Corr. d'après NSPB.* **6366.** si v.
  ** **6342.** *Var. AB* n'i. **6350.** machet, *petit oiseau (cf.* Romania *35, p. 303, ZfrP 39, pp. 91-95).* **6351.** trace *(APBRT, vs NSC).* **6366.** *Leçon de AP. Var. NSR, B* s'an.

Tout autour le verger est clos
d'un haut mur attenant à la tour.
Personne n'y pouvait entrer
sans monter d'abord par la tour.
Fénice vit dans le bonheur.
Rien ne vient gâter son plaisir
et rien ne manque à ses désirs,
quand sous les fleurs et les feuillages,
elle tient librement embrassé son ami.
A la saison où l'on part à la chasse,
avec l'épervier et le braque,
cherchant l'alouette et le passereau
et pistant la caille et la perdrix,
il arriva qu'un chevalier de Thrace,
un tout jeune homme plein d'entrain,
apprécié pour sa vaillance,
était un jour allé au gibier
de ce côté, tout près de la tour.
Le chevalier se nommait Bertrand.
L'épervier avait pris son essor,
après avoir manqué une alouette.
Ce serait jouer de malchance
pour Bertrand, s'il perdait son épervier.
Au pied de la tour, dans le verger,
il l'a vu descendre et se poser.
Il était content de le voir,
pensant ne plus pouvoir le perdre.
Il s'agrippe aussitôt au mur
et réussit à passer de l'autre côté.
Sous l'ente, il voit dormir ensemble
Fénice et Cligès, nue à nu.
« Mon Dieu, fait-il, que m'est-il arrivé ?
Quelle est la merveille que je vois ?
N'est-ce pas Cligès ? Oui, pour sûr.
N'est-ce pas l'impératrice avec lui ?

Nenil, mes ele la resemble
Q'onc riens autre tant ne sembla.

6376 Tel front, tel boche, tel nés a
Com l'empereriz ma dame ot.　　[fo 120 va]
Unques mielz Nature ne sot
Faire .II. choses d'un semblant.

6380 En cesti ne voi je niant
Que en ma dame ne veïsse.
S'ele fust vive, je deïsse
Verai[e]ment que ce fust ele. »

6384 A tant une poire destele,
Si chiet Fenice lez l'oreille.
Ele tressaut et si s'esveille
Et voit Bertran, si crie fort :

6388 « Amis, amis ! Nos sommes mort !
Vez ci Bertran ! S'il vos eschape,
Chaü sommes en male trape,
Il dira qu'il nos a veüz. »

6392 Lors s'est Bertranz aperceüz
Que c'est l'empereriz sanz faille.
Mestiers li est que il s'en aille,
Car Cligés avoit aportee

6396 El vergier ovoc lui s'espee,
Si l'avoit devant le lit mise.
Il saut sus, s'a l'espee prise,
Et Bertran fuit isnelement,

6400 Plus tost qu'il pot au mur se prent.
Et ja estoit outre a bien pres
Quant Cligés est venuz enprés,
Et maintenant hauce l'espee,

6404 Sel fiert si qu'il li a copee
La jambe desoz le jenoil
Ausi com un raim de fanoil.
Nequedent s'en est eschapez

6408 B[er]tranz, malmis et esclopez,

▶ * 6374. li r. 6387. et c. 6389. S'il en e. 6397. son l. 6404. Si f.

　** 6375. Que r. a. si ne s. *(APR, vs C, NT).* 6376. *Leçon de PCR. Var. AS*
T. nés t. b. t. f. (*B d'abord comme PCR, puis* tel vis a *comme N, lequel suit*
l'ordre de AS). 6402. *Leçon de SPCB* (aprés). *Var. AN* li vint si de pres (*T*
de tant p.).

Que non ! Mais elle lui ressemble
comme jamais deux êtres ne se ressemblèrent.
Elle a le front, la bouche et le nez
qu'avait ma dame l'impératrice.
Jamais Nature ne sut faire
deux êtres plus ressemblants.
Je ne vois rien en celle-ci
que je n'aie vu chez ma dame.
Si elle vivait encore, je dirais
à n'en pas douter que c'est elle. »
A cet instant, une poire se détache,
tombe, près de l'oreille de Fénice.
Elle sursaute et se réveille,
elle crie en voyant Bertrand :
« Ami, ami, nous sommes morts !
Voici Bertrand ! S'il vous échappe,
le piège se referme sur nous.
Il va dire qu'il nous a vus. »
Bertrand s'est aperçu alors
qu'à coup sûr c'est l'impératrice.
Il ferait mieux de s'en aller,
car Cligès avait apporté
son épée avec lui au verger,
elle était posée devant le lit.
Il bondit et saisit l'épée,
Bertrand s'enfuit précipitamment,
il escalade le mur au plus vite,
et il l'avait presque franchi
quand Cligès l'a rejoint.
Il hausse aussitôt l'épée
et le coup qu'il frappe lui tranche
la jambe en dessous du genou
comme une branche de fenouil.
Bertrand s'échappe cependant,
fort mal en point et estropié,

Car ses genz d'autre part le prennen[t]
Qui de duel et d'ire forsenent
Quant il le voient afolé.
6412 Si li unt quis et demandé
Qui iert qui ce li avoit fait.
« Ne m'en metez, fait il, en plait,
Mes sor mon cheval me montez,
6416 Ja cist afaires n'iert contez
Jusque devant l'empereor.
Ne doit mie estre sanz poor
Qui ce m'a fait, je cuit n'est il,
6420 Car pres est de mortel peril. »   [fo 120 vb]
Lors l'unt mis sor son palefrei.
Si l'en meinnent a grant esfrei
Lor duel faissant parmi la vile,
6424 Emprés els plus de .XXX. mile
Qui s'en issent jusqu'a la cort,
Trestot le peuples i acort
Et uns et autres qui ainz ainz.
6428 Ja s'est Bertranz clamez et plainz
Oiant toz a l'empereor,
Mes en le tient por jangleor
De ce qu'il dit qu'il a veüe
6432 L'empereriz trestote nue.
La vile en est tote esbolie,
Li un l'atornent a folie,
Ceste novele, quant il l'oent,
6436 Li autre conseillent et loent
L'empereor qu'a la tor voise.
Molt est grant li bruiz et la noisse
Des genz qui aprés lui s'esmuevent,

▶ * 6421. Mort l'unt m. 6426. Mes tot le p. *(BC). Corr. d'après NR.*
** 6409. *Leçon de CR,* P (Que), N (Quant). *Var. SB* Et. 6412. Anquis li ont
(*ANBR, TS* Si ont enquis, *vs PC*). 6413. est (*AP, B, vs CR*). 6414. Ne me m.
(*sauf BC*). 6419. et non est il (*ASB, R, vs C, N*). 6424. Aprés aus vont plus
de .XX.M. (*AS, R* A. corent, *vs PC, B*). 6425. *Les manuscrits RS* (le suient)
expliquent sans doute les variantes de P (ne finent) *et de C, et s'opposent à*
B (s'an vienent), AT (vindrent). 6430. *Leçon de SPBC. Var.* a j. (*AN, R*
menteor). 6434. le tienent (*SNAB, vs CR [l' manque], PT* le tornent).
6435. *Leçon de SC. Var.* B Qant il c. n. en oent, P De cels qui c. n. oent, N
Cele n. quant il oent.

car ses gens sont de l'autre côté, qui le prennent.
Ils sont fous de colère et de chagrin
quand ils le voient ainsi mutilé.
Ils insistent pour savoir
qui lui avait fait cela.
« N'entrons pas en débat, fait-il,
mais montez-moi sur mon cheval.
Cette affaire ne sera racontée
qu'en présence de l'empereur.
Il doit vivre dans la crainte,
celui qui m'a fait cela, c'est certain,
car il est en danger de mort. »
Ils l'ont mis sur son palefroi
et, bouleversés, ils l'emmènent,
faisant éclater leur douleur par la ville.
Ils sont plus de vingt mille derrière eux
à les suivre jusqu'à la cour.
Et tout le peuple d'accourir
les uns comme les autres, au plus vite.
Déjà, Bertrand a formulé sa plainte
à l'empereur en présence de tous,
mais on le tient pour un menteur
quand il affirme avoir vu
l'impératrice toute nue.
La ville est en effervescence,
les uns, en l'apprenant,
tiennent pour de la folie cette nouvelle,
les autres donnent à l'empereur
le conseil de se rendre à la tour.
C'est dans les cris et le vacarme
que la foule s'ébranle après lui,

6440 Mes en la tor nient ne trovent,
Car Fenice et Cligés s'en vont
Et Thessala menee en unt
Qui les conforte et asseüre
6444 Et dit que se par aventure
Voient genz aprés els venir,
Qui viegnent por els retenir,
Por nient poor en avroient,
6448 Car ja nes aproicheroient
Por mal ne por encombrier faire,
De tant loing cum en porroit traire
D'une forte arbaleste a tor.
6452 Et l'empereres est en la tor
Qui fait Johan querre et mander,
Lier le comande et bender,
Et dit que il le fera pendre
6456 O ardoir et venter la cendre
Por sa honte qu'il a sosferte.
Rendue l'en iert sa deserte,
Mes ce iert deserte sanz preu,
6460 Car en sa tor a son neveu
Ovec sa femme receté.
« Par foi, vos dites verité,
Fait Jehan, ja n'en mentirai.   [fo 121 ra]
6464 Par le voir outre m'en irai,
Et se je i ai de rien mespris,
Bien est droiz que soie pris.
Mes por ce me voil escuser
6468 Que rien ne doit sers refuser
Que ses droiz sires li coment.
Ce set l'en bien certainement
Que je sui suens, et la tors soie.
6472 – Non est, Jehan, anceis est toie.
– Moie ? Sire, voire, aprés lui,
Ne je meïsmes miens ne sui

▶ * 6472. No l'est.
** 6447-6448. *La bonne leçon est fournie par NR* (avront / aprocheront),
PC. Var. AT aparcevront, *B* apercevroient, *S* aperceivent. **6467.** par ce
(*ANSPR, vs BCT*).

mais dans la tour ils ne trouvent rien,
car Fénice et Cligès s'enfuient,
emmenant avec eux Thessala
qui leur redonne courage,
en leur assurant que si par hasard
ils voient venir à leur poursuite
des gens prêts à les arrêter,
ils auraient tort de s'en effrayer,
car ceux-ci ne pourront pas les approcher,
dans l'intention de leur nuire,
de plus près qu'à portée de tir
d'une grande arbalète à cric !
Mais l'empereur est dans la tour,
il fait rechercher Jean pour qu'on l'ammène,
qu'on l'attache et qu'on l'enchaîne,
ajoutant qu'il le fera pendre ou brûler
et qu'il jettera ses cendres au vent
pour la honte qu'il a subie.
Il sera payé comme il le mérite,
et ce ne sera pas pour son profit,
pour avoir abrité dans la tour
avec sa femme son neveu.
« Sur mon honneur, vous dites vrai !
fait Jean, je n'en mentirai pas.
J'irai droit à la vérité,
et si en rien j'ai mal agi,
il est juste que je sois arrêté.
Mais j'allègue pour ma défense
qu'un serf ne doit rien refuser
de ce que son maître lui commande.
Et c'est un fait bien attesté
que je lui appartiens, et la tour aussi bien.
– Non, Jean, elle est à toi.
– A moi ? Sans doute, sire, mais après lui !
Moi-même je ne m'appartiens pas,

Ne je n'ai chose qui soit moie
6476 Se tant non cum il la m'otroie.
Et se vos ce voliez dire
Que vers vos ait mespris mes sire,
Je sui prez que je l'en defende
6480 Sainz ce que il nel me comande.
Mes ce me donne hardement
De dire tot seürement
Ma volenté et ma gorgie,
6484 Tel cum je l'ai faite et forgie,
Car bien sai que morir m'estuet.
Or soit issi com estre puet,
Car se je muir por mon seignor,
6488 Ne morrai pas a dessenor.
Il est bien seü, sanz doutance,
Li seremenz et la fiance
Que vos plevistes vostre frere
6492 Qu'aprés vos seroit emperere
Cligés, qui s'en va en essil,
Et se Dex plaist encor l'iert il.
Et de ce faites a reprendre
6496 Que femme ne deviez prendre,
Mes tote voies la preïstes
Et vers Cligés vos mesfeïstes,
Il n'est vers vos de rien mesfaiz.
6500 Et se je sui por lui desfaiz
Et se je muir por lui a tort,
S'il vit, il vengera ma mort.
Et faites en que mielz porreiz,
6504 Car se je muir, vos i morreiz. »
L'empereres d'ire tressue
Quant la parole a entendue   [fo 121 rb]
Et l'afit que Johan li dit.
6508 « Johan, fait il, tant de respit
Avras [que] tes sire iert trovez,

▶ * **6495.** Por ce *(-1)*. **6498.** Envers C. molt m. **6500.** Mes *(CT)*. **6501.** O *(CT)*.
6507. la fin que J. li dist. *Corr. d'après ANSB.* **6509.** Avras tes sires.
** **6489-6490.** Car bien sevent tuit... / Le seiremant *(AN, B* Que, *R* Mais, *vs
C, S* Que b. es saü). **6499.** de rien vers vos *(sauf CR).* Var. *PR* N'il n'est.
6504. *Leçon de SPCR. Var. ANB* vos en m.

et je n'ai de chose qui soit à moi
sinon ce qu'il consent à m'accorder.
Mais si vous aviez l'intention de dire
que mon maître a mal agi envers vous,
je suis prêt à prendre sa défense
sans attendre qu'il me le commande.
Ce qui me donne la hardiesse
de dire sans le moindre trouble
librement le fond de ma pensée
comme je me la suis forgée,
c'est de savoir qu'il me faut mourir.
Mais advienne que pourra !
Car si je meurs pour mon seigneur,
je ne mourrai pas dans la honte.
Tout le monde a bien connaissance
du serment et de la promesse
où vous garantissiez à votre frère
qu'après vous serait empereur
Cligès, qui s'en va en exil,
et il le deviendra, si Dieu le veut !
Vous méritez aussi le reproche
parce que vous ne deviez pas vous marier
et que pourtant vous l'avez fait,
causant ainsi du tort à Cligès,
qui, lui, ne vous en causait pas.
Si pour lui je suis mis à mort
et que je meure injustement,
s'il vit, il vengera ma mort.
C'est à vous de prendre le meilleur parti,
car si je meurs, vous en mourrez. »
Après avoir entendu les paroles
de Jean et sa provocation,
de colère, l'empereur en est tout en sueur :
« Jean, fait-il, tu seras en sursis
jusqu'à ce qu'on trouve ton maître,

Qui malvessement s'est provez
Vers moi qui molt l'avoi[e] chier,
6512 Ne ne le pensoie trichier,
Mes en prison seras tenuz.
Se tu sez qu'il est devenuz,
Di le moi tost, jel te comant.
6516 – Je le vos di[e] ? Et je, coment
Feroie si grant felonnie ?
Por traire fors del cors la vie,
Certes ne vos enseigneree
6520 Mon seignor, se je le savee,
Entaimes ce, se Dex me gart,
Que je ne sai dire quel part
Il sunt alé, ne plus que vos,
6524 Mes de nient estes gelos.
Ne crien pas tant vostre corroz
Que bien ne vos die oant toz
Coment vos estes deceüz,
6528 Et [si] n'en serai ja creüz.
Par un boivre que vos beüstes
Enginniez et deceü fustes
La nuit que vos noces feïstes,
6532 C'onques puis, se vos ne dormistes
Et en soingent ne vos avint,
De lié nus joies ne vos vint,
Mes la nuit songier vos faisoit,
6536 Et li songes tant vos plaisoit
Com s'en veillant vos avenist
Qu'ele entre ses braz vos tenist,
N'autres biens ne vos en venoit.
6540 Ses cuers a Cligés se tenoit
Tant que por lui morte se fist,
Si me crut tant qu'il le me dist
Et si la mist en ma maisson

---

qui s'est indignement conduit
à mon égard, alors que je l'aimais
et n'ai jamais songé à le tromper,
mais tu seras mis en prison.
Si tu sais ce qu'il est devenu,
dis-le moi tout de suite, c'est un ordre !
– Que je vous le dise, moi ? Et comment
pourrais-je faire une telle perfidie ?
Dût-on m'arracher la vie du corps,
je ne vous dirais pas
où est mon maître, même si je le savais,
et ce d'autant plus – que Dieu me garde –,
que je ne peux pas dire plus que vous
de quel côté ils sont allés.
Mais votre jalousie est dérisoire.
Votre colère ne m'effraie pas
au point de m'empêcher de dire publiquement
comment vous avez été abusé,
et personne ne me croira !
Par un breuvage que vous avez bu,
vous avez été dupé et abusé
la nuit qui fut celle de vos noces :
jamais depuis, sinon en dormant
et, d'aventure, dans un songe,
vous n'avez eu de joie de votre femme,
mais la nuit vous apportait ses rêves
et le rêve avait autant d'attrait
que si, éveillé, il vous était advenu
qu'elle vous tînt entre ses bras.
C'est tout le bien qui vous en venait.
Cligès régnait sur son cœur
au point que pour lui elle feignit la mort,
et lui me l'a dit, en toute confiance,
et il l'a installée dans la maison

6544 Donc il iert sire par raison.
Ne vos en devez a moi prendre,
O[n] me deüst ardoir o pendre
Se je mon seignor encusase

6548 Ne sa volenté refusace. »
Quant l'emperere ot rementoivre   [fo 121 va]
La poison qui li plot a boivre
Por quoi Thessala le deçut,

6552 Lors primes sot et aperçut
C'onques de sa femme n'avoit
Eü joie, bien le savoit,
Se il ne li avint par songe,

6556 Mais c'estoit joie de mençonge.
Et dit que s'il n'en prent venjance
De la honte et de la vitance
Que li traîtres li a faite,

6560 Qui sa femme li a fors traite,
Ja mes n'avra joie en sa vie.
« Or tost, fait il, jusqu'a Pavie
Et deça jusqu'en Alemaigne !

6564 Chasteaus ne vile n'i remaine
Ne citez ou il ne soit quis.
Qui andous les amerra pris,
Plus l'avrai que nul homme chier.

6568 Or del bien faire et del cerchier,
Et sus et jus et pres et loig ! »
Lors s'esmovent a grant besoig,
S'unt au cerchie[r] tot le jor mis,

6572 Mes il i ot de tés amis
Qui anceis, se il les trovoient,
Jusqu'a recet les conduireent
Qu'il les ramenassent ariere.

6576 Trestote la quinzainne entire
Les ont chacié a quelque peine,
Mes Thessala qui les en meine

▶ * **6556.** Et avoit. *Corr. d'après BR (P* c'est tot). **6562.** en P. *(CR).* **6572.** il
i ont *(SC).* **6573.** Qu'a a. **6575.** Qui.
** **6544.** est *(APR, vs NSBCT).* **6551.** Par *(sauf NC).* **6556.** *Var. AN* ce fu.

dont il était le maître légitime.
Vous ne devez pas vous en prendre à moi.
Il aurait plutôt fallu me brûler ou me pendre
si j'avais dénoncé mon maître
ou refusé de faire sa volonté. »
Quand l'empereur entend mentionner
le breuvage qu'il avait pris plaisir à boire
grâce auquel Thessala l'avait trompé,
il comprit alors, pour la première fois,
qu'il n'avait jamais eu de joie
de sa femme, il le savait bien,
sinon celle qui lui venait en songe,
mais cette joie était mensonge.
Il jure que s'il ne se venge
de la honte et de l'affront
que lui a infligés le traître
qui lui a enlevé sa femme,
il n'aura plus jamais de joie en sa vie.
« Allons, vite ! dit-il, à Pavie !
Et de là, en Allemagne !
Qu'il ne reste château, ville
ni cité que l'on ne fouille !
Qui les amènera tous les deux prisonniers
me sera plus cher que nul autre.
A vous d'agir au mieux et de chercher partout,
en tous sens et en tous lieux ! »
En toute hâte, ils se mettent en route,
ils ont passé la journée en recherches,
mais Cligès avait des amis
qui préféreraient, s'ils les trouvaient,
les conduire en un lieu sûr
plutôt que de les lui ramener.
Pendant toute une quinzaine,
on les a pourchassés, non sans mal,
mais Thessala qui les emmène

Les conduit si seürement,
6580 Par art et par enchantement,
Que il n'ont crieme ne poor
De tot l'esfor l'empereor.
N'en vile n'en cité ne gisent,
6584 S'unt quanqu'il volent et devisent
Autresi o mielz qu'il ne solent,
Car Thessala quanque il volent
Lor aporte et quert et porchace,
6588 Ne nus ne les suit mes ne chace,
Car tuit se sunt mis el retor.
Mes Cligés n'est mie a sejor,
Qu'au rei Artur son uncle en va.
6592 Tant le quist que il le trova,   [fo 121 vb]
S'a a lui fait plainte et clamor
De son uncle l'empereor
Qui por son deseritement
6596 Avoit prise desleaument
Femme que prendre ne devoit,
Qu'a son pere plevi avoit
Que ja n'avroit femme en sa vie.
6600 Et li rois dist que a navie
Devant Costentinoble ira
Et de chevaliers emplira
Mil nés et de serganz troi mile,
6604 Tels que citez ne borc ne vile
Ne chasteals, tant soit fort ne haut,
Ne porra sofrir lor assaut.
Et Cligés n'a pas oblié
6608 Que lors n'ait le roi mercié
De s'aïde qu'il li otroie.
Li rois querre et semondre envoie
Toz les hauz barons de sa terre
6612 Et fait apareilier et querre

▶ * **6581.** Qu'il n'en ont. **6583.** ne c. **6588.** Ne nus nes asaut. *Corr. d'après*
BS. **6591.** Qua au r. A. *Corr. d'après NP.* **6598.** l'avoit *(PC).* **6606.** Qui
poisse s. nostre a.
** **6579.** *Leçon de BCRT. Var. ASP* conduist. **6584.** *Leçon de SPBCR. Var.*
A Et si ont. **6591.** *Var. ASBT* Au roi.

les conduit si sûrement
grâce à son art de magicienne
qu'ils n'ont pas la moindre crainte
des forces que déploie l'empereur.
Ils ne passent pas la nuit dans les villes,
ils ont pourtant tout ce qu'ils désirent,
autant ou mieux qu'à l'accoutumée,
car tout ce qu'ils souhaitent, Thessala
le leur obtient et le leur apporte,
et plus personne n'est à leur poursuite,
car tous ont pris le chemin du retour.
Mais Cligès ne reste pas inactif :
il se rend auprès du roi Arthur, son oncle.
Il s'est mis à sa recherche, il l'a trouvé,
et il s'est plaint auprès de lui
de son oncle, l'empereur,
qui, au risque de le déshériter,
avait déloyalement pris
une épouse qu'il ne devait prendre,
car il avait promis à son père
de ne jamais se marier.
Et le roi dit qu'avec sa flotte,
il viendra devant Constantinople,
et qu'il remplira de chevaliers
mille navires, et de soldats trois mille,
si bien qu'il n'y aura cité, bourg, ville
ni château, si fort ou si grand soit-il,
qui pourra résister à leur assaut.
Cligès n'a pas oublié
de remercier alors le roi
pour cette aide qu'il lui accorde.
Le roi envoie chercher et convoque
tous les grands seigneurs du royaume.
Il fait réunir et équiper

Neis et dromons, buces et barges.
D'escuz, de lances et de targes
Et d'armeüre a chevalier

6616 Fait.C. nés emplir et chargier.
Por osteier fait apareil
Li rois si grant qu'ainc le pareil
N'ot nes Cesar ne Alixandres.

6620 Tote Engleterre et tote Flandres,
Normendie, France et Bretaigne,
Et trestot jusqu'a por d'Espaigne
A fait semondre et amasser.

6624 Ja devoient la mer passer,
Quant de Grece vindrent mesaige
Qui respoitirent le passaige
Et le roi et ses genz retindrent.

6628 Ovoc les mesaiges qui vindrent
Fu Johan, qui bien fist a croire,
Car de chose qui ne fust voire
Et que il de fi ne seüst

6632 Tesmoin ne mesage ne fust.
Li mesaige haut homme estoient
De Grece, qui Cligés queroient.
Tant le quistrent et demanderent   [fo 122 ra]

6636 Qu'a la cort le roi le troverent,
Si li unt dit : « Dex vos saut, sire,
De par toz cels de vostre empire !
Gresce vos est abandonee

6640 Et Costentinoble donee
Par le droit que vos i avez.
Morz est, mes vos ne le savez,
Vostre uncles de duel que il ot

6644 Por ce que trover ne vos pot.

▶ * **6613.** huces. *Corr. d'après SBR qui ont seuls préservé le terme technique* (*N manque*). **6614.** et de l. (*+1*). **6618.** quaunc la p. *Corr. d'après P.* **6619.** Nen ot C. ni A. *La tradition paraît ici altérée. Les leçons de A* (N'ot ne C. ne A.) *ou de NP* (Ne fist C. ne A.) *sont les plus simples, mais S* (C'onques n'ot / Neïs C. ne A.) *et B* (N'ot C. neïs A.) *accentuent l'hyperbole et garderaient la trace de la version première. Sans doute la correction de W. Foerster, que nous adoptons, s'en approche-t-elle le mieux.* **6627.** sa gent (*CT*). *Corr. d'après ASPR* (NB les g.). **6631.** de fin. *Corr. d'après AP.* **6632.** n'en f.
** **6622.** tot desi qu'as porz (*AP, B, vs CR*). **6641.** Por (*APR, vs NBC*).

nefs, galères, panses et barges.
D'écus, de lances, de targes
et d'armures de chevaliers,
il fait remplir et charger cent navires.
Le dispositif de guerre que met en place
le roi est tel que César et Alexandre eux-mêmes
n'en eurent de semblable.
Il a convoqué et a réuni
toute l'Angleterre et toute la Flandre,
la Normandie, la France et la Bretagne,
tout sans exception jusqu'aux ports d'Espagne.
On s'apprêtait déjà à passer la mer
quand de Grèce arrivèrent des messagers,
ce qui repoussa la traversée
et retint le roi et ses hommes.
Avec les messagers qui vinrent
se trouvait Jean, qu'on pouvait croire,
car de nouvelle qui ne fût pas vraie
et qu'il ne sût de façon certaine,
il n'eût été garant ni messager.
Les messagers qui cherchaient Cligès
étaient de hauts seigneurs de Grèce.
Au bout de toutes leurs recherches,
ils l'ont trouvé à la cour du roi.
Ils lui ont dit : « Que Dieu vous garde, sire,
au nom de tous les sujets de votre empire !
La Grèce vous est toute offerte
et Constantinople donnée
en vertu des droits qui sont les vôtres.
Votre oncle – mais vous l'ignorez –,
est mort du chagrin ressenti
de n'avoir pu vous retrouver.

Tel duel ot que le sen chainga,
Ainc puis ne but ne ne mai[n]ga,
Si morut come forsenez.

6648 Bials sire, or vos en revenez,
Car tuit vostre baron vos mandent.
Molt vos desirent et demandent,
Qu'enpereor vos volent faire. »

6652 Tels i ot qui de ceste afaire
Furent lié, et s'i ot de tels
Qui esloignassent lor ostels
Volentiers, et molt lor pleüst

6656 Que l'oz vers Grece s'esmeüst.
Mes remese est del tot la voie,
Car li rois sa gent en envoie,
Si se depart l'oz et retorne.

6660 Et Cligés se haste et atorne,
Qu'en Grece s'en velt retorner,
N'a cure de plus sejorner.
Atornez s'est, congié a pris

6664 Au roi et a toz ses amis,
Fenice en mene, si s'en vont.
Ne finent tant qu'en Grece sont
O a grant joie le recevent

6668 Si com lor seignor faire devent,
Et s'amie a femme li donent,
Andos ensemble les coronnent.
De s'amie a faite sa femme,

6672 Mes il l'apele amie et dame,
Car por ce ne pert ele mie
Que il ne l'aint come s'amie,
Et ele lui tot autresi

6676 Com amie doit son ami.
Et chascun jor lor amors crut,   [fo 122 rb]

▶ * **6646.** Unques p. ne b. ne m. (*A* Onques ne b. ne ne m.). *Corr. d'après PT* (*B* N'ainc). **6656.** sus G. *Corr. d'après AP.* **6677-6702.** *Perdus dans C, sauf l'initiale des vers. Nous adoptons A comme manuscrit de base, dont les habitudes graphiques diffèrent de C.*

** **6673.** *Leçon de C, T* (Que). *Var. PB* Ne. **6674.** *Var. PB* Qu'il ne l'apiaut sa douce amie. **6676.** *Var. PB* Com el doit faire, *T* on, *A* Com l'en doit amer. *W. Foerster propose* Con l'an doit feire son ami. *Nous préférons la leçon de C.*

Il eut tant de douleur qu'il en perdit la raison,
il ne buvait ni ne mangeait plus,
et il est mort en forcené.
Cher seigneur, il faut revenir,
car tous vos barons vous réclament.
Ils vous désirent et vous demandent,
ils veulent vous faire empereur. »
Il y en eut que la nouvelle
a réjoui, il y en eut d'autres
qui auraient volontiers quitté
leurs demeures et souhaité
que l'armée partît pour la Grèce.
Mais l'expédition est abandonnée,
le roi a renvoyé ses gens.
L'armée se sépare et chacun s'en retourne.
Cligès hâte ses préparatifs
parce qu'il veut rentrer en Grèce.
Il se garde de tarder davantage.
Il s'est préparé, il a pris congé
du roi et de tous ses amis.
Il emmène Fénice, et ils s'en vont,
sans s'arrêter avant d'être en Grèce,
où on les reçoit dans la joie
comme on doit le faire pour son seigneur.
On lui donne son amie pour femme,
et on les couronne tous deux ensemble.
De son amie, il a fait sa femme,
mais il l'appelle amie et dame,
ce qui n'empêche pas celle-ci
d'être aimée comme son amie,
ni de l'aimer elle-même aussi
comme une amie doit aimer son ami.
Chaque jour s'accrut leur amour,

Unques cil celi ne mescrut
Ne querela de nule chose,
6680　Unques ne fu tenue anclose
Si com ont puis esté tenues
Celes qu'aprés li sont venues,
Qu'ainc puis n'i ot empereor
6684　N'eüst de sa fame peor
Qu'ele nel deüst decevoir,
Se il oï ramantevoir
Comant Fenice Alis deçut
6688　Primes par la poison qu'il but
Et puis par l'autre traïson.
Por ce einsi com an prison
Est gardee an Costantinoble,
6692　Ja n'iert tant riche ne tant noble
L'empereriz, quex qu'ele soit,
Que l'empereres ne la croit
Tant com de cesti li remanbre.
6696　Toz jorz la fait garder en chanbre
Plus por peor que por le hasle,
Ne ja avoec li n'avra masle
Qui ne soit chastrez en anfance,
6700　De ce n'est criemme ne dotance
Qu'Amors les lit an son lien.
Ci fenist l'uevre Crestien.

▶ * **6697.** Q *à l'initiale.*
** **6678.** Onques *(AC). Var. PB* N'onques. **6679.** *Var. PB* ne ainc ne le devit
de chose. **6680.** Onques *(TC), A* N'onques. *Var. P* Nient plus que fust en
mur e. *(B* Ne plus). **6682.** *Leçon de AT. Var. PB* Celes qui aprés s. **6683.** *Leçon
de PB* (C'ainc). *Var. A* einz. **6691.** riche *(PB),* haute *(A).* **6699.** Que *(PC),*
Qui *(ABT).* **6700.** De ce *(AP),* Cels *(BT).* **6701.** *Leçon de A, P* (nes l.). *Var.*
B ces ait. *Après 6702. T ajoute* Chi fenissent li vier d'amours / Onques nus
hons n'oÿ millours.

jamais il n'eut à se défier d'elle
ni à lui adresser la moindre plainte.
Jamais elle ne fut recluse,
comme l'ont été par la suite
celles qui lui ont succédé.
Depuis il n'y eut plus un empereur
qui ne redoutât de sa femme
qu'elle ne sût bien le tromper,
quand il entendait raconter
comment Fénice mystifia Alis,
d'abord par le philtre qu'il but
et puis par l'autre trahison.
C'est ainsi que comme en prison
à Constantinople est gardée
l'impératrice, quelle qu'elle soit,
si puissante et si noble fût-elle.
L'empereur ne se fie pas à elle
tant qu'il lui souvient de Fénice.
Il la fait toujours garder dans sa chambre,
plus par peur que contre le hâle.
Jamais auprès d'elle on n'admet de mâle
qui ne soit châtré dès l'enfance.
Ainsi n'y a-t-il pas à craindre
qu'Amour les retienne en ses liens.
Ici finit l'œuvre de Chrétien.

CHANSONS

Si l'œuvre romanesque de Chrétien de Troyes occupe une place centrale dans la littérature du XIIe siècle, son œuvre lyrique se résume à deux chansons dont l'attribution est certaine. Même si certaines rubriques de manuscrits et de chansonniers attribuent les pièces *De joli cuer chanterai* (R. 66), *Quant li dous estez decline* (R. 1380) et *Joie ne guerredons d'Amors* (R. 2020) à Chrétien de Troyes, des arguments linguistiques, stylistiques et thématiques, ainsi que la tradition manuscrite, permettent de dénier cette paternité à l'auteur champenois.

Pour la datation des deux chansons, l'imitation vraisemblable par Chrétien de Troyes dans d'*Amors, qui m'a tolu a moi* de *Can vei la lauzeta mover* du troubadour Bernart de Ventadorn et l'écho probable de *No chan per auzel ni per flor* de Raimbaut d'Aurenga permettent de fixer le *terminus a quo* à 1172, ce qui exclut la thèse qui voudrait attribuer la production lyrique à l'extrême jeunesse du poète champenois.

ÉTABLISSEMENT DU TEXTE

Pour se conformer aux autres éditions des œuvres de Chrétien de Troyes publiées ici, nous avons supprimé de l'apparat les variantes formelles qui n'ont pas de répercussions majeures pour le sens, afin de privilégier les variantes d'intérêt «littéraire»; nous avons tenu compte des suggestions pertinentes de G. Roques (1978), L. Rossi (1987) et M. Tyssens (1993).

La chanson **Amor, tençon et bataille** (R. 121) est conservée dans deux manuscrits :

C	Berne, Bürgerbibliothek 389 (fol. 18-18v° ; portées vides et rubrique ancienne *Cresteien de troies*)
U	Paris, Bibl. Nat. fr. 20050 (« Chansonnier de Saint-Germain ») (fol. 35 ; portées vides ; sans rubrique ancienne)

La chanson **D'Amors qui m'a tolu a moi** (R. 1664) est conservée dans douze manuscrits, et elle est reproduite deux fois dans le manuscrit P.

a	Rome, Bibl. Apost. Vat., Reg. lat. 1490 (fol. 108-108v° ; avec notation musicale ; rubrique ancienne : *Crestiens de troies*). La table ancienne note fautivement « *Carasaus* », dont deux chansons précèdent celles de *Thumas Heriers* (fol. 105v°-106), *Wasteble* (fol. 106-107) et *Crestiens de troies* (fol. 108-108v°)
C	Berne, Bürgerbibliothek 389 (fol. 56v°-57 ; portées vides ; rubrique *croistien de troies*)
H	Modène, Biblioteca Nazionale Estense R 4,4 (fol. 224 ; sans musique ni rubrique ; la table l'attribue à Moniot d'Arras)
K	Paris, Bibl. de l'Arsenal 5198 (p. 58-59 ; avec not. musicales ; rubrique ancienne *Gaces brullez*)
L	Paris, Bibl. Nat. fr 765 (fol. 49 ; avec not. musicales ; sans rubrique)
N	Paris, Bibl. Nat. fr. 845 (fol. 17v°-18 ; avec not. musicales ; rubrique ancienne *Gaces brullez*)
P¹	Paris, Bibl. Nat. fr. 847 (fol. 2-2v° ; avec not. musicales : rubrique ancienne *Gaces brullez*)
P²	Paris, Bibl. Nat. fr. 847 (fol. 154-154v° ; avec not. musicales ; sans rubrique)
R	Paris, Bibl. Nat. fr. 1591 (fol. 49v°-50v° ; avec not. musicales ; rubrique ancienne *crestie(n) de troies*
T	Paris, Bibl. Nat. 12615 (fol. 45v°-46 ; avec not. musicales ; rubrique ancienne *Crestiiens de troies*)
U	Paris, Bibl. Nat. fr. 20050 (« Chansonnier de Saint-Germain ») (fol. 30-30v° ; portées vides, sans rubrique ancienne)
V	Paris, Bibl. Nat., fr. 24406 (fol. 29-29v° ; avec not. musicales, sans rubrique ancienne)
X	Paris, Bibl. Nat., nouv. acq. fr. 1050 (fol. 45v°-46 ; avec not. musicales ; rubrique ancienne *Gaces brulles*)

Amors tençon et bataille

I

Amors tençon et bataille
Vers son champion a prise,
Qui por li tant se travaille
4 Q'a desrainier sa franchise
A tote s'entente mise :
N'est drois q'a sa merci faille ;
Mais ele tant ne lo prise
8 Que de s'aïe li chaille.

I

Amour a déclenché querelle et bataille
contre son champion,
lequel se tourmente tant à cause de lui
qu'il met tous ses efforts
à défendre les droits de son seigneur :
il n'est pas juste qu'il ne puisse obtenir sa
[pitié ;
mais elle ne lui accorde pas assez de prix
pour se soucier de son aide.

II

Qui que por Amor m'asaille,
Senz loier et sanz faintise
Prez sui k'en l'estor m'en aille,
12 Que bien ai la peine aprise.
Mais je criem k'en mon servise
Guerre et aïne li faille.
Ne quier estre en nule guise
16 Si frans, q'en moi n'ait sa taille.

II

M'attaque qui veut au nom de l'Amour,
je suis prêt à aller au combat
sans espoir de récompense et avec loyauté,
car j'ai l'habitude de souffrir.
Mais je crains qu'Amour lui-même
ne puisse obtenir de moi que je l'affronte :
en aucune façon je ne veux m'affranchir au
[point
[sa suzeraineté.
qu'Amour cesse d'exercer sur moi

▶ • 6. U sest droiz qa merci li uaille 11. k'en] U qa 13. U qa 14. aïne] CU aiue 15. quier] C ueul

III

Nuls s'il n'est cortois et sages,
Ne puet d'Amors riens aprendre ;
Mais tels en est li usages,
20 Dont nulz ne se seit deffendre,
Q'ele vuet l'entree vandre.
Et quels en est li passages ?
Raison li covient despandre
24 Et mettre mesure en gages.

III

Personne, s'il n'est courtois et sage,
ne peut rien connaître de l'Amour ;
mais telle est sa loi
à laquelle personne ne peut échapper :
Amour veut vendre le droit d'entrée dans
Quel en est le péage ?   [son fief.
Il faut dépenser raison
et laisser mesure en gage.

IV

Fols cuers legiers ne volages
Ne puet rien d'Amors aprendre.
Tels n'est pas li miens corages,
28 Ki sert senz merci atendre.
Ainz que m'i cuidasse prendre,
Fu vers il durs et salvages ;
Or me plaist, senz raison rendre,
32 Ke ses prou soit mes damages.

IV

Un cœur fou, frivole et volage
ne peut rien apprendre d'Amour.
Mais mon cœur n'est pas ainsi fait,
car il aime sans rien attendre en retour.
Avant de penser être pris au piège,
j'étais hostile et farouche envers Amour ;
maintenant, sans pouvoir l'expliquer,
il me plaît que mon infortune tourne à son
                                [profit.

V

Molt m'a chier Amors vendue
S'onor et sa seignorie,
K'a l'entree ai despendue
36 Mesure et raison guerpie.
Lor consalz ne lor aiue
Ne me soit jamais rendue :
Je lor fail de compaignie,
40 N'i aient nule atendue.

V

Amour m'a vendu trop chèrement
l'accès à ses terres et à son royaume,
car à l'entrée, j'ai dépensé
mesure et perdu raison.
Que jamais leur conseil ni leur aide
ne me soient rendus :
je fausse compagnie à mesure et raison :
qu'elles ne comptent plus que je revienne.

▶ * 21. l'entree] C alautre 28. Ki sert] U ainz sert 32. Ke ses prou] U ken son prou, C ke cest prous 33. chier] U b(ie)n 34. S'onor] U samor

VI

D'Amors ne sai nule issue,
Ne ja nus ne la me die !
Muër puet en ceste mue
44 Ma plume tote ma vie : ˙
Mes cuers n'i muërat mie ;
S'ai en celi m'atendue
Que je dout que ne m'ocie :
48 Ne por ceu cuers ne remue.

VI

Je ne connais pas d'issue pour sortir du
                              [domaine d'Amour ;
et que personne ne me l'indique !
Je peux bien toute ma vie dans cette cage
changer de plumage[1],
mon cœur, lui, ne changera pas ;
j'ai mis tout mon espoir en celui
dont je redoute qu'il veuille me tuer ;
mais malgré cette crainte, mon cœur reste
                              [fidèle.

VII

Se merciz ne m'en aiue
Et pitiez, qui est perdue,
Tart iert la guerre fenie
52 Que j'ai lonc tens maintenue !

VII

Si merci et pitié,
que j'ai perdues à jamais, ne m'aident,
la guerre que j'ai longtemps soutenue
tardera à finir.

▶ ˙ 45. *manque dans* C 47. Que je dout] C ke ie crien 51. Tart] C tant

---

1. Tous les ans, au printemps, on enfermait l'oiseau de proie dans sa cage lors de la mue, pendant laquelle son plumage se renouvelle.

D'Amors, qui m'a tolu a moi

I

D'Amors, qui m'a tolu a moi
N'a soi ne me veut retenir,
Me plaing ensi, qu'adés otroi
4 Que de moi face son plesir.
Et si ne me repuis tenir
Que ne m'en plaigne, et di por quoi :
Car ceus qui la traïssent voi
8 Souvent a lor joie venir
Et g'i fail par ma bone foi.

I

Voici comment je me plains d'Amour,
qui m'a ravi à moi-même
et ne veut pas me tenir pour sien :
je consens à tout jamais qu'il me traite
selon son bon plaisir.
Pourtant je ne peux m'empêcher
de me plaindre de lui et voici pourquoi :
souvent, je vois ceux qui le trompent
parvenir à leurs fins,
alors que moi, à cause de ma fidélité, je n'y
[parviens pas.

II

S'Amors pour essaucier sa loi
Veut ses anemis convertir,
12 De sens li vient, si com je croi,
Qu'as siens ne puet ele faillir.
Et je, qui ne m'en puis partir
De celi vers qui me souploi,
16 Mon cuer, qui siens est, li envoi ;
Mes de noient la cuit servir
Se ce li rent que je li doi.

II

Si Amour, pour rehausser son pouvoir,
veut rallier ses ennemis,
il est en cela inspiré par le bon sens, me
[semble-t-il,
car ceux qui sont véritablement les siens, il
[ne peut les perdre.
Quant à moi qui ne peux me séparer
de celle devant qui je m'incline,
je lui envoie mon cœur qui lui appartient ;
cependant c'est un hommage sans valeur
puisque je ne fais que lui rendre ce que je lui
[dois.

▶ • 2. N'a soi] CUK na li 3. ensi] ₐR si, T ie si, H issi 5. si] ₐ jou qi, R ie qui, T iou ki ; tenir] TH taisir, L retenir 6. ne m'en plaigne] ₐ jou ne cant, R ie ne chant 7. Car] ₐRT q(ua)nt, P₁P₂ que, C ke 8. lor] ₐR grant 9. fail] C mur, U perz ; bone] R *manque* 11. convertir] CUKNP¹P²XVL retenir 12. De sens] V desouz ; vient] ₐ muet, T moet, H ueut 14. puis partir] UKNP¹P²XVL repuis tenir, H puis recoillir 15. De celi vers qui me souploi] C de la belle a cui ie souploi, U dameir celle cuj je sosploi *(ajouté plus tard, au-dessus de la ligne)* 16. Mon] H sien ; siens est] H mien fu 17. cuit] C ueul, UP² uoil, X uueill, L ueil, KNP¹V uueil 18. Se ce] ₐ qant cou, RT q(ua)nt ce, U se ie

III

Dame, de ce que vostres sui,
20 Dites moi se gre m'en savez.
Nenil, se j'onques vous conui,
Ainz vous poise quant vous m'avez.
Et puis que vos ne me volez,
24 Dont sui je vostres par ennui.
Mes se ja devez de nului
Merci avoir, si me souffrez,
Que je ne sai servir autrui.

III

Dame, dites-moi, vous agrée-t-il
que je sois vôtre ?
Non, certes, si je vous connais bien ;
au contraire, il vous pèse de m'avoir à votre
[service.
Mais puisque vous ne voulez pas de moi,
c'est contre votre gré que je suis vôtre.
Cependant, si vous devez accorder votre
[merci
à quelqu'un, alors souffrez que ce soit à moi,
parce que je ne saurais aimer que vous.

IV

28 Onques du buvrage ne bui
Dont Tristan fu enpoisonnez ;
Mes plus me fet amer que lui
Fins cuers et bone volentez.
32 Bien en doit estre miens li grez,
Qu'ainz de riens efforciez n'en fui,
Fors que tant que mes euz en crui,
Par cui sui en la voie entrez
36 Donc ja n'istrai n'ainc n'en recrui.

IV

Jamais je n'ai bu du breuvage
dont Tristan fut empoisonné,
mais mon cœur fidèle et ma volonté sincère
me font aimer encore plus que lui.
On doit bien m'en savoir gré,
puisque jamais je n'ai été contraint à cet
[amour,
sauf que j'ai eu confiance en mes yeux :
c'est par eux que je me suis engagé dans
[cette voie
que je ne quitterai jamais, et n'ai jamais
[cessé de suivre.

▶ * 19. Dame, de ce] T Dame douce 22. quant] RTH que 24. sui] C seux 25. ja] H uos 26. si] a̲C do(n)t, U do(n)c 27. Que] TUN car, H qar ; sai] a̲TH puis, R puisse ; servir] C U ame(i̲)r
Strophes III et IV interverties dans U
28. Onques] a̲ains, R ainques 30. Mes] a̲R car 31. Fins cuers] C amors 32. Bien] TUKNP¹P²VL si, C se, H tos ; en doit estre] C nemen doit sauoir, U men deuroit sauoir, KNP¹P²XVL me(n) deuez sauoir : li grez] C mal, U boen, KNP¹P²XL bon, V bons 33. Qu'ainz] CUH q(ua)nt ; fui] C suis 34. mes] a̲T les miens, R les mie(n)z ; euz] H del 36. ja] C ai(n)s ; istrai] C issi ; n'ainc] C ne, L ai(n)z ; recrui] a̲ issi

V

Cuers, se ma dame ne t'a chier,
Ja mar por cou t'en partiras :
Tous jours soies en son dangier,
40 Puis qu'empris et comencié l'as.
Ja, mon los, plenté n'ameras,
Ne pour chier tans ne t'esmaier ;
Biens adoucist par delaier,
44 Et quant plus desiré l'auras,
Plus t'en ert douls a l'essaier.

V

Mon cœur, si ma dame ne te chérit pas,
tu ne la quitteras pas pour autant :
reste donc toujours en son pouvoir,
puisque tu as entrepris de t'y soumettre.
Jamais, par ma foi, tu n'aimeras
                          [l'abondance ;
ne te décourage pas à cause de la disette ;
la récompense est plus douce quand elle
et plus tu l'auras désirée,   [s'est fait attendre,
plus le bonheur sera doux à goûter.

VI

Merci trouvasse au mien cuidier,
S'ele fust en tout le compas
48 Du monde, la ou je la qier ;
Mes bien croi qu'ele n'i est pas
Car ainz ne fui faintis ne las
De ma douce dame proier :
52 Proi et reproi sanz esploitier,
Conme cil qui ne set a gas
Amors servir ne losengier.

VI

Je trouverais la pitié, je pense,
là où je la cherche,
si elle existait dans tout le cercle du monde :
mais je crois qu'elle n'est nulle part.
Jamais je ne me suis lassé
de prier ma douce dame :
je la prie et je la supplie sans succès,
ne sachant servir Amour en plaisantant ni
                          [user de flatteries.

▶ • 37-45. *manquent dans* KNP¹P²X ; *sont intervertis avec les vers 46-54 dans* TVL. 38. mar] RCUH
manque ; t'en] CU la ; partiras] C U guerpira(i)s 39. Tous jours] C ades ; soies] L seras 40. Puis] CHVL
des 41. mon los] C mon ueul, U mien uoil, H mo(n) les, VL par moi ; plenté n'ameras] C ne ten
partirais, H plante nen feras, V plainte nen feraz, L plai(n)te na(n) feras 42. Ne pour] V ne du, L ne
de ; chier] C delai, VL lonc ; tans] C *manque* ; t'esmaier] R tanoier 43. adoucist] a amenuist, R amerist,
U radoucist, T amenrist, C endoucist, H adolcist 44. Plus t'en ert] C plux serait, U pl(us) sera, HVL
tant (i)ert pl(us) ; doulz] aR dout ; l'essaier] T assaier, H lacointier 46-54. *manquent dans* H 46.
trouvasse] a cuidasse 49. bien croi] a jou cuit, RU ie cuit, CT ie croi, P¹P²XVL bien sai 50. Car ainz] C
onkes, UKNP¹XVL onques, P² nonques ; fui] C fine ; faintis] C ne ne ces, UKNX onques, P¹P²
nonques, V dolenz, L ne lanz ; ne las] C *manque*, V elaz 52. esploitier] aRT recouurier, C delaier
53. set] R uet 54. losengier] L eslongier.
Manuscrits : a R T, C U H, K N P¹ P² X, V L.

Amors tençon et bataille

Il s'agit d'une chanson isométrique de six strophes composées de huit vers heptasyllabiques et d'un envoi de quatre vers ; ce sont des *coblas doblas* et des *coblas capcaudadas*.

Strophe I

L'image de l'Amour qui s'en prend à son fidèle champion paraphrase l'exorde de la 9ᵉ Élégie du Livre II des *Amores* d'Ovide, comme le remarque judicieusement Luciano Rossi, *op. cit.*, 1987, p. 58-59 :

> O numquam pro me satis indignate Cupido,
> O in corde meo desidiose puer,
> Quid me, qui miles numquam tua signa reliqui,
> Laedis, et in castris vulneror ipse meis ?
> Cur tua fax urit, figit tuus arcus amicos ?
> Gloria pugnantes vincere maior erat. (*Amores*, II, 9)

L'auteur champenois traduit en langage courtois les concepts ovidiens, l'image champion-*miles* est éclairante ; L. Rossi propose de voir dans la relation *Amour-champion* une relation féodo-vassalique, donnant à *franchise* du v. 4 le sens technique bien attesté de « droit de disposition » (Verfügungsrecht). Dans toute la pièce, Chrétien réaffirme son choix de « la soumission totale du poète-amant » à la loi du seigneur Amour, si injuste soit-il ; cette profession de foi constitue une polémique ouverte avec certains troubadours, et en particulier avec Bernart de Ventadour, comme le souligne Madeleine Tyssens, *op. cit.*, 1993, p. 199.

Strophe II

Madeleine Tyssens, *op. cit.*, 1993, p. 201, suggère très pertinemment de corriger, au vers 14, *aiue* des manuscrits C et U et de lire *(h)aïne*, ce qui rend la strophe II rigoureusement logique et le complément de la strophe I. « Malgré le comportement arbitraire, déloyal et injuste du seigneur Amour, son champion refusera de l'affronter et continuera de combattre pour lui. » Les strophes III à VII affirment la même fidélité absolue : l'amant renonce joyeusement à la raison, à la mesure, il sert sans attendre de récompense (v. 28), il consent à être mis à mal pour le profit d'Amour ; il ne veut pas apprendre le chemin de sa libération (v. 42).

D'Amors, qui m'a tolu a moi

C'est une chanson isométrique de six strophes de neuf octosyllabes masculins ; ce sont des *coblas doblas*. Il s'agit de *cobla crotz encadenada*, c'est-à-dire que la rime conclusive est traitée en croisée avec l'avant-dernière ; c'est également une *cobla capcaudada* : la dernière rime d'une strophe est reprise comme première rime de la strophe suivante, cela par couple de strophes.

Comme l'a subtilement démontré Aurelio Roncaglia (*op. cit.* bibliographie), Chrétien de Troyes a intentionnellement imité dans cette pièce la célèbre *canso* de l'alouette du troubadour Bernart de Ventadorn, *Can vei la lauzeta mover*. S'inspirant habilement de Bernart, le trouvère champenois s'adresse à Raimbaut d'Aurenga, dans *No chan per auzel ni per flor* opposant à l'amour fatal, ivresse produite par une force irrésistible, la notion plus courtoise d'un amour d'élection. Il répond à la *recreantise* de Bernart, qui, désespéré, se détourne de l'amour non partagé et surtout du chant, par la ténacité d'une soumission absolue, même sans « dédommagement » et par la jouissance amoureuse d'autant plus douce qu'elle est différée. Chrétien condamne « l'appétit de bonheur immédiat » de Raimbaut et son inconstance.

La strophe IV semble l'écho d'une polémique : à la passion aveugle de l'amant d'Iseut suscitée par la vertu occulte d'une philtre magique, le trouvère champenois oppose un amour souverain et volontaire. Face à la légende celtique, Chrétien de Troyes, dans *Cligès* et dans la strophe IV

D'Amors, qui m'a tolu a moi, adresse d'une manière agressive, tout à la fois comme une réponse au *Tristan*, au confrère concurrent Thomas – évidente polémique ou inquiétude de moraliste – et comme l'affirmation d'une conception de la *fin'amors*, amour d'élection où la volonté des amants garde sa part face à la fatalité de la passion que symbolise le *buvrage*.

INDEX DES NOM PROPRES[1]

1. *Ch. I* : Chanson *Amors tençon et bataille* ; *Ch. II* : Chanson *D'amors qui m'a tolu a moi*. Les autres références appartiennent au roman de *Cligès*.

TABLE

Dans Le Livre de Poche

Extraits du catalogue

Lettres gothiques

Collection dirigée par Michel Zink

La collection Lettres gothiques *se propose d'ouvrir au public le plus large un accès à la fois direct, aisé et sûr à la littérature du Moyen Âge.*

Un accès direct en mettant chaque fois sous les yeux du lecteur le texte original. Un accès aisé grâce à la traduction en français moderne proposée en regard, à l'introduction et aux notes qui l'accompagnent. Un accès sûr grâce aux soins dont font l'objet traductions et commentaires. La collection Lettres gothiques *offre ainsi un panorama représentatif de l'ensemble de la littérature médiévale.*

CHRÉTIEN DE TROYES
Erec et Enide

Premier roman du premier grand romancier français, *Erec et Enide* (vers 1170) met pour la première fois en scène le roi Arthur et les chevaliers de la Table Ronde. Cette œuvre si déterminante pour l'évolution du roman médiéval nous étonne par sa diversité : roman d'aventures autant que roman d'amour ; roman merveilleux et roman courtois, au sens où Chrétien de Troyes décrit avec précision le raffinement de la cour arthurienne ; roman enfin de la Joie d'un couple qui devient la Joie d'un royaume à Brandigan, puis à Nantes. Cette nouvelle édition, établie à partir d'un manuscrit bourguignon, fait appel à l'ensemble de la tradition manuscrite d'*Erec* et restitue le texte dans son intégralité.

CHRÉTIEN DE TROYES
Le Chevalier au Lion

La fontaine enchantée, le coup de foudre d'Yvain pour Laudine, la finesse et la ruse bienveillantes de la suivante Lunete, la folie d'Yvain, la fidélité reconnaissante du lion qu'il a sauvé, les captives employées à tisser la soie au château de la Pesme Aventure : tous ces épisodes ont séduit l'imagination, provoqué la réflexion, alimenté la recherche des ethnologues, des mythologues, des historiens autant que celle des historiens de la littérature.

Ce volume offre, accompagné d'une traduction, une édition critique nouvelle, fondée sur le meilleur manuscrit du *Chevalier au Lion*.

CHRÉTIEN DE TROYES
Le Chevalier de la Charrette

Rédigé entre 1177 et 1179, ce roman draine la légende de Tristan pour opérer la transmutation qui ouvrira bientôt aux grands secrets du Graal.

La tour où Lancelot entre en adoration du Précieux Corps de sa Reine enclôt le mystère à partir duquel se renouvelle le roman médiéval. C'est aussi la mise en œuvre sublime d'un discours amoureux. Lequel s'autorise d'Aliénor d'Aquitaine et de sa fille, Marie de Champagne, ainsi que des Dames du Midi.

CHRÉTIEN DE TROYES
Le Conte du Graal
ou le roman de Perceval

Voici l'œuvre dernière, restée inachevée (c. 1181), du grand romancier d'aventure et d'amour qu'est Chrétien de Troyes. Paradoxe d'une mort féconde. Énigme demeurée intacte. Œuvre riche de toutes les traditions : biblique et augustinienne, antique et rhétorique, celtique et féerique. Est-ce un roman d'éducation ou le mystère d'une initiation ? Brille-t-il par le cristal de sa langue ou par la merveille d'une femme ?

Une édition nouvelle, une traduction critique, la découverte d'un copiste méconnu du manuscrit de Berne, autant d'efforts pour restituer au lecteur moderne les puissances d'abîme et d'extase du grand œuvre du maître champenois.

MARIE DE FRANCE
Lais

Contes d'aventure et d'amour, les *Lais*, composés à la fin du XIIe siècle par une mystérieuse Marie, sont d'abord, comme le revendique leur auteur, des contes populaires situés dans une Bretagne ancienne et mythique. Les fées y viennent à la rencontre du mortel dont elles sont éprises; un chevalier peut se révéler loup-garou ou revêtir l'apparence d'un oiseau pour voler jusqu'à la fenêtre de sa bien-aimée. Mais la thématique universelle du folklore est ici intégrée à un univers poétique à nul autre pareil, qui intériorise le merveilleux des contes de fées pour en faire l'émanation de l'amour.

FRANÇOIS VILLON
Poésies complètes

Villon nous touche violemment par son évocation gouailleuse et amère de la misère, de la déchéance et de la mort. Mais c'est aussi un poète ambigu, difficile moins par sa langue que par son art de l'allusion et du double sens. La présente édition, entièrement nouvelle, éclaire son œuvre et en facilite l'accès tout en évitant le passage par la traduction, qui rompt le rythme et les effets de cette poésie sans en donner la clé. Toute la page qui, dans les autres volumes de la collection, est occupée par la traduction, est utilisée ici pour donner en regard du texte des explications continues que le lecteur peut consulter d'un coup d'œil sans interrompre sa lecture.

Journal d'un bourgeois de Paris

Ce journal a été tenu entre 1405 et 1449 par un Parisien, sans doute un chanoine de Notre-Dame et un membre de l'Université. Vivant, alerte, souvent saisissant, il offre un précieux témoignage sur la vie quotidienne et les mouvements d'opinion à Paris à la fin de la guerre de Cent Ans, au temps des affrontements entre Armagnacs et Bourguignons, au temps de Jeanne d'Arc. Publié intégralement pour la première fois depuis plus d'un siècle, ce texte, écrit dans une langue facile, n'est pas traduit, mais la graphie en est modernisée et il est accompagné de notes très nombreuses dues à l'une des meilleures historiennes de cette période.

Composition réalisée par COMPOFAC - PARIS

IMPRIMÉ EN FRANCE PAR BRODARD ET TAUPIN
Usine de La Flèche (Sarthe).
LIBRAIRIE GÉNÉRALE FRANÇAISE - 6, rue Pierre-Sarrazin - 75006 Paris.

ISBN : 2 - 253 - 06654 - 0   ✛ 30/4541/6